Claudia Lang

Intersexualität

Menschen zwischen den Geschlechtern

Campus Verlag
Frankfurt/New York

Für alle, die sich ihren Weg fernab ausgetretener Pfade suchen.

Bibliografische Information der Deutschen Nationalbibliothek
Die Deutsche Nationalbibliothek verzeichnet diese Publikation in der Deutschen Nationalbibliografie;
detaillierte bibliografische Daten sind im Internet über http://dnb.d-nb.de abrufbar.

ISBN-10: 3-593-38223-7

Inhalt

Vorwort

Jede Gesellschaft gibt ihren Mitgliedern vielfältige Angebote, um die eigene Existenz zu deuten und sinnvoll zu gestalten. Unser Selbstverständnis und unsere Identität entwickelt sich stets vor einem spezifischen kulturellen Hintergrund und ist als individuelle Aneignung von Grundwerten und Ideen zu verstehen. Dieses Buch lädt den Leser dazu ein, eigene – vermeintliche – Gewissheiten in Frage zu stellen und über den eigenen kulturellen und disziplinären Tellerrand auf ein Phänomen zu blicken, das immer noch ein großes Tabu darstellt: Intersexualität. Es führt ein in die Lebenswelt von Menschen, deren Körper nicht eindeutig dem weiblichen oder männlichen Geschlecht zugeordnet werden können und untersucht die vielfältigen Deutungen und Selbstdeutungen intersexueller Menschen aus ethnologischer Perspektive. Durch das Aufzeigen der Hintergründe der verschiedenen teils widersprüchlichen Positionen und Verständnisweisen soll dieses Buch auch als Orientierungshilfe in einem Bereich dienen, in dem aufgrund unterschiedlicher Perspektiven viel aneinander vorbei geredet wird.

Für dieses Buch habe ich die Unterstützung vieler anderer erfahren. Ich danke all meinen Gesprächspartnern, die bereit waren, mir ihre Geschichte zu erzählen, mir Einblicke in ihre Lebenswelt zu gewähren und offen über viele sehr schwere Fragen zu sprechen und habe größten Respekt vor ihrem Mut, über ein emotional und psychisch so belastendes Tabuthema zu sprechen.

Prof. Ursula Kuhnle, der Leiterin des Projekts zur Lebenswelt intersexueller Menschen, verdanke ich wertvolle Anregungen für die Idee dieser ethnologischen Studie. In zahlreichen Gespräche und Diskussionen, in denen wir versucht haben, Interdisziplinarität zu praktizieren, hat sie mich geduldig in medizinisches Wissen um Intersexualität eingeführt und war dabei stets aufgeschlossen für ethnologische Fragestellungen. Des weiteren hat sie Kontakte zu ihren »Patienten«, zur *AGS Eltern- und*

Patienteninitiative e.V. und zu Ärzten hergestellt und die Dissertation mitbetreut. Dafür danke ich ihr von Herzen.

Prof. Frank Heidemann, der meine Dissertation betreut hat, verdanke ich viel von meinem Verständnis von Ethnologie. Von ihm habe ich gelernt, die richtigen ethnologischen Fragestellungen zu formulieren und mich nicht in der Interdisziplinarität zu verlieren. Mit scharfem Blick hat er immer wieder meine Aufmerksamkeit auf das Wesentliche gelenkt.

Der Frauenbeauftragen Prof. Ulla Mitzdorf danke ich für die finanzielle Förderung des Projektes aus Mitteln des Hochschul- und Wissenschaftsprogramms (HWP) zur Förderung der Chancengleichheit für Frauen in Forschung und Lehre.

Dr. Eva Hampel gilt mein Dank für ihre Ratschläge, theoretische Ordnung in Widersprüche und Chaos zu bringen. Von Dr. Vera Kalitzkus habe ich gelernt, welche Rolle die Person und auch das Unbewusste des Wissenschaftlers beim Forschungsprozess spielt. Prof. Franz Waldhauser bin ich dankbar für seine interdisziplinäre Offenheit und seine Einladung, an dem österreichischen interfakultären Kontaktgespräch über die Betreuung von Intersex-Patienten teilzunehmen, wo ich viel über die unterschiedlichen disziplinären Sichtweisen von Intersexualität gelernt habe. Des Weiteren gilt mein Dank allen anderen Teilnehmern des Kontaktgespräches.

Für fruchtbare Gespräche und so manchen wertvollen Rat möchte ich weiterhin danken (in alphabetischer Reihenfolge) Cheryl Chase, Dr. Gaby Dietze, Prof. Stefan Hirschauer, Dr. Elisabeth Holzleithner, Andrea Kugler, Prof. Samuel Laubscher, Geertje Mak, Dr. Heino Meyer-Bahlburg, Dr. Michael Rösler, Prof. Stefanie Schnurbein, Dr. Hannes Schütz, Dr. Tatjana Schönwälder, Knut Werner-Rosen, Prof. Claudia Wiesemann. Bereichernd waren außerdem die Diskussionen beim Symposium *Intersex. Perspektiven von Geschlechterforschung und Ethik* (April 2003), das von Ursula Konnertz und Hille Haker organisiert wurde, sowie bei den Jahrestreffen des deutschen Netzwerkes Intersexualität. Darüber hinaus danke ich den *XY-Frauen* und der *AGS Eltern- und Patienteninitiative e.V.* für die Bereitschaft, mich an Gruppentreffen teilnehmen zu lassen. Irmgard Oberressl gilt mein Dank für die hilfsbereite Unterstützung in verwaltungstechnischen Angelegenheiten. Dr. Judith Wilke-Primavesi und Julia Flechtner vom Campus-Verlag danke ich für ihre Hilfe beim Erstellen der Druckvorlage.

Meinen Eltern Hans und Ursula Lang bin ich dafür dankbar, dass sie mich von Anfang an dabei unterstützt haben, meinen eigenen Weg zu gehen.

Meinem Mann Stefan Feiler kann gar nicht genug gedankt werden. Er hat sich um unsere Kinder gekümmert, während ich auf Interviewtour oder auf Kongressen war oder an diesem Buch geschrieben habe. Er hat das Manuskript immer wieder gelesen und an vielen Stellen sprachlich verfeinert. Er hat mir dabei geholfen, Klarheit zu gewinnen. Er hat mir Mut gemacht weiterzumachen, wenn ich von Zweifeln geplagt wurde. Das ist sehr viel.

Meinen Kindern Anand, Georgie und Jonathan sei von Herzen für ihre Geduld und ihr Verständnis gedankt. Schön, dass es euch gibt!

Einleitung

»Wir können einander verstehen;
aber deuten kann jeder nur sich selbst.«
Hermann Hesse, Demian

Intersexuelle Menschen – Menschen zwischen den zwei Geschlechtern –
sind gesellschaftlich weithin unbekannt. Wenige wissen über die Existenz
dieser Menschen, die körperlich weder eindeutig Frau noch eindeutig
Mann sind. Noch viel weniger ist über ihre Gefühlswelt, ihr Körperemp-
finden und ihre Identität bekannt. Fühlen sich intersexuelle Menschen als
Mann oder Frau oder weder als Mann noch Frau oder als beides? Welche
Rolle spielt die Deutung des eigenen intersexuellen Körpers für das Bewusstsein, ein bestimmtes Geschlecht zu sein? Wie viele Geschlechter gibt
es überhaupt?

Dieses Buch ist das Ergebnis einer ethnologischen Untersuchung über
einen biomedizinisch definierten Gegenstand: intersexuelle Menschen.
Diese Studie wurde von 2002 bis 2004 in Deutschland, Österreich und der
Schweiz durchgeführt Der Anteil intersexueller Menschen an der Gesamt-
bevölkerung wird – je nachdem, welche Formen dazugerechnet werden
und je nach Interesse, die Zahl möglichst hoch oder möglichst niedrig
anzusetzen – zwischen einer von 6.900 (Kuhnle und Kraal 2002: 86) und
einer von 50 Geburten (Blackless u.a. 2000)[1] angegeben. Auch bei den

---

1 Als intersexuell definieren Blackless u.a. (2000) Körper, die vom typisch männlichen und
typisch weiblichen Körper abweichen, welche sie wie folgt definieren: Ein typisch
männlicher Körper besitzt XY-Chromosomen und im Skrotum befindliche Hoden, welche Sperma produzieren, das über das *vas deferens* zur Harnröhre transportiert und außerhalb des Körpers ejakuliert werden kann. Die Penislänge bei der Geburt beträgt zwischen 2,5 und 4,5 cm, an der Spitze des Penis endet die Harnröhre. Die Hoden
produzieren während der fetalen Entwicklung Testosteron und Dihydrotestosteron sowie ein Hormon, das die Ausbildung der Müllerschen Gänge unterdrückt, und führen zu
einer männlichen Pubertät. Ein typisch weiblicher Körper dagegen hat XX-Chromosomen, funktionierende Eierstöcke, die eine weibliche Pubertät bewirken, Eileiter, die zum
Uterus, Gebärmutterhals und der Vagina führen, innere und äußere Schamlippen und
eine Klitoris, die bei Geburt zwischen 0,20 und 0,85 cm groß ist (Blackless u.a. 2000:
152). Die Häufigkeit derer, die einer »korrigierenden« Genitaloperation unterzogen werden, wird von Blackless u.a. (2000) mit 1 bis 2 pro 1.000 angegeben.

niedrigen Schätzungen kann man davon ausgehen, dass jeder in seinem weiteren Umfeld mindestens einen intersexuellen Menschen kennt. Die Tatsache, dass die meisten meinen, keinen zu kennen, zeugt von der gesellschaftlichen Verschleierung dieser Menschen.

Mein Ziel ist es, durch das Aufzeigen verschiedener Sichtweisen zum Thema Intersexualität intersexuellen Menschen, Eltern und anderen Interessierten einen Überblick zu verschaffen und dadurch auch Orientierungshilfen zu geben. Auf diese Weise kann dieses Buch dazu beitragen, Entscheidungs- und Handlungskompetenz zu erweitern. Ein weiteres Ziel des Buches ist es, eine Gegenwartsanalyse dieses sich schnell wandelnden gesellschaftlichen Feldes zu liefern. Als Ethnologin interessiere ich mich auch für Fremdheit in unserer eigenen Gesellschaft. Intersexuelle Menschen sind ein Phänomen, von dessen Existenz die meisten Menschen nicht einmal wissen. Der intersexuelle Körper ist ein Geschlechtskörper, für den es keine geschlechtlichen Kategorien gibt. Körperliche Zwischengeschlechtlichkeit ist eine in der euro-amerikanischen Kultur liminale Existenz, die sich gegenwärtig Wege in die gesellschaftliche Normalität sucht. Intersexuelle Menschen sind oft Menschen am Rande der Gesellschaft, die als solche jedoch meist nicht auffallen. Die allermeisten leben mitten unter uns, als Frau oder seltener auch als Mann.

Die gegenwärtige Auseinandersetzung um den intersexuellen Körper ist, so meine Ausgangsthese, in unterschiedlichen konflikthaften Diskursen begründet. Intersexuelle Menschen, Eltern, Ärzte und andere Experten greifen darauf zurück, um ihren Körper und ihre Erfahrungen zu interpretieren. Ich begreife die verschiedenen Deutungskontexte als Wege aus der gesellschaftlichen Nicht-Existenz intersexueller Menschen. Die Idee, die in den verschiedenen Sinngebungen intersexueller Körper zum Ausdruck kommenden *Diskurse* zu differenzieren und zusammenzutragen, entwickelte sich aus der Erfahrung, wie unvereinbar und widersprüchlich die verschiedenen Positionen bezüglich der Behandlung intersexueller Menschen sind.

Dieses Buch ist aus mehreren Gründen ein Wagnis. Einerseits ist die Untersuchung des naturwissenschaftlich definierten intersexuellen Körpers eine disziplinäre Grenzüberschreitung. Das in der *gender*-Debatte aufgegebene naturwissenschaftliche Terrain des biologischen Körpers wird für die Kulturwissenschaften »zurückerobert«. Denn die disziplinär verankerte Trennung von Körper und Kultur liegt auch der sozialwissenschaftlichen Trennung von *sex* und *gender* zugrunde. Die (ethnologische) Geschlechterforschung überließ jahrzehntelang *sex* den Naturwissenschaften und kümmerte sich nur um *gender*. Auf diese Weise eröffneten sich die Kulturwissenschaften eine Möglichkeit, sich mit *gender* unabhängig von biologischer Determinierung zu beschäftigen. Andererseits schufen sie damit auch eine Grenze, die den Rahmen absteckte, womit sich Kulturwissenschaftler beschäftigen durften und womit nicht. Indem sie die Interpretation körperlicher Unterschiede den Naturwissenschaften überließen und allein an der *Bedeutung* dieser Unterschiede im sozialen Leben interessiert waren, nahmen sie die naturwissenschaftliche Beschreibung sozusagen als gegeben hin und waren gleichzeitig von ihr abhängig. Somit behielten die Naturwissenschaften, respektive die Medizin, die Definitionsmacht über den Körper. In dieser Arbeit wird dagegen deutlich, dass auch der vermeintlich naturgegebene Geschlechtskörper ein durch und durch kulturelles Konstrukt ist.

Andererseits ist die Untersuchungsregion – der deutschsprachige Raum – kein klassisch ethnologisches Feld. Allerdings ist die Thematisierung des Fremden und Unbekannten – auch in der eigenen Kultur – charakteristisch für die Ethnologie. Durch den ethnologischen Blick auf die eigene Gesellschaft werden scheinbare Gewissheiten relativiert und erscheinen in neuem Licht. Vor dem Hintergrund ganz anderer kultureller Vorstellungen von Geschlecht und Geschlechtskörper eröffnet eine ethnologische Studie die Möglichkeit, einerseits die Lebenswelten, Identitäten und Körperdeutungen intersexueller Menschen, andererseits auch euro-amerikanisch-medizinische Vorstellungen von Geschlecht und Körper aus einem neuen Blickwinkel zu betrachten. Der Wandel von Körper- und Geschlechtsvorstellungen, der sich in der Diskussion um eine kulturelle Akzeptanz von Intersexualität und in den Selbstdeutungen intersexueller Menschen gegenwärtig vollzieht, kann so als ein genuin westliches Phänomen begriffen werden, welches eng verwoben ist mit einer spezifischen historisch-gesellschaftlichen Situation und mit bestimmten Vorstellungen von Geschlecht und Geschlechtskörper. Dabei ergibt sich durch den ethnologischen Blick auf unsere eigene Kultur die Möglichkeit, durch Distanzierung des Vertrauten und scheinbar Selbstverständlichen einen Verfremdungseffekt und vielleicht sogar einen Perspektivenwechsel zu bewirken.

Die Studie ist aber auch innerhalb der Intersex-Forschung ein Wagnis. Sie reiht sich weder ein in die Reihe der medizinischen Arbeiten, die mit immer neuem Fachwissen und Medizintechniken die Lebenssituation intersexueller Menschen zu verbessern suchen. Noch ist sie eine psychologische

Studie über Lebensqualität, Geschlechtsidentität, Geschlechterrolle und sexuelle Funktionalität.

Die Ethnologie als interpretative Wissenschaft sucht nicht nach Gesetzen und statistischen Verteilungen, sondern nach *Bedeutungen*. Dieses Buch gibt einen Überblick über die verschiedenen Bedeutungen, die in unserer Kultur gegenwärtig dem Phänomen der körperlichen Zwischengeschlechtlichkeit zugeschrieben werden. Dabei werden sowohl die medizinische Deutung von Intersexualität und der juristische Umgang damit als auch Alternativdeutungen von zwischen- beziehungsweise zweigeschlechtlichen Körpern als kulturelle Phänomene untersucht. Der ethnologisch verfremdende Blick richtet sich nicht nur kritisch auf die euro-amerikanische Zweigeschlechterordnung und die medizinische Pathologisierung von Intersexualität, sondern genauso auf verschiedene Arten und Weisen, wie intersexuelle Menschen selbst ihre Körperlichkeit verstehen. Schließlich wird auch der ethnologische Diskurs über Gesellschaften, die mehr als zwei Geschlechter kennen, in einen gesellschaftlichen Zusammenhang gebracht.

Von vielen Seiten wird heute gefordert, intersexuellen Menschen eine Stimme zu geben. Die Aufgabe dieses Buches ist es, diese Stimmen der Betroffenen aus einer Metaperspektive einzubetten in Vorstellungen von Zweigeschlechtlichkeit der letzten Jahrhunderte. Mein Untersuchungsgegenstand ist somit der ideologische Kontext, in dem intersexuelle Menschen ihre Stimme äußern. Es geht um die kulturellen und diskursiven Ressourcen, die intersexuellen Menschen für ihr Selbstverständnis zur Verfügung stehen.

Im *ersten Kapitel* wird aus der Werkzeugkiste der Ethnologie wie auch benachbarter Wissenschaften ein theoretisches Gerüst für eine Ethnologie der Intersexualität erarbeitet. Die ethnologische Geschlechterforschung, die Körperethnologie, die historische Betrachtung des Geschlechtskörpers, Dekonstruktionen des Zweigeschlechtermodells sowie die kulturelle und historische Bedingtheit der leiblichen Erfahrung stellen dafür wichtige Bestandteile dar.

Im *zweiten Kapitel* werden die einzelnen Diskurse von Intersexualität beschrieben und analysiert. Diese sind weder an einzelne Disziplinen noch an bestimmte Formen von Intersexualität gebunden und stellen das Ergebnis meiner spezifischen Perspektive auf die Thematik dar. Ein anderer Forscher mit einem anderen fachlichen und persönlichen Hintergrund hätte vielleicht andere gefunden.

Aus ethnologischer Perspektive ist die Biomedizin als ein kulturelles System zu betrachten. Der medizinischen Deutung und dem Umgang mit Intersexualität liegen ein spezifisches Menschenbild und ein kulturell geprägtes Geschlechtermodell zugrunde. Ich werde zeigen, wie abhängig vom historischen wie auch kulturellen Kontext das gegenwärtige medizinische Management von Intersexualität ist und wie umstritten selbst innerhalb der gegenwärtigen Medizin bestimmte Interpretationen und Behandlungsoptionen sind.

Zwischen Medizin und Rechtsprechung werden gegenwärtig Zuständigkeitshoheiten ausgehandelt. Bei der geschlechtlichen Zuordnung intersexueller Menschen sind Juristen noch auf die Medizin angewiesen. Bezüglich der chirurgischen Behandlung und des Zeitpunkts für geschlechtszuweisende Eingriffe stellt der juristische Diskurs jedoch bereits die medizinische Hoheit in Frage. Vom Ergebnis dieses Aushandlungsprozesses wird es abhängen, ob operative Eingriffe an intersexuellen Menschen ohne medizinische Indikation in einem nicht-zustimmungsfähigen Alter auch in Zukunft noch als Heilbehandlung gelten oder aber unter Strafe gestellt werden können. Davon hängt es auch ab, was in Zukunft der Gegenstand von Klagen gegen die Medizin sein kann: die genitalkorrigierenden Eingriffe als Verletzung der körperlichen Unversehrtheit oder gerade deren Unterlassung als unterlassene medizinische Hilfeleistung.

Die folgenden Deutungen präsentieren sich als Gegendiskurse zum medizinischen. Von verschiedenen intersexuellen Menschen, Selbsthilfe- und politisch aktiven Gruppen werden unterschiedliche spezifisch intersexuelle Identitätskategorien verhandelt. Dabei wird der medizinisch definierte Körper als Grundlage eines »wahren Selbst« verstanden. Auf diese Weise wird aus einer medizinischen Krankheitskategorie eine eigene Geschlechterkategorie oder zumindest die Begründung für eine spezielle Identität. Vor diesem Hintergrund wird auch die Frage gestellt, welche Folgen die körperverändernden medizinischen Eingriffe auf das Empfinden des eigenen Körpers haben.

Die ethnologische Diskussion über alternative Geschlechter steht in wechselseitigem Zusammenhang mit seiner Rezeption durch intersexuelle Menschen. Einerseits werden Phänomene alternativer Geschlechter von einigen intersexuellen Menschen als Emanzipation gedeutet. Andererseits sind ethnologische Interpretationen von kultureller Geschlechtervielfalt beeinflusst von Emanzipationsprojekten bestimmter Gruppierungen in der

Heimat des Forschers. So zeigt die westliche Verknüpfung von Intersexualität mit alternativen Geschlechtern in jüngster Zeit bereits Folgen für die Art und Weise, wie diese Phänomene von Ethnologen beschrieben werden. Auch in unserer Gesellschaft werden gegenwärtig alternative Geschlechtermodelle diskutiert. Welche verschiedenen Modelle unter intersexuellen Menschen als Emanzipation verhandelt werden, wird im Anschluss daran dargestellt.

Sowohl die geschlechtszuweisenden Genitaloperationen als auch die medizinischen Untersuchungen werden von vielen intersexuellen Menschen als Formen von Gewalt thematisiert. Dabei werden die Genitaloperationen innerhalb des globalen Kontextes von weiblicher Beschneidung als Genitalverstümmelung verhandelt und die von Beschneidungskritikern erreichte Sensibilität für dieses Thema benutzt, um genitalkorrigierende Operationen an intersexuellen Genitalien zu kritisieren.

Ein Phänomen konstituiert sich unter anderem durch seine Abgrenzung gegenüber anderen. An den verschiedenen Differenzierungen intersexueller Menschen, sowohl gegenüber anderen nicht-geschlechtkonformen Menschen als auch untereinander, wird das spezifische Selbstverständnis intersexueller Menschen noch einmal deutlich gemacht.

Parallel zu den dargestellten konflikthaften Diskursen um Intersexualität verläuft ein Diskurs um gesellschaftliche Akzeptanz, die von allen Seiten als Ziel der angestrebten gesellschaftlichen Aufklärung definiert wird. Daher ist die Forderung nach sozialer Akzeptanz von Intersexualität innerhalb aller Diskurse verstehbar. Uneinigkeit besteht jedoch in der Antwort auf die Frage, *als was* Intersexualität akzeptiert werden soll.

Im *dritten Kapitel* wird die Thematik vom Gesichtspunkt der gesellschaftlichen Nicht-Existenz intersexueller Menschen betrachtet. Das im theoretischen Rahmen erarbeitete Material findet hier noch einmal anhand der Forschungsergebnisse konkrete Anwendung.

Im *vierten Kapitel* schließlich werden die Ergebnisse zu einem Fazit zusammengeführt.

Zur eigenen Annäherung an das Thema

Zu Anfang dieses Projekts hatte ich die noch diffuse Vorgabe, über die Lebenssituation intersexueller Menschen in unserer Kultur zu arbeiten.

Aus der Erkenntnis heraus, dass diese nicht unabhängig von kulturspezifischen Normen, Werten und Ideen untersucht werden kann, entwickelte sich der Arbeitstitel »Der kulturelle Umgang mit Intersexualität«. Sehr schnell wurde jedoch deutlich, dass der Fokus der Problematik intersexueller Menschen ihre Identität ist. Die ganz unterschiedlichen Identitäten stehen aber in engem Zusammenhang mit unterschiedlichen und konflikthaften Deutungen des intersexuellen Körpers; sie gründen sich auf dem auf verschiedene Weise interpretierten intersexuellen Körper. Mit dem Fokus auf den Identitäten lag der Schwerpunkt somit vor allem auf den Interpretationen des intersexuellen Körpers und deren Hintergründen.

Zunächst erschienen mir die enormen Unterschiede, welche Probleme intersexuelle Menschen als vorrangig definieren und wie sie ihre Identität und ihre Körper verstehen, als problematisch für eine wissenschaftliche Darstellung und Analyse. Die kurzfristige Hypothese, die Unterschiedlichkeit bestimmter Identitäten, Körperdeutungen und Standpunkte unterschiedlichen medizinisch definierten Formen von Intersexualität zuzuschreiben, erwies sich als falsch. Die Ursache für diese Differenzen musste also woanders begründet liegen. Es stellte sich heraus, dass Intersexualität, je nachdem, vor welchem Hintergrund argumentiert wird, etwas ganz und gar Unterschiedliches *ist*. Die konflikthaften Selbstverständnisse und Standpunkte liegen folglich in ganz unterschiedlichen Arten und Weisen begründet, den intersexuellen Körper zum Gegenstand zu machen. Diese »Gesprächstraditionen« über Menschen zwischen den zwei Geschlechtern sind in dieser Studie die einzelnen Diskurse. Menschen zwischen den zwei Geschlechtern, so meine These, deuten ihre Körper und »basteln« sich ihre Identität abhängig davon, auf welche Diskurse als Sinn- und Deutungsangebote der eigenen intersexuellen Existenz sie Zugriff haben.

Empirischer Zugang

Die Leiterin des Projekts, Prof. Dr. Ursula Kuhnle, verschaffte mir die ersten Kontakte zu einzelnen AGS-Betroffenen, zu zwei Elternpaaren intersexueller Kinder und zur *AGS Eltern- und Patienteninitiative e.V.*. Über die Gruppe *XY-Frauen* bekam ich viele Kontakte zu intersexuellen Menschen und mit Eltern, die sich insgesamt durch größere Entfernung vom medizinisch-pathologisierenden Diskurs und durch Kritik an den medizinischen Praktiken auszeichnen. Auf andere Teilnehmer der Studie wurde ich durch Zeitungs- und Fernsehberichte aufmerksam. Im Gegensatz zu den ersten beiden Gruppen waren das diejenigen Betroffenen und Eltern, die sich bewusst in den Medien präsentieren und sich darum bemühen, die soziale Nicht-Existenz intersexueller Menschen zu beenden und das Schweigen aufzubrechen. Diese Betroffenen, die Intersexualität medienwirksam an die Öffentlichkeit bringen wollen, stehen der medizinischen Pathologisierung von Intersexualität und den chirurgischen beziehungsweise hormonellen Maßnahmen meist sehr kritisch gegenüber.

Die Zusammensetzung der Teilnehmer dieser Studie ist bewusst sehr heterogen. Sie reicht von denjenigen, die ihre Intersexualität schamvoll verstecken, bis hin zu anderen, die sich öffentlich als Intersexuelle oder Hermaphroditen *outen*. Genauso heterogen ist das Spektrum der Selbstwahrnehmungen, Körperdeutungen, Lebenswelten und Standpunkte. Die Auswahl der Forschungsteilnehmer erfolgte nicht nach dem Kriterium ihrer Repräsentativität im sozialwissenschaftlichen Sinne. Das heißt, wenn hier ein Übergewicht bestimmter Standpunkte, Selbstwahrnehmungen und Deutungen von intersexuellen Menschen aufscheinen mag, so ist damit keine Aussage bezüglich deren Verbreitung unter intersexuellen Menschen gemacht. Auch die Darstellung der biografischen Erfahrungen, der Identitäten, der Deutungen des eigenen Körpers und des Selbst und der Einstellungen zur eigenen Intersexualität erhebt keinen Anspruch auf statistische Repräsentativität. Dies ist generell nicht das Ziel einer interpretativen ethnologischer Forschung, die Kultur mit Clifford Geertz als ein »selbstgesponnene[s] Bedeutungsgewebe« von Menschen betrachtet. Die Untersuchung von Kultur als Bedeutungsgewebe ist daher, wie Geertz schreibt, »keine experimentelle Wissenschaft, die nach Gesetzen sucht, sondern eine interpretierende, die nach Bedeutungen sucht« (Geertz 1987: 9). In diesem Sinne geht es dieser ethnologischen Studie darum, einen möglichst vielschichtigen Überblick der Interpretationen und Sinnstiftungen der intersexuellen Existenz zu geben.

In diese Studie konnten nur die Erfahrungen derjenigen einfließen, die dazu bereit waren, daran teilzunehmen. Bei einem so tabubesetzten Thema gibt es sehr viele, die nicht oder noch nicht bereit sind, über ihre Intersexualität (oder die ihrer Kinder) zu sprechen, da eine solche Öffnung einen gewissen Verarbeitungsprozess voraussetzt. Es hat mich überrascht und auch gefreut, mit welcher Offenheit die Teilnehmer dieser Studie mir, einer anfangs fremden Person, ihre Lebenserfahrungen und Gefühle anvertrauten. Dies konnte allerdings nur gelingen, wenn auch ich bereit war, mich entsprechend zu öffnen. Seitens Betroffener und Eltern war ein ausgeprägtes Bedürfnis vorhanden, über dieses sonst so tabubeladene Thema sprechen zu können. Manche nahmen diese Gelegenheit eher zaghaft und zurückhaltend wahr, andere sehr offensiv in dem Versuch, öffentliche Aufklärung zu betreiben und dadurch die gesellschaftliche Situation intersexueller Menschen positiv zu verändern. Bei einigen Interviewpartnern hatte ich den Eindruck, dass der Versuch, über dieses heikle Thema zu sprechen und Worte für zuvor Unausgesprochenes zu finden, den Prozess der Aufarbeitung unterstützte.

Für diejenigen, die das gesellschaftliche Schweigen aufbrechen wollen, ist meine Arbeit ein Stück Öffentlichkeitsarbeit und eine Möglichkeit, ihrer Stimme Gehör zu verschaffen. Auch die verschiedenen Gruppen wollten mich für die gesellschaftliche Verbreitung ihrer jeweiligen Auffassungen in Anspruch nehmen, so wie ich sie als Informanten meiner Arbeit benutzte. Diese Funktion ist jedoch nicht unproblematisch, da es aufgrund der verschiedenen Deutungen von Intersexualität unterschiedliche Vorstellungen darüber gibt, auf welche Weise die Gesellschaft aufgeklärt werden soll, sprich, auf welche Weise Intersexualität öffentlich bekannt werden soll. Allgemein wurde mein Einsatz für die »Sache« Intersexualität begrüßt. Allerdings war bei Einzelnen wenig Verständnis dafür da, dass ich ganz andere Auffassungen als die ihrigen mit derselben Berechtigung darstelle. Diejenigen beispielsweise, die sich dafür einsetzen, Intersexualität als ein eigenes Geschlecht zu betrachten, werfen anderen, die Intersexualität eher medizinisch deuten, vor, vom medizinischen Diskurs verblendet zu sein und sich davon nicht emanzipiert zu haben. Für diejenigen wiederum, die beispielsweise AGS – eine Form von Intersexualität – als Stoffwechselstörung ohne Bezug zum Thema Geschlecht verstehen, sind erstere Menschen, die durch ihre gesellschaftspolitische Offensive psychische Probleme zu kompensieren suchen.

Aus der gesellschaftlichen Brisanz des Themas entsteht die Forderung, sich auch als Forscher zu positionieren. Die Ausrichtung dieses Buches ist jedoch nicht normativ, sondern deskriptiv. Ich will keine Aussagen über richtig oder falsch machen, sondern versuchen, die unterschiedlichen Diskussionen, Auffassungen und Standpunkte aufzuzeigen und zu analysieren. Da das Thema gesellschaftspolitisch brisant ist, haben auch die von mir verwendeten Begriffe eine politische Aussagekraft. Um über Menschen, die sich selbst ganz unterschiedlich beschreiben, überhaupt sprechen zu können, muss ich sie benennen. Da gerade die *verschiedenen* Selbstdeutungen Thema sind, musste ich einen möglichst neutralen Begriff finden. Ich habe den Begriff »intersexuell« gewählt in dem vollen Bewusstsein, dass er bereits eine Interpretation der Körper, um die es hier geht, darstellt. Ich verwende ihn dennoch, da er in der öffentlichen Diskussion der bekannteste ist, da er am meisten diskutiert und auf unterschiedliche Weise verwendet wird und nicht zuletzt darum, weil »intersexuell« der Begriff ist, der den Ausgangspunkt der gegenwärtigen Diskussion darstellt. In der Diskussion über den Titel meiner Arbeit sagten mir einige: »Wenn du den Begriff ›Hermaphrodit‹ verwendest, dann bin ich damit nicht gemeint.« Andere dagegen wollten auf keinen Fall »Krankheit« im Titel sehen; wiederum andere fühlten sich mit dem Begriff »Zwischengeschlechtlichkeit« unwohl. Es ging für mich also darum, etwas zu finden, womit sich alle identifizieren konnten. Als ich darlegte, dass es hier unter anderem gerade um die Frage gehe, ob »intersexuell« ein geeigneter Begriff ist, waren alle mit dieser Verwendung einverstanden. »Intersexualität« wird in dieser Studie somit als verhandelbarer Begriff verwendet.

Ebenso ist mein Zugang zum Thema, nämlich die ontologisch gemeinten Aussagen über den intersexuellen Körper – sei es von Betroffenen, Eltern oder Medizinern – als Deutungen oder Interpretationen zu verstehen, bereits ein »Statement« in der Diskussion. Weil es mir aber um die verschiedenen Selbstdeutungen geht, kann ich nicht eine Deutung des intersexuellen Körpers herausgreifen und absolut setzen.

Die Studie beschränkt sich auf den deutschsprachigen Raum (Deutschland, Österreich und die Schweiz) mit dem Schwerpunkt auf Deutschland. Insgesamt führte ich 17 Interviews mit intersexuellen Menschen. Die Aufteilung zu den einzelnen Intersex-Konditionen war wie folgt: drei mit Adrenogenitalem Syndrom (AGS); fünf mit Androgenresistenz (AIS), davon drei die komplette Form (CAIS) und zwei die partielle Form (PAIS); zwei mit Swyer Syndrom; zwei mit 5-alpha-Reduktasemangel; zwei mit 17-beta-HSD-Mangel; einem mit Hypospadie; eine(r) mit vermutetem Hermaphroditismus verus und eine mit noch ungeklärter Diagnose.

Darüber hinaus führte ich qualitative, teils narrative, teils themenbezogene Interviews mit Eltern intersexueller Kinder durch: Mit drei Elternpaaren, vier Müttern und einem Vater. Von den acht Kindern waren fünf mit XY/XO Gemischter Gonadendysgenesie, wovon drei als Jungen und zwei als Mädchen aufwuchsen, eines mit AGS und zwei mit noch ungeklärter Diagnose (wovon eine bereits erwachsen ist und auch an der Studie teilgenommen hat). Des Weiteren sprach ich mit drei Kinderendokrinologen, vier Kinderurologen, einer Kinderchirurgin, drei Juristen, einem Psychotherapeuten, , einer Medizinethikerin und einer Hebamme.

Ich führte teilnehmende Beobachtungen bei Treffen von Selbsthilfegruppen in Deutschland und der Schweiz und bei verschiedenen – vor allem medizinischen – Kongressen und Symposien zum Thema Intersexualität in Deutschland, Österreich, Slowenien und den USA durch. Bei den Gruppentreffen sowie bei einigen Kongressen hatte ich die Gelegenheit, mein Material zu präsentieren und bekam auf diese Weise Rückmeldungen, die wiederum ins Endergebnis eingeflossen sind.

Ich nahm teil bei einem Gruppentreffen der *XY-Frauen* vom 28. bis 30. März 2003 in Wuppertal, bei zwei Regionaltreffen der *AGS Eltern- und Patienteninitiative e.V.* (am 1. Dezember 2002 und am 18. Januar 2004) jeweils in München und bei der Schweizer *Selbsthilfe Intersexualität* am 18. Februar 2004 in der Nähe von Basel.

Die Kongresse und Symposien zum Thema Intersexualität, an denen ich teilnahm waren *Disorders in Sexual Differentiation* in Phoenix, USA im Mai 2001; *Intersex. Perspektiven von Geschlechterforschung und Ethik*, Interdisziplinärer Workshop des Arbeitsbereiches Geschlechterstudien und Ethik in den Wissenschaften in Tübingen im April 2003; das Jahrestreffen der *European Society for Paediatric Endocrinology (ESPE)* mit einem *hot-topic* Symposium *The child born with uncertain sex: male, female or neutral upbringing?* in Ljubljana im September 2003; das Symposium *Intersexualität bei Kindern* in Halle im März 2004; das internationale Symposium *From Gene to Gender* in Lübeck im April 2004; das bundesweite Jahrestreffen des BMBF-*Netzwerkes Intersexualität* in Lübeck im Juni 2004, in Düsseldorf im April 2005.

Erleichternd für meine Forschungsfrage der verschiedenen Diskurse über Intersexualität war dabei, dass alle Kongresse und Symposien interdisziplinär gehalten wurden. Neben den »klassischen« Experten, den Kinderendokrinologen, Kinderurologen, Kinderchirurgen, Psychologen und Sexualwissenschaftlern sind heute auch Psychotherapeuten, Juristen und Sozial- und Kulturwissenschaftler anwesend. Dazu kommt, dass auf diesen Kongressen in den letzten Jahren vermehrt betroffene Erwachsene und Selbsthilfegruppen gehört und mit einbezogen werden. Die Diskussionen zwischen Medizinern, anderen Wissenschaftlern und Betroffenen auf diesen interdisziplinär gehaltenen Kongressen boten mir eine gute Möglichkeit, die verschiedenen Diskurse *at work* zu beobachten. Noch ist nicht wirklich abzuschätzen, ob es von medizinischer Seite einen ernsthaften

Willen zu echter Kooperation mit anderen Standpunkten gibt, oder ob die Einbeziehung von anderen Disziplinen und Betroffenen nur eine Form politischer Korrektheit darstellt und letztlich doch immer die Mediziner als Experten das letzte Wort bezüglich der Behandlung von intersexuellen Menschen haben werden.

Darüber hinaus hatte ich die Gelegenheit, während meiner Mitarbeit beim österreichischen *Interfakultären Kontaktgespräch über die Betreuung von Intersex-Patienten* auch viel über die unterschiedlichen Annäherungen an Intersexualität zum einen zwischen den verschiedenen medizinischen Disziplinen, zum anderen zwischen den verschiedenen Fächern zu lernen. In dem Gremium war ich die einzige Ethnologin neben Endokrinologen, Kinderurologen, Juristen, einer Psychotherapeutin und einer Krankenschwester. Hier konnte ich sehen, wie schwierig trotz einer grundsätzlichen Bereitschaft zur Kooperation eine Verständigung zwischen Medizinern und Nicht-Medizinern ist. Der »Kampf« um die Definitionshoheit und (Be-)Handlungsmacht über intersexuelle Menschen war hier sehr gut zu beobachten.

Die Möglichkeit einer teilnehmenden Beobachtung bei Gesprächen zwischen Arzt und Patienten beziehungsweise Arzt und Eltern war nicht gegeben. Ärzte verneinten meine diesbezüglichen Anfragen unter dem Hinweis auf die Sensibilität dieser Situationen, die durch eine sozialwissenschaftliche Beobachtung erheblich gestört würde. Ich führte qualitative narrative sowie themenbezogene Interviews durch, die eher ausgiebige Gespräche als durchstrukturierte Interviews waren. Durch einen immer tieferen Einblick in die Lebenswelt meiner Informanten und deren Vorstellungen und Konzepte ergab sich eine fortwährende Verfeinerung meiner Fragestellungen. Um meine Thesen zu überprüfen, führte ich mit einigen Personen auch mehrmalige Interviews durch. Zur Nachvollziehbarkeit meines Interpretationsprozesses werden im Folgenden zahlreiche Gesprächsausschnitte dargestellt.

Sämtliche Interviews wurden aufgezeichnet und transkribiert. Mit Hilfe des Verfahrens der *Grounded Theory* (Bernard 2002: 462–476) wurden Kategorien und Konzepte aus dem Text herausgefiltert und zu immer größeren thematischen Einheiten verbunden, die letztendlich zu den verschiedenen Diskursen führten, zu denen ich durch Abstraktionen der von den Studienteilnehmern selbst formulierten Themen gelangte. Die Diskurse, die Optionen für die Orientierung intersexueller Menschen und deren Eltern darstellen, begreife ich nach Foucault als Sinnstiftungsprozesse, die ein bestimmtes Verständnis ermöglichen und andere Interpretationen ausschließen. Den Zugang zu den Diskursen boten mir meine Interviews, die im Folgenden als Illustrationen dienen.

Zur Subjektivität bei der Forschung

Forschungsergebnisse einer qualitativen Forschung stehen immer auch in Zusammenhang mit der Subjektivität des Forschers, die wiederum bereits einen Teil des zu untersuchenden gesellschaftlichen Umgangs mit Intersexualität darstellt. Im Laufe der Forschung gerieten bei mir selbst vermeintliche Gewissheiten, was eigentlich eine Frau, einen Mann oder einen intersexuellen Menschen ausmacht und warum wir uns so sicher sind, eines der Geschlechter zu sein, ins Wanken. Ich selbst bin weder intersexuell noch habe ich intersexuelle Kinder. Auch sonst bewege ich mich innerhalb der heterosexuellen Matrix: Ich bin verheiratet und habe mittlerweile drei Kinder, wobei das dritte Kind während dieser Forschung auf die Welt kam. Die Tatsache, dass ich selbst nicht intersexuell bin und auch sonst keine gängigen gesellschaftlichen Geschlechternormen herausfordere, hatte Einfluss darauf, zu welchen Bereichen der Lebenswelt intersexueller Menschen ich Zugang bekam, was mir betroffene Menschen und Eltern intersexueller Kinder erzählten sowie auf meine Interpretationen.

Eine kritische Selbstreflexion meiner eigenen Reaktionen hat viel zu meinem Verständnis von gesellschaftlichen Vorurteilen gegenüber Intersexualität beigetragen. Da ich aus derselben Kultur und Gesellschaft komme wie die Teilnehmer an dieser Studie, können meine Reaktionen Hinweise auf allgemeingesellschaftliche Muster geben.

Eine französische Ärztin sagte in einer Dokumentation über Intersexualität: »Intersexualität macht Angst«. Obwohl diese Aussage von einigen intersexuellen Menschen heftig kritisiert wird, steckt doch auch Wahrheit darin. Intersexualität kann durchaus Angst machen, wenn man sie nicht kennt. Nur eine ehrliche Offenlegung von Gefühlen kann zur Überwindung dieser Vorurteile führen. Einige Forscher beschreiben eine unbewusste Angst vor »Ansteckung« im Umgang mit Krankheit und Tod (Kalitzkus 2003: 42). Auch bei mir konnte ich während meiner Schwangerschaft im letzten Jahr dieser Forschung eine ängstliche Beschäftigung mit der Frage, ob mein ungeborenes Kind wohl auch intersexuell sein würde, beobachten. Ich hatte die irrationale Befürchtung, durch die intensive Beschäftigung mit dieser Thematik auch bei meinen Kindern Intersexualität »heraufzubeschwören«.

Eine Forschungsteilnehmerin wunderte sich, warum ich als Ethnologin intersexuelle Menschen in Deutschland untersuche. Bedeutete dies, so fragte sie mich, dass sich die Ethnologie nicht mehr nur dem Exotischen in anderen Kontinenten, sondern auch exotischen Menschen unserer Gesellschaft zuwende. Abgesehen von einem veralteten Verständnis von Ethnologie, das hier zugrunde liegt, muss ich mich dieser Frage durchaus stellen. Die Auswahl von intersexuellen Menschen in unserer Gesellschaft als Untersuchungsgegenstand könnte man so verstehen, als ob ich diese Menschen als die »anderen« oder die »fremdartigen« gegenüber den »normalen«, zu denen ich mich selbst als Forscherin rechne, konstruieren und mir so deren Probleme »vom Leibe halten« würde. In diesem Buch wird aber deutlich werden, dass es sich genau umgekehrt verhält: Prozesse der Normalisierung wie der Exotisierung von Intersexualität werden gleichermaßen dargestellt. Das Hinterfragen des eigenen Körpers und von scheinbaren Gewissheiten betrifft uns alle. Insofern ist es schwer, sich nicht selbst auch von vielen Punkten betroffen zu fühlen. Allerdings konnte ich bei mir selbst beobachten, dass es mir, um als wissenschaftliche Forscherin ernst genommen zu werden, immer wieder wichtig war herauszustellen, selbst nicht intersexuell zu sein und das Thema sozusagen nicht als Betroffene zu behandeln. Warum war mir das so wichtig?

Anhand des Umgangs meiner Kinder mit Menschen, die weder Mann noch Frau sind, habe ich gelernt, dass ein unproblematischer und normaler Umgang mit Intersexualität möglich ist. Sie haben mitbekommen, dass die meisten Menschen zwar Jungen oder Mädchen beziehungsweise Männer oder Frauen sind, dass es aber auch Menschen gibt, die nicht Mann und nicht Frau sind.

Eine der Qualifikationen, die sich ein Ethnologe während seines Studiums erwerben sollte, ist die Fähigkeit zum Perspektivenwechsel. Während meiner Feldforschung in verschiedenen Institutionen und Selbsthilfegruppen und bei Interviews mit Betroffenen, Eltern und Ärzten war ich ständig zum Perspektivenwechsel gezwungen, was mir nicht unbedingt leicht fiel. Denn jeder Diskurs erscheint in sich logisch, nachvollziehbar und seine Aussagen durchaus zutreffend. Bewegte ich mich eine Zeitlang innerhalb eines bestimmten Diskurses, so identifizierte ich mich auch mit gewissen Standpunkten. Bewegte ich mich jedoch aus diesem Diskurs hinaus und in einen anderen hinein, erschienen vor einem anderen Hintergrund die Deutungen, Sichtweisen, Argumentationen und Handlungsoptionen des vorigen Diskurses oft entkräftet, widerlegt und hinfällig. Am Anfang der Forschung hatte ich – vor allem beeinflusst durch kritische erwachsene intersexuelle Menschen – selbst den Standpunkt, intersexuelle Kinder sollten auf keinen Fall operiert werden. Allerdings wurde diese Sicherheit erschüttert, als ich mit den Überlegungen von Eltern konfrontiert wurde, die ihr Kind operieren ließen. Besonders einschlägig war die Situation, als mich ein Vater einer in der Kindheit operierten Jungendlichen fragte: »Sie haben doch selbst Kinder. Was würden Sie denn tun? «, und ich darauf damals nur antworten konnte, ich wüsste es beim besten Willen nicht.

Bisweilen kamen mir Zweifel an dem Vorhaben einer kulturwissenschaftlichen Forschung über intersexuelle Menschen. Vor dem Hintergrund ihrer existenziellen Probleme und Nöte fühlte ich mich mit meinem Forschungsinteresse und meiner wissenschaftlich nötigen Neugier als Voyeurin. Diese Menschen standen vor existenziellen Schwierigkeiten und ich machte eine abstrakte wissenschaftliche Arbeit! Besonders schwer fiel mir bisweilen der Wechsel von einem wissenschaftlich geforderten distanzierten Blick zu emotionaler Nähe während eines Interviews und umgekehrt. Diese beiden Ebenen waren bisweilen schwer zu vereinbaren.

Auch fühlte ich mich teilweise wie eine Spionin oder Verräterin, wenn ich nach emotional sehr tief gehenden Gesprächen mit Menschen, die aufgrund ihrer Erfahrungen vehement einen bestimmten Standpunkt vertraten und mich ins Vertrauen gezogen hatten, mit anderen sprach, die eine ganz andere Einstellung hatten. Gerade im Konfliktfeld zwischen Medizinkritikern und Medizinern empfand ich mich bisweilen im jeweils anderen Lager als Spionin. Auf der anderen Seite zeigten mir jedoch die freundschaftlichen Verbindungen zu vielen Teilnehmern der Studie und ihr positive Feedback auch, dass eine ausgewogene Darstellung der unterschiedlichen Standpunkte dem gegenseitigen Verständnis dienen kann und für viele auch einen Erkenntnisgewinn darstellt.

Kapitel 1: Theoretischer Rahmen

Im Folgenden wird der theoretische Rahmen für eine ethnologische Inter-sex-Forschung geschaffen. Dafür werden Versatzstücke aus der Werkzeug-kiste der Theorien vor allem der Ethnologie, aber gegebenenfalls auch der Nachbardisziplinen herausgegriffen. In dieser Studie geht er zwar um die Situation intersexueller Menschen in *unserer* Gesellschaft, genauer gesagt, um den deutschsprachigen Raum. Die hier zu entwickelnden theoretischen Rahmenbedingungen sind jedoch auch als Vorarbeiten zu einer Ethnologie des kulturellen Umgang mit Menschen, die *körperlich* nicht in die kulturellen Vorstellungen von Männern und Frauen hineinpassen, zu verstehen.

Ethnologische Geschlechterforschung

sex und *gender*

Die britische Soziologin Oakley plädierte 1972 als erste dafür, zwischen biologischen, angeborenen *sex*-Unterschieden und *gender*-Attributen, die durch Sozialisation erworben sind« (Oakley 1985: 18ff, Übers. CL) zu unterscheiden. Das Konzept *gender* wurde 1975 von der amerikanischen Ethnologin Rubin in die Ethnologie gebracht. Mit der Trennung der kulturellen Ausprägungen von Geschlecht von biologischen Gegebenhei-ten entstand Ende der siebziger Jahre des 20. Jahrhunderts Jahren eine ethnologische Geschlechterforschung, die Frau und Mann nicht mehr als universal gültige Analyseeinheiten betrachtete, sondern sie zum Forschungsgegenstand machte: »Was die Kategorie ›Frau‹ oder die Katego-rie ›Mann‹ in einem gegebenen Kontext bedeutet, muss untersucht werden und kann nicht vorausgesetzt werden« (Moore 1988: 7, Übers. CL).
Ortner und Whitehead gaben 1981 den ersten Sammelband zur ethnologi-schen Geschlechterforschung heraus, in dem Geschlecht erstmals als ein

kulturelles Bedeutungssystem aufgefasst wurde. In der Einleitung zu dem Band formulierten sie ihr Programm für die ethnologische Geschlechterforschung folgendermaßen: »Was *gender* ist, was Männer und Frauen sind, welche Art von Beziehungen sie untereinander haben oder haben sollen, all diese Begriffe spiegeln nicht einfach biologische ›Gegebenheiten‹ wieder oder verfeinern sie, sondern sind größtenteils Produkte von sozialen und kulturellen Prozessen« (Ortner und Whitehead 1981: 1, Übers. CL). Die Frage, was ein Mann und was eine Frau ist, wurde von da an als Ergebnis sozialer Prozesse und in enger Beziehung mit anderen kulturellen Systemen wie Verwandtschaft, Wirtschaft und Politik betrachtet.

Die konzeptionelle Trennung von *sex* und *gender* liegt – von einigen jüngeren Ansätzen abgesehen – fast der gesamten ethnologischen Frauen- und später Geschlechterforschung zugrunde. Ebenso wie anderen Begriffspaaren, wie zum Beispiel Rasse/Ethnie oder *disease/illness* basiert auch diese Dichotomie auf der disziplinär verankerten Trennung von Körper und Kultur. Dass die (ethnologische) Geschlechterforschung jahrzehntelang *sex* den Naturwissenschaften überließ und sich nur um *gender* kümmerte, bedeutete zweierlei: Zum einen schufen sich die Kulturwissenschaften auf diese Weise eine Möglichkeit, sich mit *gender* (ebenso wie mit Ethnie und Krankheit) unabhängig von biologischer Determinierung zu beschäftigen. Zum anderen schufen sie sich damit auch eine Grenze, die den Rahmen absteckte, womit sich Kulturwissenschaftler beschäftigen durften und womit nicht. Indem sie die Interpretation körperlicher Unterschiede den Naturwissenschaften überließen und allein an der *Bedeutung* dieser Unterschiede im sozialen Leben interessiert waren, übernahmen sie die naturwissenschaftliche Beschreibung sozusagen als gegeben und waren gleichzeitig abhängig davon. Somit behielten die Naturwissenschaften respektive die Medizin die Definitionsmacht über den Körper.

Collier und Yanagisako eröffneten 1987 die Debatte darüber, ob die Trennung von *sex* und *gender* als Grundlage der ethnologischen Geschlechterforschung überhaupt gerechtfertigt sei. Denn die Analysekategorie *gender* wie auch die Kategorie »Verwandtschaft« basiert diesen Autorinnen zufolge auf spezifisch euro-amerikanischen Vorstellungen von Geschlecht und Verwandtschaft, nämlich auf der Begründung von beiden in der sexuellen Reproduktion. So wie im euro-amerikanischen Verwandtschaftsmodell durch die Verbindung von Verwandtschaft und sexueller Reproduktion nur die genetische oder »biologische« Verwandtschaft als echt gelten, so stellt auch die ethnologische Konzeption von *gender* eine enge

Verbindung zur Reproduktion her. Der »biologische« Geschlechterunterschied stellt demnach das Ergebnis eines euro-amerikanischen Geschlechterdiskurses dar und ist als ein *folk model* (Collier und Yanagisako 1987: 35) über Reproduktion zu begreifen. Somit ist letztendlich auch das »biologische« Geschlecht (*sex*) unter *gender* zu subsumieren. Trotz ihrer Forderung, auch *sex* als ein kulturelles Konstrukt zu betrachten, kamen Collier und Yanagisako nicht zu dem Schluss, sich mit diesen kulturellen Interpretationen des Geschlechtskörpers näher beschäftigen zu müssen. Stattdessen folgerten sie aus der Tatsache, dass das körperliche Geschlecht ein westliches Konstrukt sei, *gender* vollkommen losgelöst vom Körperlichen zu betrachten.

Errington entwarf 1990 eine Theorie der Beziehung zwischen Kultur und Geschlechtskörper, zwischen *embodiment* und dessen kultureller Interpretation. Ihre Überlegungen bieten einen wichtigen Bestandteil für eine ethnologische Betrachtung intersexueller Körper: »Die Tatsache, dass Körper mit ihren geschlechtlichen Vorrichtungen wirklich existieren, bedeutet nicht, dass sie darüber hinaus nicht auch historische und kulturelle Artefakte sind« (Errington 1990: 15, Übers. CL). Demnach ist nach Errington zu fragen, welche *Bedeutung* Körpern in bestimmten Kulturen und historischen Perioden zugeschrieben werden (Errington 1990: 15). Das, was wir im Westen »Anatomie« nennen, besteht bei genauer Betrachtung aus einer inneren verborgenen und einer äußeren sichtbaren Dimension. Die verborgene Dimension der Anatomie bezieht sich auf die innere Struktur von Körpern, wie Gonaden, inneres Genitale, aber auch Chromosomen und Hormone im biomedizinischen Modell, während die »äußere Dimension« die sichtbare Oberfläche des Körpers meint, wozu auch die Genitalien gehören. Diese sichtbaren Attribute des Körpers können kulturell als bedeutungsvolle Zeichen für eine soziale Kategorie interpretiert werden, müssen es aber nicht. Als »indexical signs« (Errington 1990: 19) weisen die äußeren körperlichen Geschlechtsattribute in der euro-amerikanischen Kultur sowohl auf die verborgene Anatomie als auch auf eine der beiden sozialen Kategorien Mann oder Frau hin. Sie zeigen somit auch Verhalten an, von dem angenommen wird, dass es den natürlichen körperlichen Unterschied widerspiegelt. Genitalien werden gemeinhin als Indizien für verborgene Substanzen, für ein bestimmtes Verhalten und eine bestimmte Identität, für reproduktive Fähigkeit und für sexuelle Präferenzen gedeutet. So besteht im euro-amerikanischen Geschlechterverständnis eine enge Verbindung zwischen Genitalien, Geschlechtsidentität

und -rolle, Hormonen, Genen und einem der beiden sich gegenseitig ausschließenden Geschlechtern – ein Grund, warum die operative Anpassung
des intersexuellen Genitales an das zugewiesene Geschlecht in diesem *gender*-Modell eine solche Relevanz hat.

Eine Zuordnung zu einer Geschlechterkategorie findet unmittelbar
nach der Geburt statt. Die Annahme, es gäbe nur zwei und sich gegenseitig
ausschließende Genitalien und darauf aufbauende Geschlechter, *erscheint* als
natürlich. Die Genitalien weisen dabei auf die Geschlechtsidentität, die
Chromosomen und Hormone als verborgene innere Geschlechtsunter-
schiede hin. Obwohl bekannt ist, dass die Menge der so genannten Geschlechtshormone in einem Körper und innerhalb einer Geschlechterkategorie variabel ist, wird angenommen, dass Männer und Frauen eine
geschlechtsspezifische Zusammensetzung an Hormonen haben. Obwohl
wahrgenommen wird, so Errington (1990: 21), dass einige Neugeborene
uneindeutige Genitalien haben, gibt es im euro-amerikanischen Geschlechtermodell keine dritte Geschlechterkategorie für diese Menschen.[2] Wir
werden später sehen, dass auf dieser Index-Funktion der Genitalien die
gegenwärtig diskutierte Idee eines Dritten Geschlechts für intersexuelle
Menschen gründet. Die Genitalien stehen dabei – hier folgt Errington
Collier und Yanagisako – in engem Zusammenhang mit dem euro-amerikanischen *folk model* der Reproduktion. Der Zweck von Genitalien ist hier
nämlich entsprechend der Annahme von Biowissenschaftlern und vielen
Anhängern der christlich-katholischen Religion die Reproduktion der Art.

Errington führt eine Dreiteilung des Geschlechts in *sex*, *Sex* und *gender*
ein. Bezüglich des Geschlechtskörpers plädiert sie für eine Unterscheidung
zwischen biologischem Geschlechtskörper (*sex*) und dessen spezifisch
euro-amerikanischen Konzeption (*Sex*). Unter *Sex* ist nach Errington zu
verstehen:

»Der gesamte Komplex von Vorstellungen von Genitalien als Zeichen von tieferen
Substanzen und Flüssigkeiten und über die Funktion und den richtigen Gebrauch
von Genitalien, die Zuschreibung des Körpers in die Kategorie des ›Natürlichen‹
(selbst eine kulturell konstruierte Kategorie) und die kulturelle Aufteilung von
menschlichen Körpern in zwei sich gegenseitig ausschließende und erschöpfende
sex-Kategorien.« (Errington 1990: 21, Übers. CL)

---

2 Obwohl eine dritte Kategorie in einer Kultur, in der die Genitalien als Indizien für das
   zugrunde liegende Geschlecht und das Verhalten so ausschlaggebend sind, eine nur logi-
   sche Konsequenz wäre.

Dagegen soll *sex* auf die faktisch gegebene *körperliche* Gegebenheit hinweisen, ohne diesem Begriff viel Bedeutung zu geben, um nicht in die westliche Konzeption von *sex* zu verfallen. *sex* kann stets nur unter Bezugnahme auf *Sex* erfahren werden (vgl. auch Butler 1997: 33). Unter *gender* schließlich versteht Errington »was verschiedene Kulturen aus sex machen« (Errington 1990: 27, Übers. CL). Während mit dieser Dreiteilung einige Aspekte des biologischen Geschlechts als kulturell konstruiert betrachtet werden können, bleibt unklar, wie man mit dem Rest (*sex*) verfahren soll. Errington entwirft verschiedene alternative Möglichkeiten der Beziehung zwischen *sex* und *gender*. Ein weiter gefasstes *gender*-System biete eine eigene Kategorie für uneindeutig geborene Kinder oder für Jugendliche, deren Genitalien sich in der Pubertät nicht erwartungsgemäß entwickeln. In diesem System hätten Genitalien auch eine geschlechtsanzeigende Bedeutung, aber statt zwei gäbe es drei Kategorien. Eine Kultur könnte auch vorpubertierenden Jungen und Mädchen sowie Frauen nach der Menopause einen *gender*-neutralen Status zuweisen. Ebenso könnte die genitale Geschlechtszuweisung eher als Potenzial denn als ein Faktum gesehen werden, für dessen Erfüllung erst kulturelle Maßnahmen nötig sind. (Errington 1990: 33)

Auch Moore (1994) stellt die universale Anwendbarkeit der Unterscheidung zwischen *sex* und *gender* in Frage, geht dabei allerdings noch weiter als Errington und Collier und Yanagisako. Moore zufolge gibt es überhaupt kein biologisches oder natürliches Substrat von Geschlecht, das nicht zugleich eine kulturelle Interpretation darstellt. Da *sex* nie unabhängig von seiner kulturellen Bedeutung wahrgenommen werden kann, ist Moore zufolge Erringtons Unterscheidung zwischen *Sex* und *sex* hinfällig. Die Annahme, *sex* stelle unabhängig von seiner kulturellen und historischen Dimension ein »Ding an sich« dar, ist demnach auch ein Produkt des biomedizinischen Diskurses über Körper und Geschlecht. Die Konzeption des biologischen Geschlechtskörpers als Grundlage der sozialen Kategorien Mann und Frau in enger Beziehung zur Reproduktion ist nach Moore ein Merkmal des euro-amerikanischen Geschlechtermodells und keineswegs universal zu finden. Moores für eine Ethnologie der Intersexualität verheißungsvolle Idee »dass *sex* selbst uneindeutig sein könnte, dass die natürlichen Fakten sexuierter Körper nur als kulturelle Konstruktionen zu begreifen sein könnten« (Moore 2000: 54, Übers. CL) führt sie zu der Fragestellung, ob *sex*-Klassifikationen genug seien, um *gender*-Kategorien in verschiedenen Kulturen mit mehr als zwei Geschlechtern zu begreifen und zu einem Plädoyer für die Beschäftigung mit *Doing gender*- Praktiken. Aber auch Moore zieht aus ihrer Idee nicht den Schluss, die kulturelle Konstruktion von Geschlechts*körpern* zum Forschungsfeld ethnologischer Geschlechterforschung zu erheben.

Bereits 1984 forderte Hagemann-White, die Kategorien »Mann« und »Frau« nicht als naturwissenschaftlich erhärtete Tatsachen, sondern als »Symbole in einem sozialen Sinnsystem« (1984: 79) zu begreifen. Dies führte sie zur Konzeption von Geschlecht als Kontinuum statt eines eindeutigen Dimorphismus. Geschlecht ist Hagemann-White zufolge keine biologische Tatsache, sondern bildet sich im Prozess der sozialen Interaktion ständig neu. Diese These, die aufgrund einer »Rezeptionssperre« (Gildemeister/Wetterer 1995: 2003) im deutschen akademischen Kontext kaum zur Kenntnis genommen wurde, hielt erst in den neunziger Jahren über die Butler-Rezeption Einzug in die Debatten von Feminismus und *Gender Studies*. Seit den frühen neunziger Jahre wurde im Gefolge von Butlers *Gender Trouble* (dt. 1991) und vor allem von *Bodies that Matter* (dt. 1995) das körperliche Geschlecht als Produkt eines regulierenden Diskurses über *gender* interpretiert, innerhalb dessen die Oberflächen von Körpern unterschiedlich markiert und mit Bedeutung versehen werden. Aus der anfänglichen feministischen Annahme einer kulturellen Überformung biologischer Unterschiede, die zu einer starken Beschäftigung auch mit ethnologischen Quellen geführt hat, hat sich die postmoderne Variante »Alles ist Kultur, eingeschlossen die Biologie« entwickelt (vgl. Landweer und Rumpf 1993: 4). Diese linguistische Wende in der Geschlechterforschung, Körperlichkeit als diskursive Repräsentation und als Performativität zu fassen und Geschlecht im Begriff des Diskurses aufgehen zu lassen, konnte die theoretische Herausforderung körperlicher Materialität umgehen, indem sie das »Gewicht, das Körper haben«[3] einfach leugnete (Hirschauer 2004: 10). Die Erkenntnis der sozialen Konstruktion des biologischen Geschlechts (*sex*) und der sozialen resp. biomedizinischen Produktion von Körpern führte im Extrem zu einer Eliminierung der konkret gegebenen und leiblich erlebbaren Materialität des Geschlechtskörpers.

Butler zeigt auf, wie sehr *sex* eigentlich *gender* ist und die Unterscheidung zwischen *sex* und *gender* damit hinfällig wird (Butler 1991: 24). Wie Errington stellt auch sie fest, dass es keine von kulturellen Annahmen unabhängige Wahrnehmung des Geschlechtskörpers geben kann. Die

---

3 Eine Anspielung an den Titel *Körper von Gewicht* von Judith Butler (1997).

Kategorie »Frau« – und, so kann ergänzt werden, die Kategorie »Mann« oder auch »Intersex« – wird durch verschiedene Diskurse erzeugt, was zu immer wieder neuen Interpretationen und Sinngebungen führt. Butler versteht die Materialität des biologischen Geschlechts nicht als Gegebenheit, sondern als ein Konstrukt, das durch die permanente Wiederholung von Normen für weibliche und männliche Körper hergestellt wird. Wenn Geschlecht nur konstruiert ist, wer ist dann dessen Konstrukteur? Im Anschluss an Foucault ist es für Butler nicht das einzelne Subjekt oder das Kollektiv von Subjekten, sondern eine unspezifische Matrix – die heterosexuelle Matrix beziehungsweise die Zwangsheterosexualität – die sowohl das Subjekt als geschlechtliches Subjekt als auch den Geschlechtskörper hervorbringt. Die Kategorie *sex* ist als ein »regulierendes Ideal« (Butler 1997: 21) von Anfang an normativ. Das biologische Geschlecht ist folglich ein *Ideal*, das mit der Zeit zwangsweise materialisiert wird. Es ist nicht etwas, was man hat oder eine statische Beschreibung dessen, was man ist. Vielmehr ist es eine derjenigen Normen, durch die man sozial überhaupt erst lebensfähig wird. Die gesellschaftlich produzierte Norm des biologischen Geschlechts qualifiziert einen Körper überhaupt erst dafür, kulturell verstehbar zu sein (Butler 1997: 21–22). Ein Körper, dessen Geschlecht weder eindeutig als männlich oder weiblich zu erkennen ist, ist auch sozial nicht lebensfähig. Gerade das wird eine zentrale Frage der vorliegenden Arbeit sein: Könnte es alternative Weisen geben, Subjekt zu sein, ohne gleichzeitig männlich oder weiblich zu sein? Könnte es geschlechtliche »Existenzweisen« (Maihofer 1995) jenseits von Mann und Frau geben? Viel versprechend in Bezug auf eine ethnologische Auseinandersetzung mit Intersexualität wäre eine Einbeziehung poststrukturalistischer und postmoderner Kritik an der Zwei-Körpergeschlechtlichkeit in der Folge Butlers in ethnologische Geschlechterstudien (vgl. Schröter 1998). Die Fragen, welche Körper wie interpretiert, auf welche Weise und in welchem Kontext in einer Gesellschaft »von Gewicht« (Butler 1997) sind, welche Ausschlussmechanismen im Zusammenhang mit gesellschaftlichen Machtstrukturen beteiligt sind und wie verkörperte Subjektwerdung im Sinne von Butler (und Foucault) funktioniert, stellen auch für die Ethnologie ein lohnendes Forschungsfeld dar.

Die Aufweichung der körperlichen Zweigeschlechtlichkeit konnte Gender-Theoretiker bislang nur dadurch gelingen, dass sie *sex* als reines Konstrukt betrachteten. Die Thematisierung von Intersexualität fordert den Geschlechter-Dimorphismus auch heraus, aber auf eine andere Weise. Die

Kritik am Zweigeschlechter-Dogma führt hier nicht über die Eliminierung des Körperlichen, sondern im Gegenteil über eine Neu-Thematisierung der konkreten und leiblich erlebbaren Materialität des Körpers. Sie stellt die Geschlechterforschung vor die Herausforderung, Körper als zwar in verschiedenen Diskursen konstruiert, aber dennoch in ihrer konkreten Präsenz gegeben theoretisch zu erfassen (vgl. Heldmann 1998: 55). Wenn der konkrete Körper nicht mehr ausgeblendet wird, so kann Zweigeschlechtlichkeit als gesellschaftliche Norm und als das Ergebnis eines hegemonialen Geschlechterdiskurses dekonstruiert werden. Die Thematisierung von Intersexualität und die Problematisierung des Zweigeschlechtersystems als gesellschaftliche Norm lässt sich als »vierte anti-universalistische Herausforderung« (Dietze 2003: 10-12) der Kategorie *gender* begreifen. Bislang hat das *gender*-Paradigma drei Erschütterungen oder »anti-universalistische Lernerfahrungen« (Dietze 2003: 10) gemacht, die jeweils zu seiner Neudefinition geführt haben. Die erste Erfahrung, die bereits im Keim der Frauenbewegung lag, war die Kritik am Androzentrismus. Die Kategorie »Frau« ging nicht in der allgemeinen Kategorie des Menschen als Mann auf, sondern stellt eine eigene Besonderheit dar. Die zweite Herausforderung, die durch die Einführung der kritischen Kategorie »race« kam, zeigte, dass die Kategorie »Frau« als die weiße Mittel-Klasse Frau unzutreffenderweise universalisiert wurde und die Erfahrungen der *women of color* negierte. Die dritte Lernerfahrung war eine Kritik an der impliziten Heteronormativität des bisherigen *gender*-Paradigmas. Sie bezog sich auf die *sex-gender*-Trennung selbst und zeigte auf, dass die Annahme eines »natürlichen« Geschlechts unreflektiert Körper, Reproduktion und Sexualität übernimmt und damit unter »Frau« die heterosexuelle Mutter verstand. Intersexualität nun könnte als vierte Lernerfahrung die körperliche Zweigeschlechtlichkeit nicht als universal, sondern als kulturelles Dogma enthüllen.

In der Ethnologie gibt es bislang nur wenige *ethnologische* Studien über indigene Konzeptionen von Geschlechts*körpern*. Einen interessanten Beitrag über indigene Konzeptionen von Geschlechtskörpern stellt die Forschung der Ethnologin Meigs (1976) dar. In ihrem Artikel *Male Pregnancy and the Reduction for Sexual Opposition in a New Guinea Society* analysiert sie die Konzeptionen der Geschlechtskörper der Hua, welche zwei Arten, zwischen den beiden körperlichen Geschlechtern (*sex*) zu differenzieren, kennen. Neben der Unterscheidung zwischen Mann und Frau (*vimo – a'bo*) auf der Basis von Genitalien existiert die Opposition von *kakora* (rein, verwundbar) und *figapa* (unrein, unverwundbar) auf der Basis von Unreinheit (*pollution*). *Kakora* bedeutet einen männlichen Körper, *figapa* einen weiblichen Körper. Im Gegensatz zur ersten Klassifizierung von Körpern, die unveränderbar ist, ist die zweite veränderbar und fließend. Für das Verständnis von Unreinheit, das in Neuguinea eine wichtige Rolle spielt (vgl. Meigs 1976: 404), sind folgende Annahmen wichtig: Unreinheit entsteht im weiblichen Körper und wird auch außerhalb dessen als weiblich klassifiziert. Unreinheit ist von einem Körper auf einen anderen übertragbar; die Menge von Unreinheit in einem Körper ist begrenzt und bei Frauen kann das Abgeben von Unreinheit bei Geburt und Geschlechtsverkehr auf das Kind beziehungsweise den Mann bis hin zur völligen Reinheit der Frau führen. Da die Verunreinigung von Frauen auf das Kind übertragen wird, das darauf entsprechend unrein und damit gefährlich für andere, reinere Hua wird, nimmt die Verunreinigung von Frauen mit jeder Geburt ab. Entsprechend gilt das erste Kind als unreiner und gefährlicher als das zweite und so fort. Durch die Übertragbarkeit von Unreinheit fließt diese durch die verschiedenen Geschlechts- (*sex*) und Altersklassen. Der Kategorie *kakora* (rein) werden präpubertäre Jungen, jugendliche und erwachsene Männer[4] und Frauen mit mindestens drei Kindern nach der Menopause zugeordnet. Diese Frauen, die *kakora* und damit »wie Männer« sind, erhalten Zugang zum Männerhaus und zum geheimen Wissen der Männer und befolgen deren Vermeidungsregeln. Die Kategorie *figapa* (unrein) umfasst Frauen im gebärfähigen Alter, Kinder, Frauen in der Menopause mit weniger als drei Kindern und alte Männer (die durch Geschlechtsverkehr viel Unreinheit angesammelt haben und »wie Frauen« sind, was zum Beispiel bedeutet, dass sie bei Hochzeiten mit den Frauen und Kindern essen). Beide Klassifizierungssysteme existieren nebeneinander, beziehen sich aber auf unterschiedliche Bereiche[5]. Wichtig für unseren Zusammenhang ist, dass sich beide Klassifikationen auf den Geschlechts*körper* beziehen. Erstere basiert auf Genitalien und ist statisch und ausschließlich, letztere auf Körperflüssigkeiten beziehungsweise auf Unreinheit, ist fließend und über-

---

4 Männer und Frauen im Sinne der anderen Differenzierung *vimo – a'bo.*

5 Die Unterscheidung *vimo – a'bo* auf der Basis von Genitalien ist zum Beispiel relevant in Bezug auf Arbeitsteilung, Autorität, Kleidung, Sitz- und Schlafweisen. Die Differenzierung *kakora – figapa* auf der Basis von Unreinheit wird bedeutsam in Bezug auf Essensvorschriften, den Kontakt zwischen Personen und den Zugang zum Männerhaus und Initiation in geheimes Wissen.

tragbar und wird eher als Kontinuum[6] denn als Opposition gesehen. Anhand Meigs' Studie wird deutlich, dass auch das westliche Konzept eines
körperlichen Geschlechts nicht ohne weiteres in andere Kulturen übertragbar
ist.

Alternative Geschlechter

Seit Ende der siebziger Jahre befasst sich die ethnologische Geschlechterforschung mit alternativen Geschlechtern und der institutionalisierten
Möglichkeit des Geschlechtswechsels in einigen außereuropäischen Kulturen. Welche theoretischen Möglichkeiten liegen in diesem Forschungsfeld
für eine Ethnologie des Geschlechtskörpers jenseits der Zweigeschlechtlichkeit?

Die euro-amerikanische Common-Sense-Vorstellung von Geschlecht
als »biografisch stabile, körperbezogene Klassifikation« (Hirschauer 2004)
gründet auf der Biologie. Sie geht von folgenden Grundannahmen aus: Ein
Mensch wird entweder als Mann oder Frau geboren, sein Geschlecht ist
unveränderlich, die Genitalien stellen die ersten und wesentlichen Geschlechtsmerkmale dar, die entscheiden, welchem von beiden Geschlechtern ein Mensch bei seiner Geburt zugeordnet wird und in welche
Geschlechterrolle er hinein sozialisiert wird (vgl. Garfinkel 1967: 122–124).
Gegenüber dieser Naturalisierung wird Geschlecht in vielen Kulturen, die
mehrere Geschlechter kennen, eher im sozialen als im körperlichen Bereich festgemacht. Im Unterschied zur euro-amerikanischen Konzeption
des Geschlechts seit dem 18. Jahrhundert sind es dort nicht so sehr die
körperlichen Geschlechtsmerkmale, sondern bestimmte, als männlich oder
weiblich betrachtete Handlungen, die das Geschlecht einer Person definieren. Männlichkeit und Weiblichkeit sind fragile Konstrukte. Sie sind keine
festen Attribute oder exklusiven Eigenschaften einer Person, sondern
werden zu einer bestimmten Zeit hergestellt, um sich in einem anderen
Kontext auch wieder zu verändern.

Einige Ethnologen (Röttger-Rössler 1994, Lang 1990) unterscheiden
zwischen der *Geschlechtsidentität* als dem subjektiven Empfinden der Geschlechtszugehörigkeit eines Individuums, der *Geschlechterrolle* als dem Ausdruck dieses Empfindens und dem *Geschlechtsstatus*, der dem Individuum

---

6 Geschlecht als Kontinuum zu begreifen, ist auch eine von mehreren alternativen Geschlechtskonzeptionen, die von intersexuellen Menschen verhandelt werden.

von seiner Kultur zugeteilt wird. So bedeutet zum Beispiel ein Geschlechterrollenwechsel – die Ausübung von kulturell dem anderen Geschlecht zugewiesenen Tätigkeiten und kulturell definierte charakteristische Verhaltensweisen des anderen Geschlechts – nicht zwingend einen Wechsel der Geschlechtsidentität oder des Geschlechtsstatus. Entsprechend deutet ein neuer Geschlechtsstatus nicht zwangsläufig auf eine veränderte Geschlechtsidentität hin, wohl aber auf eine andere Geschlechterrolle. Der Geschlechtsstatus richtet sich nach dem bei der Geburt zugeschriebenen Geschlecht. So ist es zwar richtig, dass in einigen Kulturen das Geschlecht als flexibel und veränderbar gesehen wird, jedoch bleibt der Geschlechtswechsel im Status immer erkennbar. Aus vielen ethnologischen Quellen über institutionalisierten Geschlechtswechsel und alternative Geschlechter geht nicht hervor, ob die Geschlechtsidentität, die Geschlechterrolle oder der Geschlechtsstatus beschrieben wird. Ermitteln lassen sich anhand der Quellen zwar die Geschlechterrolle und der Geschlechtsstatus von Personen, die einen Geschlechterrollenwechsel vollzogen haben, oder die einen besonderen nicht-Mann-nicht-Frau-Status innehaben; selten jedoch das subjektive Empfinden des Geschlechts, sprich das, was westlich-psychologisch als Geschlechtsidentität bezeichnet wird. Der Begriff »Geschlechtsidentität«,[7] der Aspekte von Dauerhaftigkeit und Eindeutigkeit impliziert, wird sowieso fragwürdig vor dem Hintergrund von Identitäten, die komplex, situationsabhängig und über die Zeit veränderbar sind. In neueren Ansätzen der Geschlechterethnologie wird daher Geschlechtsidentität eher als Prozess denn als stabile Einheit begriffen (vgl. Hauser-Schäublin und Röttger-Rössler 1998: 18). Meines Erachtens ist die Bedeutung von kulturellen, gesellschaftlichen oder subkulturellen Deutungsangeboten des Körpers und des Selbst auf die empfundene und veränderbare Geschlechtsidentität in der Ethnologie bislang viel zu wenig beachtet worden. Eine Untersuchung des Verhältnisses individueller Wünsche und Empfindungen gegenüber kulturellen Geschlechtsstatus-Konstruktionen wäre gerade im Hinblick auf Geschlechtsidentitäts-Probleme in unserer westlichen Kultur lohnend (vgl. Herdt 1990: 438, Lang 1990).

---

7 Zum Konzept der Geschlechtsidentität als Produkt des medizinisch-psychologischen Diskurses um Intersexualität und Transsexualität siehe Hausmann (1995) und Mak (2005b).

Der kulturelle Umgang mit Hermaphroditismus/Intersexualität

Im Rahmen seiner Ausführungen über den *Common Sense* geht der Ethnologe Geertz auch auf die Annahme eines scheinbar natürlichen Dimorphismus der Geschlechter ein:

»Wenn es einen Sachverhalt gibt, von dem jeder annimmt, dass er Teil der Weltordnung sei, so ist es der, dass die Menschen restlos in zwei biologischen Geschlechtern aufgehen [und daher ist] Intersexualität [...] mehr als eine empirische Überraschung: es ist eine kulturelle Herausforderung [bei der klar wird] dass der *common sense* hier mit seiner Weisheit am Ende ist.« (Geertz 1987: 271–272)

Wenngleich einige ethnologische Berichte auf Hermaphroditismus und Intersexualität anspielen, gibt es bis auf zwei Ausnahmen keine Studien explizit über den kulturellen Umgang mit medizinisch definierter Intersexualität in nicht-westlichen Kulturen. Diese Ausnahmen stellen die medizinischen Berichte über die *guevedoce* der Dominikanischen Republik und die ethnologischen Berichte über die *kwolu-aatmwol* auf Papua Neuguinea dar. Eine Form von Intersexualität, medizinisch 5-alpha-Reduktasemangel benannt, wurde in den neunziger Jahren auf der Dominikanischen Republik durch Zufall von der US-amerikanischen Endokrinologin Imperato-McGinley »entdeckt«. Diese Menschen, die mit einem intersexuellen Genitale auf die Welt kommen und in der Pubertät körperlich virilisieren, werden dort als *guevedoce* (»Penis mit zwölf«) klassifiziert und daher von einigen Ethnologen (Herdt 1990: 437) als ein Drittes Geschlecht interpretiert. Imperato-McGinley wollte mit ihrer Beobachtung, dass fast alle *guevedoce*, obwohl weiblich sozialisiert, in der Pubertät ihr Geschlecht wechseln, die These von der Dominanz der Biologie gegenüber der Sozialisation belegen. Jedoch wurde ihre Interpretation des »Durchbruchs« einer wahren männlichen Natur gegenüber der weiblichen Sozialisation durch das Wirken der Androgene in einer »laisser-faire-Umgebung« (Imperato-McGinley u.a. 1979: 1235–1236) von Ethnologen (Sagarin 1975, Herdt 1990), wie auch von einigen Psychologen und Medizinern (Money 1976; Rubin u.a. 1981) bezweifelt. Der Wechsel des Geschlechts in der Pubertät wird von Ethnologen nämlich als Ergebnis der Sozialisation als *guevedoce* (nicht als Mädchen), durch die die Kinder auf diesen Geschlechterrollenwechsel bereits vorbereitet werden, verstanden. Dass sich auch der Körper in der Pubertät in die männliche Richtung entwickelt, unterstütze demnach den Prozess der männlichen Identitätsbildung zwar, sei aber nicht die Ursache des vermeintlichen Geschlechtswechsels. Nach Herdt findet hier nicht ein

Geschlechtswechsel vom weiblichen zum männlichen Geschlecht statt, sondern »eine Transformation vom Hermaphroditen mit einer ›weiblichen‹ Geschlechtsidentität – wahrscheinlich uneindeutig erzogen – zum Hermaphroditen mit männlicher Geschlechtsidentität [...], der in bestimmten sozialen Orten als ein erwachsener Mann kategorisiert wird« (Herdt 1990: 438, Übers. CL). An der medizinisch-psychologischen Diskussion um die Interpretation der *guevedoce* wird deutlich, dass es nicht um ein Verständnis der kulturellen Bewertung und Lebenssituation der *guevedoce* innerhalb ihres kulturellen Kontextes geht. Vielmehr werden die *guevedoce* als Beweismittel in einem wissenschaftlichen Streit von *nature* versus *nurture* instrumentalisiert. Dabei wird, wie Herdt (1990: 438) bemerkt, »Klinikkultur« und der »klinische Blick« ins »Feld« exportiert und in die Klinik reimportiert, ein Prozess, durch den Geschlechtsidentität und –rolle der *guevedoce* dekontextualisiert wird. Zurückgeführt ins »Feld« hat diese Interpretation auch die Wahrnehmung der Bevölkerung insofern verändert als ehemalige *guevedoce*, der Darstellung von Imperato-McGinley (1976: 872) zufolge, fortan als Jungen erzogen werden.

Bislang gibt es weder von Medizinern noch von Psychologen oder Ethnologen Versuche, die *guevedoce* als das, was sie in der indigenen Deutung ihrer eigenen Kultur sind, wie sie sich selbst wahrnehmen und beschreiben, wie mit ihnen umgegangen wird, welche Perspektiven sie haben, kurz die kulturelle Ontologie (Herdt 1994c: 437) und Praxis der *guevedoce* zu beschreiben. Durch die Brille der Zweigeschlechtlichkeit kann ihre Geschlechterrolle und Geschlechtsidentität nur erst als weiblich, dann als männlich interpretiert werden. Für ein wahres Verständnis der indigenen Einordnung und des kulturellen Umgangs ist es jedoch erforderlich, unsere westliche Vorstellung einer körperlichen, psychischen und sozialen Zweigeschlechterordnung als ein kulturspezifisches sinnstiftendes Ordnungsmuster, das nicht ohne weiteres in andere kulturelle Sinnstiftungssysteme übertragbar ist, zu erkennen und nicht als eine Gegebenheit vorauszusetzen (vgl. Herdt 1994c: 420-421).

Die einzige ausführliche *ethnologische* Arbeit über den kulturellen Umgang mit intersexuell geborenen Menschen stellen die Forschungen von Herdt (1990, 1994) über die *kwolu-aatmwol* dar, eine indigene Kategorie für Menschen, die ebenfalls der medizinisch definierten Intersex-Kategorie 5-alpha-Reduktasemangel zugeordnet werden konnten. Die Sambia im Hochland von Papua Neuguinea unterscheiden Herdt zufolge zwischen drei biologischen und sozialen Geschlechterkategorien: Männern, Frauen und *kwolu-aatmwol* (»weibliches Ding, das sich in ein männliches Ding transformiert«) oder auf Neumelanesisch Pidgin *turnim man*[8] (Herdt 1994c: 436). Dieser »Hermaphroditismus« (Herdt 1994c) wird als trauriges und mysteriöses Schicksal betrachtet. Die *kwolu-aatmwol* werden meist bei ihrer Geburt erkannt, einer dritten Geschlechterkategorie zugeordnet und vorwiegend in der männlichen Richtung erzogen. Die *kwolu-aatmwol* sind nicht besonders hoch geschätzt, es sei denn, sie werden Schamanen oder Kriegsführer. Nach Herdt, der dieses Phänomen über Jahre hinweg zusammen mit dem Psychiater Davidson studiert hat, zeigen die *kwolu-aatmwol* ein weniger männliches Verhalten als Sambia-Männer und haben eine eigene Geschlechtsidentität, die sich von der männlichen und weiblichen unterscheidet. Herdt sieht in ihnen eine dritte Geschlechterkategorie, mit einer starken Betonung der männlichen Rollenaspekte, wenngleich sie keine vollständigen Männer sind. So machen sie z. B. nur die beiden ersten Stufen der Initiation für Jungen durch. Die dritte Stufe, durch die ein Junge zum Mann wird und bei der die Initianden in Mythen dieser Kultur, die unter anderem von Hermaphroditen als ersten Menschen sprechen, eingeweiht werden, bleibt ihnen vorenthalten.

Herdts Ethnografie der *kwolu-aatmwol* leidet im Hinblick auf die ethnologische Beschäftigung mit intersexuellen Körpern darunter, dass er die kulturelle Bedeutung dieses »Dritten Geschlechts« nicht mit der sambianischen Konzeption von Mann und Frau in Verbindung bringt, obwohl über das Hochland von Neuguinea zahlreiches Material über Geschlechtskonzeptionen existiert und er selbst Material über die Fragilität von Männlichkeit und Weiblichkeit in dieser Gruppe veröffentlicht hat (1982, 1987). Darin stellt er zum Beispiel dar, dass Jungen erst in verschiedenen Initiationsritualen biologisch zum Mann gemacht werden müssen, indem sie männliche Samenbildung durch rituelle Insemination durch andere Männer erst induziert bekommen. Des Weiteren führt er aus, wie Männern ihr permanenter Zweifel an ihrer Männlichkeit durch Mythen und Rituale genommen wird.

Bereits Anfang des 20. Jahrhunderts hat sich die Ethnologie mit Doppelgeschlechtlichkeit beschäftigt. Viele Ethnien in Afrika, die Beschneidung praktizieren, gehen von der Annahme einer körperlichen Doppelgeschlechtlichkeit aller Menschen aus. Die Vorhaut beim Jungen wird als weibliches Körpermerkmal betrachtet, die Klitoris von Mädchen

---

8 Nach engl. *turning man*. Dieser Ausdruck bezeichnet den Wechsel zum Mann.

als ein männliches. Erst durch die rituelle Einschreibung körperlicher
Männlichkeit beziehungsweise Weiblichkeit und durch die Entfernung
gegengeschlechtlicher körperlicher Merkmale bei der Beschneidung wird
ein Mensch sozial männlich beziehungsweise weiblich (Baumann 1986: 88).
Wie Intersexuelle in den westlichen Gesellschaften[9] müssen hier alle Menschen durch an den Leib gehende Normen und Körperpraktiken erst zu
Jungen oder Mädchen, Männern oder Frauen gemacht werden. Wie stellt
man sich Hermaphroditen in einer Kultur vor, in der alle Kinder vor der
Beschneidung als doppelgeschlechtlich betrachtet werden? Die Bambara
gehen davon aus, dass jeder Mensch durch seine spirituellen Substanzen
zugleich männlich und weiblich ist, da er neben der Seele ein gegengeschlechtliches Double, einen Schatten beziehungsweise einen Zwilling
(*Dya*) besitzt. Diese Substanz haben Hermaphroditen nicht, denn der
Hermaphrodit »der sowohl männlich als auch weiblich ist, gilt materiell als
sein eigener Zwilling und hat deshalb kein *Dya*« (Dieterlen in Baumann
1986: 86). Studien wie diese über die Bedeutung bestimmter Körperteile als
zu beseitigende *Marker* des anderen Geschlechts stellen wertvolle Bestandteile einer Ethnologie des Geschlechtskörpers und einer ethnologischen
Betrachtung von Intersexualität in verschiedenen Kulturen dar. Um die
lokalen Kategorisierungen von Menschen, die zwischen den Geschlechtern
geboren werden, verstehen zu können, müssen zuerst die geschlechtsprä-
gende Bedeutung von Körperteilen, -substanzen und –flüssigkeiten analysiert werden.

Innerhalb der Medizin wird in jüngster Zeit vermehrt auf den »Faktor
Kultur« im Umgang mit Intersexualität hingewiesen. Der Aufsatz *The Impact of Culture on Sex Assignment and Gender Development in Intersex Patients* der
deutschen Endokrinologin Kuhnle (2003) ist dabei als Wegbereiter des
medizinischen Interesses an kulturellen Unterschieden im Umgang mit
Intersexualität zu nennen. Aus ihren Beobachtungen, dass in Malaysia
intersexuelle Kinder und Jugendliche mit moslemischem Hintergrund, die
als Mädchen sozialisiert waren, teilweise ohne größere Schwierigkeiten in
die männliche Geschlechterrolle hineinkommen und die andere Geschlechtsidentität annehmen konnten, zieht Kuhnle zwei Schlüsse: (1) Der biomedizinische Umgang mit Intersexualität ist von kulturspezifischen westlichen
Werten geprägt und (2) der Umgang mit Intersexualität ist abhängig vom

---

9 Dies war nicht schon immer so. Erst durch die Entwicklung medizinischer Diagnose-
und Behandlungstechniken können intersexuelle Körper überhaupt erst umgestaltet
werden.

kulturellen Hintergrund. Für (Medizin-)Ethnologen eine Selbstverständlichkeit, werden kulturelle Variationen im Umgang mit Intersexualität, die die medizinische Behandlungspraxis nicht länger ignorieren kann, innerhalb der medizinischen Intersex-Debatte nur sehr zögerlich diskutiert.

Mit Ausnahme der oben erwähnten Studie von Herdt (1994) gibt es bislang keine ethnologischen Arbeiten über den kulturellen Umgang mit intersexuellen Menschen im westlich-biomedizinischen Sinne. Betrachtet man das große Interesse der Intersex-Bewegung im deutschsprachigen Raum an anderen kulturellen Umgangsweisen mit intersexuell geborenen Menschen – ich werde im 2. Kapitel darauf zurückkommen – sowie das allgemeingesellschaftliche Interesse daran, stellt dieser Bereich sicherlich eine lohnende ethnologische Forschungslücke dar.

Die kulturelle Konstruktion des Körpers

Einschreibung sozialer Kategorien in den Körper

Seit den frühen siebziger Jahren gewann der Körper in der Ethnologie wie auch in der Soziologie zunehmend an Bedeutung.[10] Die Körperethnologie als Teilbereich der Ethnologie widmet sich dem Zusammenhang zwischen Körper und Kultur; den Forschungsgegenstand stellen Konzeptionen von Körperteilen, -prozessen und -produkten und leibliche Erfahrungen in ihrem kulturellen Kontext dar. Der Körper wird als gleichermaßen natürlich wie kulturell hergestellt betrachtet (vgl. Scheper-Hughes/Lock 1987:7). Er wird als ein »Ort« verstanden, in den kulturelle Normen eingeschrieben werden und an dem Subjekte morphologisch und sozial konstruiert werden (Moore 2000: 164). Der Körper, der sich symbolisch zum Spiegel der jeweiligen gesellschaftlichen Ordnung verdichten kann, ist auch Mittler und Ziel transformatorischer Prozesse (Schröter 1998: 5). Wenn vor allem Konflikte um die Deutung von bestimmten Körpern, Körperteilen oder Körperprozessen im Vordergrund stehen, stellt der Körper ein »Schlachtfeld für wettstreitende Ideologien« (Conboy 1997: 7) dar. Er ist dann ein Ort des Konflikts, wo soziale Wahrheiten ausgehandelt werden und wo auch Kreativität und Widerstand ihren Ausgang nehmen können. Den

---

10 Einen sehr guten Überblick über die Entwicklung und einzelnen theoretischen Fragestellungen der *Anthropology of the Body* geben Lock (1993) und Csordas (2000).

Körper zum Gegenstand der Ethnologie zu machen bedeutet eine radikale Kontextualisierung von vermeintlich natürlichen Gegebenheiten sowie einen Perspektivenwechsel hin zur kulturellen Produktion von Körpern. Das, was als vermeintlich natürlicher Körper wahrgenommen wird, ist für die Körperethnologie immer schon eine kulturelle Deutung. Bereits 1970 stellte Douglas (1986:106), eine Pionierin der *Anthropology of the Body*, fest, »dass es überhaupt keine »natürliche, von der Dimension des Sozialen freie Wahrnehmung und Betrachtung des Körpers geben kann«. Douglas war es auch, die den Körper als Thema in die breite Ethnologie eingeführt. Die Beziehung zwischen Körper und gesellschaftlichen Beziehungen ist ihr zufolge eine wechselseitige: Der Körper dient als Symbol zur Beschreibung gesellschaftlicher Beziehungen. Gleichzeitig wird er durch die Einschreibung sozialer Beziehungen in ihn zum mikrokosmischen Abbild der Gesellschaft. »Was in menschliches Fleisch eingraviert ist, ist ein Abbild der Gesellschaft« (Douglas 1966: 139, Übers. CL).

Das Bild des Gravierens bringt sehr gut zum Ausdruck, dass es sich bei der Einschreibung gesellschaftlicher Kategorien in den Körper nicht lediglich um eine *Interpretation* des Körpers handelt, sondern um eine kulturelle *Transformation* des ursprünglichen Materials, das an sich nie wahrgenommen werden kann, da Körperwahrnehmung und -wissen stets auch Körper*deutung* ist. Nach Douglas werden Ausdruck und Wahrnehmung des Körpers durch Anforderungen der Gesellschaft determiniert und eingeschränkt. Diese Art von Körperkontrolle stellt ein wichtiges Instrument der sozialen Kontrolle dar. Um in eine bestimmte soziale Norm zu passen, kann der Körper wie im Falle von Intersexualität auch ganz konkret »bearbeitet« werden.

Scheper-Hughes und Lock unterscheiden zwischen drei Körpern: dem »individuellen Körper«, dem »sozialem Körper« und der »Körperpolitik« (1987: 7–8), welche zum einen sich überlappende Analyseeinheiten darstellen, zum anderen drei unterschiedliche theoretische Ansätze repräsentieren, nämlich »individueller Körper« die Phänomenologie, »sozialer Körper« den Strukturalismus und Symbolismus und »Körperpolitik« den Poststrukturalismus (Scheper-Hughes und Lock 1987: 8). Unter dem »individuellen Körper« verstehen sie die gelebte Erfahrung des eigenen verkörperten Selbst, die je nach gesellschaftlichem Kontext unterschiedlich sein kann. Der »soziale Körper« bezieht sich auf den repräsentativen Gebrauch des Körpers als Symbol für die Natur oder die Gesellschaft und damit auf die symbolische und strukturalistische Ethnologie des Körpers, die mit den

Studien von Douglas (1966, 1970) ihren Anfang genommen hat. »Körperpolitik« schließlich beschreibt – in Anlehnung an Foucault – die Regulierung, Überwachung und Kontrolle von Körpern in den verschiedensten gesellschaftlichen Bereichen.

Körperpolitik

Gesellschaften formen durch Körperpolitik und Disziplinierungstechniken die Art von Körpern, die sie brauchen und die ihre soziale Ordnung nicht gefährden (Scheper-Hughes/Lock 1987: 25). Auf diese Weise werden »politisch korrekte« männliche und weibliche Körper produziert. Barz u.a. nennen diesen Prozess im Anschluss an Foucaults »Bio-Politik« »Körperpolitik« und meinen damit »Macht- und Gewaltverhältnisse, die sich auf den menschlichen Körper beziehen« (1988: 1). Konkret verstehen sie darunter »Bemächtigungs- und Gewaltanwendungen wie Folter, Vergewaltigung, medizintechnologische Eingriffe, bevölkerungspolitische Maßnahmen und die Herstellung von Zweigeschlechtlichkeit – diskursive Praktiken, die in ihrer Materialität ›an den Leib gehen‹« (Barz u.a. 1988: 1). »Körperpolitik« bezieht sich nicht allein auf den Geschlechtskörper, sondern allgemein auf die Normierung und den Ausschluss von Körpern durch hegemoniale Diskurse. Einen solchen hegemonialen Diskurs über den Körper stellt in unserer Gesellschaft der biomedizinische Diskurs dar.

Foucault (1973, 1988) beschreibt den Körper als ultimativen »Ort« für ideologische Kontrolle, für Überwachung und Reglementierung. Seit dem 18. Jahrhundert ist er Gegenstand für Disziplinarmächte. Institutionen wie die Medizin oder die Rechtsprechung bestrafen diejenigen Körper, die die etablierten Normen und Grenzen verletzen und machen auf diese Weise Körper produktiv und ökonomisch nutzbar. Dabei spielt die Medizin als »eine bedeutende und machtvolle Institution, die Körper als abweichend oder normal, als hygienisch oder nicht hygienisch und als beherrscht oder kontrollbedürftig« (Lupton 1994: 23, Übers. CL) klassifiziert, eine einflussreiche Rolle. Im 20. Jahrhundert war der Körper gar nicht mehr anders zu denken als ihn der »medizinische« beziehungsweise »klinische Blick«[11] objektivierte und auch über den intersexuellen Körper wurde der Medizin die Definitionsmacht übertragen. Seit dem späten 18. Jahrhundert gewann

---

11 Original »le regard médical«, im Englischen als »the clinical gaze« übersetzt.

die Medizin sogar eine quasi-religiöse Funktion, denn die Patienten waren gezwungen, in der medizinischen Begegnung die Geheimnisse ihres Körpers zu enthüllen. Auf diese Weise löste das medizinische Geständnis die religiöse Beichte ab (Lupton 1994: 23). Unklassifizierbare und uneindeutige Phänomene, die kulturelle Grundannahmen in Frage stellen, können als bedrohlich empfunden werden. So stellt zu einer Zeit, in der sich die klassischen Geschlechterrollen mehr und mehr auflösen, in der Sexualität nicht mehr zwangsläufig auf einem dichotomen und komplementären Verständnis der Geschlechter aufbaut und in der sogar die Geschlechtsidentität frei wählbar wird, die biologische Zweigeschlechtlichkeit – selbst ein historisch entstandenes Konzept – die letzte Bastion unseres westlichabendländischen Geschlechtermodells dar. In diesem Sinne schreibt Kessler bezüglich Intersexualität: »Genitale Uneindeutigkeit wird nicht deswegen korrigiert, weil sie bedrohlich für das Leben des Kindes ist, sondern weil sie bedrohlich für die Kultur des Kindes ist« (Kessler 1990: 25, Übers. CL).

Embodiment und die kulturelle Konstitution der leiblichen Wahrnehmung

Die phänomenologisch ausgerichtete Körperethnologie betrachtet den Körper in seiner konkreten *leiblichen* Präsenz. Sie fragt nach der kulturspezifischen Wahrnehmung der Welt durch den Körper und nach der Art und Weise, sich durch diesen auszudrücken (Halliburton 2002: 1123). Unter *embodiment* ist zum einen die verkörperte Existenz, zum anderen eine bestimmte Methode gemeint, die das leibliche In-der-Welt-Sein als Ausgangspunkt der Erforschung von Kultur und Selbst versteht (Csordas 2000: 182). Sie fragt, wie mit der Materialität des Körpers theoretisch umzugehen ist, mit der Tatsache also, dass unsere Körper nicht nur das Produkt gesellschaftlicher Diskurse, sondern ganz konkret physisch gegeben und leiblich erfahrbar sind? Lock (2001: 483–484) hat mit ihrem Konzept der *local biologies* eine Möglichkeit geschaffen, den physisch gegebenen Körper, seine kulturelle Konstituierung und seine leibliche Erfahrung gleichermaßen zu erfassen. *Local biologies* verweist zum einen darauf, dass auch die Biologie ein kulturelles Konstrukt ist und man daher statt im Singular besser von mehreren lokalen Biologien sprechen sollte. Zum anderen verweist dieses Konzept auf die leibliche Erfahrung, in der physische Empfindungen und kulturelle Konzeption des Körpers zusammen fließen. Die körperlich erlebte Erfahrung ist einerseits durch den materiell gegebenen Körper, andererseits durch seine gesellschaftliche Repräsentation bestimmt, welche wiederum abhängig ist von lokalen Kategorien und Vorstellungen und eng verknüpft ist mit gesellschaftlichen Bereichen wie Geschichte, Politik, Sprache und lokalem Wissen. Mit ihrer Feststellung, auch der materielle Körper sei »lokal«, das heißt das Ergebnis eines kulturell bestimmten Blicks, eröffnet Lock die theoretische Möglichkeit, Körperwissen und leibliche Erfahrung als diskursive Konstruktionen zu untersuchen.

Die Hinwendung zur subjektiv gelebten Körperlichkeit und zu *embodiment* brachte Mitte der achtziger Jahre die Erkenntnis, Menschen *haben* nicht nur einen (kulturell und historisch unterschiedlich gedeuteten) Körper, sondern sie *sind* auch ihr Körper – auf kulturspezifische Weise (Turner 1984: 8). In diesem Zusammenhang hat sich im deutschen Sprachraum die Unterscheidung zwischen dem *Körper* als objektiv und materiell gegebener Entität und dem *Leib* als subjektives Erfahrungs- und Empfindungsorgan, von dem aus der Mensch seine Lebenswelt wahrnimmt und mit ihr interagiert, etabliert (vgl. Lindemann 1994: 8–10, Hauser-Schäublin u.a. 2001: 19, 133–137, Kalitzkus 2003: 48–51). Im Englischen wurden Begriffe wie »lived body« und »corporeality« eingeführt, um über den Leib-Aspekt der Körperlichkeit sprechen zu können. Scheper-Hughes und Lock sprechen vom »mindful body« und verstehen darunter »die Unzahl von Möglichkeiten, in denen der Geist durch den Körper spricht und in der die Gesellschaft in die bedeutungsoffene körperliche Hülle aus Fleisch und Blut eingeschrieben wird.« (1987: 7, Übers. CL). Die Art und Weise, wie Menschen ihren Körper leiblich erleben, ist eng verwoben mit ihrem Körperwissen. Dabei ist die Beziehung zwischen beiden eine wechselseitige: Körpererfahrung kann bestehendes Körperwissen relativieren, Körperwissen beeinflusst das eigene körperliche Erleben. Die Verknüpfung mit dem substanziell und materiell gegebenen Körper kann sollte dabei nicht ignoriert werden.

Die körperliche Erfahrung ist ebenso wie die Körperkonstruktion immer auch kulturspezifisch. Auf welche Art und Weise wir einen Körper wahrnehmen und welche körperlichen *Marker* wir bei der Deutung eines Körpers heranziehen, ist das Ergebnis bestimmter gesellschaftlicher Diskurse, die sich in den leiblichen Empfindungen einzelner Menschen materialisieren (vgl. Villa 2000: 231). Eine herausragende Rolle in der kulturellen Prägung von leiblicher Erfahrung kommt in euro-amerikanischen Gesellschaften dem biomedizinischen Körperdiskurs zu. Die Ethnologin Martin (1989) weist anhand der Beispiele Geburt, Menstruation und Menopause auf den großen Einfluss biomedizinischer Körperkonzepte auf die leibliche Erfahrung von Frauen hin. Auch andere Medizinethnologen, die sich mit Krankheitsgeschichten beschäftigen, beschreiben Menschen in der Auseinandersetzung mit ihrer Krankheit und im direkten Kontakt mit dem Körperbild des biomedizinischen Systems (zum Beispiel Kalitzkus 2003: 63). Darin wird allerdings auch die Diskrepanz zwischen der leiblichen Erfahrung des Patienten und dem biomedizinischen Körperwissen deutlich. In Bezug auf die leiblichen Empfindungen intersexueller Menschen wird zu fragen sein, welche Diskurse sich in den geschilderten leiblichen Erfahrungen materialisieren.

Zur Historizität des Zweigeschlechtermodells

Historische Arbeiten zum Zweigeschlechtermodell (Laqueur 1992, Honegger 1991, Duden 1991) zeigen, dass die Annahme eines ahistorischen natürlichen Geschlechtskörpers und einer scheinbar biologisch-anatomisch evidenten Zweikörperlichkeit ein Ergebnis des modernen bürgerlichen Geschlechterdiskurses sowie medizinischer, biologischer und politischer Diskurse darstellt. Der biologische Geschlechtsunterschied erlangte erst im 18. Jahrhundert die Bedeutung, die er heute hat, zu einer Zeit, da erstens die theologische und metaphysische Begründung der sozialen Zweigeschlechtlichkeit zunehmend fragwürdig wurde, und zweitens die Biologie und die Medizin große Fortschritte in ihrer Beschreibung der körperlichen Unterschiede von Mann und Frau machten.

Während davor der Unterschied zwischen Mann und Frau sozial oder sogar kosmologisch begründet wurde, wurde er im Zuge der Etablierung der bürgerlichen Gesellschaft im 18. Jahrhundert von da an als biologisch begründet gesehen. Vor dem 18. Jahrhundert war »Geschlecht« primär eine Kategorie, die sich auf soziale Rollen und Aufgaben und nicht auf den Körper bezog (vgl. Laqueur 1992, Oudshoorn 1994). Was den biologischen Geschlechtskörper betrifft, ging man von einem Ein-Geschlechter-Modell aus. Der Unterschied zwischen den Geschlechtern wurde als fließend, entlang von mehr oder weniger Hitze konzipiert. Männer und Frauen stellten folglich unterschiedliche Ausprägungen desselben Geschlechts dar. Galen von Pergamon (130-200 nach Christus) wird von

Laqueur als typischer Vertreter des Eingeschlechtermodells angeführt. Diesem zufolge waren Frauen körperlich invertierte Männer, deren Geschlechtsorgane sich am falschen Platz, nämlich im Inneren des Körpers statt außerhalb befänden und demnach eine nach innen gestülpte Version der männlichen Genitalien darstellten. Die weiblichen Geschlechtsorgane galten als verkümmerte Kopie der männlichen. So wurde die Vagina als innerer Penis gesehen. Die Ovarien, die im 19. Jahrhundert zum Synonym für Weiblichkeit wurden, wurden zu dieser Zeit als weibliche *testiculi* (kleine Hoden) bezeichnet. Auch Blut, Samen und Milch wurden Duden (1991) zufolge nicht als völlig unterschiedliche Dinge betrachtet, sondern gingen ineinander über und verwandelten sich. So konnten Männer Milch haben oder Frauen Samen ejakulieren (wobei der weibliche Samen als weniger vollkommen als der männliche galt). Darüber hinaus konnten auch Männer menstruieren, was sich vor allem im Nasenbluten manifestierte. Der geschlechtsanzeigende Zeichencharakter von äußeren oder inneren Organen und von bestimmten Körperflüssigkeiten stellt folglich eine soziale Konstruktion dar und ist nicht durch den materiell gegebenen Körper vorgegeben. »Das Geschlecht liegt im Auge des Betrachters.« (Duden 1991:138)

Im 18. Jahrhundert änderte sich das Geschlechterverständnis grundlegend (Laqueur 1992). Im Zwei-Geschlechter-Modell sind männliche und weibliche Körper kategorisch voneinander getrennte Körperkategorien, die essentiell verschiedenen, sich gegenseitig ausschließenden Bauplänen folgen. Die Begründung für die Differenz der Geschlechter wurde von der metaphysisch-ontologischen auf die naturwissenschaftlich-biologische Ebene und damit in die Körper verlagert und die für die heraufziehende bürgerliche Gesellschaft so wichtigen Attribute wie Aktivität und Rationalität im männlichen, Passivität und Emotionalität im weiblichen Körper verankert.[12] In dieser Zeit entwickelten sich Mediziner und Anatomen zu Deutungsexperten des Geschlechts. Im Ein- wie im Zwei-Geschlechter-Modell, so bemerkt die Philosophin Maihofer (1995: 22), stellt der Mann den normativen Maßstab dar. Die Frau ist in beiden Konzeptionen das Geschlecht, das abweicht, indem sie entweder weniger vollkommen oder eben fundamental verschieden ist. Das veränderte Verständnis des Geschlechtskörpers im 18. Jahrhundert hatte vor allem für die Bestimmung

---

12 Auf dieser Grundlage konnte sich eine »Sonderanthropologie des Weibes« (Honegger 1991) entwickeln. Höhepunkt dieser Entwicklung stellt das Werk *Über den physiologischen Schwachsinn des Weibes* von Paul Möbius aus dem Jahre 1905 dar.

des Wesens der Frau und ihrer sozialen Rolle Folgen: Da die metaphysische Begründung der Unterschiede zwischen den Geschlechtern der biologischen Begründung gewichen war, konnte der Ausschluss der Frauen aus dem öffentlichen Bereich und von »geistigen Dingen« mit einer radikalen körperlichen und anthropologischen Verschiedenheit der Frauen begründet werden, denn die unterschiedlichen Geschlechterrollen von Mann und Frau wurden direkt aus der körperlichen, biologisch-anatomischen Differenz der Geschlechter abgeleitet. Zudem wurde die Dualität von Geist und Körper auf die beiden Geschlechter projiziert. Eine »Sonderanthropologie des Weibes« entstand. (vgl. Honegger 1991).

Warum sich im 18. Jahrhundert das Zweigeschlechtermodell als ein völlig anderes Körperkonzept gegen das Eingeschlechtermodell durchsetzen konnte, lässt sich historisch durch die Aufklärung erklären. Die Zweikörperlichkeit ist das Ergebnis von Versuchen, zwischen Fakten und Fiktionen zu unterscheiden, die Wissenschaft von der Religion, die *ratio* vom Aberglauben zu trennen, die metaphysisch/kosmologisch begründete Ordnung durch eine gleichsam von der Natur auferlegte Ordnung zu ersetzen. Auf diese Weise wurde den sozialen Geschlechtern eine neue, stabile Grundlage gegeben. Das neue Geschlechtermodell ist demnach nicht vor allem die Folge eines Zuwachses an wissenschaftlicher Erkenntnis, sondern vielmehr das Ergebnis von epistemologischen, ökonomischen und politischen Verschiebungen (Laqueur 1992: 22). Biologie und Medizin *beschreiben* nicht lediglich den biologischen Unterschied der Geschlechter, sondern haben ihn erst *hervorgebracht*. Das Ein- wie das Zweigeschlechtermodell sind »Hervorbringungen der Kultur« (Laqueur 1992:177). Es ist leicht ersichtlich, dass innerhalb eines quantitativen Modells des Geschlechtskörpers wie dem Eingeschlechtermodell, in dem der Unterschied zwischen den Geschlechtskörpern graduell und nicht fundamental und essentialistisch wahrgenommen wurde, auch Menschen mit körperlicher Zwischengeschlechtlichkeit und Geschlechtswechsel leichter eingeordnet werden konnten – Laqueur (1992) selbst bringt Beispiele von Geschlechtsumwandlung durch eine Zunahme von Hitze. Ebenso ist ersichtlich, dass das Modell eines essentiellen Unterschieds zwischen den zwei Geschlechtern keinen anderen Raum der Einordnung körperlicher Zwischengeschlechtlichkeit denn als fehlgebildet oder gestört zulässt.

Laqueurs These des Übergangs vom Ein- zum Zweigeschlechtermodell im 18. Jahrhundert wird in drei Punkten kritisiert. Zum einen verkürze er die Vielfalt der Vorstellungen in der Antike und im Mittelalter zugunsten eines homogenen Geschlechtersystems, das er dann der heute vorherrschenden Zweigeschlechtersystem gegenüberstelle. Zum anderen entstammen sämtliche von ihm zitierten Auffassungen einer gebildeten Oberschicht und waren keineswegs auf diese Weise allgemein verbreitet (vgl. Schröter 2002: 67). Darüber hinaus seien seine Thesen reduktionistisch, weil sie lediglich die Wahrnehmung des Körpers von außen und die Rede *über* ihn beschreiben und nicht seine innerliche, leibliche Wahrnehmung. Dabei gerate ihm der Aspekt der leiblichen Erfahrung des eigenen Körpers aus dem Blick, ein Aspekt, der das zentrale Thema von Dudens Untersuchungen darstellt (vgl. Maihofer 1995: 33). Ein weiterer Kritikpunkt ergibt sich aus den Ergebnissen meiner eigenen Forschungen über das biomedizinische Geschlechtermodell: Bei einer Gegenüberstellung des von der Antike bis ins Mittelalter geltenden Ein-Geschlechtskörper-Modells mit dem heute vorherrschenden Zwei-Geschlechtskörper-Modell wird meist übersehen, dass auch heute noch mehrere Modelle des Geschlechtskörpers nebeneinander existieren. So stellt das endokrinologische Modell ein quantitatives Modell der Unterschiede zwischen den Geschlechtern dar (vgl. Oudshoorn 1994: 20-37) wie auch heutige medizinisch-anatomische Beschreibungen eines gemeinsamen anatomischen Bauplans für männliche und weibliche Genitalien an das Galensche Eingeschlechtermodell erinnern. Ich werde im zweiten Kapitel darauf zurückkommen.

Laqueur ist zusammen mit anderen Autoren (Honegger, Foucault) einer Interpretationslinie zuzuordnen, die in der zweiten Hälfte des 2. Jahrtausends eine Verengung des Diskurses mit einer immer rigideren Zweigeschlechtlichkeit diagnostizieren. Dagegen beobachten andere (Trumbach 1994, van der Meer 1994) eine Ausweitung des Diskurses durch die Entstehung von dritten und vierten Geschlechtern für Homosexuelle im Kontext der Homosexuellen-Bewegung im 19. Jahrhundert. Diesen scheinbaren Widerspruch kombinierend schließt Schröter:

«Die Zuspitzung des hegemonialen Diskurses auf Dualität hin und die Herstellung eines restriktiven Differenzmodells, das vom sechzehnten bis zum beginnenden zwanzigsten Jahrhundert so auffällig in Erscheinung tritt, produzierten als einen ihrer Effekte differenzierte Diskurse der Subkultur und ließen das Abweichende und Nichteindeutige, das sie selbst an den Rand der Gesellschaft gedrängt hatten, in aller Deutlichkeit zu Tage treten. Erst als die Dualität der Geschlechter als wissenschaftlich erhärtete Tatsache galt, konnte der Verweis auf eine über die Zwei hinausgehende Zahl Sinn machen.» (2002: 62–63)

Die zunehmende Rigidität des Zweigeschlechtermodells als essentielle Unterscheidung zwischen den beiden Geschlechtern führte zur Marginalisierung von Gruppen, die nicht in die Norm passten. Je rigider die körpergeschlechtlichen Normen für die beiden Geschlechter Mann und Frau sind, desto eher führt von der Norm abweichendes Verhalten zur gesellschaftlichen Herausbildung alternativer Geschlechter.

Die Historikerin Dreger (1998) weist auf eine zentrale Frage meiner Untersuchung hin, wenn sie sagt: Die Antwort auf die Frage, was eine Person zu einem Mann, einer Frau oder einem Hermaphroditen macht, ändert sich je nach Zeit und Ort, nach Technologie und nach der gesellschaftlichen, wissenschaftlichen und politischen Situation; die Antwort ist demnach historisch und – so setze ich hinzu – kulturell. Die Muster, die die Mitglieder einer Gesellschaft zur Klassifizierung von Geschlechtskörpern benutzen, sind abhängig von den kognitiven und materiellen Werkzeugen, die sie zur Hand haben. Aufgrund welcher Maßstäbe der Einzelne sich als Hermaphrodit, Mann oder Frau fühlt, was es bedeutet, Hermaphrodit, Mann oder Frau zu sein und was mit einem gemacht wird beziehungsweise wie man sich verhält, variiert in Zeit und Raum (vgl. Dreger 1998: 9). Im ganzen zweiten Kapitel werde ich auch der Frage nachgehen, auf welch unterschiedliche Weise der Körper zum Zeichen des Geschlechts werden kann und wie daraus eine körperlich begründete Identität abgeleitet wird. Ich werde untersuchen, welche Grundannahmen bezüglich des Geschlechts und des Geschlechtskörpers neu konzipiert werden und welche nicht hinterfragt werden. In den verschiedenen verkörperten Begründungen intersexueller Menschen für ihr Geschlecht wird es um die Frage gehen, welche verschiedenen morphologischen beziehungsweise physischen Elemente als *Marker* für die eigene Körperdeutung gewählt werden.

Zur Historizität des leiblichen Erlebens des Geschlechtskörpers

Der moderne Körper ist als Effekt und als Objekt des »medizinischen Blicks« (Foucault 1988) entstanden, der ihn zum passiven Objekt macht, der ihn seziert, als ob er leblos wäre und der ihn durch das »anatomische Raster« zu seinem durch das Sezieren von Leichen gewonnenen anatomischen Wissen in Beziehung setzt. Dieser Blick schlägt sich auch im subjektiven Empfinden des eigenen Körpers nieder. Somit wird aus der

biomedizinischen Beschreibung des Körpers auch eine Selbstwahrnehmung. Verschiedene Autoren (Duden 1991, 1993, Dreger 1998) stellen dar,
wie mit der Übernahme biomedizinischer Beschreibungen des Körpers ein
Wechsel vom Erleben des eigenen Körpers als Leib zu seiner Wahrnehmung als objektiver Körper einhergeht. Duden (1993) zufolge ist unsere
leibliche Erfahrung heute so stark vom biomedizinischen Körperwissen
geprägt, dass wir unserer eigenen Leiblichkeit eine disziplinierte Objektivi-
tät entgegenbringen, die zu einem Verlust unseres Leibes und zur
Entsinnlichung unseres Körpers führt.

Die Soziologin Lindemann stellt in ihrem Aufsatz *Das soziale Geschlecht
unter der Haut*[13] (1994) die zweifache These auf, »dass sowohl der sichtbare
und erst recht der durch wissenschaftliche Verfahren sichtbar gemachte
Körper als auch das Spüren und Erleben des eigenen Leibes eine soziale
Konstruktion ist« (Lindemann 1994: 1). Sie untersucht, auf welche Weise
der Körper zum unterscheidenden Zeichen der Geschlechter wird und wie
die Geschlechter zu grundlegend unterschiedlichen körperlichen Erfahrungen kommen. Lindemann fordert, die »leiblich-affektive Realität
geschlechtlicher Erfahrung und die Evidenz des eigenen Geschlechts« zu
thematisieren, »Phänomene, an denen die Geschlechtskonstruktion bisher
vorbeigegangen ist« (Lindemann 1994: 2). Lindemann bietet wichtiges
theoretisches Material zum einen für die gesellschaftliche Bedingtheit dessen, was wir gewohnt sind, als objektiven oder biologischen Körper zu
bezeichnen, vor allem auch in Bezug auf die Frage der Zweikörperlichkeit,
zum anderen für die soziale Konstruktion des leiblichen Erlebens des
eigenen Körpers. Bislang, so Lindemann, haben wir nur die gesellschaftlich
angebotene »Brille« der Zweigeschlechtlichkeit zur Verfügung, um unseren
eigenen und andere Körper wahrzunehmen. Was würde passieren, könnten
wir diese Brille absetzen und eine andere aufsetzen? (vgl. Lindemann
1994:4)

Darüber, wie der Geschlechtskörper *erlebt* wurde, bevor das Modell des
geschlechtlichen Dimorphismus vorherrschend wurde, gibt Dudens
historische Untersuchung über das leibliche Erleben *Geschichte unter der
Haut* (1991) Aufschluss. Ihre detaillierte Studie über Körpererfahrungen
von Frauen um 1730, die sie anhand der Aufzeichnungen eines Eisenacher
Arztes rekonstruiert, zeigt, dass nicht nur das Körperwissen, sondern auch
die leibliche, innerliche Körpererfahrung, die wir als authentisch, eigentlich,

---

13 Der Titel ist natürlich eine Anspielung auf Dudens berühmte *Geschichte unter der Haut*
(1987).

tief und wahr zu begreifen gewohnt sind, geschichtlich entstanden und im Kontext der jeweiligen historischen Epoche zu verstehen sind. Ihre Untersuchung richtet sich »wider die Ungeschichtlichkeit des Leibesinneren« (Duden 1991: 7). Lindemanns und Dudens Überlegungen zur historischen und kulturellen Bedingtheit des leiblichen Erlebens des Geschlechtskörpers könnten auch für eine ethnologische Betrachtung geschlechtlicher Verkörperung fruchtbar gemacht werden.

Einige Autoren (Dreger 1998, Mak 2005a,b und c) diagnostizieren seit dem späten 19. Jahrhundert in Bezug auf Fälle von »zweifelhaftem Geschlecht« eine Abspaltung der subjektiven Erfahrung des Geschlechtsleibes vom medizinisch objektivierten Körper. Medizinisches Wissen über Geschlecht distanzierte sich zunehmend von dem, was die Leute selbst am eigenen Leibe erfahren, sehen und beobachten konnten. Diagnostische Techniken ermöglichten es Ärzten, bei äußerlich unauffälligen Frauen Hermaphroditismus zu diagnostizieren, der vor 1880 erst nach dem Tod durch Autopsie erkannt werden konnte.[14] Da man Eierstöcke oder Hoden meist nicht spürt, hatten medizinische Feststellungen des »wahren« Geschlechts, das man im »Age of Gonads« (Dreger 1998) durch die Gonaden markiert sah, oft wenig oder gar nichts mit der subjektiv erlebten Geschlechtlichkeit zu tun. Das führte zu neuen ethischen Problemen, wie zum Beispiel der Frage, ob man Menschen über ihr »wahres Geschlecht« aufklären sollte oder ob eine »Frau« mit Hoden einen Mann heiraten könne. Während Dregers Ausführungen nahe legen, dass die Medizin den subjektiv-leiblich erfahrenen Geschlechtskörper zurückdrängte, brachte nach Mak (2005b) die Medizin die Vorstellung eines tief verwurzelten eigentlichen und autonom gedachten geschlechtlichen Selbst erst hervor.

Im Folgenden wird also zu fragen sein: Wie erleben intersexuelle Menschen ihren eigenen Geschlechtskörper? Welche Körperteile und -organe werden als männlich, welche als weiblich, welche als intersexuell empfunden? In welchem Zusammenhang steht das leibliche Erleben intersexueller Menschen mit der biomedizinischen Deutung ihres Körpers? Auf welche Weise sind der intersexuelle Körper, sein leibliches Erleben und das eigene Selbst verbunden?

---

14 Zur Sektion als Verlängerung des »medizinischen Blicks« vgl. Foucault (1988).

Kulturwissenschaftliche Studien über Intersexualität

In den letzten Jahren sind einige sozial- und kulturwissenschaftliche Arbeiten über Intersexualität entstanden, vor allem in den USA. Kessler will mit ihrem Buch *Lessons from the Intersexed* (1998) aus soziologischer Perspektive in die medizinische Literatur über Intersexualität einführen, zur feministischen Theorie der sozialen Konstruktion von *gender* beitragen und einen wissenschaftlichen Kontext liefern, um die gegenwärtige intersexuelle Bewegung zu verstehen (Kessler 1998: 9–10). Sie untersucht die gegenwärtige medizinische Konzeption und die Behandlung von Intersexualität wie auch den Dimorphismus von Geschlecht als soziale Konstrukte und hinterfragt insbesondere den Erfolg von Genitaloperationen. Ihr kritischer Fokus liegt auf der großen Bedeutung, die den Genitalien als Geschlechtsmarker beigemessen wird, und legt die kulturellen Faktoren dar, die die Entscheidungen der Ärzte beeinflussen. Ärzte beschreibt sie dabei als Interpreten des Körpers, die es als ihre Aufgabe sehen, das »wahre« Geschlecht zu ermitteln, welches von eindeutigen Genitalien lediglich verborgen wird. Das eigentliche Geschlecht müsse zunächst »entdeckt« werden, um dann konstruiert werden zu können (Kessler 1998: 30). Dieses Balancieren zwischen Entdecken und Zuschreiben des Geschlechts während der gesamten Behandlung erlaube es den Ärzten, sehr problematische Fälle von *gender* auf unproblematische Weise zu handhaben (1998: 30-31). Die Genitalien werden dabei nicht als natürlich, sondern als miss- oder fehlgebildet beziehungsweise widernatürlich wahrgenommen, die durch eine Korrektur beziehungsweise »Rekonstruktion« erst »natürlich« im Sinne der Vorstellung einer »natürlichen Zweigeschlechtlichkeit« angepasst werden müssen. Der Glaube an nur zwei natürliche Geschlechter werde von der *Medical Community* weiterhin aufrechterhalten, trotz unbestreitbarer physischer Evidenz des Gegenteils (1998: 31). Aus der biologischen Komplexität folge für die Medizin nicht eine Geschlechtskomplexität. Aus diesem Grund empfiehlt Kessler, Intersexualität nicht mehr als ein medizinisches Problem, sondern wieder als ein *gender*-Problem zu begreifen. So könnte genitale Variabilität unser Verständnis dessen, was wir unter Mann und Frau verstehen, erweitern. Für die Akzeptanz von genitaler Variation sei dann jedoch die Lockerung der Verbindung von Genitalien und *gender* notwendig, denn »dichotomisiert, idealisiert und von Chirurgen erschaffen bedeuten Genitalien Geschlecht« (Kessler 1998: 132, Übers. CL). Würde das Genitale nicht eine zwingende *gender*-Zuschreibung implizieren, so ergäbe sich die Option, Intersexualität einfach *nicht* chirurgisch zu behandeln – vorausgesetzt, es bestehen keine damit verbundenen gesundheitlichen Risiken.

Die Soziologin Turner (1999) untersucht die Rhetorik der »sex and gender identity« (1999: 457) der *Intersex Society of North Amerika* (ISNA). Sie beschreibt die ISNA als eine identitätspolitische Bewegung und begreift sie als Produkt von *Gender*-Theorie und Identitätspolitik in den USA. Die *ISNA*, so Turner, baue auf einem intellektuellen Grundgerüst auf, das von *Gender*-Theoretikern, von Schwulen- und Lesben, *queer* und *transgender*-Personen aufgebaut wurde. Auf diese Weise füge sich die Intersex-Bewegung als logisches Glied in eine Kette der immer radikaleren Infragestellung westlicher Annahmen von Geschlechterdimorphismus und Heterosexismus. Mit dieser Charakterisierung folgt Turner folgender Selbstwahrnehmung zweier Mitglieder der ISNA, die sich als ein Glied im Kampf um die Bürgerrechte in den USA begreifen:

»Das Aufkommen der Intersex Community setzt die Entwicklung von Bürgerrechtsbewegungen fort. Nach *race* kam das Geschlecht (Feminismus), die sexuelle Orientierung und schließlich die Geschlechtsidentität (Transgender-Bewegung). Die neu entstehende Intersex-Minorität führt nun den Kampf um eine Liberalisierung von Leiblichkeit.« (Nevada und Chase 1995: 1 in Turner 1999: 471, Übers. CL)

Demnach besteht das Neue und Wesentliche an der ISNA darin, den Kampf um Bürgerrechte auf die Ebene der geschlechtlichen Verkörperung und damit auf das körperliche Geschlecht zu führen. Kesslers und Turners Untersuchungen bewegen sich innerhalb der *Gender* und *Queer Studies*, während dieses Buch darauf abzielt, aus einer analytischen Metaebene die *verschiedenen* Diskurse über Intersexualität darzustellen.

Die Soziologin Preves hat zu ihrer Forschung über intersexuelle Menschen zum einen den Artikel *Sexing the Intersexed. An Analysis of Socio-cultural responses to Intersexuality* (2001), zum anderen ihre Dissertation *Intersex and Identity. The Contested Self* (2003) veröffentlicht.[15] An den Titeln zeigt sich ein Perspektivenwechsel vom Fokus auf dem soziokulturellen Umgang mit Intersexualität hin zu den Identitätskonstruktionen und Konflikte um das »intersexuelle Selbst«, welcher sich auch im Laufe meiner Forschungen vollzog. Während Preves normativ argumentiert und dabei die Rhetorik

---

15 Daneben liegt eine Zusammenfassung ihrer Dissertation im Artikel *For the Sake of the Children. Destigmatizing Intersexuality* (1999) vor.

der ISNA übernimmt, machen in diesem Buch die ganz verschiedenartigen Identitäts- und Körperkonstruktionen den Forschungsgegenstand aus und werden nicht nur als Ausgangspunkt gesellschafts- und medizinkritischer Betrachtungen verwendet. Für Preves ist die Existenz von mehr als zwei körperlichen Geschlechtern eine Gegebenheit, für mich ein Forschungsgegenstand.

Preves zufolge fordern Intersexuelle die soziale Konstruktion der *gender*-Binarität heraus. Butler folgend argumentiert sie, die US-amerikanische soziokulturelle Antwort auf Intersexualität liege in der Norm der Heterosexualität begründet. Die Medikalisierung von Intersexualität, deren Ziel es ist, geschlechtskörperliche Ambiguität auszulöschen oder zu verstecken, sei zu überwinden. Denn wenn erst einmal ein Phänomen durch die medizinische Linse gesehen werde, erscheine eine Behandlung logisch. Da die Medikalisierung zu einer »abwertenden Konstruktion von Differenz« (Preves 2001: 525, Übers. CL) führe, privilegiere sie Nicht-Intersexuelle gegenüber Intersexuellen. Vehement plädiert Preves dafür, intersexuelle Kindern nicht mehr geschlechtsangleichenden chirurgischen und hormonellen Prozeduren auszusetzen Zum Verständnis der Konstruktion von Abnormalität sei daher auch die Konstruktion und die Art und Weise der Herstellung von Normalität zu untersuchen. Mithilfe des symbolischen Interaktionismus[16] zeigt sie, dass nicht nur Mediziner, sondern alle Teilnehmer von sozialen Interaktionen diese Normalität permanent herzustellen versuchen.

Hester (2003) untersucht die Rhetorik der Medikalisierung von Intersexualität aus ethischer Perspektive. Die Anomalie werde, so Hester, vor allem an der Penis- beziehungsweise Klitorisgröße festgemacht, die eine Norm in Zentimetern nicht unter- beziehungsweise überschreiten dürfe. Sind diese größer oder kleiner als die Norm, so sind sie medizinisch gesehen »korrekturbedürftig« (Hester 2003: 8). Die geschlechtliche Uneindeutigkeit, die aus medizinischer Sicht chirurgische und hormonelle Eingriffe erfordert, sieht er als Ergebnis von kulturellen und sogar persönlichen ästhetischen Vorstellungen davon, wie Genitalien auszusehen und zu funktionieren hätten. Erst auf der Grundlage der Konzeption intersexueller Körper als nicht normal und als Problem wird eine Behandlung dieses »Problems« überhaupt erst möglich. Hesters Beitrag besteht vor allem darin zu zeigen, wie die medizinische Rhetorik des *curing* (also des Her-

---

16 Eine soziologische Theorie, die Bedeutungen durch symbolisch vermittelte Prozesse der Interaktion hergestellt untersucht.

stellens von geschlechtskörperlicher Normalität), die einer Rhetorik der Tragödie folgt, für intersexuelle Menschen keine Heilung im Sinne von *healing* bedeutet, sondern im Gegenteil, das intersexuelle Kind in einen permanenten Zustand von Krankheit und damit fortwährender medizinischer Behandlung versetzt.

Für eine Ethnologie der Intersexualität

Eine Ethnologie der Intersexualität untersucht, wie Menschen, die mit uneindeutigen Geschlechtsmerkmalen zur Welt kommen, in einer Kultur verstanden und welchem Geschlechtsstatus sie zugeordnet werden, wie mit ihnen umgegangen wird, welche Körperteile-, substanzen oder Flüssigkeiten auf ein körperliches Zwischen-Mann-und-Frau hindeuten, wie diese Menschen ihren Körper erleben und welche Identitäten sie entwickeln. Sie fragt also zum einen nach der kulturspezifischen Konstruktion körperlicher geschlechtlicher Uneindeutigkeiten, zum anderen nach dem kulturellen Umgang mit diesen Menschen und nach deren Existenzweisen. Solche Arbeiten über Menschen, die körperlich nicht Mann und nicht Frau sind, gibt es bislang – mit Ausnahme von Herdts (1994) Untersuchungen – nicht. Allerdings ist für solch eine Fragestellung zu bedenken, dass das Konzept von Intersexualität ein Produkt des euro-amerikanischen biomedizinischen Diskurses des 20. Jahrhundert ist. Darüber hinaus stellen die Vorstellung einer biologischen Grundlage von Geschlecht, die große Relevanz der Genitalien als Geschlechtsmarker, sowie die Konzepte von Hormonen und Genen keineswegs kulturübergreifende Körper- und Geschlechtskonzeptionen dar. Eine Verbindung von ethnologischer Geschlechterforschung und Körperethnologie könnte einen Zugang zum Umgang mit Körpern, die biomedizinisch als »intersexuell« klassifiziert werden, in verschiedenen auch nicht-westlichen Kulturen eröffnen.

Kapitel 2: Diskurse um Intersexualität

Für die meisten intersexuellen Menschen stellt ihr Körper biografisch zunächst etwas Unaussprechliches, Geheimes, Verborgenes, ein tief im Inneren verborgenes Geheimnis dar. Der intersexuelle Körper zeichnet sich durch Abwesenheit aus. Es gibt für ihn in unserer Kultur oft keine Begriffe, keine Ausdrucksmöglichkeiten, keine Existenzweisen; er ist im Rahmen unserer Kultur oft nicht einmal denkbar. Viele intersexuelle Menschen erleben als Säugling und im Kindes- und Jugendalter häufige Arztbesuche, Untersuchungen und mehrere Operationen im Genitalbereich, oft ohne die Gründe dafür zu erfahren. Einige haben keine bewusste Erinnerung und schließen nur aus Spuren operativer Eingriffe wie Narben, dass irgendetwas vorgefallen ist. Dies führt zu einem Gefühl, anders zu sein als andere. Kann der eigene Körper und die tief empfundene Andersartigkeit beziehungsweise das Gefühl, dass etwas nicht stimmt, nicht gedeutet und somit in keine Kategorie innerhalb der bestehenden kulturellen Ordnungsmuster überführt werden, dann bleibt als Ergebnis der Tabuisierung und Nicht-Diskursivierung intersexueller Körper meist eine große Stille. Weder kann der Körper noch die eigene geschlechtliche Existenz gedeutet werden. Viele meiner Gesprächspartner beschreiben eine Art schwarzes (Interpretations-)Loch, das unaussprechbar, gleichwohl mit ungeheurer Kraft ihre Selbstachtung beeinträchtigt. Viele intersexuelle Menschen kommen nie aus diesem Zustand heraus.

Bislang existierte Intersexualität nur innerhalb des medizinischen Diskurses als Fehlbildung beziehungsweise Störung der somatosexuellen Differenzierung, die es zu korrigieren galt. Die medizinische Diagnose, wird sie mitgeteilt, stellt für viele meist die erste Öffnung, das erste Heraustreten aus dem Schweigen dar. Es ist überhaupt erstmal ein Begriff für den eigenen Körper, wenngleich für viele ein negativer. Aber das Erfahren der medizinischen Diagnose und des medizinischen Verständnisses des intersexuellen Körpers allein befreit die Betroffenen in den seltensten Fällen von der Last dieses inneren Geheimnisses, der Last der Unaussprechbarkeit. Erst in Kombination mit anderen Diskursen kann die Diagnose zu einer Möglichkeit werden, aus dem eigenen Körper in positiver Weise Sinn zu machen. Die verschiedenen Diskurse, die im Folgenden im einzelnen besprochen werden, stellen als Öffnungsprozeduren für das Individuum verschiedene Ausgänge oder Portale aus der Unaussprechbarkeit dar. Nach einer oft sehr lange dauernden Phase des Schweigens und von Körperpraktiken des Versteckens, Verheimlichens und der Vortäuschung von Normalität folgt bei jenen, mit denen ich sprechen konnte, eine Phase des Sich-Ausdrückens. Auch die ethnologische Interviewsituation stellte für meine Gesprächspartner eine Öffnungsprozedur dar.

Von vielen intersexuellen Menschen wird das tiefe innere geschlechtliche Selbst als autonomer Kern von Identität, als völlig unabhängig von sozialisatorischen Einflüssen existierend betrachtet. Dieses innere geschlechtliche Selbst wird äußeren gesellschaftlichen Kräften und Zwängen gegenübergestellt. Mein Ansatz stellt diesen Gegensatz jedoch in Frage. Mak zeigt in ihrer Studie zur medizinischen Produktion des vergeschlechtlichten Selbst (2005b) sehr überzeugend, dass das vergeschlechtlichte Selbst ein Produkt der medizinischen Geschlechterkonstruktion ist. Entsprechend begreife ich das tiefe geschlechtliche Selbst als ein Produkt zum einen einer kulturspezifischen Konstruktion von Geschlecht und Selbst, zum anderen von verschiedenen Diskursen um den intersexuellen Körper. Während Mak die Entstehung des geschlechtlichen Selbst nur aus dem medizinischen Diskurs heraus beleuchtet, ist mein Ansatz breiter ausgelegt. Ich betrachte verschiedene Diskurse, die Interpretationsressourcen des eigenen Körpers und der eigenen geschlechtlichen Existenzweise darstellen, als gesellschaftliche Angebote, das eigene Selbst zu erschaffen. [17]

Darüber hinaus verstehe ich Geschlechtsidentität oder Geschlechtsbewusstsein nicht zwangsläufig nur als weiblich oder männlich, denn oft wird eine Identität entworfen, die die Binarität von Geschlechtsidentität subversiv untergräbt. Identität begreife ich in Anlehnung an die Ethnologin Kathy Davis als Prozess, durch den ein Individuum diskursiv ein Selbstgefühl und einen Sinn des Selbst konstruiert (Davis 2003: 80). Nach

---

17 Baumann drückt die Entstehung des Selbst folgendermaßen aus: »Der Markt bringt einen weiten Bereich von Identitäten« zur Entfaltung, aus denen man seine eigene auswählen kann. (...) Mit Hilfe des Marktes kann man verschiedene Elemente des vollständigen »Identi-Kit« eines do-it-yourself-Selbst zusammenstellen«. (Baumann 1995: 250)

Davis beinhaltet Identität die Integration von möglichen Perspektiven und Versionen dessen, was ein Individuum ist, in eine kontingente und sinnhafte Lebensgeschichte (Davis 2003: 80). Die möglichen Variationen der Biografie intersexueller Menschen sind folglich nicht nur als idiosynkratisch oder individuell, sondern als Teil eines kulturellen Netzes für den Einzelnen verfügbarer Erzählungen zu begreifen. Dabei stehen Interpretationen des intersexuellen Körpers niemals losgelöst vom kulturellen Kontext »für sich«, sondern sind im Gegenteil in kulturelle Vorstellungen von Geschlecht, Identität und Selbst eingebettet.

»Kognitiv, und dies mag eine Folge unserer Evolution sein, können wir uns nur schwer vom Denken in Geschlechterdichotomien trennen. Selbst subversive Entwürfe von Geschlecht und Identität bedienen sich der jeweiligen Vorstellungen von Männlichkeit und Weiblichkeit oder wenigstens einiger ihrer Fragmente« (Schröter 2002: 227).

Unsere eigene Selbstwahrnehmung und -präsentation, unsere Identität und unsere Körperinterpretation bilden sich vor dem Hintergrund bestimmter kultureller und historischer Grundannahmen, Deutungen und Vorgaben heraus – so unabhängig davon wir unsere Individualität oft selbst wahrnehmen. Unsere eigene Selbstfindung und Individuation vollzieht sich dabei stets innerhalb kulturspezifischer Ordnungs- und Deutungsmuster (Geertz 1973: 52). So wie der Körper immer schon in seiner gesellschaftlichen Interpretation wahrgenommen wird und Identität sich innerhalb kulturell verstehbarer Kategorien entwickelt, so spielen sich auch Widerstand, Individualität à la »Ich bin ich« und Neudeutungen von Körpern immer vor einem gesellschaftlichen diskursiven Hintergrund und kulturellen Grundannahmen und Werten ab. Um kulturell verstehbar zu sein, müssen auch alternative Deutungsmuster bestimmte kulturelle Grundannahmen teilweise übernehmen. Gegenwärtig entstehende Neudeutungen intersexueller Körper und intersexueller Existenz können als Deutungsangebote oder Ressourcen Eingang finden in individuelle Orientierungsmuster intersexueller Menschen und deren Eltern. Die Interpretationen und Sinngebungen sind dabei oft nicht oder schwer miteinander vereinbar und konflikthaft, wie in den folgenden Kapiteln deutlich werden wird. Das elektronische Medium Internet bietet für die Verbreitung von nichthegenomialen, das heißt in diesem Fall nicht-medizinischen subkulturellen Orientierungsmustern eine wirkungsvolle Plattform.

Zunächst soll geklärt werden, was im Folgenden unter Diskursen verstanden wird. Ein Diskurs ist nicht zu verwechseln mit einer bestimmten Meinung zu einem Thema, sondern meint die Thematisierung und die Festsetzung eines Gegenstands oder Phänomens überhaupt. Diskurse begreife ich in Anlehnung an Foucault im Zusammenhang mit Sinnstiftung und Macht. Als Prozesse, innerhalb derer Realität erzeugt wird, definieren Diskurse nach Foucault (1983: 21–22) für einen bestimmten Zusammenhang oder ein bestimmtes Wissensgebiet, was sagbar ist, was gesagt werden soll und was nicht gesagt werden darf. Diskurse ermöglichen und produzieren Sinn, indem sie einen Bezugrahmen für Bedeutung erschaffen. Gleichzeitig schließt ein Diskurs aber immer anderen, potenziell auch möglichen Sinn aus (Villa 2000: 138). Die Gleichzeitigkeit von Produktion und Repression bestimmter Bedeutung innerhalb von Diskursen führt dazu, dass die ausgegrenzten Phänomene als »das andere« die Normalität definieren. Die verbotenen und ausgegrenzten Phänomene sind somit konstitutiv für das Normale und Anerkannte. Sie stecken den Rand des Normalen ab. Das sozial konstruierte »andere« steckt das »eigene« ab – das »anormale« definiert das »normale«; ich bin das, was ich nicht bin (Frau, weil nicht Mann; heterosexuell, weil nicht homosexuell, usw.).

Dieser inhärente Doppelcharakter von Diskursen, Sinn zu stiften und gleichzeitig anderen Sinn auszuschließen, macht sie auch zum »Ort« gesellschaftlicher Neuverhandlung von Sinn und Bedeutung. Entscheidend für den Diskursbegriff, den im Anschluss an Foucault viele poststrukturalistische und postmoderne Autoren verwenden, ist die Auffassung, dass Diskurse nicht nur Sinn repräsentieren, sondern auch produzieren. Diskurse sind somit verantwortlich für die Konstituierung bestimmter Phänomene. Werden Phänomene nicht von gesellschaftlichen Diskursen zum Gegenstand gemacht, bedeutet dies, dass sie im gesellschaftlichen Bedeutungshorizont nicht existent sind. So bringen die verschiedenen Diskurse um Intersexualität auch das Phänomen Intersexualität überhaupt erst hervor. Anders formuliert: Intersexualität wird durch die verschiedenen Diskurse, die darüber geführt werden, als Phänomen festgesetzt. Diskurse um Intersexualität ermöglichen es intersexuellen Menschen, ihren Körper und eine darauf aufbauende Identität wahrzunehmen und auszudrücken, denn sobald sich Mitglieder einer Gesellschaft ausdrücken, sind Diskurse daran beteiligt.

Die Kombination eines interpretativen Kulturbegriffes mit Foucaults Verständnis von Macht und Diskursen erweist sich für meine Untersuchung als fruchtbar. Als Sinngebungsprozesse stehen Diskurse in engem Zusammenhang mit einem interpretativen Verständnis von Kultur als Netz von Bedeutungssystemen und Sinnstiftungsprozessen, welches Geertz programmatisch formuliert:»Der Kulturbegriff, den ich vertrete [...], ist wesentlich ein semiotischer. Ich meine mit Max Weber, dass der Mensch ein Wesen ist, das in selbstgesponnene Bedeutungsgewebe verstrickt ist, wobei ich Kultur als dieses Gewebe ansehe« (Geertz 1987: 9). Im Gegensatz zu einer harmonischen und einheitlichen Sicht von Kultur ist es wichtig herauszustellen, dass Sinngebungssysteme innerhalb einer Kultur auch widersprüchlich und konflikthaft sein können und im Zusammenhang mit spezifischen Machtinteressen bestimmter Gruppen stehen.»Kulturen sind ebenso Gewebe von Verschleierung wie von Bedeutungen«, so der Ethnologe Roger M. Keesing (1987: 161) als kritische Anmerkung gegen einen harmonisierenden Kulturbegriff. Auch Identitäten sind »Schauplätze des Kampfes um die Macht, die Welt in die eigenen Begriffen zu erklären und zu ordnen« (Hark 1996: 29). Diese oft kontroversen Sinngebungen innerhalb einer Kultur werden in verschiedenen Diskursen verhandelt. Das Verhältnis der Diskurse zueinander ist im ständigen Wandel begriffen, so dass Bedeutungssysteme als dynamisch zu betrachten sind. Eine vereinheitlichende Auffassung von Sinngebungen in einer Kultur ist oft reduktionistisch und wird der tatsächlichen soziokulturellen Komplexität nicht gerecht. Wenn Geertz (1987: 271–275) Bezug nehmend auf verschiedene kulturelle Umgangsweisen mit Intersexualität schreibt, Intersexualität werde bei den Navaho als wunderbares Geschenk respektiert, bei den kenianischen Pokot als Fehler von Gott und daher nutzlos betrachtet, während »Nordamerikaner vor Intersexualität nur Abscheu kennen« (Geertz 1987: 272), dann übersieht diese Vereinfachung die verschiedenen aktuell darüber geführten Diskurse über intersexuelle Körper innerhalb der euro-amerikanischen Gesellschaften.

Bezug nehmend auf Maihofer, die geschlechtsbezogene Selbstkonzeptionen und Identitäten als von Geschlechterdiskursen in einer Gesellschaft geprägt versteht, ist es mein Ziel zu untersuchen, »wie in einem konkreten Individuum die verschiedenen gesellschaftlichen Diskurse ineinander verflochten sind« (Maihofer 1995: 107). In diesem Sinne sollen die Selbst- und Körperkonzeptionen und Identitäten intersexueller Menschen eingebettet werden in verschiedene Diskurse innerhalb unserer Gesellschaft, die Intersexualität als Wissenssubjekt hervorbringen und ihr Bedeutung verleihen. Dabei sind nicht nur bestimmte Körperkonstruktionen, sondern auch die leibliche Erfahrung als kulturspezifisch und diskursiv hergestellt zu betrachten. Wie und als was wir einen Körper wahrnehmen, welche körperlichen *Marker* wir auf welche Weise bei der Deutung eines Körpers heranziehen, ist das Ergebnis von bestimmten gesellschaftlichen Diskursen. Ebenso materialisieren sich verschiedene Diskurse in den leiblichen Empfindungen einzelner Menschen. Im Folgenden wird zu fragen sein, welche Diskurse sich in den Erfahrungen intersexueller Menschen materialisieren. Denn die Art und Weise, wie Menschen ihren Körper erleben, ist eng verwoben mit einem spezifischen Körperwissen, das wiederum in verschiedenen Diskursen hergestellt und verhandelt wird. Dabei ist die Beziehung zwischen Körperwissen und leiblicher Erfahrung eine wechselseitige: Die eigene Erfahrung kann bestehendes Körperwissen relativieren, Körperwissen beeinflusst aber auch das leibliche Erleben. Dabei darf die Verknüpfung kulturspezifischen Körperwissens und leiblicher Erfahrung mit dem substanziell und materiell gegebenen Körper nicht ignoriert werden.

Mit diesem Ansatz, die individuellen Selbst- und Körperdeutungen intersexueller Menschen als diskursiv hervorgebracht zu betrachten, soll die Fähigkeit des Individuums zur *agency*[18] nicht geleugnet werden. Die Diskurse sind somit nicht deterministisch zu verstehen, sondern als kulturell und subkulturell angebotene Identitäts- und Deutungsvorlagen, die der Einzelne rezipiert, die er akzeptiert oder von denen er sich distanziert, die ihn zur Emanzipation führen oder für ihn auch zu neuem Zwang werden können. Ebenso formt der Einzelne durch seinen individuellen Beitrag bestehende Diskurse mit. *agency* darf nicht verwechselt werden mit freier Wahl, sondern bezieht sich auf die aktive Teilhabe des Individuums an der Konstitution des sozialen Lebens (vgl. Davis 2003: 12) und an Bedeutungs- und Sinnstiftungsprozessen, die immer eingebunden sind in kulturelle und gesellschaftliche Vorgaben und Machtverhältnisse (vgl. auch Schröter 2002: 222).

Alternativ- und Neuentwürfe von Geschlecht und von *empowerment* geprägte Selbst- und Körperdeutungen intersexueller Menschen sind also immer als Teil eines oder mehrerer Diskurses zu verstehen. Sie sind nicht unabhängig von kulturellen Wertideen und Konzepten, sondern müssen, um kulturell verstehbar zu sein, auf diese zurückgreifen. Ich verstehe die Selbst- und Körperdeutungen intersexueller Menschen sowohl als eingebunden in machtvolle Diskurse als auch von Selbstbestimmung bezüglich Deutung und Sinnstiftung zeugend. Mir geht es um die Schnitt-

---

18 Unter *agency* wird in den Sozialwissenschaften nach Giddens die Deutungs- und Handlungsmacht von Individuen verstanden.

stelle, an der Diskurs und Individuum zusammentreffen. So soll weder auf eine reine Diskursanalyse reduziert werden (welche Individuen lediglich als Ort, durch die mächtige Diskurse lediglich »hindurchgehen«, begreift), noch völlige individuelle Freiheit postuliert werden. Ich wende mich gegen diskursiven Determinismus genauso wie gegen methodischen Individualismus. Ich betrachte den Einzelnen also weder als »diskursfrei«, noch als passives Objekt von Diskursen.

Orte, an denen neuer Sinn und neue Bedeutung verhandelt werden und wo *agency* stattfindet, wie zum Beispiel in Selbsthilfegruppen, begreifen Gubrium und Holstein als »lokale Kulturen«[19] mit »ortsgebundenen Konstellationen geteilter Ressourcen« und setzen damit einer einheitlichen Auffassung von Kultur ein lokales Verständnis entgegen, das in engem Zusammenhang mit dem Zugang zu bestimmten Sinngebungs-Ressourcen steht. Allerdings sind auch diese *local cultures* nicht starr, sondern müssen als dynamische Ansammlung von Interpretationsmöglichkeiten verstanden werden (Gubrium und Holstein 1995: 559). Die Betroffenen schaffen sich ihre eigenen Identitäten und akzeptieren nicht mehr medizinische Zuschreibungen von außen, welche sie als Menschen mit einer Krankheit oder Fehlbildung beschreiben. Indem sie neue Selbstkonzeptionen erschaffen, nehmen sie Einfluss darauf, wie sie von anderen gesehen werden. Auch Rabinow (1992) beschreibt Selbsthilfegruppen als Orte, die Betroffenen und Eltern machtvolle Ressourcen zum Aufbau einer positiven Identität und eines normalen und emanzipierten Umgangs mit einer bestimmten körperlichen Gegebenheit liefern.

Viele Lebensgeschichten intersexueller Menschen erzählen von Leiden und beschreiben den Einzelnen als Opfer der Pathologisierung von Intersexualität und der medizinischen Behandlung. Lebensgeschichten sind sinnstiftende Rekonstruktionen der Vergangenheit, die aus der Perspektive der Gegenwart Teile der Vergangenheit zu einem bedeutungsvollen Ganzen zusammensetzen und auf diese Weise die Identität und das Selbst formen. Das medizinische Deutungsmonopol über intersexuelle Körper wird von vielen intersexuellen Menschen in ihrem Kampf um gesellschaftliche Akzeptanz in Frage gestellt. Sie wollen mit ihrer Stimme gehört werden und beanspruchen das Recht, selbst zu definieren, was sie sind, was ihre Körper sind und was mit ihnen geschehen soll. Als unterdrückte Subjekte versuchen sie das, was Das u.a. »das Finden der eigenen

---

19 Kultur kann hier als ein »Workshop« (Das u.a. 2001: 6) begriffen werden, in dem Subjektivität geformt wird.

Stimme bei der Konstruktion seiner Geschichte« (2001: 6) nennen. So können »Communities von Widerstand« (Davis 2001: 6) entstehen, die auf einer gemeinsamen Erfahrung des Leidens und auf *agency* gründen. Diesen Stimmen »von unten« und dem subalternen Widerstand Gehör zu verschaffen, kann als eine Form von »*studying up*« verstanden werden. Allerdings unterscheidet sich mein Ansatz von einem aktionsethnologisch orientierten darin, dass er sich nicht als »Sprachrohr« *einer* bestimmten Auffassung innerhalb der breiten Gruppe der intersexuellen Menschen versteht, sondern seinen Beitrag zur aktuellen Debatte darin sieht, verschiedene Perspektiven und ihre Hintergründe darzustellen und zu analysieren.

Im Folgenden sollen nun die verschiedenen Diskurse dargestellt werden, die derzeit im deutschsprachigen Raum über Intersexualität geführt werden. Dadurch, dass sie von intersexuellen Menschen zu ihrer Selbstkonstitution aufgegriffen werden, werden sie zu wichtigen Ressourcen ihres Selbstverständnisses.

Medizin

Biomedizin[20] aus medizinethnologischer Perspektive

Intersexualität ist in der euro-amerikanischen Kultur medikalisiert und pathologisiert. Der Begriff »Intersexualität« stammt aus dem biomedizinischen Kontext und umfasst zum einen phänotypisch nicht eindeutige Männer und Frauen, die seit der Antike als Hermaphroditen und im deutschen Sprachraum als Zwitter bekannt waren, zum anderen alle »Störungen der somatosexuellen Differenzierung«,[21] wozu auch Menschen mit phänotypisch zweifelsfreiem Erscheinungsbild zählen, bei denen jedoch das genetische, das gonadale und das innere und äußere genitale Geschlecht nicht übereinstimmen. Intersexualität wird als eine Krankheit, eine Störung und eine Fehlentwicklung betrachtet. Ziel der Medizin ist es, diese »Störung« zu erkennen, zu erklären und zu behandeln.

---

20 Andere Begriffe dafür sind »kosmopolitische Medizin« (Leslie 1976) oder »allopathische Medizin«, ein Begriff, der vor allem in Südasien in Abgrenzung zur ayurvedischen oder homöopathischen Medizin verwendet wird.

21 Vgl. Homepage des deutschen Netzwerks Intersexualität http://http://netzwerk-is.de

Die Medizin stellt den hegemonialen Diskurs in Bezug auf Körper allgemein und den intersexuellen Körper im Besonderen dar. Sie besitzt die Definitionsmacht und – bislang – das Deutungsmonopol über Körper zwischen den beiden Geschlechtern. Sie transportiert ein bestimmtes Körperwissen, das in unserer Kultur besonders wirkungsmächtig ist, sowohl für das *Common-Sense*-Verständnis des Körpers als auch für das leibliche Erleben. Die Medizin ist als eine Institution zu begreifen, die körperliche Phänomene verstehbar macht und sie mit Bedeutung versieht.

Die Medizinethnologie untersucht seit den achtziger Jahren nicht mehr nur medizinische Systeme in außereuropäischen Kulturen, sondern auch die Biomedizin.[22] Die Medizinethnologin Lorna Amarasingham Rhodes begreift die Biomedizin als ein kulturelles System im Sinne von Geertz (1987), das heißt als eine kulturelle Konstruktion, die kulturelle Bedeutungen sowohl *produziert* als auch *ausdrückt*, einen »geschlossenen Kreis von Glaubensvorstellungen und Bedeutungen« (Amarasingham Rhodes 1990: 160, Übers. CL). Kulturelle Systeme stellen nach Geertz (1987: 48) eine Übereinstimmung zwischen Kultur und Erfahrung her, die eine »Aura der Faktizität« (Geertz 1987: 48) liefert, innerhalb derer sie Sinn erzeugen und den Mitgliedern einer Kultur als real erscheinen. Die Angehörigen der Gesellschaften, in denen das biomedizinische Körperbild vorherrschend ist, glauben im Allgemeinen, dass diese in einem Bereich von Fakten operiert, welche als universal gelten und nicht in ihrem spezifischen kulturellen und historischen Entstehungszusammenhang gesehen werden.

Statt die Wirklichkeit abzubilden und zu beschreiben, wie sie sich in ihrem Anspruch auf Universalität und Neutralität selbst begreift, ist auch die Biomedizin aus medizinethnologischer Perspektive als eine Ethnomedizin zu begreifen. Als solche ist sie eingebunden in westliche Kosmologien und Epistemologien (vgl. Gordon 1988: 19), Wertesysteme und gesellschaftliche Normen. Dabei soll keine einseitige Kausalität unterstellt werden. Die Biomedizin ist einerseits eingebunden in kulturelle Normvorstellungen und stellt deren ausführendes Organ dar. Andererseits ist sie auch selbst eine bedeutungs- und sinnstiftende Macht. So ergibt eine Klassifizierung als Störung einer normalen Differenzierung des Geschlechtskörpers nur vor dem Hintergrund einer Zweigeschlechterordnung Sinn, die wiederum nicht »natürliche Tatsachen« widerspiegelt, sondern selbst eine gesellschaftliche Norm darstellt. Gleichzeitig verleiht die Biomedizin Körpern zwischen den

---

22 Die ersten Bände zu diesem Thema waren Wright (1982) und Wright und Hahn (1985).

Geschlechtern eine bestimmte Bedeutung. Bei der ethnologischen Betrachtung der Biomedizin lassen sich zwei Ansätze unterscheiden. Der rein interpretative Ansatz betrachtet die Biomedizin neutral als ein Bedeutungssystem, das eng mit kulturellen Grundannahmen verwoben ist. Der kritische Ansatz betrachtet das medizinische kulturelle System als ein »Netz von Mystifikationen« (Keesing 1987: 161) im Zusammenhang mit bestimmten politischen und ökonomischen Machtinteressen. Dabei gilt ihre Aura der Faktizität genau als die Quelle ihrer Macht. Die Naturalisierung zum Beispiel von Geschlecht mystifiziert die Zweigeschlechtlichkeit als Teil der natürlichen Welt und verbirgt dabei, dass sie ein Produkt des gesellschaftlichen Diskurses über Geschlecht ist.

Was sind die *Besonderheiten* der Biomedizin? Dem Medizinethnologen Arthur Kleinman (1995: 29–31) zufolge ist es vor allen Dingen ein extremes Beharren auf dem Materialismus als Wissensgrundlage und das Unbehagen gegenüber dialektischen Denkweisen. Darüber hinaus, so Kleinman, kennzeichne die Biomedizin die Vorstellung, jedem Leiden müsse eine einzige Kausalkette zugrunde liegen. Ganz besonders zeichne sie sich durch ihre Vorstellung einer *Natur* ohne jeglichen Sinn und Zweck aus. Er meint damit, dass Biomediziner es nicht als ihre Aufgabe sehen, Sinnstiftung im Sinne von »Welchen Sinn ergibt die Krankheit im Leben des kranken Menschen?« oder eine Erklärung der tieferen psychologischen oder sozialen Bedeutung von Krankheit für den Menschen zu liefern. Die Natur werde als objektiv gegeben und als durch den »ärztlichen Blick« (Foucault 1988) erkennbare Wirklichkeit verstanden, wobei Biopsie und Autopsie vermeintlich die Möglichkeit eröffnen, die Dinge jenseits einer bestimmten Perspektive oder Darstellung offen zu legen. Daraus resultiere die starke Betonung des Sehens in der Biomedizin. Die Biologie und die Chemie (als ihre abstraktere Form) kann – nötigenfalls unter dem Mikroskop – vermeintliche Realitäten sichtbar machen. Biologie und Chemie stellen die objektive Realität im Gegensatz zu subjektiven Faktoren wie psychologischen, sozialen und moralischen Schichten oder auch der individuellen Leidenserfahrung, die als eher oberflächliche Phänomene verstanden werden, dar. So werden *disease*-Kategorien[23] geschaffen, die mit der *illness*-Erfahrung des Einzelnen oft gar nichts mehr zu tun haben. Dies stelle eine reduktionistische Wertorientierung dar, die letztendlich inhuman

---

23 In der Medizinethnologie wird unterschieden zwischen *disease* als Kategorie eines medizinischen Systems und *illness* als der gelebten Krankheitserfahrung.

ist. Das Ergebnis ist *curing* statt *healing*[24] als Ziel der biomedizinischen Behandlung, ein weiteres Charakteristikum der Biomedizin. Des Weiteren ist die Biomedizin nach Hauser-Schäublin u.a. (2001: 24–25) gekennzeichnet durch die Vorstellung der Abtrennbarkeit bestimmter Körperteile von der Person und der Parzellierung und Entpersonalisierung von Organen und deren einzelner Behandlung.

Das biologisch-medizinische Geschlechtermodell

>»Geformt durch eine Reihe von
> Auseinandersetzungen darüber, was in
> biologischer Hinsicht das entscheidende
> Kriterium für die Unterscheidung zwischen
> den beiden Geschlechtern sein soll, ist das
> Konzept des ›biologischen Geschlechts‹
> selbst ein bewegtes Terrain.«
> *(Judith Butler 1997: 25)*

Das Common-Sense-Geschlechterverständnis

Das biomedizinische Geschlechtermodell ist als ein *folk model*, ein wissenschaftlich elaboriertes Modell des euro-amerikanischen *Common-Sense*-Geschlechtersystems zu betrachten. Demnach gehört jeder Mensch »von Natur aus« einem der zwei Geschlechter Mann oder Frau an. Nach Kessler und McKenna (1978) ist das euro-amerikanische Geschlechtersystem durch folgende Annahmen charakterisiert: (1) Es gibt zwei und nur zwei Geschlechter (männlich/weiblich), (2) Das Geschlecht ist invariabel (*Ist* man männlich/weiblich, *war* man schon immer männlich/weiblich, und *wird* man immer männlich/weiblich sein), (3) Genitalien sind die essentiellen Indizien des Geschlecht (eine Frau ist eine Person mit einer Vagina, ein Mann ist eine Person mit einem Penis), (4) Jedwede Ausnahme bezüglich der zwei Geschlechter kann nicht ernsthaft sein. (Es muss sich um Scherze, Pathologien etc. handeln), (5) Es gibt keinen Wechsel von einem Geschlecht zum anderen, außer bei ritualisierten Inszenierungen, (6) Jede

---

24 Ebenso unterscheidet die Medizinethnologie auch zwischen dem objektiven *curing* als Herstellung der medizinisch definierten Körpernorm und dem *healing* als dem subjektiv erlebtem Prozess der Gesundwerdung im umfassenden, das heißt psychosomatischen und auch sozialen Sinn.

Person muss einem Geschlecht zuzuordnen sein (Es gibt keine »geschlechtslosen« Fälle), (7) Die Dichotomie männlich/weiblich ist natürlich (Männer und Frauen existieren unabhängig von der Wahrnehmung durch Wissenschaftler oder andere Personen und ihrer Kriterien) (Kessler und McKenna 1978: 113–114). Die Zugehörigkeit zu einem der beiden Geschlechter gilt als natürlich. Das heißt, weiblich oder männlich zu sein gilt als natürliche Tatsache unabhängig von der Entscheidung des Individuums oder von Ärzten oder Hebammen. Die Naturalisierung von Geschlecht und die Festlegung beziehungsweise Markierung des körperlichen Geschlechts durch die Genitalien ist jedoch keineswegs in allen kulturellen Geschlechterkonzeptionen zu finden, sondern stellt das Ergebnis einer bestimmten historischen Entwicklung unserer Gesellschaft dar. Die Biowissenschaften haben eine tragende Rolle im Sinngebungsprozess des körperlichen Geschlechts. Biologisch-medizinische Konstruktionen von *sex* haben nicht nur Auswirkungen auf gesellschaftliche Konzeptionen von »natürlicher« Weiblichkeit und Männlichkeit, sondern auch auf die »biologische Körperpolitik« (Haraway 1996: 261–262). Das Verständnis der somatosexuellen Differenzierung von zwei morphologisch unterschiedlichen Geschlechtern ist Voraussetzung für das biomedizinische Verständnis von Abweichungen desselben als Fehlentwicklungen.

Was sind im biomedizinischen Diskurs die körperlichen Merkmale von Mann und Frau, wie werden männliche und weibliche Körper charakterisiert und wie kommt es zur geschlechtlichen Differenzierung? Gibt es in diesem Modell eine endgültige Unterscheidung von Männern und Frauen? Das »biologische« beziehungsweise »körperliche Geschlecht« setzt sich zusammen aus mehreren Bestandteilen. Im Normalfall stimmen sämtliche Bestandteile überein, das heißt, es weist all das, was als körperliche Geschlechtsmerkmale interpretiert wird, in die gleiche Richtung. Im Einzelnen sind das (1) das chromosomale Geschlecht (XY beziehungsweise »männliche« Chromosomen oder XX beziehungsweise »weibliche« Chromosomen), (2) das gonadale oder Keimdrüsen-Geschlecht. (Hoden oder Eierstöcke), (3) das hormonelle Geschlecht (geschlechtstypische Mischung aus »männlichen« und »weiblichen« Hormonen, (4) das genitale Geschlecht innen (Prostata beziehungsweise Vagina, Uterus, Eileiter) und (5) das genitale Geschlecht außen (Penis und Skrotum beziehungsweise Klitoris, kleine und große Schamlippen) sowie das phänotypische Geschlecht. Grob kann diese Charakterisierung in drei verschiedene disziplinäre Anschauungen des menschlichen Körpers aufgeteilt werden: den anatomischen, den endokrinologischen und den genetischen Blick. Normalerweise besteht ein Konsens zwischen den drei Körpern[25], der sich diesen Disziplinen durch ihre spezifischen Techniken der Sichtbarmachung offenbart. Bei der geschlechtlichen Zuweisungspraxis intersexueller Körper können der anatomische, der endokrinologische und der genetische Geschlechtskörper allerdings im Widerspruch zueinander stehen.

Martins Arbeiten über biomedizinische Beschreibungen der passiven Eizelle und des aktiven Samens (1989 a und b) zeigen deutlich, wie sehr vermeintlich objektive biomedizinische Modelle gesellschaftliche Konstrukte sind. Diese scheinbar objektive Beschreibung vermeintlich natürlicher körperliche Prozesse spiegele, so Martin, *Common-Sense*-Stereotypen von aktiver Männlichkeit und passiver Weiblichkeit wider. Martin zeigt mit ihrer Analyse den Einfluss gesellschaftlicher Vorstellungen von Weiblichkeit und Männlichkeit auf wissenschaftliche Beschreibung reproduktiver Körperprozesse und die große sinnstiftende Macht von Metaphern auf. Daraus wird deutlich: Wissenschaftliche Beschreibungen vom Körper und Körperprozessen sind keine Beschreibungen objektiver Fakten, sondern kulturelle Konstrukte (Martin 1989b: 143). Im medizinischen Bild vom Körper werden soziale Beziehungen in natürlichen Fakten verankert und auf diese Weise Ideologien in ihrer sozialen Herkunft verschleiert (Martin 1989b: 152).

Demnach muss auch das Konzept einer natürlichen Zweigeschlechtlichkeit als Zweikörperlichkeit nicht als Beschreibung ›natürlicher‹ Fakten, sondern als soziale Einschreibung kultureller Ordnungsmuster in den Körper verstanden werden. Durch machtvolle Metaphern werden auch hier Ideologien als natürliche Tatsachen in die Biologie verlegt und damit deren kultureller Ursprung verschleiert.

Das Modell der somatosexuellen Differenzierung

Das biomedizinische Modell der embryonalen geschlechtlichen Differenzierung ist ein weiteres Beispiel dafür, wie gesellschaftlich geprägte Vorstellungen Einzug in biowissenschaftliche Beschreibungen von Körperprozessen finden. Beim menschlichen Embryo sind bis zur fünften Schwan-

---

25 Mol (2002) zeigt in ihrer Ethnografie der Arteriosklerose *The body multiple* überzeugend, dass die verschiedenen medizinischen Subdisziplinen nicht einen unterschiedlichen Blick auf ein und denselben Körper haben, sondern durch ihren spezifischen Blick ganz unterschiedliche Körper zum Objekt haben.

gerschaftswoche die Gonaden und inneren Geschlechtsanlagen und bis zur neunten Schwangerschaftswoche das Genitale bei beiden Geschlechtern gleich. In diesem Zusammenhang wird teilweise von einer »ursprünglichen Intersexualität« oder »doppelgeschlechtlichen Potenz« aller Menschen gesprochen. Die Kaskade der geschlechtlichen Differenzierung beginnt mit der Befruchtung, bei der entweder ein Y- oder ein X-Chromosom des Spermiums mit einem X-Chromosom der Eizelle verschmilzt, woraufhin das chromosomale Geschlecht männlich (XY) oder weiblich (XX) ist. Für die Entwicklung in die männliche Richtung sind viele zusätzliche Faktoren nötig, ohne die sich der Embryo in die weibliche Richtung entwickelt. Die männliche Entwicklung wird als ein aktiver, die weibliche als ein passiver Prozess verstanden Diese Konzeption entspricht dem konventionellen euro-amerikanischen Verständnis von Männern als eher aktiv und Frauen als eher passiv. Allerdings – und das mag eine Folge der Frauenemanzipationsbewegung sein[26] – ist dieses Modell mittlerweile in Teilen überholt. Denn nach neuesten biologisch-medizinischen »Erkenntnissen« erfordert auch die Entwicklung in die weibliche Richtung eine Aktivität von bestimmten Faktoren, die auf dem X-Chromosom angesiedelt sind. Das im folgenden Absatz dargestellte Modell ist im medizinischen Diskurs jedoch immer noch aktuell.

Liegt der auf dem Y-Chromosom angesiedelte SRY-Faktor oder Testisdeterminierende Faktor (TDF) vor, entwickelt sich die Gonade zum Hoden (Testis). Fehlt dieser Faktor, erfolgt die Entwicklung zum Eierstock (Ovar), der zur »normalen« Entwicklung zwei XX-Chromosomen benötigt. Der Hoden bildet zwei verschiedene Zellen, die Sertoli- und Leydigzellen. Die Sertolizellen produzieren das Anti-Müller-Hormon, das die Bildung der Müllerschen Gänge (spätere Eileiter und Uterus) unterdrückt. Die Leydigzellen synthetisieren Testosteron, das in das wirkungsvollere Dihydrotestosteron umgewandelt (metabolisiert) wird. Durch Bindung an einen speziellen Androgenrezeptor entwickelt sich ein männliches Genitale. Fehlen all diese Faktoren, entwickelt sich ein weibliches Genitale. Auf all diesen Stufen kann es zu Variationen – im medizinischen Diskurs »Störungen« – kommen, welche die Ausdifferenzierung des Geschlechts in zwei dimorphe Formen verhindern. Während diese Varianten in der Biologie neutral dargestellt werden, bekommen sie durch die Übernahme in den medizinischen Diskurs die Bedeutung von Störung, Fehlbildung oder Krankheit, da hier die von der

---

26 Wie oben dargestellt, spiegeln medizinisch-biologische Beschreibungen des Körpers soziale und kulturelle Normen, Werte und Ideologien wider.

Biologie beschriebenen Möglichkeiten geschlechtlicher Entwicklung an Normen gemessen und Wertungen unterzogen werden.[27] Mit dem Modell der geschlechtlichen Differenzierung als Kaskade mit ihren vielen Fehlermöglichkeiten hält die Medizin streng am Zweigeschlechtermodell fest. So werden »Störungen« unterteilt in Störungen der männlichen und diejenigen der weiblichen Entwicklung, was zu der Klassifizierung in männliche und weibliche Pseudohermaphroditen führt:

»Für die pränatale Entwicklung eines männlichen Phänotyps braucht es eine Vielzahl von Entwicklungsstufen, die durch spezifische chromosomale oder hormonelle Faktoren reguliert werden, während der weibliche Phänotyp sich ohne jegliche hormonelle Stimulation entwickelt. Diese Tatsache könnte eine Erklärung dafür sein, dass eine Vielzahl von Ursachen zu Fehlbildungen in der männlichen geschlechtlichen Differenzierung führt, während bei der Frau nur ein Überschuss von androgenen Hormonen zu einer Ambiguität der äußeren Genitalien führt.« (Kuhnle 1995: 95, Übers. CL)

Mann und Frau leiten sich in dieser Beschreibung zum einen aus dem genitalen Geschlecht, zum anderen aus dem gonadalen Geschlecht ab. »Fehlbildungen« in der männlichen Entwicklung führt Kuhnle auf viele möglichen Ursachen zurück, während es zu Fehlbildungen in der weiblichen Entwicklung nur aufgrund eines Zuviel an (aktiven) »männlichen« Hormonen kommen kann. Ein »männlicher Pseudohermaphrodit« hat zu wenig Männliches, ist »untervirilisiert«, ein »weiblicher Pseudohermaphrodit« hat zu viel Männliches, ist »virilisiert«. So ist auch immer nur von einem »untervirilisierten« oder einem »virilisierten Genitale«, niemals aber von einem »feminisierten« oder »unterfeminisierten Genitale« die Rede. Der Kinderendokrinologe Klaus Mohnike erklärt:

»Die häufigeren Formen wurden früher als Pseudohermaphroditismus femininus und masculinus bezeichnet[28], jetzt spricht man mehr von vermindert virilisiertem männlichen Genital (...) oder aber das verstärkt virilisierte weibliche Genital, da ist als das wichtigste und häufigste das AGS zu nennen.«[29]

---

27 »Mutation« ist ein neutral gemeinter Begriff aus der Biologie zur Beschreibung von Veränderungen des Erbguts. Allgemein gilt, dass durch den Einzug in den medizinischen Diskurs biologisch wertungsfreie Beschreibungen von Veränderungen einer Prüfung durch die Norm unterzogen und in der Folge als »Abweichung« pathologisiert werden.

28 Viele Mediziner gebrauchen diese Ausdrücke immer noch.

29 Vortrag *Endokrinologische Diagnostik bei intersexuellem Genitale unter besonderer Berücksichtigung des Adrenogenitalen Syndroms* auf dem Symposium *Intersexualität bei Kindern*, 5. und 6. März 2004 in Halle.

Das anatomische Geschlechtermodell

Innerhalb des Modells der geschlechtlichen Differenzierung von männlichen und weiblichen Körpern und der Einordnung von Variationen als »Störungen« kann die *Common-Sense*-Annahme einer biologisch gegebenen Zweigeschlechtlichkeit aller Menschen aufrechterhalten werden. Schwieriger ist es bei einer rein phänotypischen Betrachtung des Urogenitalsystems. Folgende schematische Darstellung legt vielmehr die Vorstellung eines Kontinuums der Geschlechter nahe, dessen Extrempunkte ein idealtypisch männliches und weibliches Genitale darstellen. Dabei geben die Prader-Stufen 1 bis 5 den Grad der Virilisierung des äußeren Genitales wider.

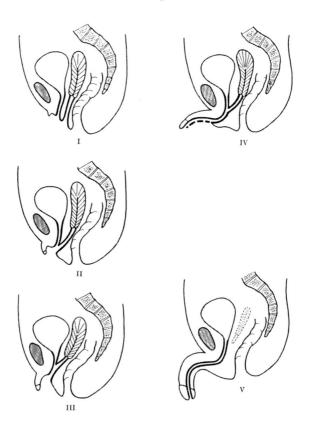

Abb. 1: Grundtypen des Urogenitalsystems

(*Quelle: Overzier, Claus (1961) (Hg.), Die Intersexualität, Stuttgart.*

Die Konzeption des Unterschiedes zwischen Mann und Frau als Kontinuum schlägt auch die Biologin Kerrin Christiansen vor:

»An Klarheit bei der Darstellung von Geschlechterunterschieden fehlt es in der Biologie nicht, nur die eindeutige Diagnose ,Das ist eine Frau‹ oder ,Das ist ein Mann‹ kann die Biologie nur bedingt liefern. Das liegt einerseits an der vielschichtigen biologischen Definition von Geschlecht und andererseits an der Vielfalt und erstaunlichen Variabilität, mit der die Natur Frauen und Männer gestaltet. Gerade die Biologie mit der exakten, naturwissenschaftlichen Methodik zeigt uns, wie vielfältig die Erscheinungsformen weiblicher und männlicher Individuen und wie fließend die Übergänge von Frau zu Mann sind.« (Christiansen 1995: 13)

Die Biologie kann keine allgemeingültige Antwort auf die Frage geben, was genau den Geschlechterunterschied ausmacht. Die zwei Geschlechter in ihrer reinsten Ausprägung sind als Pole zu begreifen, denen die einzelnen Individuen – je nach quantitativem Verhältnis von männlichen und weiblichen Realisatoren – unterschiedlich stark angenähert sind. Wie die primären, so sind auch die sekundären Geschlechtsmerkmale nach Christiansen eher auf einem Kontinuum angesiedelt und nicht streng dimorph zu verstehen. Wachstum von Bart und Brust beispielsweise kommt bei beiden Geschlechtern in allen denkbaren Variationen vor, nur werden Brust und Bart – dem Geschlecht entsprechend – belassen oder beseitigt. Auch andere Faktoren wie Körpergröße oder Gewicht sind nicht wirklich als Definition von Männlichkeit und Weiblichkeit zu gebrauchen.

Wie wird das äußere männliche, weibliche und intersexuelle Genitale heute von Chirurgen beschrieben? Vor allem von Kinderchirurgen und -urologen werden das männliche und weibliche Genitale als zwei verschiedene Ausprägungen desselben Modells beschrieben. Laqueur (1990) behauptet, das Ein-Geschlechtermodell, in dem männliche und weibliche Genitalien als mehr oder weniger starke Ausprägungen desselben Körperteiles begriffen werden, sei seit 200 Jahren aus unseren Köpfen verschwunden. Im Gegensatz dazu werde ich zeigen, dass anatomische Beschreibungen von männlichen, weiblichen und intersexuellen Genitalien durchaus noch einem Ein-Geschlechtermodell folgen, dass also das Ein- und das Zwei-Geschlechtermodell in verschiedenen biologisch-medizinischen Blickweisen auf den Geschlechtskörper *nebeneinander* existieren. Die Kinderchirurgin Claudine Lamarque formuliert den Unterschied zwischen einem männlichen und weiblichen Genitale beispielsweise so:

»Wenn man das männliche äußere Genital anguckt und das weibliche parallel, sieht man, dass die beide dieselben Organe haben, nur mehr oder weniger ausgebildet.« [30]

Im Gespräch beschrieb sie mir das männliche und das weibliche äußere Genitale anhand von Abbildungen aus einem Anatomieatlas[31] folgendermaßen: Beim männlichen Genitale ist die Harnröhre (*sinus urogenitalis*) von zwei Schwellkörpern umgeben, dem *corpus spongiosa* (Penis) und einem Muskel, dem *bulbulus spungiosus*. Ebenso ist die weibliche Klitoris auch von *corpus spongiosa* und *bulbulus spungiosus* umgeben. Der *corpus spongiosa* ist bei der Frau geöffnet und geht zu einem Teil in die Vagina hinein. Bei einem intersexuellen Genitale im Falle von XX-AGS ist der *corpus spongiosa* und der *bulbulus spungiosus* geschlossen wie beim Mann. Dazu kommt, dass der Hodensack (Skrotum) des männlichen Genitales den großen Schamlippen (Labien) des weiblichen Genitales entspricht. Die Attribute sind nur unterschiedlich groß und unterschiedlich offen oder zusammengewachsen. Alle Genitalien – ob männlich, weiblich oder intersexuell – bestehen aus den beiden Schwellkörpern, Harnröhre und Schamlippen beziehungsweise Skrotum. Als sie das Genitale bei XX-AGS erklärt, erläutert sie auf meine Nachfrage:

CL:»Das heißt, es sieht beim AGS nicht nur aus wie ein Phallus, es ist ein Phallus.«
Claudine Lamarque:»So ist es. Nur kleiner und krumm. Und die echte Klitoris bei der Frau ist auch ein Phallus, nur kleiner, hat aber sämtliche Strukturen. Und die kitzelt wie beim Mann. Die Männer haben Schwierigkeiten zu begreifen, was die Frauen empfinden und die Frauen haben Schwierigkeiten zu begreifen, was die Männer empfinden. Letztendlich empfinden sie das gleiche – mehr oder weniger stark. Und der corpus spongiosa ist das, was bei der Frau bei der Erektion langsam schwellt. Genau wie beim Mann die Anschwellung des corpus spongiosa zur Erektion führt, führt sie bei der Frau zu diesem Verlangen nach Geschlechtsverkehr. Und das hält viel länger an als bei dem Mann. Bei dem Mann geht es auf und zu und runter und bei der Frau hält dieses geschwollene Stadium viel länger an, braucht aber ein bisschen mehr Zeit, um in die Gänge zu kommen. Das ist der einzige Unterschied letztendlich.«

Die Klitoris ist demnach – von ihrer Struktur und ihrer Empfindung her – letztlich dasselbe wie der Penis (Phallus). Die Klitoris als Organ weiblicher Lust existierte lange Zeit weder in medizinischen Beschreibungen des weiblichen Genitales noch in der leiblichen Erfahrung von Frauen als eigenes Körperteil. Im 19. Jahrhundert wurde sie in Zusammenhang mit der Verdammung der weiblichen Onanie oft in Verbindung mit lasterhaftem Verhalten gebracht. Aufgrund ihrer geringen Bedeutung, die man ihr

---

30 Alle Zitate ohne Quellenangabe entstammen meinen Interviews von 2002 bis 2004.
31 Sobotta, Johannes (2002), *Atlas der Anatomie des Menschen*, München.

für die weibliche Sexualität zumaß, wurde die Klitoris intersexueller Menschen jahrelang bereits im Säuglingsalter komplett entfernt (Klitorektomie).
Erst die konzeptionelle Verbindung mit dem männlichen Penis und die entsprechende Anerkennung ihrer sexuellen Sensibilität bildet die Grundlage zum einen für die Kritik erwachsener intersexueller Menschen an Klitorektomien und Klitoris-Reduktionen, zum anderen auch für heutige chirurgischen Versuche, die Sensibilität der Klitoris bei der heute üblichen chirurgischen Praxis der Reduktion beziehungsweise Versenkung der Klitoris soweit wie möglich zu erhalten. Gerade bei dem Versuch, die verschiedenen Teile des intersexuellen Genitales begrifflich in der weiblichen oder männlichen Richtung zu fassen, wird das Ein-Geschlechtermodell mit seinem quantitativen, fließenden Übergang zwischen den Geschlechtern deutlich – wobei die Bezeichnung dieser Teile abhängig ist von der jeweiligen Geschlechtszuschreibung.

Das endokrinologische Geschlechtermodell

Auch das endokrinologische (hormonelle) Modell beschreibt den Geschlechtsunterschied eher quantitativ und legt die Vorstellung eines Kontinuums des körperlichen Geschlechts anstelle einer scharfen Trennlinie zwischen den Geschlechtern nahe. Die Auffassung der Gonaden als Essenz beziehungsweise Sitz von Männlichkeit und Weiblichkeit ist sehr alt. Diese »präwissenschaftliche Idee« (Oudsdoorn 1994: 11) führte Ende des 19. Jahrhundert, dem »Age of Gonads« (Dreger 1998), zur Klassifizierung der meisten Hermaphroditen, je nachdem ob sie Hoden oder Eierstöcke besaßen. In den frühen Jahrzehnten des 20. Jahrhundert wurden dann die so genannten Geschlechtshormone »entdeckt«, die die Grundlage der neu entstandenen medizinischen Disziplin Endokrinologie bildeten. Die Endokrinologie lieferte ein Verständnis von Geschlecht, das als fundamentaler als das anatomische Modell betrachtet wurde. Die Essenz von Männlichkeit und Weiblichkeit wurde nicht mehr, wie in der Anatomie, an spezifischen Organen festgemacht, sondern an Körperflüssigkeiten, die bei beiden Geschlechtern auftreten. Die Endokrinologie führte somit ein quantitatives beziehungsweise chemisches Modell von Geschlechtskörpern ein (Oudshoorn 1994: 20-37).
Anfangs konnte im endokrinologischen Modell Geschlecht noch streng dichotom betrachtet werden: Die von den Eierstöcken produzierten

»weiblichen« Hormone und die »männlichen« Hormone aus den Hoden galten als zwei gegensätzliche Substanzen.

Die Entdeckung von »weiblichen« Geschlechtshormonen bei Männern und »männlichen« Geschlechtshormonen bei Frauen widerlegte dann zwar die ursprüngliche Annahme, die Geschlechtshormone seien geschlechtsspezifisch, führte aber nicht zu einer Aufweichung der hormonellen Aufteilung in zwei Geschlechter. Sowohl bei Männern als auch bei Frauen kommen alle drei Arten von »Geschlechtshormonen« (Steroiden) im Blut vor: Östrogene und Gestagene (»weiblich«) und Androgene (»männlich«). Dabei bewegen sich die Norm-Werte bei Männern und Frauen in bestimmten Bereichen, können sich aber durchaus überschneiden. So können zum Beispiel Frauen zu bestimmten Zeiten einen höheren Spiegel an bestimmten Androgenen haben als Männer zu einer bestimmten Zeit, oder Männer höhere Östrogen- oder Gestagenwerte als manche Frauen, ohne dass ihr Geschlecht deswegen in Frage gestellt würde. Dieser Widerspruch, zum einen an der geschlechtsspezifischen Klassifikation von Hormonen festzuhalten, zum anderen beide Arten von Steroiden in männlichen wie weiblichen Körpern vorzufinden, zieht sich bis in die gegenwärtige endokrinologische Auffassung von Geschlechtshormonen. Nicht nur der Übergang zwischen Mann und Frau kann endokrinologisch als Kontinuum begriffen werden, sondern auch – gemessen an der Androgenkonzentration im Blut – die Unterscheidung zwischen Menschen mit XX-Chromosomen ohne AGS und denen mit AGS. Im *endokrinologischen* Modell besteht sowohl zwischen Mann und Frau als auch zwischen Frau mit AGS und Frau ohne AGS ein fließender Übergang, während das *genetische* Modell übergangslose Grenzen zwischen Mann und Frau einerseits und zwischen XX mit AGS (als genetisch lokalisierbare Störung) und XX ohne AGS festlegt. Allerdings besteht im endokrinologischen Modell ein gewisser Widerspruch zwischen der eigentlich logischen Schlussfolgerung eines Kontinuums zwischen Mann und Frau, die aus der oben erläuterten quantitativen endokrinologischen Bestimmung des Geschlechterunterschieds zu ziehen wäre, und der tatsächlichen dimorphen Geschlechtskonzeption von Endokrinologen. Die Konsequenz des endokrinologischen quantitativen Geschlechtermodells, den Geschlechterdimorphismus aufzugeben zugunsten eines Kontinuums-Konzepts von Geschlecht, wurde von Endokrinologen bislang nicht gezogen.

Die biologischen Ursachen der Geschlechtsentwicklung sind seht gut erforscht:

»Die genetischen und biologischen Grundlagen der Geschlechtsorganentwicklung sind sehr gut bekannt. Wir kennen die Gene beziehungsweise die Hormone, die dazu beitragen, dass sich ein Mann beziehungsweise eine Frau entwickeln. Von allen Organsystemen ist die Entwicklung der Geschlechtsorgane am besten verstanden.« (Kuhnle und Balzer 2003: 30)

Trotzdem kann die Medizin weder in anatomischer noch in genetischer und hormoneller Hinsicht eine endgültige Antwort auf die Frage »Was ist ein Mann, was eine Frau« liefern.

Zur Geschichte des medizinischen Konzepts »Intersexualität«

Zwitter oder Hermaphroditen als Menschen mit Merkmalen beider Geschlechter waren schon in der Antike bekannt. Während der Hermaphrodit in antiken Mythen als Prinzip der vollkommenen Vereinigung von Mann und Frau in einer Person, als in sich vollendete Ganzheit verehrt wurde, erging es real existierenden Zwittern in der griechischen und römischen Antike nicht sehr gut. Sie wurden im Römischen Reich als *monstra* – Unheil verkündende Omen der Götter auf drohendes Missgeschick – so schnell wie möglich vernichtet. Ihre Existenz erschien beseitigungswürdig (Wacke 1989: 874–878)´. In den darauf folgenden fast zwei Jahrtausenden wurde die Praxis milder, allerdings ist für die Zeit von der Antike bis ins 18. Jahrhundert sehr wenig über den juristischen und gesellschaftlichen Umgang mit Zwittern bekannt. Im kanonischen Recht bis ins 19. Jahrhundert sollten Zwitter dem Geschlecht, dessen Merkmale überwiegen, zugerechnet werden. Im *Allgemeinen Preußischen Landrecht* (APL) von 1794 sowie in *Kreittmayrs Bayrischem Codex Maximilianeus Civilis* von 1756 konnte der Zwitter im entscheidungsfähigen Alter frei wählen, welchem der beiden Geschlechter er zugehören will. Nur in Streitfällen traten Sachverständige, sprich Mediziner auf, um über das »wahre Geschlecht« zu entscheiden.

Als Experten traten Mediziner erst seit Ende des 19. Jahrhundert auf den Plan, um Hermaphroditen zu Pseudohermaphroditen zu erklären und sie dem vermeintlich wahren Geschlecht, das in den Gonaden lokalisiert wurde und oft erst nach dem Tod durch Sezierung der Leiche endgültig festgestellt werden konnte, auch entgegen ihrem Selbstempfinden und äußeren Erscheinungsbild zuzuordnen. Der Begriff »Hermaphrodit« wurde nur für den äußerst seltenen Fall von Menschen mit Hoden und Eierstö-

cken, also »männlichen« *und* »weiblichen« Gonaden, reserviert. Pseudohermaphroditismus und Hermaphroditismus wurden zwar noch nicht
chirurgisch und hormonell behandelt, galten aber mit der Übernahme
durch die Medizin zuerst als Missbildungen, später als Krankheit, Fehlbildung oder Störung der normalen dichotomen Geschlechtsentwicklung. Die
medizinische Entwicklung führte zur Entdeckung der verschiedensten
Ursachen von geschlechtlichen »Fehlbildungen«. Statt eines einzigen
Phänomens Hermaphroditismus beziehungsweise Zwittrigkeit gab es nun
eine Vielzahl zwischengeschlechtlicher Phänomene mit den unterschied-
lichsten Ursachen. Der/Die Aktivist/-in Michel Reiter bezeichnet diesen
Prozess kritisch als »die soziale Transformation des Hermaphroditen in
den Zwitter und sein Entschwinden in den subsozialen Raum der
Teratologie[32] mit seinem erneuten Erscheinen als Intersexueller«.[33]

Doch wie entstand das medizinische Konzept »Intersexualität«? Seine
Entstehung muss im Zusammenhang mit anderen Formen der Abweichung von der Geschlechternorm gesehen werden, die heute aufgeteilt
werden in Abweichungen der sexuellen Orientierung, der Geschlechterrolle und der Geschlechtsidentität, sowie des geschlechtsspezifischen
Verhaltens. Nachdem Homosexualität lange Zeit kriminalisiert worden
war, galt sie ab Mitte des 19. Jahrhundert als eine angeborene Konstitution.
So wurde Homosexualität als »psychischer Hermaphroditismus« und somit
als eine Form von Intersexualität verstanden. Dies knüpfte an die ältere
Vorstellung einer dritten Geschlechterkategorie an, die nun als körperliche
oder psychische Zwitterbildung substantialisiert wurde (vgl. Hirschauer
1993: 80). Der Sexualforscher Karl Heinrich Ulrichs betrachtete in der
zweiten Hälfte des 19. Jahrhunderts »Urninge«[34] als zwitterähnliche Männer mit weiblichem Liebestrieb und »Urninginnen«[35] als Frauen mit
umgekehrter Veranlagung. Für homosexuelle Männer prägte Ulrichs die
Formel einer »weiblichen Seele gefangen in einem männlichen Körper«
(Ulrichs in Hirschauer 1993: 80), die heute bei der Selbstcharakterisierung
von Mann-zu-Frau-*Transsexuellen* weltweit Verwendung findet. Als Frauen
im falschen Körper betrachtete er »Urninge« als »eine Species von

---

32 Lehre von den Missbildungen.
33 Reiter, Michel, *Intersexualität: Ein kritischer Blick auf soziale und biographische Effekte medizinischer Intervention im Auftrag der Aufrechterhaltung dichotomisierter Geschlechtsmuster.* Vortrag
zum efs-Kongress am 30.6.2000 in Berlin, 1.4.2004, http://postgender.de
34 Ulrichs Begriff für homosexuelle Männer.
35 Ulrichs Begriff für homosexuelle Frauen.

Hermaphroditenthum« (Ulrichs in Mildenberger 2004: 165). Ulrichs stand am Beginn einer Epoche sexualwissenschaftlicher Vorstellungen, die eine direkte Verbindung von psychischer, physischer und von das Verhalten betreffender Zwischengeschlechtlichkeit, sprich von Transsexualität, Hermaphroditismus beziehungsweise Intersexualität, Homosexualität und Transvestismus sahen; Phänomene, die zu dieser Zeit nicht radikal unterschieden wurden (vgl. Mildenberger 2004: 161). Wenn in ethnologischen Forschungen aus der ersten Hälfte des 19. Jahrhunderts von »Hermaphroditen« (Hill 1935), von »religiösen Hermaphroditen« (Kroef 1954) oder von »Bisexualität« (Baumann 1986) die Rede ist, dann ist aus heutiger Perspektive unklar, um welche Art der geschlechtlichen Variation es sich bei den beschriebenen Phänomenen handelt.

Die Konzeptionalisierung von Homosexualität als psychischem Hermaphroditismus oder »Zwischengeschlecht (intermediate sex)« (Carpenter in Hirschauer 1993: 81) kulminierte in Hirschfelds »Lehre von den sexuellen Zwischenstufen«, ein Kategorien-Katalog der verschiedensten psychischen, körperlichen und das Verhalten betreffender Zwischenstufen, den Hirschfeld 1926 darlegte.[36] Diese sexuellen Zwischenstufen bezeichnet er als »intersexuelle Varianten [... die ...] ohne als solche pathologisch [...] zu sein, nur zwischengeschlechtliche Abwandlungen, Abweichungen, Abarten, Abstufungen, Spielarten der als Normaltypen bezeichneten Formen sind« (Hirschfeld 1926: 546–547). Hirschfeld unterschied vier Gruppen von Geschlechtsmerkmalen: (1) die Geschlechtsorgane, (2) die sonstigen körperlichen Eigenschaften, (3) den Geschlechtstrieb sowie (4) die sonstigen seelischen Eigenschaften (Hirschfeld 1926: 548). Aus diesen vier Gruppen ergeben sich vier Kategorien von »sexuellen Zwischenstufen« oder »Intersexualität«: (1) der Hermaphroditismus als intersexuelle Bildung der Geschlechtsorgane, (2) die Androgynie als intersexuelle Mischform der übrigen körperlichen Eigenschaften, (3) der Metatropismus[37] als intersexuelle Geschlechtstriebvariante und der Transvestismus als intersexuelle

36 Er folgte darin Ulrichs' Aufstellung von 13 Typen sexueller Zwischenstufen, wobei er neben »Männern« und »Weibern« »Urninge«, »Urninginnen«, »Uranodioningen« und »Zwittern« unterschied. Die »Zwitter« wiederum waren in »Zwittermänner«, »Zwitterweiber«, »Zwitterurninge« und »Zwitterurninginnen« unterteilt.. Ulrichs verwarf dieses Schema jedoch später wieder (vgl. Mildenberger 2004: 164–165).

37 Darunter verstand Hirschfeld Bisexuelle, die sich von androgynen Typen angezogen fühlen, welche bei beiden Geschlechter vorkommen, Homosexuelle – Frauen die »nach Männerart« und Männer, die »nach Frauenart lieben« sowie Sadismus bei der Frau und Masochismus beim Mann (Hirschfeld 1926: 556ff).

Ausdrucksform sonstiger seelischer Eigenschaften (Hirschfeld 1926: 548). In jeder dieser vier Gruppen gibt es zahlreiche Zwischenstufen, woraus sich nach Hirschfeld eine »Fülle von Kombinationsmöglichkeiten« (1926: 594) und damit eine achtstellige Zahl[38] an Geschlechtsvarianten oder »Sexualtypen« ergibt.

Aber eigentlich ist nach Hirschfeld auch diese Zahl noch viel zu klein: »Eine noch größere Zahl von Varianten würde sich ergeben, wenn wir in jeder der vier Eigenschaften noch mehr als 4 Elemente unterscheiden würden. [...] Dann würde die Menge der Verschiedenheitsmöglichkeiten schon die Zahl der Erdbewohner übersteigen« (Hirschfeld 1926: 598). Bei genauem Hinsehen finden sich demnach so zahlreiche Unterschiede hinsichtlich geschlechtlicher Merkmale beim Menschen, »daß jedes Individuum als etwas Besonderes erscheint« (Hirschfeld 1926: 596). Dies war Hirschfelds humanistisches Projekt einer geschlechtlichen Konzeption von Individualität (Hirschauer 1993: 84). In den heutigen Diskursen um Intersexualität als »wahres Geschlechts« und um die Akzeptanz der verschiedensten Intersex-Variationen als eigene(s) Geschlecht(er) lebt Hirschfelds geschlechtliche Konzeption von Individualität wieder auf.

Bezüglich der Kategorisierung von Hermaphroditen um die Jahrhundertwende zum 19. Jahrhundert lässt sich also eine zweifache Entwicklung erkennen: Zum einen bestand der Trend, Hermaphroditen durch die Klassifikation als männliche und weibliche Pseudohermaphroditen als »eigentliche« Männer beziehungsweise Frauen zu betrachten. Zum anderen werteten Ulrichs und Hirschfeld in einem Gegendiskurs Menschen zwischen den Geschlechtern zu eigenständigen Geschlechtern auf (vgl. Hirschauer 1993: 84).

Ein fließender Übergang der verschiedenen Formen von Zwischengeschlechtlichkeit basierte auf der Denkfigur einer körperlichen Ursache für psychische Abweichungen wie für Verhaltens-Abnormitäten. Mit Freud[39] begann ein Prozess, der Abweichungen des Geschlechtsverhaltens und der Geschlechtsidentität nicht mehr biologisch zu erklären suchte, sondern mit Faktoren in der individuellen Biografie. Seitdem wird Homosexualität und Transsexualität kategorisch von Intersexualität unterschieden und ersteren beiden eine biografische Ursache, letzterem eine körperliche Ursache zuge-

---

38 43.046.721 Sexualtypen (Hirschfeld 1926: 596).
39 Vgl. Freud (1904), *Die sexuellen Abirrungen*, in: Gesammelte Werke Bd. 5, worin er sagt, psychischer und physischer Hermaphroditismus sei »im ganzen unabhängig voneinander« (Freud 1904: 41).

schrieben. Allerdings gibt es auch gegenwärtig noch Strömungen innerhalb der Sexualwissenschaft, die den Faden der körperlichen Ursachen für Homosexualität heute wieder aufnehmen und nach deren Lokalisierung im Gehirn suchen. Im Laufe der Entwicklungen im 20. Jahrhundert wurde körperliche und psychische Zwischengeschlechtlichkeit zunehmend voneinander unterschieden und der Begriff »Intersexualität« rein für körperliche Zwischengeschlechtlichkeit reserviert. Als intersexuell werden heute aber nicht nur Menschen mit offensichtlicher geschlechtlicher Uneindeutigkeit bezeichnet. Durch die »Entdeckung« immer neuer Bestandteile des körperlichen Geschlechts wird diese Kategorie auch auf Menschen ausgedehnt, die sich davor als Menschen zweifelsfreien Geschlechts wähnten.

Medizinische Definition von Intersexualität

Unter »Intersexualität« versteht die Medizin körperliche Gegebenheiten mit entweder einem nicht eindeutig der männlichen oder weiblichen Kategorie zuordenbaren – also intersexuellen – Genitale oder die Nicht-Übereinstimmung dessen, was als körperliche männliche beziehungsweise weibliche Geschlechtsmerkmale gilt. Im Einzelnen sind das das chromosomale, das gonadale, das hormonelle und das innere und äußere genitale Geschlecht. Mit dem Bekanntwerden von immer neuen körperlichen Geschlechtsmerkmalen wie den Geschlechtshormonen und den Geschlechtschromosomen an der Wende zum 19. Jahrhundert weitete sich die Kategorie »Intersexualität« über diejenigen Phänomene hinaus aus, die aufgrund ihrer äußerlichen Uneindeutigkeit jahrhundertelang als Hermaphroditen oder Zwitter bekannt waren. Dies führte dazu, dass auch Menschen, die sich vor der medizinischen Diagnose zweifelsfrei als eines der beiden Geschlechter Mann oder Frau fühlten, sich danach damit konfrontiert sahen, zwischengeschlechtlich zu sein.

Einige Autoren (Dreger 1998, Mak 2005a und b) sind der Auffassung, dass das medizinische Wissen und die medizinischen Praktiken bei ungewissem Geschlecht ab Ende des 19. Jahrhunderts in immer weitere Distanz zu dem geriet, wie diese Menschen sich selbst und ihren Körper erfahren, sehen und beobachten konnten. So sind zum Beispiel die Gonaden, im 19. Jahrhundert sichere Evidenzen des Geschlechts, schwer leiblich erfahrbar. Diese Distanz zwischen medizinischer Körperbeschreibung und leiblicher Erfahrung beschreiben auch Hauser-Schäublin u.a. (2001) in Bezug auf Organe generell:

»Organe, meist unter der Haut oder im Körperinnern verborgen, können durch Techniken der Sichtbarmachung isoliert und visualisiert werden. Sie werden zu Objekten, die wie Fremdkörper betrachtet werden können, losgelöst vom Leib und der subjektiven Erfahrung und dem Empfinden des ›Besitzers‹. Sie werden zu abtrennbaren Dingen, die der ›Besitzer‹ als seine eigenen nicht wiedererkennt – und schon gar nicht erspürt. Organe in ihrer Visualisierung sind Einzelteile.« (Hauser-Schäublin u.a. 2001: 25)

Durch Techniken der Sichtbarmachung, durch welche Organe »entpersonalisiert« (Hauser Schäublin u.a. 2001: 25) wurden, konnten Menschen, die sich als Frauen fühlten, Ende des 19. Jahrhunderts aufgrund ihrer »Hoden« zu »eigentlichen« Männern erklärt werden, was ihrem Selbsterleben meist widersprach. Medizinisch diagnostizierte »Hoden« als männliche Organe und Essenz von Männlichkeit werden heute von vielen CAIS-Frauen als ihrem Selbstverständnis widersprechendes und manchmal auch als etwas Unheimliches wahrgenommen – zumindest am Anfang. Die Isolierung der Gonaden vom gesamten Menschen als Evidenz der Wahrheit führte auch zu neuen ethischen Problemen wie zu der Frage, ob Ärzte ihren CAIS-Patienten die vermeintliche Wahrheit sagen sollten oder nicht.

Intersexualität als eine Störung der somatosexuellen Differenzierung gilt im medizinischen Diskurs – im Gegensatz zum subjektiven Empfinden vieler intersexueller Menschen[40] – als eine Krankheit, die heute endokrinologisch und chirurgisch behandelt werden kann. Gefragt nach seinem Verständnis von Gesundheit, antwortet der Kinderendokrinologe Hans Weibhauser:

»Gesundheit kann auf zweierlei Weise verstanden werden. Einmal im Sinne von Aristoteles als Idealzustand, der Mensch in seiner Perfektion. So wird Gesundheit aber in der heutigen Medizin nicht gesehen. Heute begreift die Medizin unter ›Gesundheit‹ den Durchschnitt, die Norm, wobei eine Abweichung innerhalb von 97 Prozent noch duldbar ist, jenseits dieses Bereichs aber der Therapiebedarf beginnt.«[41]

Krankheit wäre demnach alles, was über das geduldete Maß hinaus von einer bestimmten Norm im Sinne eines Durchschnittwertes abweicht.

---

40 Allerdings gibt es auch solche, die zum Beispiel AGS sehr wohl als eine Krankheit begreifen.
41 Diese Darstellung der heutigen Medizin ist nicht allgemein medizinisch akzeptiert.

Gerade diesem Verständnis von Norm als statistischer Norm setzt die
Medizinethikerin Claudia Wiesemann die individuelle Norm entgegen:

»*The reason why a lot of philosophers have tried to find an objective definition of disease but have
not succeeded in doing so is that it is not easy to find an equivalent for disease. It is not just
abnormal anatomy or just abnormality. If you don't put a value into play, you cannot say which
type of abnormal anatomy is what you would call a disease. Because you cannot refer to a statistical norm. Referring to a statistical norm, high intelligence, for example, would be a disease, or red
hair or whatever. So the problem is, what is the norm? That is hidden behind ›abnormal‹. If you
want to say what is the norm from the point of view of disease or not disease, you need some referal
to suffering or at least future suffering of somebody. And also a referal to what society agrees upon
that this type of suffering can be seen as a disease. This is just a short form of a large discussion,
which I cannot explain in a whole. But as far as disease is concerned, there is always an element
of individual suffering and an element of societal consensus in it to define what is a disease in a
certain culture at a certain time.*«[42]*

Wiesemann weist hier auf die Kulturbedingtheit von Normen hin. Die
Abweichung von einer statistischen Norm allein kann auch deswegen nicht
als Definition von Krankheit begriffen werden, weil zum Beispiel eine
überdurchschnittliche Intelligenz oder sportliche Konstitution, obwohl sie
von der statistischen Norm abweicht, nicht als Krankheit verstanden werden kann. Sie verweist auf das Element des individuellen gegenwärtigen
oder antizipierten Leidens als den Punkt, an dem eine Abweichung von der
Norm als Krankheit verstanden werden kann. Medizinethnologen haben
mit dem Konzept »social suffering« auf die Kulturgebundenheit auch des
individuellen Leidens hingewiesen (Kleinman u.a. 1997, Das u.a. 2001).

Intersexualität wird im medizinischen Diskurs als Fehler der Natur, als
Krankheit oder Störung begriffen, durch dessen endokrinologische und
vor allem chirurgische Behandlung und Korrektur die natürliche Ordnung
der Zweigeschlechtlichkeit wiederhergestellt wird. Die Genitalien werden
als »nicht richtig« oder »nicht vollkommen entwickelt« beschrieben, und
entsprechend muss »der Natur ein wenig nachgeholfen« werden. So meint
der Kinderurologe Michael Rainer:

»*Wir sind zweigeschlechtlich angelegt. Wir vollenden das, was die Natur nicht mehr geschafft
hat.*«

Die körperliche Zweigeschlechtlichkeit wird als von der Natur gegebene,
objektive Tatsache und jede Abweichung folglich als gestörte Entwicklung

---

42 Vortrag *Ethics and Intersexuality* auf dem Symposium *Intersex. From Gene to Gender.* in
Lübeck, 1. bis 3.4.2004

und Fehlbildung konzipiert. Die Naturalisierung der Zweigeschlechtlichkeit formuliert John Ross folgendermaßen:

»We did not decide those norms, nature decided those norms. The truth is that nature set out to take two forms. The history goes back half a million years.«

Der Auffassung von Zweigeschlechtlichkeit als gesellschaftlicher Norm und ein kulturelles Konstrukt wird hier mit dem Verweis auf »die Natur« und den in ihr vermeintlich gegebenen geschlechtskörperlichen Dimorphismus entgegnet. Das Paradox besteht darin, dass der Körper im euroamerikanischen wie im biomedizinischen Modell einerseits als »natürliche« Begründung für *gender* begriffen wird, Geschlecht sich also immer aus der Natur ableitet, andererseits nicht in die Zweigeschlechternorm passende Körper nicht mehr als »natürlich« gelten und erst nach entsprechender Korrektur wieder die Funktion als natürliche Grundlage von Geschlecht erfüllen können:

»Was ›natürlich‹ ist, wurde verworfen. Die Lösung? Einen Körper durch Operationstechniken und Hormonersatz zu ›konstruieren‹. Aber es ist dieser ›konstruierte‹ Körper, der das ›wahre‹ Geschlecht widerspiegelt. Es ist dieser ›konstruierte‹ Körper, der als ‚natürlich‘ beschrieben wird. In Fällen von Intersexualität wird das, was natürlich (Ich verwende diesen Terminus wohlbedacht) da ist als irgendwie ›unnatürlich‹ dargestellt und muss ›natürlicher‹ gemacht werden, um erkannt, verstanden und klassifiziert werden zu können.« (Hester 2003: 11–12, Übers. CL)

Intersexualität wird in der Medizin nicht als eine akzeptierte Variation der Natur begriffen, sondern als eine Krankheit, weil sie soziales Leiden mit sich bringt. Im Gegensatz zu der Auffassung vieler intersexueller Menschen, Intersexualität sei als körperliche Variation zu akzeptieren und vergleichbar mit verschiedenen Augen- oder Haarfarben, entgegnet der britische Kinderurologe John Ross stellvertretend für das medizinische Verständnis von Intersexualität:

»That is trivial to compare intersex bodies and normal ones with black and blond hair. That is comparing something trivial with something which is obviously enormously important. I think black and blond hair doesn't upset people's lives.«

Intersexualität wird differenziert in *Hermaphroditismus verus* und *Pseudohermaphroditismus masculinus* und *femininus*. Diese Einteilung folgt der Annahme von Genen und vor allem von Gonaden als Kennzeichen für das wahre Geschlecht. Ein »echter Hermaphrodit« hat entweder XY-, XX-, oder in ganz seltenen Fällen eine Mischung aus XY/XX- (dem so genannten

Chimärismus[43]) Geschlechts-Chromosomen. Bei diesen Menschen befindet sich entweder ein Hoden auf der einen und ein Eierstock auf der anderen Seite oder auf beiden Seiten ein so genannter *Ovotestis* – eine Mischung aus Eierstock und Hoden. Außerdem hat der Betroffene ein intersexuelles Genitale. Ein »männlicher Pseudohermaphrodit« ist gekennzeichnet durch XY-Chromosomen und Hoden sowie durch eine »blind endende« Vagina mit weiblichem oder intersexuellem Genitale. Ein »weiblicher Pseudohermaphrodit« weist XX-Chromosomen, Eierstöcke, Eileiter, Uterus und ein intersexuelles Genitale auf. Dabei gehen nicht alle Fälle von Intersexualität mit einem geschlechtlich uneindeutigen Phänotyp einher. Auch werden nicht alle Fälle von uneindeutigen Genitalien immer unter Intersexualität subsumiert.[44]

Intersexualität als psychosozialer Notfall

Die Geburt eines Kindes mit uneindeutigen äußeren Genitalien wird als Notfall beschrieben, meist als kein medizinischer (mit Ausnahme von AGS mit Salzverlust), sondern als ein psychosozialer Notfall. Intersexualität wird als ein psychologisches Problem gesehen, das medizinisches Eingreifen erfordert. Die Frage »Ist es ein Junge oder ein Mädchen?« unmittelbar nach der Geburt nicht beantworten zu können, wird von allen Medizinern in dramatischer Sprache beschrieben, wie zum Beispiel vom Kinderurologen Erich Obermayer:

»Man muss sich das für die Eltern vorstellen – ich habe selbst Kinder – das erste war die Frage ›Bub oder Mädchen?‹ Wenn sie das nicht beantworten können, ist das eigentlich ein schrecklicher Notfall.«

Auch die psychische Situation, in der sich die Eltern nach der Geburt eines intersexuellen Kindes befinden, wird als psychologischer Notfall und als »Geburtstrauma«, wie es der Psychotherapeut Knut Werner-Rosen nennt, begriffen, das von Anfang an psychotherapeutische Begleitung der Eltern erfordert. Dass die Geburt eines intersexuellen Kindes für die Eltern hoch traumatisch ist, ist auch die Einschätzung von Birgit Lanzleithner:

---

43 Die Erklärung dafür wird in der Verschmelzung eines männlichen und weiblichen Zwillings im Mutterleib gesehen.

44 Zum Beispiel ist die Klassifizierung von Hypospadie und AGS unter Intersexualität umstritten.

»Ich habe immer gedacht, meine Eltern waren besonders ungut und haben das besonders schlecht verkraftet und jetzt habe ich gelernt dass die Umgangsart mit der Krankheit fast bei allen Eltern gleich ist. Das Geburtstrauma ist ganz schrecklich. Und was die alle einheitlich sagen – das war sicher bei uns genauso – ist, dass sie allein gelassen sind, dass sie keiner begleitet. Das ist ein großer Ansatz. Nicht nur, dass man den Eltern erklärt, wo die Krankheit ist, sondern dass man die in dieser Geburtssituation wirklich psychologisch betreut. Was löst das aus? Wovor haben sie Angst? Sind sie jetzt traurig? Im Nachhinein denke ich, wenn meine Eltern mich verkaufen hätten können, hätten sie es getan. Dann wäre ich weg gewesen, dann wäre das Problem erledigt gewesen. Dieses Gefühl hat man oft, dass die Eltern ihr Kind verschenken würden, um das Problem weg zu haben.«

Auch Knut Werner-Rosen berichtet davon, dass viele Eltern die Intersexualität ihres Kindes am liebsten gegen eine gesellschaftlich anerkannte und existente Krankheit eintauschen würden, weil sie dann wenigstens darüber reden könnten und wüssten, woran sie sind:

»In den Fällen, mit denen ich als Psychotherapeut zu tun habe, ist die Reaktion der Eltern auf die Intersexualität ihres Kindes immer erschütternd. Sie beschreiben ihr Erleben angesicht des interesexuellen Befundes als ›Hölle‹, nicht selten sehen sie in ihrem Kind ein ›Monster‹ oder, wie eine Mutter sagte: ›Hätte mein Kind AIDS, wüßte ich woran ich bin.‹ Deshalb spreche vom ›Geburtstrauma der Eltern‹. Wie wichtig das Wohlbefinden der Eltern für das neugeborene Kind ist, liegt auf der Hand: Von ihrem angstfreien Angenommensein ist jedes Kind total abhängig. Es geht um die fundamentale Erfahrung von Bindung und Beziehung. Es ist weder Luxus noch Zugeständnis, den Eltern in dieser prekären Situation eine kompetente psychologische Beratung zur Verfügung zu stellen. Für mich ist eine solche Hilfe unabdingbarer Bestandteil der Vorsorgung der Familie.«

Es gibt aber auch Eltern, die sich gegen die Psychologisierung ihrer Situation, ein intersexuelles Kind zu haben, wehren. So empört sich beispielsweise Petra Schmitt, die ihren 7-jährigen Sohn Dennis mit XY/XO Gonadendysgenesie entgegen ärztlichem Drängen nicht behandeln ließ und ihn zu seinem eigenen Schutz dem medizinischen Zugriff völlig entzogen hat:

»Man hat uns auch gesagt, wenn bei unserem Kind eine OP gemacht wird, müssten wir Eltern in psychologische Betreuung. So ein Blödsinn! Unser Kind wird operiert und wir müssen in psychologische Behandlung, irgendwas stimmt doch da nicht.«

Sowohl Eltern als auch Betroffene leiden also nach medizinischer Auffassung zwangsläufig unter einem geschlechtlich uneindeutigen Körper. Die »Psychologisierung« von Intersexualität (Kessler 1998: 32) besteht zum einen in der postulierten medizinischen Handlungsnotwendigkeit zur Korrektur »uneindeutiger« Genitalien aus dem vermeintlichen psychologischen Bedürfnis von Eltern nach einem geschlechtlich eindeutigen Kind. Zum anderen in der kulturgeprägten Annahme, eine körperliche geschlechtliche Uneindeutigkeit sei für die Betroffenen unausweichlich traumatisierend. Viele intersexuelle Menschen und einige Eltern intersexueller Kinder lehnen zwar die Pathologisierung von Intersexualität ab, schließen sich aber dennoch der Psychologisierung von Intersexualität an. Alle intersexuellen Menschen, mit denen ich Gespräche geführt habe, die meisten Eltern und auch Psychologen und Psychotherapeuten fordern heute eine kontinuierliche und langfristige psychologische Betreuung für intersexuelle Kinder, Jugendliche und Erwachsene, um zum einen die durch die medizinische Behandlung selbst entstandenen Traumata aufzuarbeiten und zum anderen einen selbstbewussten Umgang mit der eigenen körperlichen Besonderheit zu erlernen. Beispielsweise führt Alex Jürgen aus:

»Ich denke, dass man mit den Eltern wirklich von Anfang an therapeutisch arbeiten müsste. Nicht nur mit den Kindern. Was nützt das, wenn das Kind selbstbewusst aufwächst und die Eltern verbieten, dass es das oder das macht. Wenn sie ihm zum Beispiel verbieten, seine Fingernägel zu lackieren, weil sie selbst einen Jungen wollen und sie finden, dass sich so etwas für einen Jungen nicht gehört?«

Von psychotherapeutischer Seite wird heute gefordert, die Eltern vor der Zustimmung zu medizinischen Eingriffen zunächst psychologisch zu evaluieren. Genitalkorrigierende Maßnahmen sollten erst dann erfolgen, wenn die Eltern zu einem wahren informierten Konsens in der Lage sind. In diesem Zusammenhang kann es zu Machtkonflikten zwischen Medizin und Psychologie hinsichtlich der Frage kommen, welche Disziplin in Bezug auf den Zeitpunkt des Eingriffes entscheiden soll. Welche Disziplin ist befugt, »grünes Licht« zu geben? Dabei können medizinische Gründe, die für ein frühes Eingreifen sprechen, psychologischen Erwägungen, noch abzuwarten, gegenüberstehen.

Auch die Sprache, in der uneindeutige Genitalien von Medizinern beschrieben werden, ist eine Sprache des Notfalls und der Dringlichkeit. Folgender Ausschnitt aus einem 2002 erstellten Konsens-Papier europäischer und US-amerikanischer Endokrinologen zur Behandlung von AGS lässt auch aufgrund der Sprache keine andere Möglichkeit als medizinisch-psychologisches Management unmittelbar nach der Geburt zu:

»The newborn female with CAH and ambigous external genitalia requires *urgent* expert medical attention. The ambiguity *is highly distressing* to the family; therefore, *immediate* comprehensive evaluation is needed by referral to, or a visit by, a pediatric endocrinologist. An important goal is to ensure that the parents develop a positive relationship with their child. A well-organized multidisciplinary team (including specialists in pediatric endocrinology, psychosocial services, pediatric surgery / urology, and genetics) is essential for the diagnosis and management of the infant with ambigous genitalia.« (Joint LWPES/ESPE CAH Working Group 2002: 4048; Hervorh. CL)

Kommt ein Kind mit nicht eindeutig männlichen oder weiblichen Genitalien auf die Welt, sollte es einem spezialisierten Team aus Medizinern und Psychologen übergeben werden, die zum einen eine möglichst schnelle und exakte Diagnose inklusive einer Prognose der zukünftigen Geschlechtsidentität stellen und gleichzeitig auch die Eltern in ihrem Trauma psychisch begleiten. So zumindest sieht es der aktuelle medizinisch-psychologische Diskurs als ideales Modell vor.

Formen der Intersexualität

Folgende Darstellung des »Patientenguts« des Kinderendokrinologen Wolfgang Hoepffner soll einen Einblick geben in die medizinisch interne Art, intersexuelle Patienten gegenüber anderen Ärzten zu charakterisieren:

»Die Patientinnen waren zwischen 16 und 27 Jahre alt, 5 mit 46 XY- Gonadendysgenesie, 1 Hermaphroditismus verus 46 XY, 1 Hermaphroditismus verus 46 XX – beide haben ein Testovar – und einmal ein Kind mit 46 XX und 46 XY, also ein echter Hermaphrodit, mit einem normal funktionierenden Ovar auf der einen Seite und einem dysplastischen Hoden auf der anderen Seite (…). Diese Patientin kam erst mit 15 zu uns. Alle anderen sind seit Geburt bei uns betreut worden. Genitaltyp[45] war 1 zweimal, 3 dreimal, 4 fünfmal. Bei sieben dieser Patientinnen war eine Scheide da, bei dreien nicht, aber unter der Substitutionstherapie entwickelte sich ein kohabitationsfähiges Organ und bei dreien war ein Uterus vorhanden.«[46]

Um eine Beschreibung wie diese, die intersexuelle Menschen entlang bestimmter Syndrome und genitaler Phänotypen klassifiziert, verständlich zu machen, sollen im Folgenden die wichtigsten Formen der Intersexualität aus medizinischer Sicht vorgestellt werden. Dadurch wird nicht nur das

---

45 Der Grad der Vermännlichung des äußeren Genitales wird beim intersexuellen Genitale in Prader-Stufen angegeben; von Prader 1 (leichte Vergrößerung der Klitoris und Schamlippen nicht fusioniert) bis Prader 5 (ein fast vollständiges männlich aussehendes Genitale mit zusammengewachsenen Schamlippen beziehungsweise einem Hodensack).

46 Vortrag Sexuelle Entwicklung, Geschlechtsidentität und Orgasmuserleben bei 10 jungen Frauen mit Pseudohermaphroditismus masculinus, beim Symposium Intersexualität bei Kindern, 5. bis 6.3.2004 in Halle.

medizinische Verständnis von Intersexualität deutlich. Die medizinische Diagnose ist auch für sehr viele intersexuelle Menschen wichtig für das Verständnis und die Deutung ihres eigenen Körpers und für die Entwicklung einer mit ihrem Körper in Einklang stehenden, verkörperten Identität. Die medizinische Beschreibung und Einteilung der verschiedenen Syndrome wird dabei von den Betroffenen meist als Faktum übernommen, auch wenn die Klassifizierung als »Krankheit« oder »Störung« oft abgelehnt wird. Für Mediziner ist die Diagnose des Syndroms von oberster Priorität, um die zukünftige Entwicklung des Geschlechtskörpers und der Geschlechtsidentität prognostizieren und eine »korrekte« Geschlechtsentscheidung treffen zu können. So warnt der Kinderchirurg Michael Hemminghaus davor, sich vom Phänotyp täuschen zu lassen:

»Der Phänotypus kann ähnlich, die Ursache aber different sein, deswegen ist die Frage: Was steckt dahinter? Vom Phänotypus kann nicht immer auf die zugrunde liegende Ursache geschlossen werden. Die Genitalien können gewisse Ähnlichkeiten haben, ohne dass man sagen kann, ist es nun eine hochgradige Hypospadie oder ist es eine AGS-Form.«[47]

AGS

Das Adrenogenitale Syndrom[48] (AGS) ist die häufigste Form der Intersexualität. Etwa 95 Prozent davon werden verursacht durch einen Defekt der 21-Hydroxylase in der Nebennierenrinde.[49] Dieser genetisch verursachte Enzymmangel wird in endokrinologischen Lehrbüchern meist als eine endokrine Erkrankung abgehandelt. AGS kann bei XX- und bei XY-Karyotyp vorkommen, aber nur bei Menschen mit XX-Chromosomen bedeutet AGS Intersexualität. Meist wird AGS als eine Form von Intersexualität beschrieben, teils aber auch als rein endokrine Erkrankung. Die Ätiologie wird folgendermaßen erklärt: Die Nebenniere wandelt Kolesterol in drei Hormone um: Kortisol, Aldosterol und Androgene. Kortisol ist nötig, um den Körper bei psychischen und physischen Belastungen wie Krankheit, Verletzung oder körperlicher Anstrengung die nötige Energie zu geben, Aldosteron ist ein Hormon, das den Salzwasserhaushalt des Körpers reguliert, und Androgene sind »männliche« Ge-

---

47 Vortrag Pränatale Diagnostik bei Pseudohermaphroditismus masculinus beim Symposium Intersexualität bei Kindern, 5. bis 6.3.2004 in Halle.

48 Der Begriff »adrenogenital« weist auf die Organe hin, die von diesem Syndrom betroffen sind: die Nebenniere (*adren*) und das Genitale.

49 Diese Form von AGS geht in 60% mit einem lebensbedrohlichen Salzverlust einher.

schlechtshormone[50]. Der Kortisolspiegel wird durch ein stimulierendes Hormon der Hypophyse im Gehirn angeregt. Im Normalfall ist dieser Mechanismus wohlausgewogen, wie folgendes Schema verdeutlicht:

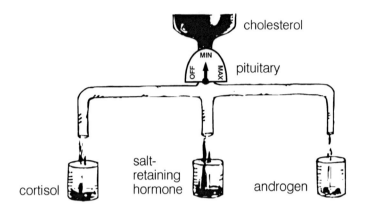

cholesterol

pituitary

cortisol

salt-retaining hormone

androgen

Abb. 2: Umwandlung von Kolesterol in Kortisol, Aldosterol und Androgene – Normalzustand.

(Quelle: Warne, Garry/Bell, Jocelyn, Your child with congenital adrenal hyperplasia, 15.5.2005, www.rch-org.au/cah_book. Gedruckt mit freundlicher Genehmigung von Garry Warne.)

Im Falle des AGS bewirkt ein fehlendes Enzym, dass nicht genügend Kortisol[51] und – bei AGS mit Salzverlust – zusätzlich nicht genügend Aldosterol produziert wird. Durch den Rückkoppelungsmechanismus mit der Hypophyse wird die Nebennierenrinde stärker stimuliert, was zur vermehrten Bildung von Androgenen führt[52]. Da diese vermehrte Androgensysthese bereits intrauterin entsteht, kommt es zu einer »Vermännlichung« des äußeren Genitales. Das heißt, die Klitoris ist leicht bis stark vergrößert und die äußeren Schamlippen können wie ein Skrotum zusammengewachsen sein, wodurch der Eingang zur Vagina verdeckt sein kann.

---

50 Die Nebenniere ist bei XX-Individuen das einzige und bei XY-Individuen neben den Hoden das zweite Organ, das Androgene produziert.

51 Die endokrinologische Behandlung erfolgt durch Substituierung des Hormons Kortisol durch Hydrokortison, Kortison und Dexamethason, welche sich durch Potenz und Dauer unterscheiden.

52 Für die Synthese von Aldosteron wird die 21-Hydroxylase nicht benötigt.

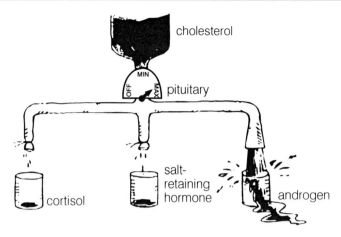

Abb. 3: Umwandlung von Kolesterol in Kortisol, Aldosterol und Androgene im Fall von AGS

(Quelle: Warne, Garry/Bell, Jocelyn, Your child with congenital adrenal hyperplasia, 15.5.2005, www.rch-org.au/cah_book. Gedruckt mit freundlicher Genehmigung von Garry Warne.)

Das medizinische Probleme beim AGS ist der Salzverlust, der zum Schock und letztendlich zum Tode führen kann. Ohne medizinische hormonelle Behandlung würden die Betroffenen zunehmend virisilieren, es würden Bartwuchs, Stimmbruch und männliche Schambehaarung eintreten. Die Pubertät – und das ist eine weitere Besonderheit von AGS – würde ohne hormonelle Behandlung schon zwischen 4 und 7 Jahren eintreten, die Kinder würden in der Kindheit sehr groß, insgesamt jedoch durch vorzeitiges Aufhören des Knochenwachstums eher klein bleiben.

Androgenresistenz

Die häufigste mit einem XY-Chromosomensatz verbundene Form von Intersexualität ist die Androgenresistenz (AIS)[53], früher und von manchen immer noch »Testikuläre Feminisierung« genannt. Durch eine genetische Veränderung kann der Androgenrezeptor die Androgene nicht (CAIS)[54] oder teilweise (PAIS)[55] binden. Dadurch wird schon vorgeburtlich verhindert, dass sich ein normales männliches Genitale bildet.

---

53 Von englisch: Androgen Insensitivity Syndrome.
54 Comlete Androgene Insensitivity Sydrome.
55 Partial Androgene Insensitivity Syndrome.

Die Menschen mit CAIS kommen mit einem weiblichen äußeren Genitale zur Welt. Die Androgenresistenz fällt entweder auf durch Leistenbrüche in der Kindheit, in denen sich Hoden befinden, oder durch das Ausbleiben der Menstruation (Amenorrhö) in der Pubertät, was meist zu einem Besuch beim Gynäkologen führt, der dann feststellt, dass die vermeintlichen Mädchen keinen Uterus, aber dafür Hoden und XY-Chromosomen haben. Die Betroffenen entwickeln sich äußerlich ganz normal weiblich, haben aber keine Eierstöcke, Eileiter und Gebärmutter; ihre Vagina kann verkürzt sein und endet »blind«. Die Hoden produzieren Testosteron, welches, wie im Körper jeder Frau, teilweise zu Östrogen umgewandelt wird. Dies wiederum ist wichtig für die Knochendichte und das psychische Wohlergehen. Die einzige äußerliche Auffälligkeit ist das Ausbleiben von Scham- und Achselbehaarung.

Bei der partiellen Androgenresistenz (PAIS oder Reifenstein-Syndrom) reagiert der Körper teilweise auf Androgene, von Grad 1 (männlich mit leichter Androgenresistenz) über Grad 3 und 4 mit intersexuellem Genitale, wo die Frage nach der Zuordnung zum männlichen oder weiblichen Geschlecht schwierig ist, bis zu Grad 7 (CAIS). Grade 3 bis 7 sind zeugungsunfähig. Die Klitoris/der Phallus kann entweder bei Geburt bereits größer als eine normale Klitoris sein oder erst in der Pubertät anfangen zu wachsen. Hier zeigt sich schon die Schwierigkeit, über Normalgrößen, Wachstum und Klitoris oder Penis unabhängig von der Geschlechtszuschreibung zu sprechen. Wir haben keine neutralen oder weder-weiblichnoch-männlichen Begrifflichkeiten, um über Genitalien zu sprechen. Je nach Geschlechtszuschreibung ist eine »Klitoris« zu groß oder ein »Penis« zu klein.

Gonadendysgenesien [56]

Das Swyer-Syndrom oder die Reine Gonadendysgenesie ist eine fehlende oder mangelhafte Entwicklung (*dys-genesie*) der Gonaden bei einem XY-Chromosomensatz.[57] Der Grund dafür liegt unter anderem darin, dass das

---

56 Eine wichtige Form der Gonadendysgenesien, das Turner-Syndrom mit XO-Geschlechtschromosomen – das heißt, statt 46 sind nur 45 Chromosomen vorhanden – wird meist nicht zur Intersexualität gerechnet, und die Betroffenen setzen sich auch eher nicht mit der Geschlechterfrage auseinander.

57 Gonadendysgenesien treten auch bei XX auf, werden dann aber nicht zur Intersexualität gerechnet.

auf dem Y-Chromosom liegende SRY-Gen, das normalerweise dafür sorgt, dass sich die Gonade zum Hoden entwickelt, nicht arbeitet. Die Betroffenen haben lediglich so genannte Stranggonaden – bindegewebeartige Stränge – die keine Keimzellen enthalten und keine Hormone erzeugen. Nach dem biologisch-medizinischen Modell der geschlechtlichen Differenzierung wird verständlich, warum sich bei fehlender Entwicklung der Gonaden ein weiblicher Phänotyp und ein Uterus herausbilden: Der nicht entwickelte Hoden kann weder das Anti-Müllersche Hormon, welches die Ausformung von Eileiter und Uterus verhindert, noch das Testosteron, was durch Umwandlung in DHT die Ausbildung des männlichen äußeren Genitales bewirkt, bilden. Ohne Hormon-Ersatz-Therapie entwickeln sich bei diesen Menschen, die immer dem weiblichen Geschlecht zugeschrieben werden, in der Pubertät keine sekundären Geschlechtsmerkmale wie Brustwachstum und Schambehaarung. Beim Sywer-Syndrom besteht ein erhöhtes Risiko von maligner Entartung der Stranggonaden.[58] Wie die komplette Androgenresistenz wird das Swyer-Syndrom meist erst in der Pubertät durch das Ausbleiben der Menstruation entdeckt. Nach AGS ist die Gemischte Gonadendysgenesie die zweithäufigste Ursache für ein intersexuelles Genitale. Bei dieser Form kommen in manchen Körperzellen XY- und in anderen XO-Chromosomen vor. Auf der einen Seite kann sich im Hodensack oder im Bauchraum entweder ein normaler oder auch ein unterentwickelter Hoden und auf der anderen Seite eine Stranggonade befinden. Möglicherweise sind die Hoden beidseitig unterentwickelt. Je nach Anteil des funktionstüchtigen Hodengewebes mit seiner Produktion von Anti-Müllerschem Hormon und Testosteron entwickeln sich die inneren Strukturen (Uterus, Eileiter, Prostata), und ein mehr oder weniger intersexuelles Genitale. So können manche Betroffene auch Hoden, Uterus und Eileiter haben.[59] Dysgenetische Hoden und Stranggonaden haben wie beim Swyer-Syndrom ein erhöhtes Tumorrisiko. Die Gemischte Gonadendysgenesie führt in einem Drittel aller Fälle zu Minderwuchs und in den meisten Fällen zur Unfruchtbarkeit. Allerdings ist die Möglichkeit vorstellbar, mithilfe von Medizintechnologie eine befruchtete Eizelle in den Uterus einzusetzen oder zeugungsfähige Spermien zu gewinnen.

---

58 Wie hoch dieses Risiko tatsächlich ist, ist nicht genau bekannt, manche sprechen von bis zu 30% Entartungsrisiko.

59 Eierstöcke nicht, weil sich diese nur bei XX-Individuen entwickeln.

Enzymdefekte

5 alpha-Reduktasemangel (5 ARM) ist bei einem XY-Chromosomensatz ein Mangel an dem Enzym 5 alpha-Reduktase, welches Testosteron in das potentere DHT umwandelt und somit die Vermännlichung des äußeren Genitales mit sich bringt. Bei einem Mangel dieses Enzyms kommen Kinder mit intersexuellen bis eher weiblichen Genitalien auf die Welt, vermännlichen aber aufgrund der erhöhten Testosteronausschüttung in der Pubertät, was zu einem männlichen Phänotyp, zu Bartwuchs, Wachstumsschub, maskuliner Muskelentwicklung und Stimmbruch führt. Bei einem weiteren Enzymmangel, dem 17 beta-Hydroxysteroid-Dehydrogenase-Mangel (17 beta-HSD), wird die Testosteron-Vorstufe Androstendion nicht ausreichend in Testosteron umgewandelt, um eine komplette männliche Entwicklung zu bewirken. Die Betroffenen kommen mit weiblich aussehenden Genitalien zur Welt, erfahren aber in der Pubertät eine Vermännlichung wie bei 5 ARM.

Hermaphroditismus verus

»Echt« ist der Hermaphroditismus entsprechend der Konzeption der Gonaden als Essenz des Geschlechts dann, wenn ein Individuum sowohl testikuläres als auch ovariales Gewebe aufweist. »Echte Hermaphroditen« besitzen entweder auf der einen Seite einen Eierstock und auf der anderen einen so genannten »Ovotestis«, auf beiden Seiten je einen Ovotestis, einen Eierstock auf der einen und einen Hoden auf der anderen Seite oder einen Ovotestis auf der einen und einen Hoden auf der anderen Seite. Der Karyotyp ist entweder nur XX oder ein Chromosomenmosaik, vor allem die Kombination aus XX- und XY-Chromosomen (Chimärismus), selten auch nur XY. Hermaphroditismus verus geht fast immer mit »uneindeutigen« Genitalien einher, die aber unterschiedlich ausgeprägt sein können. Die sekundären Geschlechtsmerkmale reichen von fast »weiblich« über androgyn bis hin zu fast »männlich«. Fruchtbarkeit ist grundsätzlich möglich, in den meisten Fällen ist das eine »weibliche« Fertilität (bei XX- und XX/XY-Karyotyp). »Männliche« Fertilität ist sehr selten, kommt aber auch vor. Die Medizin spricht entsprechend dem Karyotyp auch von »männlichem« und »weiblichem Hermaphroditismus verus«. (vgl. Krob u.a. 1994)

Chromosomenmosaike

Beim Klinefelter-Syndrom liegt zusätzlich zum XY-Chromosomensatz in allen oder allen größeren Körperzellen ein zusätzliches X-Chromosom vor (47 XXY), was ohne genetische Prädisposition bei der Verschmelzung der elterlichen Keimzellen geschieht. Das Genitale ist männlich, der Penis und die Hoden sind ist eher klein. Die Betroffenen sind aufgrund von unterentwickelten Hoden unfruchtbar, eine männliche Pubertät der primären und sekundären Geschlechtsmerkmale tritt unbehandelt verzögert auf oder bleibt ganz aus, oft kommt es zum Brustwachstum (Gynäkomastie). Neben dem Klinefelter-Syndrom gibt es äußerst selten noch XXX, XYY und andere Chromosomenmosaike.

Blasen- und Kloakenfehlbildungen

Blasen- und Kloakenfehlbildungen (Ekstrophien) gehen bei XX- und XY-Chromosomensatz auch mit einem intersexuellen Genitale einher. Aber anders als alle oben beschrieben Formen sind Menschen mit Blasen- und Kloakenfehlbildungen[60] ohne chirurgische Intervention nicht lebensfähig. Die Intersexualität ist hier also sozusagen ein sekundäres Phänomen. Die Frage der Geschlechtszuschreibung und entsprechende Genitaloperationen müssen aber auch hier diskutiert werden.

Was gehört zur Intersexualität? – Ein umstrittenes Feld

An den medizinischen Diskussionen, ob eine bestimmte Form geschlechtskörperlicher Variation als Intersexualität klassifiziert werden soll oder nicht, wird einerseits das grundlegende medizinische Verständnis noch einmal deutlich, andererseits zeigen die geführten Diskussionen, dass dieses Feld keineswegs klar abgesteckt ist. Vielmehr ist die Konstituierung des Phänomens »Intersexualität« ein fortlaufender Prozess, dessen Verständnis sich fortwährend ändert. Das heißt, die Frage, was zur Intersexualität gehört und was nicht, ist der Hintergrund, vor dem sich die eigentliche Frage »Was ist Intersexualität?« abspielt. Dies soll anhand der medizininternen Diskussion um die Klassifikation von Hypospadie und AGS als Intersexualität deutlich gemacht werden.

---

60 Die Kloake ist der gemeinsame Endteil des Darm- und Urogenitalkanals.

Bei einer Hypospadie sieht das Genitale intersexuell aus, die Harnröhre mündet nicht an der Spitze des Penis (Glans), sondern entlang des unteren Schafts, die Zuordnung zu einem der beiden Geschlechter ist nicht ohne weiteres sofort klar. Je nach Geschlechtzuschreibung als männlich oder weiblich wird das Genitale als gespaltener »Penis« mit Skrotum oder als »Klitoris« mit zusammengewachsenen Schamlippen klassifiziert. Von einigen Medizinern wird nicht jede Form von Hypospadie zur Intersexualität gerechnet, für andere bedeutet Hypospadie immer auch Intersexualität. Ebenso gibt es Betroffene, die sich als ganz normale Männer mit einer kleinen genitalen Fehlbildung begreifen und andere, die sich aufgrund ihrer Hypospadie als »Dritte Kategorie« in einer Gruppe mit anderen intersexuellen Menschen begreifen. Die Kinderchirurgin Claudine Lamarque zählt Hypospadie nicht zur Intersexualität:

CL: »Was zählen Sie zur Intersexualität? Würden Sie auch Hypospadie darunter fassen?«
Claudine Lamarque: »Nein. Ein Intersex-Kind ist für mich zum Beispiel ein Gonadendysgenesie-Kind, das XY/XO ist. Das hat chromosomal zwei verschiedene Chromosomensätze. Das macht den zu einem Intersex, genetisch gesehen. Was den reinen Phänotyp angeht, redet die Medizin von intersexuellen genitalen Missbildungen«. Ich bin gegen diesen Begriff. Für mich hat dieses Kind eher eine hypoplastische[61] Entwicklung. Zum Beispiel hat ein Junge eine Hypospadie: Pimmel ist krumm, Vorhaut ist nicht verschlossen, der Meatus ist reingerutscht. Das heißt, das äußere Genitale hat sich nicht normal entwickelt. Dann ist das eine Missbildung des äußeren Genitales. Aber deswegen ist der noch nicht ein Intersex. Intersex ist für mich das Kind, das eher weibliche Geschlechtsorgane hat, obwohl es ein Junge ist, das ist der Zwitter. Testikuläre Feminisierung zum Beispiel ist eindeutig ein Intersex.«
CL: »Auch die komplette Form von AIS?«
Claudine Lamarque: »Ja, es erscheint als eine wunderschöne Frau, aber es ist ein Mann.«

Intersexuell wäre für diese Kinderchirurgin ein Mensch, dessen Genitale nicht mit dem chromosomalen Geschlecht, dem so genannten Kerngeschlecht, übereinstimmt. Für sie gilt nur ein Teil der oben angeführten Definition eines intersexuellen Körpers, nämlich die fehlende Übereinstimmung zwischen chromosomalem Geschlecht und Phänotyp.

Michael Rainer unterscheidet eine »einfache Hypospadie« als genitale Fehlbildung eines eindeutigen Jungen von der »tiefen Hypospadie« aufgrund von Intersexualität:

---

61 Von einer Unterentwicklung (Hypoplasie) oder einer zu starken Entwicklung (Hyperplasie) des Klitorophallus kann aber nur die Rede sein, wenn das Geschlecht feststeht. Vor der geschlechtlichen Zuordnung kann noch nicht von Hypoplasie beziehungsweise Hyperplasie des Klitorophallus gesprochen werden. Man hat erstmal ein Genitale vor sich, das weder eindeutig ein Phallus, noch eine Klitoris ist.

»Ganz wichtig ist es, dass diese einfache Hypospadie nicht zu Intersex hinein gehört. Hypospadie heißt nichts anderes, als dass während der Embryonalentwicklung die Harnröhre nicht ganz vorne an der Spitze der Eichel ist, sondern im Verlauf des Penis irgendwo unterhalb mündet. Meistens ist damit eine Verkrümmung des Penisschaftes nach unten verbunden. Das sind ansonsten unauffällige Buben mit meistens auch deszendierten Hoden oder vielleicht nur einem Hoden unten und den anderen noch oben, aber das sind keine Intersex-Probleme in dem Sinn. Seit vielen Jahren wird Hypospadie chirurgisch rekonstruiert, die Harnröhre verlängert, der Penis begradigt. Diese Kinder [...] entwickeln sich ganz normal in die männliche Richtung. Das geht nicht in die Intersex-Problematik hinein. Die so genannten tiefen Formen der Hypospadie – das ist das, wo Hypospadie in den Intersex-Bereich hineinspielt, wo die Harnröhre ganz unten ist, beim Übergang in den Hodensackbereich oder gar im Dammbereich – das sind dann die Intersex-Fälle, wo man wirklich nicht sagen kann, ist es ein Bub oder Mädchen.«

Intersexualität ist für Michael Rainer die Bezeichnung für Menschen, bei denen die Geschlechtszuschreibung zum männlichen oder weiblichen Geschlecht bei Geburt unklar ist, wozu er die »einfache« Hypospadie nicht zählt. Wann ein Genitale »unklar« ist, ist aber erstens eine Frage des Blicks, und zweitens ist der Übergang zwischen »klar« und »unklar« fließend. So könnte Michael Rainers »einfache« Hypospadie mit Berechtigung auch als »geschlechtlich uneindeutig« gesehen werden.

Ein unklares Genitale, in dieser Definition ein bestimmendes Merkmal von Intersexualität, ist es in anderen Fällen wiederum nicht; eine geschlechtliche Uneindeutigkeit ist nicht zwingend Intersexualität. Ebenso wenig ist eine geschlechtliche Uneindeutigkeit zwingend Intersexualität. Die Frage, ob ein Syndrom unter Intersexualität klassifiziert werden soll oder nicht, hat auch mit Therapienotwendigkeit zu tun. Seit geschlechtszuweisende operative Eingriffe am Genitale bei Intersexualität in gegenmedizinischen Diskursen umstritten sind, führt eine Subsumierung dessen, was früher unter Intersexualität gezählt wurde, unter Hypospadie als Fehlbildung eines eindeutig männlichen Genitales auch dazu, dass die Therapienotwendigkeit nicht angezweifelt wird. So meint der Kinderurologe Peter Schlesier:

»Bei Hypospadie zweifelt niemand an der Notwendigkeit der Operation. Nur weil es unter Intersexualität subsumiert wird, bekommt Hypospadie den Charakter eines uneindeutigen Geschlechts und wird die Operation von einigen angezweifelt.«

Obwohl XX-AGS allgemein unter »Intersexualität« verhandelt wird, plädieren einige Mediziner vehement dafür, AGS, das ja auch mit uneindeutigen Genitalien einhergeht, nicht als Intersexualität zu kategorisieren, wie zum Beispiel der Endokrinologe Christian Kapferer, der damit eine von manchen medizinischen Intersex-Spezialisten geteilte Meinung ausdrückt:

»Ich glaube, wir müssen einfach anfangen, gewisse Bereiche zu trennen. Es gibt Intersex-Formen, wo die Gonaden mit involviert sind, mehr oder weniger funktionstüchtig oder nicht sind und es gibt eben auch Formen, die eigentlich keine Intersexualität sind, als klassisches Beispiel AGS, wo im Prinzip die Gonaden vollkommen normal funktionieren und nur durch eine Hormonwirkung eines dritten Organs, der Nebenniere, sich das äußere Genitale zu verändern anfängt.«

Nach dieser Definition von Intersexualität ist es nicht das »uneindeutige« Genitale, sondern sind es die gestörten oder nicht entwickelten Gonaden oder Keimdrüsen, die nicht dem phänotypischen Geschlecht entsprechen, die Intersexualität definieren. Da die Gonaden im Falle von AGS normal funktionieren, besteht für Christian Kapferer kein Grund, bei AGS von Intersexualität zu sprechen. Hier kommt das Modell vom wahren Geschlecht, das durch die Gonaden bestimmt ist, aus der Zeit des »Age of Gonads« (Dreger 1998) zum Tragen. Da die Vermännlichung des äußeren Genitales nicht die Auswirkung der Gonaden, sondern eines anderen Organs darstellt, sind diese Menschen für ihn eindeutige Frauen und ist AGS daher mit anderen Stoffwechselstörungen wie Diabetes zu vergleichen. Der Ausschluss von AGS aus der Intersex-Thematik hat auch konkrete Auswirkungen auf das medizinisch-psychologische Management (Beratung und psychische Betreuung der Eltern, Geschlechtsentscheidung und Behandlung) von Menschen mit XX-AGS.

Peter Schlesier führt noch einen weiteren Grund dafür an, warum AGS keine Intersex-Form sein soll. AGS-Frauen können nämlich biologische Mütter werden:

»Mädchen mit AGS sind sowohl chromosomal Mädchen als auch von ihrer gesamten fertilen Potenz her. Das heißt, sie können Kinder kriegen, sie sind einfach Frauen. Nur, sie haben halt aufgrund dieses Stoffwechseldefektes Abfallprodukte, die eine androgene Wirkung haben. Und wenn man die richtig behandelt – und das kann man ja heute schon intrauterin machen – dann entwickeln die sich ja ganz normal als Frauen. Problematisch sind die Kinder mit AGS, die spät diagnostiziert werden, die schon über Jahre hinweg das Hormon bekommen.

Richtig »eingestellt«, das heißt mit der richtigen Dosis an Kortison versorgt, sind AGS-»Frauen« fruchtbar und können Kinder gebären. Die Gebärfähigkeit ist hier das wesentliche Charakteristikum einer geschlechtlichen Zuweisung zum weiblichen Geschlecht. Das intersexuelle Aussehen des Genitales spielt er herunter als bloße Wirkung von Abfallprodukten. Die potenzielle Fertilität durch medizinische Medikation ist demnach ein Grund, bei AGS nicht von Intersexualität zu sprechen. Intersexuell sind AGS-Frauen nur, wenn sie nicht medizinisch behandelt sind. Bei der

Hypospadie wie beim AGS gibt es folglich Fälle von uneindeutigem Genital, die für manche nichts mit Intersexualität zu tun haben.

Auf einen weiteren Aspekt weist nochmals Birgit Lanzleithner hin, als sie sich dagegen wehrt, AGS-Frauen als Menschen zwischen den Geschlechtern zu betrachten:

»Die Nebennierenrinde produziert zuviel männliche Hormone. Das haben auch andere Frauen, zum Beispiel mit polyzystischen Eierstöcken. Die haben auch zu viele männliche Hormone, die in den Eierstöcken produziert werden. Da würde niemand auf die Idee kommen, von Hermaphroditen zu sprechen, obwohl oft gleich viele männliche Hormone vorliegen. Die sind nämlich nicht mit einer äußeren Vermännlichung geboren. Das ist der einzige Unterschied. Die haben ihr Leben als Frau, das wird nicht in Frage gestellt. Viele Frauen kriegen ja zum Beispiel auch in der Menopause einen Damenbart, wenn die Östrogene abfallen und die männlichen Hormone ansteigen. Da würde nie jemand von Hermaphrodit sprechen. Nur weil die nicht so geboren sind. Es ist der Geburtsfaktor. Ich weiß das von late-onset-Frauen [Eine Form von AGS, die erst im Erwachsenenalter einsetzt, CL]. Frauen mit late-onset haben diese Problem nicht, egal wie stark vermännlicht sie sind: Denen fallen die Haare aus, die haben oft schon eine männliche Glatze, die haben Damenbart und Haare auf der Brust und da ist wirklich noch niemand auf die Idee gekommen, die als intersexuell zu bezeichnen.«

Birgit Lanzleithner vergleicht AGS mit anderen Körperveränderungen mit androgenisierender Wirkung wie Frauen mit polyzystischen Eierstöcken, Frauen nach der Menopause oder auch mit Frauen mit entferntem Uterus oder Eierstöcken. Der Grund, warum AGS als Intersexualität klassifiziert wird, ist nach ihr die Tatsache, dass AGS bereits bei Geburt vorliegt.

Intersexualität kann auch durch die Unmöglichkeit der hormonellen oder chirurgischen Anpassung an das chromosomale Geschlecht, wodurch immer eine Ambiguität bestehen bleibt, definiert werden. Diese Auffassung wird zum Beispiel von Claudine Lamarque vertreten:

»Intersexuell ist ein kompletter Phänotyp, der nicht chirurgisch und hormonell veränderbar ist. Die testikuläre Feminisierung, ist eine wunderschöne Frau, ist chromosomal XY, und Sie können machen, was Sie wollen, Sie werden aus diesem Mann nie einen Mann machen können. Weil Sie die Rezeptoren nicht haben. Deswegen sind wir da in einer Ambiguität. Wir haben einen Mann, der aussieht wie eine Frau. Wenn man ein XY-Kind hat und das so operieren kann, dass es zu einem Jungen und später einem Mann wird, dann haben wir meiner Ansicht nach keinen Fall von Intersex. Es ist genauso, wie wenn Sie einen Menschen haben, der einen sechsten Zeh hat. Das ist ein normaler Mensch, der nur eine Missbildung hat. Auch eine AGS-Frau ist eine ganz normale Frau, die Kinder kriegt [...]. Auch wenn der Chromosomensatz XY ist und wir kein Rezeptorenproblem haben und wir können das hormonell korrigieren, sehe ich überhaupt keine Indikation, von Intersexualität zu sprechen und aus diesem Jungen ein Mädchen zu machen.«

Nach dieser Definition wäre die fehlende medizinische Behandelbarkeit der geschlechtlichen Uneindeutigkeit, das heißt die Unmöglichkeit, diese zu beseitigen, das Charakteristikum für Intersexualität. Kann das Genital durch Operation in Übereinstimmung mit dem chromosomalen Geschlecht gebracht werden, so war die fehlende Übereinstimmung lediglich eine beseitigbare »Missbildung« oder »Fehlentwicklung«. Somit ist der betreffende Mensch nicht intersexuell, sondern ein Mädchen (AGS) oder Junge (Hypospadie) mit einer genitalen Missbildung.

Anders sieht es der Kinderendokrinologe Hans Weibhauser, der einen Menschen mit AGS und einem Genitale mit Prader 5 als »echten Intersex« beschreibt. Ihm zufolge ist ein intersexueller Körper ein Körper, der dem klassischen mythischen Hermaphroditen-Ideal eines Menschen mit einem männlichen Genital und weiblichen Brüsten nahe kommt:

»Das Gesamtproblem ist, dass das AGS, Prader 5 ein wirkliches Intersex-Phänomen ist. Das hat eine Brustdrüsenentwicklung und ein männliches Genitale – also das ist ein echter Intersex.«

All diese Beispiele zeigen, dass das Verständnis bestimmter körperlicher Variationen ein Ergebnis medizininterner Verhandlung ist. Die Klassifizierung hängt dabei von der Gewichtung der Merkmale eines Syndroms ab. Ob gonadale, hormonelle, anatomische oder phänotypische Merkmale zum ausschlaggebenden Punkt werden, ist nicht nur für die Behandlung, sondern bereits für das Begreifen geschlechtskörperlicher Variationen von Bedeutung. Es soll nicht unerwähnt bleiben, dass auch der Begriff »Intersexualität« selbst als gemeinsame Kategorie für eine Reihe von Syndromen innerhalb des medizinischen Diskurses kritisiert wird. Als rein deskriptiver Begriff, der nicht die Ursache beinhaltet, weil er sich lediglich auf phänotypische genitale Merkmale bezieht, die auch an anderen Ursachen herrühren können, wird er von John Ross kritisiert:

»›Intersex‹ is a meaningless term. We should refuse these generalizations. CAH is not an intersex condition, therefore intersex means nothing. It's a purely descriptive term to denote that the genitalia look a bit different from either man or woman. But a man by amputating his penis doesn't become intersex. I think intersex is a very poor term.«

Zur genaueren Spezifizierung wird statt »Intersexualität« der Begriff »sexuelle« oder »somatosexuelle Differenzierungsstörung« vorgeschlagen. So meint auch Peter Schlesier:

»Im Grunde genommen sollte man von ›sexuellen Differenzierungsstörungen‹ reden. ›Intersex‹ ist eigentlich so ein Begriff, der eher aus der englischsprachigen Medizin kommt.«

»Intersex« als »Zwischen-Geschlechtlichkeit« ist im Englischen sinnvoll, während die Bestandteile »-sex« beziehungsweise »-sexualität« im Deutschen irreführenderweise auf Sexualität und nicht auf das körperliche Geschlecht hinweisen; eine Begriffskritik, die auch von einigen intersexuellen Menschen so geäußert wird. Im Verwerfen des generalisierenden Begriffs »Intersexualität« als rein deskriptiven Terminus klingt bereits ein Charakteristikum des medizinischen Umgangs mit Intersexualität an, das im nächsten Kapitel über die medizinische Praxis der Geschlechtszuweisung noch deutlicher werden wird: Das grundsätzliche Misstrauen dem genitalen Phänotyp gegenüber, der über die zugrunde liegende eigentliche »Störung« und damit auch über das »wahre« Geschlecht täuschen kann. Die Genitalien, die im euro-amerikanischen Geschlechterverständnis als Evidenz für das wahre Geschlecht gesehen werden, können somit in vielen Fällen von Intersexualität ebendiese Zeichenfunktion verlieren.

Innerhalb des medizinischen Diskurses besteht gegenwärtig der Trend darin, weg von der Substantialisierung von Intersexualität und hin zur differenzierten Wahrnehmung einzelner Syndrome zu kommen.[62] Man kommt vermehrt ab von der Bezeichnung »Intersexualität«, die man als diskriminierend empfindet und verwendet bevorzugt entweder den Begriff des entsprechenden Syndroms oder spricht von »undervirilized males« beziehungsweise »virilized females«, wobei gegenwärtig über eine entsprechende deutsche Nomenklatur diskutiert wird. Die Verwendung dieser Begriffe setzt aber eine exakte Diagnose bereits voraus. Diese Entwicklung kann als ein weiterer Schritt des Prozesses des Verschwindens von echter Doppel- oder Zwischen-Geschlechtlichkeit verstanden werden. Damit wird das Konzept von nur zwei Geschlechtern (Mann und Frau) weiter zementiert. »Untervirilisierte Männer« und »virilisierte Frauen« sind keine Menschen zwischen den Geschlechtern und erst recht keine Hermaphroditen mehr. Damit verschwindet der Aspekt der Geschlechtsunsicherheit. Da manche Mediziner der Auffassung sind, dass damit ein wesentliches Charakteristikum der Problematik dieser Menschen verleugnet wird, wenden sie sich wie der Kinderendokrinologe Hans Weibhauser gegen diesen Trend, nicht mehr von Intersexualität zu sprechen:

»*Ich glaube, den Begriff ›Intersexualität‹ muss es geben. Es gibt ›Intersex‹ als modernen Begriff und ›Zwitter‹ als älteren Begriff, den ich nicht gerne verwende. Aber ich brauche einen Begriff, um*

---

62 Dieser medizinische Trend steht im Widerspruch zum allgemeingesellschaftlichen Trend der Substantialisierung und gesellschaftlichen Konstituierung des Phänomens Intersexualität.

den Eltern sagen zu können, dass ich das Geschlecht nicht weiß. Ich muss den Eltern sagen, dass es ein Prozess ist, seine Geschlechterrolle zu identifizieren oder weiter nicht definiert als Junge oder Mädchen aufzuwachsen. Diese Dinge muss ich den Eltern anbieten, wobei ich persönlich nicht dafür bin, alles so zu lassen.«

Von feministischer Seite wird kritisiert, dass die Differenzierung entlang von Männlichkeit das Konzept von Frauen als Mangelwesen wieder aufleben lässt: Alles, was nicht Mann ist, ist Frau. Männer werden nicht als »feminisiert«, sondern als »untervirilisiert« beschrieben, während Frauen nicht »unterfeminisiert«, sondern »virilisiert« sind. Um männlich zu werden, muss etwas dazukommen, wie Bartwuchs und Klitoriswachstum. Die Brustentwicklung beim Mann beziehungsweise die Herausbildung einer »Pseudovagina« wird nicht als »Feminisierungsprozess«, sondern als »Untervirilisierung« verstanden.

Zwischen der fachtheoretischen Diskussion um Intersexualität und dem konkreten Umgang mit den betroffenen Menschen besteht eine Kluft. Es lässt sich ein Widerspruch beobachten zwischen der Art und Weise, wie Intersexualität von Ärzten untereinander verhandelt wird und wie diese körperliche Gegebenheit Patienten und Eltern gegenüber dargestellt wird. Während in medizinischen Fachdiskussionen von »Intersexualität« gesprochen wird, wird dieser Begriff Betroffenen und Eltern gegenüber eher selten verwendet. Im Gespräch mit den Betroffenen ist stattdessen meist vom entsprechenden Syndrom die Rede. Dieser Umstand wird von vielen intersexuellen Menschen, die Intersexualität zu ihrer Identität machen, kritisiert, da er die eigene Selbstfindung erschwert.

Die medizinische Zuweisungspraxis

>»We still say an intersex state of a newborn
is an emergeny. And that the need
is an appropriate choice of sex of rearing.«

>*(Claire Fékété, Kinderchirurgin)*[63]

Die Frage, welchem Geschlecht ein intersexuelles Neugeborenes zugeordnet werden soll, ob es als Junge oder Mädchen aufwachsen soll, ist Gegenstand heftiger Diskussionen in der Medizin. In der Diskussion um die Geschlechtszuweisung geht es um die Frage, was die objektiven biologischen und psychischen Faktoren für die Entwicklung der Geschlechtsidentität sind. Im euro-amerikanischen Geschlechtermodell, das die Grundlage für die medizinische Betrachtung und Behandlung von Intersexualität darstellt, ist ein drittes Geschlecht oder die Möglichkeit, kein Geschlecht zuzuweisen, nicht vorgesehen.[64] Zusätzlich gilt das Geschlecht als von Natur aus gegeben, an bestimmten körperlichen Geschlechtsmerkmalen ablesbar und bis zum Lebensende unveränderbar. Eine Änderung des Geschlechts wird im Falle von körperlich eindeutigen Männern und Frauen als große psychische Belastung, im Falle von Intersexualität darüber hinaus als eine falsche medizinische Geschlechtszuschreibung bei Geburt gesehen, die unbedingt vermieden werden sollte. Daher ist eine korrekte Zuschreibung des Geschlechts als Mädchen oder Junge oberste Priorität des interdisziplinären Behandlungsteams.[65] Die Idee, ein intersexuelles Kind als Drittes Geschlecht oder neutral aufzuziehen, wird von den meisten Medizinern als Absurdität abgehandelt. So spricht sich beispielsweise die Kinderchirurgin Claudine Lamarque heftig gegen die Etikettierung von Intersexualität als Dritte Geschlecht aus:

---

63 Vortrag Dilemmas and responsabilities in intersex management. The Role of the Surgeon beim 42. Jahrestreffen der European Society for Paediatric Endocrinology (ESPE), 18. bis 21.9.2003 in Ljubljana.

64 Die Behörden verlangen die Festlegung des Geschlechts im Regelfall in den ersten zwei Wochen. Die Möglichkeit, bei der Frage nach der Geschlechtszugehörigkeit kein oder ein drittes Kreuzchen zu machen, besteht nicht. Auf diese Problematik wird in den Kapiteln über den juristischen Diskurs und über das Dritte Geschlecht ausführlich eingegangen.

65 Im Idealfall sollte das Team aus einem Kinderendokrinologen, einem Kinderchirurgen oder -urologen, einem Genetiker und einem Psychologen oder Psychotherapeuten bestehen.

»Die Kinder in eine Bevölkerung hinein zu etikettieren und zu sagen, du bist jetzt ein Intersex und jetzt gehörst du zum dritten Geschlecht, das ist eine Frechheit! Die gehen so weit, dass die das auf dem Pass haben wollen. Das kann doch nicht wahr sein!«

Die Ablehnung dieser Idee geht so weit, dass Eltern, die ihr intersexuelles Kind geschlechtsneutral erziehen, sogar kriminalisiert werden können. So konnte ich folgende Beobachtung machen:

Ein kanadischer Psychologe, der seit Jahren mit intersexuellen Kindern arbeitet, erzählt bei einem internationalen und interdisziplinären Kongress, der zum größten Teil aus Medizinern besteht, von einem Fall aus seiner Praxis, in dem die Mutter eines intersexuellen Kindes darauf bestand, ihr Kind intersexuell zu erziehen, was für die meisten Mediziner aufgrund des Zweigeschlechtermodells gleichbedeutend ist mit »geschlechtsneutral«. In der Folge entspann sich eine erhitzte Diskussion darüber, ob man in so einem Fall nicht die Pflicht hätte, das Vormundschaftsgericht einzuschalten. Die Idee, ein Kind als weder Junge noch Mädchen zu erziehen, wird als so absurd oder sogar kriminell betrachtet, dass dafür plädiert wurde, dieser Mutter das Sorgerecht für ihr Kind zu entziehen.[66]

Es muss also eines der beiden Geschlechter für das Neugeborene mit uneindeutigen Genitalien gefunden werden. Während in der frühen Neuzeit das geschlechtliche Empfinden des Hermaphroditen als Mann oder Frau für die Geschlechtszuweisung ausschlaggebend war und im *Allgemeinen Preußischen Landrecht* der Hermaphrodit über sein Geschlecht frei wählen konnte, richtete sich im 19. Jahrhundert das medizinische Bemühen zunehmend darauf, das durch bestimmte medizintechnologische Praktiken – vor allem durch Biopsie – gewonnene wahre, das heißt gonadale Geschlechts zu ermitteln. Dieses gonadale, »wahre Geschlecht« »mutet ihnen oft fremd an, nicht nur in Bezug auf ihr Äußeres, sondern auch auf ihre Instinkte und ihr Glück mit anderen«, wie es der englische Arzt Blair Bell 1915 (in Dreger 1998: 163, Übers. CL) kritisierte. Allerdings führte die Lokalisierung des wahren Geschlechts in den Gonaden nicht zwangsläufig dazu, dass der Patient sein »falsches« Geschlecht wechseln musste. Zum einen waren, wie Mak (2005b) überzeugend zeigt, entgegen Dregers postulierten Bestimmung des wahren Geschlechts allein durch die Gonaden noch andere Merkmale konstituierend für die Bestimmung des Geschlechts, was zu mehreren, oft widersprüchlichen Bestimmungen führte. Anhand historischer Belege aus der Zeit um 1900 weist sie nach, dass Mediziner bereits seit dem Ende des 19. Jahrhunderts zunehmendes Interesse am Geschlechtsbewusstsein als wichtige Komponente bei der Be-

---

66 Beobachtung auf dem Kongress *Intersex – From Gene to Gender* vom 1. bis 3. April 2004 in Lübeck.

stimmung des Geschlechts von Hermaphroditen entwickelten. Im Zuge
der internationalen Debatte darüber, ob dem Geschlechtsempfinden des
Einzelnen oder der »objektiven« medizinischen Geschlechtsbestimmung
der Vorrang gegeben werden sollte, entwickelte sich die Geschlechtsidentität als wichtiges Forschungsfeld. Während die einen die Geschlechtsidentität als individuelle Entscheidungsinstanz über das Geschlecht betrachteten,
wurde die Entstehung der Geschlechtsidentität für die anderen zum For-
schungsobjekt. Zum anderen fehlte es der Medizin an rechtlicher Handhabe, einen unfreiwilligen Geschlechtswechsel bei *erreur de sexe* juristisch
durchzusetzen. Schließlich hielten moralische Bedenken den behandelnden
Arzt oft davon ab, die im Fachdiskurs verhandelte geschlechtliche Zuordnung auf der Grundlage der Gonaden ihren Patienten mitzuteilen. Die
Diskussion über das wahre Geschlecht blieb somit in vielen Fällen eine
medizininterne ohne personenstandsrechtliche Konsequenzen.

Um die Jahrhundertwende zum 20. Jahrhundert setzte ein Wechsel
vom »wahren Geschlecht« zum »besseren« und »passenderen« Geschlecht
als ausschlaggebendes Kriterium der Geschlechtsbestimmung intersexueller Menschen ein. Seitdem gewann die Herstellung eines zumindest äußerlich eindeutigen Geschlechts oberste Priorität – allerdings Anfang bis Mitte
der fünfziger Jahre nicht schon bei Neugeborenen, sondern erst im
Erwachsenenalter in Übereinstimmung mit dem Wunsch der Patienten.
Mit der Entwicklung von »sex-change technologies« (Hausman 1995) ab
Mitte der fünfziger Jahre, durch welche intersexuellen Menschen die
Möglichkeit gegeben war, in Richtung eines der beiden Geschlechter
»korrigiert« zu werden, wurde das Paradigma des besseren Geschlechts
endgültig dominant im medizinischen Intersex-Management. Mit dem Beginn der Intersex- und Transsexuellen-Forschung sowie der medizinischen
»Machbarkeit« von Geschlecht wurde die konzeptionelle Trennung zwischen dem körperlichen (*sex*) und dem sozialen Geschlecht (*gender*) – Geschlechtsidentität und Geschlechterrolle – eingeführt. Das »bessere« oder
»funktionalere« Geschlecht richtete sich auf zukünftiges Funktionieren,
was bedeutete: Fertilität (wenn möglich), sexuelle Funktion (unausgesprochen ist damit heterosexuelles Funktionieren gemeint), minimale medizinische Eingriffe, ein mit dem zugewiesenen Geschlecht in Einklang stehen-
des Äußeres, eine stabile Geschlechtsidentität und ein glückliches Leben
(Meyer-Bahlburg 1998: 2). Die gegenwärtige europäische und nordamerikanische Zuweisungspraxis neugeborener Kinder mit zweifelhaftem Geschlecht stellt eine Mischung aus den beiden *policies* des »wahren« und des

»besseren Geschlechts« dar, mit zunehmender Betonung der ersteren. Das »wahre Geschlecht« wird heute in pränatalen Hormonen und in den Genen sowie als *brain sex* im Gehirn, sprich in der Geschlechtsidentität, lokalisiert. Somit wird die Geschlechtsidentität zum *Marker* für das »wahre« Geschlecht (männlich oder weiblich) und ist das ausschlaggebende Beurteilungskriterium, ob die medizinische Geschlechtszuweisung korrekt oder falsch war.

Offiziell sind es die Eltern, die die Entscheidung über das Zuordnungsgeschlecht treffen. Das medizinisch-psychologische Team liefert ihnen die Grundlage dafür. Wie schwer die Aufgabe, über das Geschlecht des intersexuellen Kindes entscheiden zu sollen, auf Eltern lasten kann, zeigt folgendes Zitat von Heinrich Ratschek, dem Vater eines intersexuellen Kindes:

»Uns hat einfach sehr betroffen gemacht, eine Geschlechtsentscheidung über ein menschliches Wesen fällen zu müssen. Das ist uns auch ganz schwer gefallen. Wenn man aus christlichem Denken heraus meint, in der Natur seien da Eindeutigkeiten gegeben und dann so eine Aufgabe, wo man glaubte, die sei doch in anderen Sphären getroffen, hier im irdischen Dasein zu treffen, war für uns schwierig.«

Im Folgenden werden Beispiele dafür angeführt, aufgrund welcher körperlichen Geschlechtsmarker man sich in der Medizin im euro-amerikanischen Raum[67] für ein Geschlecht entscheidet. Was sind also die körperlichen Evidenzen für das eine oder das andere Geschlecht?

Evidenzen des Geschlechts

Wird ein Kind mit im Sinne des Zweigeschlechtermodells uneindeutigen Genitalien geboren, wird von medizinischer Seite eine ganze Serie von Tests durchgeführt, um das »wahre« beziehungsweise das »bessere Geschlecht« zu bestimmen. Wie oben gezeigt, ist Intersexualität entweder durch ein uneindeutiges Genitale oder durch eine fehlende Übereinstimmung zwischen genitalem – innerem und äußerem – (Anatomie), gonadalem (Anatomie), hormonellen (Endokrinologie) und genetischem (Genetik) Geschlecht definiert. Auf der Suche nach dem »wahren« Geschlecht stehen

---

67 In anderen kulturellen Kontexten wie zum Beispiel in Indien gelten andere Kriterien für die biomedizinische Geschlechtszuweisung intersexueller Kinder. Die ethnologische Untersuchung dieser Kriterien und der medizinischen Behandlungspraxis von Intersexualität im Zusammenhang mit kulturellen Werten, Ideen und Normen stellt ein lohnendes Forschungsfeld für Ethnologen dar.

somit der anatomische, endokrinologische und genetische Körper im Wettstreit. Dabei sind es disziplinspezifisch unterschiedliche Kriterien, die angelegt werden, weil jede Disziplin andere Faktoren als wesentliche Geschlechtsmarker sieht. Ist zum Beispiel das genitale Geschlecht uneindeutig, das endokrinologische weiblich und das genetische ein Mosaik aus XY- und XO-Chromosomen, welches Geschlecht soll diesem Neugeborenen zugewiesen werden? Es stellt sich die Frage, welche Disziplin oder welcher disziplinäre Blick auf den intersexuellen Körper bei dessen Interpretation als weiblich oder männlich »gewinnt«.[68]

Beim Internationalen Olympischen Komitee (IOC) ist es die Genetik, die »gewinnt«. Lassen sich beim seit 1968 eingeführten Chromosomentest im Körper einer Athletin nämlich XY-Chromosomen nachweisen, wird die Teilnehmerin als »Mann« klassifiziert und von den Spielen wegen Täuschung disqualifiziert.[69] Auf diese Weise wurde die österreichische mehrfache Ski-Weltcupsiegerin Erika Schinegger nach ihrem Sieg 1966 aufgrund eines XY-Chromosomensatzes als Mann »erkannt«, was den Ausschlag für ihre Geschlechtsumwandlung beziehungsweise Geschlechtsanpassung zum Mann als Erich Schinegger gab.[70]

Als Evidenzen des Geschlechts – als Mädchen oder Junge – bei einem intersexuell geborenen Körper werden je nach Syndrom unterschiedliche Merkmale herangezogen. Wird XX-AGS dem weiblichen Geschlecht zugeschrieben, was meistens der Fall ist, zählen als Evidenzen dafür der Karyotyp (Geschlechtschromosomen) – auch als »Kerngeschlecht« bezeichnet –, die Gonaden, das innere Genital, mögliche Fruchtbarkeit sowie die Möglichkeit der hormonellen und chirurgischen Behandlung in die weibliche Richtung. Nicht entscheidend sind die hormonelle Situation, der Phänotyp des äußeren Genitales (bei Prader 4 und 5 sehr männlich) und spätere Sekundärmerkmale wie Bartwuchs, Stimmbruch, kaum Brust-

---

68 Für diesen Hinweis danke ich Annemarie Mols Vortrag *The body itself* beim Interdisziplinären Kolloquium *Gender Studies* in München, am 10. Mai 2004

69 Diese Praxis erscheint meiner Ansicht nach aus medizinischer Perspektive unlogisch, eher müssten die Androgenwerte im Blut für eine Einstufung als »männlich« oder »weiblich« entscheidend sein, da deren Auswirkung auf sportliche Leistungen nachgewiesen ist. Dagegen gibt es noch keine Beweise dafür, dass sich »Geschlechtschromosomen« auf körperliche Leistungsfähigkeit, auf die Geschlechtsidentität, das geschlechtsspezifische Verhalten und die sexuelle Orientierung auswirken.

70 Erich Schinegger wurde mit einer schweren Hypospadie geboren und dem weiblichen Geschlecht zugewiesen. Seine Autobiografie *Mein Sieg über mich. Der Mann, der Weltmeisterin wurde* (1998) sowie die österreichische Filmdokumentation von Kurt Mayer *Erik(A). Der Mann, der Weltmeisterin wurde* (2005) berichten darüber.

wachstum oder »männliche« Muskelverteilung, ließe man »der Natur« freien Lauf. Die Fokussierung auf die erstgenannten Merkmale und das Ignorieren der letzteren kann zu einer Generalisierung dieser Merkmale führen als einem Körper, »der biologisch weiblich« ist, wie es manche Ärzte ausdrücken.

Was spricht – anders herum gefragt – gegen die Zuordnung zum männlichen Geschlecht? Sind die Betroffenen hormonell »gut eingestellt« – was im Falle von AGS mit Salzverlust überlebensnotwendig ist – ergibt sich ein Rückgang der Androgenproduktion der Nebennniere. Somit ergibt sich durch die hormonelle Behandlung aufgrund einer echten medizinischen Indikation eine »Verweiblichung« des Körpers, die in der Pubertät durch zusätzliche Androgen-Medikation in die männliche Richtung gelenkt werden müsste. Diese zusätzliche Androgengabe wird aber meist gar nicht erst erwogen. Das führt zu einer Argumentation, nach der für einen Menschen mit XX-Karyotyp und AGS eine Geschlechtszuschreibung und Behandlung in die weibliche Richtung als die einzige Möglichkeit erscheint. So erklärt der Kinderendokrinologe Christian Kapferer:

»Wenn ich einen Patienten mit Salzverlust nicht mit Hormonen substituiere, dann verstirbt er. Das heißt, ich muss ihn substituieren. Dadurch drücke ich seinen männlichen Hormonspiegel nach unten und damit wird seine Gonade normal funktionieren. Ich kann jetzt die erste Therapie weglassen, dann steigen seine Androgene an, dann wird das Ovar nicht funktionieren. Nur, er wird es gar nicht erleben.«

Das heißt, die medizinisch als notwendig erachtete hormonelle Substitution führt gleichzeitig zu einer weiblichen körperlichen Entwicklung. Die diskursive Nicht-Thematisierung einer männlichen Zuschreibung führt zu einer Vermischung von medizinischen und normativen Faktoren. Durch die hormonelle Substitution ergäbe sich ab der Pubertät ein weiteres Problem für einen Menschen mit XX-AGS, der dem männlichen Geschlecht zugeschrieben werden und dessen Klitoris/Phallus entsprechend als Penis begriffen würde: Er würde durch die Harnröhre und den Penis menstruieren, wie der Kinderendokrinologe Hans Weibhauser erläutert:

»Dann kommt es zu Blutungen durch die Harnröhre, die nicht funktionieren würden, weil die Harnröhre zu schmal ist. Es geht einfach technisch nicht, dass einer ein Leben lang durch die Harnröhre menstruiert. Daher müssten die Gonaden spätestens in der Pubertät herausgenommen werden.«

Blutstauungen und Entzündungsgefahr werden als medizinische Indikationen genannt, die dagegen sprechen, dass ein »Mann« durch seinen Penis menstruiert. Allerdings ist unklar, welche Rolle das dem medizinischen Diskurs unreflektiert zugrunde liegende kulturell bestimmte Geschlechtermodell hierbei spielt, nach dem ein Mann einfach keine Eierstöcke, Eileiter und keinen Uterus zu haben und nicht zu menstruieren hat, erst recht nicht durch seinen Penis. Uterus, Eierstöcke und Eileiter, die so exklusiv dem weiblichen Geschlecht zugeordnet sind sowie die Menstruation als eines der Hauptsymbole für Weiblichkeit würden sich im gegenwärtigen kulturellen Geschlechtermodell für einen Mann einfach nicht »gehören«. Es soll nicht unerwähnt bleiben, dass es in letzter Zeit auch Stimmen gibt, Menschen mit XX-AGS, Prader 4 oder 5 dem männlichen Geschlecht zuzuweisen. Die Argumente dafür sind die großen Mengen an Androgenen, die zur Herausbildung von Phallus und Skrotum geführt haben und von denen man auch Auswirkungen auf das Gehirn und damit die Geschlechtsidentität vermutet.

Ein Körper mit einer kompletten Androgenresistenz (CAIS) wird immer dem weiblichen Geschlecht zugeschrieben: Nicht entscheidend sind hier die XY-Chromosomen, Hoden und eine »männliche« hormonelle Situation, in der die Androgene aufgrund des nicht funktionsfähigen Androgenrezeptors allerdings nicht wirken können. Entscheidend für die weibliche Geschlechtswahl sind in diesem Fall der Phänotyp, sekundäre Geschlechtsmerkmale in der Pubertät (Brustwachstum, Körperbau), äußeres Genitale sowie die Unmöglichkeit der Behandlung in die männliche Richtung.

Wird ein Kind mit XY/XO-Gemischter Gonadendysgenesie dem männlichen Geschlecht zugeschrieben, so sind die Evidenzen dafür ein rudimentärer Penis, ein Hoden, ein gespaltenes Skrotum sowie die Existenz von XY-Chromosomen. Nichts zu bedeuten haben in diesem Fall körperliche Merkmale, die sonst durchaus als Geschlechtsmarker gelten, nämlich Vagina, Uterus und Eileiter sowie die eventuelle Möglichkeit, durch In-vitro-Fertilisation Kinder auszutragen.

Bei einer weiblichen Geschlechtszuweisung im Falle von XY/XO Gemischte Gonadendysgenesie, die bis vor einigen Jahren übliche Praxis war, heute aber immer weniger gemacht wird, verhält es sich umgekehrt. Da zählen auf einmal die Vagina, Uterus und Eileiter als körperliche Merkmale des weiblichen Geschlechts, während die vergrößerte Klitoris (die im Falle einer männlichen Geschlechtszuschreibung als Penis gedeutet würde), die zusammengewachsenen Schamlippen und die XY-Chromosomen keine Rolle spielen. Wie in diesem Beispiel zu sehen ist, wird das Geschlechtsteil ohne Namen[71] erst zum Penis oder zur Klitoris, zum Hodensack oder zu großen Schamlippen, nachdem das Geschlecht zugeschrieben wurde. Die Geschlechtszuschreibung bestimmt die geschlechtsspezifische Benennung des Genitales, das aber wiederum als Grundlage und Evidenz für das Geschlecht gilt. Das Ende bestimmt den Anfang – ein argumentativer Zirkel.

Die Geschlechtszuschreibung führt zur entsprechenden Bewertung eines Genitales als zu kleiner Penis mit Hypospadie oder zu große Klitoris, als zusammengewachsene Labien oder geöffnetes Skrotum mit der Implikation der Notwendigkeit entsprechender Korrekturen. Im einen Fall hat ein bestimmtes körperliches Merkmal Zeichencharakter und dient als Geschlechtsmarker, im anderen Fall wird es korrigiert, weil es nicht zum zugewiesenen Geschlecht passt. Die augenscheinliche geschlechtliche Einordnung des Genitales kann sich nach Ermittlung der zugrunde liegenden Ursache als trügerisch erweisen, ein Geschlechtsmarker zu einem Pseudo-Merkmal werden, was sich auch in der medizinischen Sprache niederschlägt, wo der Begriff »pseudo« häufig herangezogen wird, wie zum Beispiel in der folgenden Beschreibung von AGS des Kinderendokrinologen Urs Eiholzer:

»Das Adrenogenitale Syndrom ist die häufigste Ursache der so genannten Intersexualität oder Zwittrigkeit, wie das immer noch heißt im Volksmund. Hier hat man tatsächlich erste Zweifel bei der Geburt, ist das ein Bub oder Mädchen. Die großen Schamlippen haben sich zu einem Pseudoskrotum, also einem Pseudohodensack verändert. Sie sind auch teilweise verwachsen von hinten nach vorne. Die Klitoris ist deutlich vergrößert, sieht aus wie ein kleiner Penis und Eingang in Blase und Scheide sind hier unten. Die Harnröhre endet am unteren Rand der Klitoris oder des Pseudopenis.« [72]

Menschen mit 5 alpha-Reduktasemangel werden heute meist als »undervirilized males« beschrieben und – im Gegensatz zu früher – dem männlichen Geschlecht zugeordnet. Dazu passend sind die Begrifflichkeiten für das äußere Genital. Es ist hypoplastisch,[73] untervirilisiert, ein Mikropenis mit Hypospadie. Die Klassifizierung der »Fehlbildung« des äußeren Genitales als Hypospadie legt eine entsprechende Korrektur in die männliche

---

71 Die Genitalien sind nur als männlich oder weiblich kognitiv begreifbar und aussprechbar. Ohne eine Geschlechtszuschreibung sind die Geschlechtsteile nicht aussprechbar, weil es keine Begriffe dafür gibt. »Phalloclit« (Holmes 2000) beziehungsweise »Klitorophallus« wäre ein Begriff, den aber kaum ein Arzt verwendet, erst recht nicht vor den Eltern eines intersexuellen Kindes.

72 Transkription aus der Dokumentation *Das verordnete Geschlecht* von Oliver Tolmein und Bertram Rotermund, Deutschland 2001, 62 min, http://Das-verordnete-Geschlecht.de.

73 Unterentwickelt, zu klein.

Richtung nahe. Eine Hypospadiekorrektur wiederum ist für Kinderurologen ein Routineverfahren. Ein Charakteristikum bei 5 alpha-Reduktasemangel ist die – je nach männlicher oder weiblicher Zuschreibung – »Pseudovagina« beziehungsweise »Utriculuszyste[74]«. Mit dem Begriff »Vagina« ist die Zuordnung in die weibliche Richtung konnotiert. Eine »Utriculuszyste« dagegen ist eine diagnostische Kategorie für männliche Körper. Der Kinderurologe Peter Schlesier plädiert dafür:

»*Von der Anlage her ist es keine Scheide. Ich finde es besser, von ›Utriculus‹ als von ›Vagina‹ zu sprechen. Ein Mensch mit 5 alpha-Reduktasemangel ist ein Mann, der hinten eine Aussackung hat. Dann wird es gedanklich anders.*«

Mittlerweile gehört es im medizinischen Diskurs zum *Common-Sense*, dass Menschen mit 5 alpha-Reduktasemangel »eigentlich« Männer sind. Peter Schlesier geht so weit zu sagen, ein Mensch mit dieser Diagnose sei nicht intersexuell, sondern ein Mann:

»*Das ist ein Mann, der Hoden hat und männliche Chromosomen. Der hat eine Extremform von Hypospadie und ist eventuell auch zeugungsfähig. So wie XX-AGS auch eindeutig eine Frau ist, weil sie einen weiblichen Karyotyp, Eierstöcke und einen Uterus hat.*«

Dies sind nur einige Beispiele dafür, dass die Geschlechtsfestlegung nicht nach einem gleich bleibenden und verbindlichen Schema abläuft; im Gegenteil: Nicht nur die geschlechtliche Zuweisungspraxis, sondern die Merkmale, die als Evidenz für das weibliche oder männliche Geschlecht herangezogen werden, erscheinen willkürlich. In der Worten der Betroffenen Barbara Thomas[75] von den *XY-Frauen*:

»*Viele XY-Frauen knabbern lange an der Bedeutung der Hoden und der Chromosomen. Das gehört wohl dazu. Aber die wenigsten erfahren von den aufklärenden Ärzten, wie relativ auch deren Stellenwert gesehen werden kann. Wenn man die übliche Behandlung von Jungen mit Kloakenextrophie, die meisten eine weibliche Geschlechtszuweisung erfahren, [76]ins Visier nimmt, sieht man, wie wenig Bedeutung man Chromosomen oder gar Hoden beimessen kann, wenn man will. Da geht es auf einmal [...] während in meinem Befund (PAIS) das einem so richtig unter*

---

74 Zyste des *utriculus prostaticus*, eines zwischen den Einmündungen des Samenleiters in die männliche Harnröhre gelegenen Blindsacks (Pschyrembel 2002).

75 Vortrag Voraussetzungen für langfristige Zufriedenheit bei Menschen mit Intersex-Diagnose beim Symposium Intersexualität bei Kindern, am 5. bis 6. März 2004 in Halle.

76 Auch diese Praxis ändert sich gegenwärtig aufgrund von jüngst veröffentlichten Studien (zum Beispiel die in Medizinerkreisen stark diskutierte Arbeit von Reiner 2004). Biologistischer Argumentation zufolge bewirken pränatal wirkende hormonelle und/ oder genetische Faktoren bei vielen nämlich eine männliche Geschlechtsidentität und -rolle.

die Nase gerieben wird, wie schwierig es ist, Hoden und männliche Gene zu haben und wie entscheidend die sind. Da habe ich das Gefühl, es wird einfach mit zweierlei Maß gemessen.«

Geschlechtsidentität

Die medizinische Entscheidung über das Geschlecht ist neben körperlichen Merkmalen verbunden mit einem weiteren entscheidenden, eigentlich psychologischen Faktor, nämlich der antizipierten Geschlechtsidentität. Als solche wird aber nur eine weibliche oder männliche in Betracht gezogen. Die Geschlechtsidentität ist ein Konzept, das in den 1950er Jahren im Zusammenhang mit der Transsexuellen- und Intersexuellenforschung von US-amerikanischen Wissenschaftlern entwickelt wurde. Der Psychiater Stoller und der Sexualwissenschaftler Money konzipierten die Geschlechtsidentität zusammen mit der Geschlechterrolle im Gegensatz zum biologischen Geschlecht (*sex*) als die beiden Bestandteile des sozialen Geschlechts (*gender*). Die Geschlechtsidentität, so Moneys These, entwickele sich bei intersexuellen Menschen in Übereinstimmung mit dem zugewiesenen Geschlecht und dem Aussehen der Genitalien um den 18. Lebensmonat herum, ist entweder männlich oder weiblich und bleibe das Leben lang die gleiche. Das Bemühen richtete sich darauf, dass »bessere« Geschlecht für das Kind zu ermitteln. Mittlerweile vollzieht sich jedoch in der medizinischen Zuweisungspraxis von Intersexualität wieder ein Paradigmenwechsel vom »besseren« zurück zum »wahren« Geschlecht. Dabei schreiben viele Mediziner, Sexualwissenschaftler und Psychologen heute »biologischen« Faktoren eine maßgebliche Rolle in Bezug auf die Herausbildung der Geschlechtsidentität zu. Der medizinische Diskurs über die richtige Geschlechtszuschreibung konzentriert sich nun auf den Einfluss von pränatalen Hormonen und jüngst auch von Genen auf die Entwicklung der Geschlechtsidentität (*gender imprinting*). Die Entwicklung einer weiblichen oder männlichen Geschlechtsidentität[77] in Übereinstimmung mit dem zugewiesenen Geschlecht wird als Bestätigung der Prognose gesehen. Damit bestätigt sich für Mediziner, dass biologische Faktoren richtig interpretiert wurden. Eine Unzufriedenheit mit dem zugewiesenen Geschlecht wird in leichteren Fällen als *gender dysphoria* in schwereren

---

77 Identitäten als intersexuell, Hermaphrodit, Zwitter, neutral oder dergleichen werden im medizinisch-psychologischen Diskurs nicht als Geschlechtsidentitäten verhandelt.

Fällen als »Geschlechtsidentitätsstörung« [78] pathologisiert und wirft die Frage nach der Richtigkeit der medizinischen Zuschreibung auf. Durch Langzeitstudien über die Geschlechtsidentität [79] intersexuell geborener Menschen versucht man, zu einer statistischen Wahrscheinlichkeit für die Richtigkeit von Entscheidungen und damit der Bestätigung gewisser Körpermerkmale als »weiblich« oder »männlich« zu gelangen.

Ein biologisch-essentialistisches Modell der Geschlechtsentwicklung führte in den letzten Jahren zu einem neuen Paradigma der Geschlechtsentscheidung, welches insbesondere bei Urologen auf große Resonanz stößt:[80] Sobald XY-Chromosomen vorliegen, sollte man eine männliche Geschlechtszuschreibung erwägen, allerdings erst, nachdem vorher getestet wurde, ob der Phallus auf eine Testosteron- oder DHT-Behandlung anspricht. Tut er das, kann davon ausgegangen werden, dass er in der Pubertät weiter wächst, dass das Individuum später virilisiert und eine männliche Geschlechtsidentität entwickelt. Das prognostizierte Phallus-Wachstum als Manifestation zugrunde liegender Männlichkeit, die sich körperlich auch im Gehirn auswirkt und sich als Geschlechtsidentität manifestiert, ist bei XY-Chromosomensatz das Kriterium, das über Männlichkeit oder Weiblichkeit entscheidet. Dieses Konzept erläutert der Kinderurologe John Ross:

»The phallus is reflecting on testosterone exposure and phallic responsiveness. Under such circumstances we should raise the individual as male. In fact, the size of the phallus enters the debate. It was very unfashionable to allow the size of the phallus enter the debate as a factor of gender asignment. But it is reflecting biological testosterone activity.«[81]

Seit Moneys These der geschlechtlichen Neutralität Neugeborener und dessen Konzentration auf die Größe des Penis von biologistisch argumentierenden Ärzten als überholt gilt, ist auch das Argument der Penisgröße

---

78 *Gender Identity Disorder* (GID) wird im DSM IV, dem von der American Psychiatric Association herausgegebenen *Diagnostic and Statistical Manual of Psychic Disorders,* als psychische Störung aufgeführt.

79 Mak (2004) zufolge wurde Geschlechtsidentität als »Geschlechtsbewusstsein« um die Jahrhundertwende zum 20. Jahrhundert zum medizinisch-psychologisch-sexualwissenschaftlichen Forschungsgegenstand und nicht erst in den fünfziger Jahren, wie Hausman (1995) behauptet.

80 Dietze zufolge beziehen die Urologen ihren Berufsstolz daraus »to make males« (o.J, o.S.).

81 Vortrag Dilemmas and Responsabilities in Intersex Management. The role of the surgeon beim 42. Jahrestreffen der European Society for Paediatric Endocrinology (ESPE) 18. bis 21.9.2003 in Ljubljana.

als Faktor für die Geschlechtszuschreibung »unmodern« geworden. Seit sich jedoch die These der biologischen Determination von Geschlechtsidentität immer mehr durchsetzt, wird die Penisgröße erneut zum wichtigen Faktor der Geschlechtszuschreibung, nun aber nicht mehr wie bei Money als Rezept für die Entwicklung einer männlichen Identität. Vielmehr wird die Phallusgröße als Zeichen für Testosteronaktivität gesehen, die sich nicht nur im Genitale, sondern auch im Gehirn als Geschlechtsidentität manifestiert. Dies erlaubt somit Rückschlüsse auf die zukünftige Geschlechtsidentität. Dieses Argument wird nur in Verbindung mit einem XY-Chromosomensatz gebraucht und nicht in Verbindung mit XX-Chromosomen wie im Falle von AGS. In diesem »phallokratischen« (Dietze o.J., o.S.) Argument – *in dubio pro masculo* – wird der Phallus zum Geschlechtsmarker für Männlichkeit. Nach Meinung einiger Mediziner bestand der Fehler früherer Behandlungen darin, viel zu oft das weibliche Geschlecht zugewiesen zu haben, einerseits aus Mangel an Kenntnis über die zukünftige Entwicklung, andererseits, weil man die Größe des Penis schlichtweg übersehen hat, wie es die Kinderchirurgin Claudine Lamarque kritisiert:

»Eine große Gefahr bei diesen Mikropenissen – deswegen mag ich die Nomenklatur nicht – ist, dass viele Penisse, die wegen Mikropenis operiert werden, gar nicht klein sind. Die sind versteckt in der Spalte zwischen dem Skrotum – das Skrotum ist fast darüber gewachsen, deswegen tastet man so eine Klitoris, die eher ein Phallus ist. Aber der ist viel größer als man denkt. Man muss ihn erst mal daraus befreien. Man muss die Schwellkörper bis zum Skrotum frei präparieren, so dass er wirklich heraufkommt und das ist die ganze Problematik. Dass er nicht vernünftig vorsteht. Viele fallen auf die Falle rein und sagen, er ist ein Mikropenis und wollen dann ein Mädchen draus machen.«

Ein Genital kann trügerisch sein, weil der Penis versteckt liegt. Die Rede von Befreiung und Freipräparierung des Penis und damit der Offenlegung der »eigentlichen« Männlichkeit drückt das Konzept der Entdeckung des »wahren« Geschlechts durch medizinische diagnostische Techniken aus. In diesem Fall kann durch chirurgische Techniken das wahre Geschlechtsteil – der Penis – sichtbar gemacht werden. Der Wiedereinzug der biologischen Begründung von Geschlechtsidentität in die medizinische Debatte ist unter anderem eine Folge von Forderungen nach einem humaneren Umgang mit intersexuellen Menschen in der Medizin. Kein Wunder, war es ja gerade die konstruktivistische Idee einer sozialisatorischen Machbarkeit von Geschlecht, die zu leidvollen medizinischen Eingriffen und zu einer Politik der Geheimhaltung und der Lügen, also den Hauptkritikpunkten der Intersex-Bewegung am medizinischen Umgang mit Intersexualität, geführt hat.

Zusammenfassend kann festgehalten werden: Es gibt verschiedene körperliche Evidenzen für die Zuschreibung eines intersexuellen Kindes zum Mädchen oder Jungen, wenngleich diese je nach Syndrom und Auffassung variieren, ja widersprüchlich sein können. Die Geschlechtszuschreibung selbst wird dabei – von einigen Ausnahmen abgesehen – nicht als kulturell bestimmt, sondern als auf biologischer Evidenz beruhend gesehen.[82] Allerdings gibt es in jüngster Zeit einen Trend innerhalb des medizinischen Diskurses, so genannte »kulturelle Faktoren« mit einzubeziehen. Im konkreten Fall bedeutet das, dass man aufgrund der Dominanz des männlichen Geschlechts zum Beispiel in islamischen Kulturen die Geschlechtsentscheidung im Fall von AGS entgegen medizinisch-biologischer Evidenz auf Wunsch der Eltern gelegentlich in Richtung männlich fällt.

Geschlechtszuschreibung und Rollenverhalten

Wie kann beurteilt werden, ob die geschlechtliche Zuschreibung zum Mädchen oder Jungen bei einem intersexuellen Kind richtig war? Entwickelt sich die Geschlechtsidentität mehrheitlich in Übereinstimmung mit dem zugewiesenen Geschlecht, so wird darin die Bestätigung für die entsprechenden physischen Geschlechtsmarker gesehen. Eine Erfüllung der gesellschaftlich erwarteten Geschlechterrollenvorstellungen beweist auf jeden Fall die richtige Entscheidung: Ein Mädchen, das mit Puppen spielt und sich gerne schminkt und schönmacht, ein Junge, der mit männlich konnotiertem Spielzeug wie Bausteinen und Autos spielt, bestätigt die Ärzte in ihrer Entscheidung. Somit gelten Spiele, Spielkameraden, Verhaltensweisen und Tätigkeiten als Indizien für eine mehr oder weniger starke Identifizierung mit der Geschlechterrolle. Ein weiteres Kennzeichen der Identifizierung mit dem zugewiesenen Geschlecht ist eine heterosexuelle Orientierung, die sich in »verheiratet sein« oder »einen Freund« beziehungsweise »eine Freundin haben« manifestiert. Umgekehrt ist es aus medizinischer Sicht kein Zeichen einer falschen Zuschreibung, wenn ein intersexuelles Kind mehr gegengeschlechtliches Verhalten zeigt oder als Erwachsener homosexuell ist. Vor allem bei AGS »weiß« man, dass

---

82 Wie auch der gesamte medizinische Diskurs über Intersexualität als behandelnswerte Krankheit innerhalb der Medizin selbst nicht als ein kulturelles System reflektiert wird.

»maskulines« Verhalten (*tomboyishness*) die Wirkung der Androgene im Gehirn widerspiegelt, die sich zwar auf das Verhalten und charakterliche Merkmale und eventuell auf die sexuelle Präferenz auswirken, nicht aber auf die Geschlechtsidentität (Meyer-Bahlburg 2004a).

Die Kritik vieler erwachsener intersexueller Menschen an der medizinischen *Behandlungs*praxis als Verstümmelung intakter Genitalien wird im medizinischen Diskurs oft missverstanden und verkürzt als Kritik an der geschlechtlichen *Zuweisung*. Das medizinische Bemühen zielt auf die Prognostizierbarkeit der Geschlechtsidentität als Manifestation des »wahren« Geschlechts ab. Das positivistisch formulierte Ziel ist es, eines Tages alles über die biologischen Determinanten der Geschlechtsidentität herausgefunden zu haben, wodurch keine Zuweisungsfehler mehr passieren und damit – zusammen mit optimierten Operationsmethoden – der Kritik aus medizinischer Sicht der Boden entzogen wäre. Dabei wird ein grundlegender Kritikpunkt vieler erwachsener intersexueller Menschen übersehen, nämlich, dass viele ihren unversehrten intersexuellen Körper, so wie er »von Natur« gegeben war, gerne wieder hätten und es dabei überhaupt nicht um die Frage der richtigen oder falschen Geschlechtszuschreibung als Mädchen oder Junge geht, wie zum Beispiel folgendes Zitat von Claudia Clüsserath von der *Deutschen Gesellschaft für Transidentität und Intersexualität* (dgti) zeigt:

»Ich weiß heute, wie diese andere Richtung gewesen wäre. Aber ich muss aus heutiger Sicht sagen: Es wäre auch nicht die richtige Richtung gewesen, wenn die mich als Kind zum Mädchen gemacht hätten. Wäre genauso falsch gewesen wie dass sie mich zum Jungen gemacht haben, was sie ja haben. Das, was ich vom Leben verlangt hätte, ist, meinen Körper so wie er war, sonst gar nichts. Die hätten mir noch nicht einmal einen Namen geben müssen. Wenn das wirklich so egal wäre, wenn alle Geschlechtlichkeit das Ergebnis der Erziehung ist, dann sollen es die Ärzte beweisen, sollen ihre Kinder alle umbauen und der Öffentlichkeit zeigen, ob das funktioniert. Das ist eine 14-Jahres-Studie. Spätestens im 14. Lebensjahr geht es daneben. (...) hat noch vor drei Wochen geschrieben, dass die meisten Zuweisungen richtig sind. In welcher Hinsicht richtig? Bei mir müsste der Arzt erst mal erklären, was richtig ist und was falsch. [...] Die Ärzte behaupten ja, sie hätten Recht, wenn wir da bleiben, wo wir sind [in dem zugewiesenen Geschlecht, CL]. Nur, ob wir damit glücklich sind, fragt keiner. Und das ist die zentrale Frage, nicht, ob wir in dem zugewiesenen Geschlecht leben können.«

Die Kritik an der medizinischen Geschlechtszuweisung richtet sich in den meisten Fällen nicht gegen eine falsche Zuweisung als Junge oder Mädchen, sondern dagegen, *dass überhaupt* eine Geschlechtzuweisung innerhalb des Modells der Geschlechterbinarität und entsprechende operative Maßnahmen stattfinden. Denn einige fühlen sich als weder weiblich noch männlich, sondern als eine eigene davon abweichende Kategorie, als Intersex, intersexuelle Frau, XY-Frau, intersexueller Mann oder Hermaphrodit.

Die medizinische Behandlungspraxis

>Es ist unser Auftrag, dieses Kind zu
behandeln und auch zum Teil zu schützen –
vor der Gesellschaft, die nicht mit ihm
umgehen kann, so wie es ist.«

(Annette Grüters, Kinderendokrinologin)[83]

Der medizinische Diskurs wird sehr konkret am Körper intersexueller Menschen ausgetragen. Zweigeschlechtliche Körpernormen sind für Menschen zwischen den Geschlechtern diskursive Praktiken, die in ihrer Materialität »an den Leib gehen« (Barz u.a. 1998: 1) – noch dazu oft in einem nicht zustimmungsfähigen Alter. So lauten kritische sozialwissenschaftliche Beurteilungen der medizinischen Behandlungspraxis.

Mediziner selbst begreifen ihr Tun als Korrektur einer Fehlbildung, wodurch die Betroffenen vor späteren psychischen Problemen und vor sozialer Diskriminierung bewahrt werden sollen. Folglich begreifen sie ihre Rolle als Dienstleistende und nicht als Mit-Schöpfer geschlechtskörperlicher Normen. Entsprechend sehen sie die Verantwortung vielmehr bei den Eltern oder auch bei der Gesellschaft. Würden die Eltern die operative Korrektur ihrer Kinder nicht mehr wollen, so wird von medizinischer Seite oft argumentiert, würden Mediziner uneindeutige Genitalien von Kindern nicht mehr »korrigieren«. Würde die Gesellschaft intersexuelle Körper als normal akzeptieren, bräuchte es diese kosmetischen Operationen nicht mehr. »Aber noch ist die Gesellschaft nicht soweit«, heißt es oft.

Grundlegende psychologische Thesen

Money gilt als der Erfinder des modernen medizinisch-psychologischen Intersex-Managements. Er entwickelte ab den späten sechziger Jahren die psychologisch-sexualwissenschaftlichen Theorien dafür. Im wesentlichen

---

83 Transkription aus der Dokumentation *Eindeutig Zweideutig* von Ilka Franzmann, Sendedatum: 4.7.2003, 22.15, ARTE, 55 min.

sind das die Thesen von der Dominanz des Erziehungsgeschlechts (*nurture*) über die Natur (*nature*), einer geschlechtlichen *tabula rasa* bei Geburt, der Entwicklung der Geschlechtsidentität ab dem 18. Lebensmonat, der entscheidenden Rolle der Genitalien für die Entwicklung einer eindeutigen Identität als Mädchen oder Junge und der unausweichlichen psychischen Traumatisierung durch die Beibehaltung von uneindeutigen Genitalien – ein »essentialistischer Konstruktivismus« (Dietze o.J.). Money begreift die Geschlechtsidentität zwar als Produkt der Sozialisation und damit als sozial hergestellt, verlegt ihre Begründung jedoch gleichwohl auf eindeutig männlich oder weiblich aussehende Genitalien. Grundlage dieser These ist die konzeptionelle Trennung von »biologischem« und dem »sozialen« Geschlecht, von *sex* und *gender*. Auf diese Weise konnte die Psychosexualität unabhängig vom Körpergeschlecht untersucht und später *gender* auch medizinisch konkret hergestellt werden.

Im Normalfall weisen alle Bestandteile der Psychosexualität in dieselbe Richtung: Geschlechtsidentität, Geschlechterrolle und sexuelle Präferenz beziehungsweise Orientierung. Um eine ungestörte psychosexuelle Entwicklung zu gewährleisten, müsse der intersexuelle Körper Money zufolge »entstört« und genital vereindeutigt und normalisiert werden. Vor Money konnten einzelne Menschen mit uneindeutigem Geschlecht nur auf eigenen Wunsch hin als Erwachsene operativ und hormonell behandelt werden. Aber mit Money wurde am John Hopkins Hospital in Baltimore (USA) ein umfassendes Management von uneindeutigen Körpern eingeführt, die auf diese Weise bereits bei Geburt äußerlich von ihrer Intersexualität befreit werden konnten und somit entsprechend der Zweikörpernorm als Mädchen oder seltener als Junge aufwachsen konnten. Dieses Management wurde schon sehr bald von der Biomedizin weltweit übernommen. Die Annahme, die »Krankheit« Intersexualität könne bereits bei Geburt in ihrer Symptomatik behandelt und ein normales Aufwachsen als Mädchen oder Junge durch Verheimlichung der Intersexualität ermöglicht werden, führte zu deren Leugnung und Tabuisierung. Eine unausweichliche psychische Traumatisierung durch Beibehaltung eines intersexuellen Genitales gilt innerhalb der Medizin zum *Common-Sense*, wie es vom Kinderurologen John Ross zu erfahren ist.

CL: »Why are genital operations necessary for intersex people?«
John Ross: »Because there is a negative effect in childhood. The greater majority of people having an enlarged clitoris and being outside the norm have problems. It's simple common sense that the presence of a large clitoris to disturb the phenotype of the child has a greater negative psychological

impact during their childhood [...]. Surgery on children with ambigous genitalia is not the same as cosmetic surgery, as some critics say. It does not have anything to do with beauty to have a child with an enlarged clitoris, but with being a freak, something way outside the norm. That's a psychological burden which we can relieve them of."

John Ross wendet sich gegen die Kritik, bei den Eingriffen an intersexuellen Kindern handle es sich um kosmetische Operationen und lehnt den Vergleich mit Schönheitschirurgie vehement ab mit der Begründung, das Kind leide zwangsläufig unter dem Gefühl, einen »monströsen« Körper zu haben. Ein angenommenes psychologisch-soziales Problem wird somit chirurgisch zu lösen versucht.[84] Noch präziser formuliert es der Kinderendokrinologe Willig mit dem »locker room«-Argument:

»Stellen Sie sich vor, Sie hätten ein solches fehlgebildetes Genitale und wären eingeladen zu einem Saunabesuch. Sie sollen im Schwimmunterricht sich ausziehen. Sie haben doch ewig Hemmungen, es könnte entdeckt werden von den anderen Mitschülern, die dann sagen, üh, was ist das denn da. Die sind doch hartnäckig und wollen das ganz genau wissen. Da wird hingeguckt und ganz genau geschaut. Dann heißt es, ›Du bist ja ein Zwitter‹. Das ist ein Schimpfwort. Das war auch für uns immer eine Indikation gewesen zu sagen, lass uns das vorzeitig bereinigen.«[85]

Das »locker room«-Argument wird oft in der medizinischen Argumentation herangezogen. Es besagt, das Ausziehen vor anderen Mädchen oder Jungen in einer Sammelumkleide führe unvermeidlich zu Spott, Hänseleien und Diskriminierung sowie zu Angstgefühlen. Die psychische Traumatisierung durch uneindeutige Genitalien ist allerdings eine empirisch unbelegte These. Der Versuch, das Kind durch operative Angleichung an die Norm vor einem antizipierten Außenseiterstatus zu schützen, ist aus medizinischer Sicht eine ausreichende Legitimation dafür, so schwerwiegend in den Körper eines Menschen einzugreifen. Diese Annahme wird mittlerweile

---

84 Kessler (1998) hat darauf verwiesen, dass in Bezug auf Intersexualität ein *gender*-Problem medizinisch zu lösen versucht wird. Bezüglich der Diskussion um die kosmetische »Korrektur« von Kindern mit Down-Syndrom hat Davis (2003) darauf hingewiesen, dass hier ein gesellschaftliches Problem chirurgisch zu lösen versucht wird. In der Diskussion um kosmetische Operationen des Down-Syndroms lassen sich viele Parallelen zur Intersex-Diskussion erkennen. Auch da fühlen Eltern sich dem Druck von medizinischer Machbarkeit und gesellschaftlicher Diskriminierung von Menschen mit Down-Syndrom ausgeliefert und stimmen chirurgischen Korrekturen oft zu, denn »Schließlich ist es immer noch schwerer, die Gesellschaft zu verändern.« (Zitat von Eltern in Davis 2003: 136, Übers. CI).

85 Transkription aus der Dokumentation *Intersexuell – Zwischen den Geschlechtern. Von der Schwierigkeit, weder Mann noch Frau zu sein* von Thorsten Niemann, Sendetermin: 18.5.2004, 22.15 Uhr, ARD.

von vielen intersexuellen Menschen angezweifelt. Ein Kind, so das Gegen-
argument, das auf offene Weise einen selbstbewussten Umgang mit der
eigenen Intersexualität lernt, müsse nicht zwangsläufig Opfer von gesellschaftlichem Spott und Diskriminierung werden, da die Stigmatisierung das
Ergebnis gesellschaftlicher Normen sei, die es gerade zu verändern gelte.
Außerdem gäbe es mittlerweile Kinder, die selbstbewusst ihrer Umwelt zu
verstehen geben, dass sie intersexuell oder ein Hermaphrodit sind und
nicht darunter leiden. So erzählt die Mutter des vierjährigen Wesley, ihr
Sohn erzähle selbstbewusst anderen Leuten von seiner körperlichen Besonderheit:

*»Wesley weiß alles, was mit ihm ist. Er hat es verstanden und aufgenommen. Er geht da ganz
offen damit um. Er provoziert die Leute auch, indem er hingeht und sagt ›Ich habe mal einen
Eierstock gehabt.‹ Manche sind da ganz erschrocken und meinen ›Was erzählst du für einen
Mist?‹. Aber er provoziert die Leute gerne damit. Er macht das auch extra bei den passenden
Leuten.«*[86]

Auch die Eltern der fünfjährigen Fenja, Harm und Folke Harms, erzählen,
ihre Tochter wisse ihre Intersexualität selbstbewusst zu ihrem Vorteil
einzusetzen. Je nach Situation bezeichnet sie sich schon auch mal als Junge.
Der Psychotherapeut Knut Werner-Rosen erzählt die Geschichte eines
fünfjährigen AGS-»Mädchens«, das seine eigene Geschlechtsidentität kreiert hat:

*»Die Eltern hatten meine Beratung aufgesucht, nachdem ihre Erwartungen hinsichtlich
›mädchenhaftem Verhalten‹ ihrer Tochter permanent enttäuscht worden und nun mit ihren
Nerven völlig am Ende waren: ›Alles falsch gemacht.‹ In unseren Gesprächen hatten sie eine neue
kreative Perspektive und neuen Lebensmut gewonnen. Vier Wochen nach unserem Treffen, teilte
mir die Mutter telefonisch folgende Szene mit: Meine Tochter greift zur Haarbürste und sagt:
›Gell Mama, die Mädchen kämmen sich doch so oft.‹ Ich darauf: ›Ja, das stimmt.‹ Dann sagte
sie: ›Ich bin ja gar kein richtiges Mädchen.‹ Ich fragte sie: ›Was bist du denn?‹ Sie antwortete:
›Ich bin ein Junge-Mädchen.‹ Und ich ganz ruhig: ›Ja, dann bist du eben ein Junge-Mädchen.‹ Ich
sprach's und sie legte die Bürste hin und verschwand. Die Tochter wusste längst, was mit ihr los
war. Nur die Angst der Mutter hat sie blockiert. Und erst als sie spürte, dass die Mutter keine
Angst vor der Wahrheit hat, dann konnte sie das sagen.«*

So kann ein offener Umgang der Eltern mit ihrem Kind, so eine Argumentation, der nicht von Angst, sondern von Akzeptanz geprägt ist, inter-

---

86 Transkription aus der Dokumentation *Eindeutig Zweideutig* von Ilka Franzmann, Sendedatum: 4.7.2003, 22.15, ARTE, 55 min.

sexuellen Kindern dabei helfen, selbstbewusst und ohne Scham zu ihrer Besonderheit zu stehen.

Die von einigen geforderte Verschiebung operativer und hormoneller Eingriffe in die Pubertät wird von Medizinern oft als Problem beschrieben. Zwar sei dann eine selbstbestimmte Entscheidung über den eigenen Körper oder sogar über das eigene Geschlecht möglich, jedoch sei die Pubertät die biografische Phase, in der alle Menschen sowieso von Unsicherheit geprägt seien. Eine so tief greifende Entscheidung in dieser »allersensibelsten Phase« würde jeden Jugendlichen überfordern, wie es auch der Kinderendokrinologe Christian Kapferer in Bezug auf ein 13-jähriges intersexuelles Mädchen,[87] das bis dato medizinisch nicht behandelt wurde, darstellt:

»Es war für das Mädchen selber unbedingt notwendig. Sie wollte irgendwas geändert haben. Sie hat gesagt, es geht so für sie nicht. Sie kann nicht sozusagen in der Mitte einfach dastehen. Sie hat Turnunterricht, sie will im Sommer ins Schwimmbad gehen, sie will sich eigentlich mit Buben beschäftigen und alle entwickeln sich und bei ihr tut sich im Moment nichts. Sie ist vor allem an einen Punkt gekommen, wo ein Stimmbruch stattgefunden hat, wo sich die ganze Statur in die männliche Richtung umzubilden anfängt, die Muskulatur und Behaarung zunimmt. Von dem her hat man dann gesagt, wir treffen diese Entscheidung. Aber das zeigt genau auch das Problem. Ich unterhalte mich mit einem Mädchen, das genau in der allersensibelsten Phase drin ist, nämlich mit 11 Jahren, wo die Pubertät anfängt, wo diese ganze Geschlechtlichkeit jeden ja übermannt. Jetzt unterhalte ich mich mit ihr darüber, was sie glaubt, was sie später einmal sein will und ich muss aber – ich bin zu dem Zeitpunkt ja in Zugzwang – zu dem Zeitpunkt muss ich irgendwas machen. Wenn ich sie spontan einfach weitergehen lasse, dann wird es in späterer Zeit wahrscheinlich ziemlich schwierig werden. Den Einfluss der männlichen Hormone kann ich nicht rückgängig machen oder nur partiell. Es gäbe natürlich Möglichkeiten, die gesamte Pubertätsentwicklung aufzuhalten mit einer medikamentösen Therapie, bis die Kinder 18 oder 19 Jahre alt sind und über sich selber entscheiden können. Nur ein Problem: Was passiert mit dem ganzen Knochenstoffwechsel und übrigen Stoffwechsel in dieser Phase? Die Geschlechtshormone braucht man ja nicht nur für die Ausbildung der Geschlechtsmerkmale. Und vor allem: Wie geht es dem Kind, wenn das bis 18 oder 19 Jahren keine Pubertätsentwicklung hat?«

Christian Kapferers Reflexionen machen zudem deutlich, vor welche ungelösten Probleme auch ethischer Natur medizinische Möglichkeiten wie das medikamentöse Aufschieben der Pubertät die Mediziner stellen. Mittlerweile, so meine Beobachtung, lässt sich keine gemeinsame Theorie ausmachen, die der medizinischen Behandlung von Intersexualität zugrunde

---

87 Diagnose unklar. Karyotyp 45 XY. Unmittelbar nach der Geburt wegen intersexuellem Genitale aufgefallen. Die von Ärzten empfohlene Gonadektomie und Klitorisreduktionsplastik ließen die Eltern nicht durchführen.

liegt. Vielmehr lassen sich im medizinischen Fachdiskurs verschiedene psychologische, medizintechnische und biologistische Thesen finden, die den verschiedenen Argumentationen und Begründungen zugrunde liegen.

Die medizinische Behandlung von Intersexualität

Nachdem sich das interdisziplinäre Team zusammen mit den Eltern für ein Geschlecht entschieden hat, steht die Frage der Behandlung im Raum. Sofern die Eltern rein kosmetische operative Eingriffe nicht ausdrücklich ablehnen, wird das Genitale intersexuell Geborener chirurgisch in die entsprechende Richtung »rekonstruiert«. Ziele der Operation sind (1) ein mit dem zugewiesenen Geschlecht kompatibles Aussehen der Genitalien (»Ästhetik«), (2) (hetero)sexuelle Funktion – das beinhaltet Penetrierbarkeit im Falle einer weiblichen Zuschreibung und Penetrationsfähigkeit bei einer männlichen Zuschreibung sowie den Erhalt der sexuellen Sensibilität – und eventuell Reproduktionsfähigkeit, und (3) eine ungehinderte Urinentleerung ohne Inkontinenz[88] und Infektionen.

Bis heute gilt immer noch, dass eine feminisierende Operation technisch einfacher und Erfolg versprechender ist: »It's easier to make a hole than to build a pole.« Jedoch gehen die Geschlechtszuweisungen in jüngster Zeit vermehrt in die männliche Richtung. Eine feminisierende »Korrektur« beinhaltet eine Klitoroplastik – die »Reduktion«[89] der Klitoris,[90] ihre Versetzung in Richtung Scheideneingang von der eher horizontalen Position in eine eher vertikale sowie ihr »Verstecken« hinter den Schamlippen, das Zusammenbringen der äußeren Schamlippen sowie eine Vaginalplastik – das Anlegen einer Vagina beziehungsweise die Vergrößerung der vorhandenen Vagina. Die feminisierende Genitaloperation kann »einzeitig« oder »zweizeitig« stattfinden. Im ersten Fall wird die Vaginalplastik gleich vollzogen, im zweiten Fall wartet man damit bis zur freien Entscheidung der betroffenen Person.

---

88 Allerdings gibt es auch Fälle von Inkontinenz infolge der vaginalplastischen Operation.

89 Vollständige Klitorektomien werden heute nach medizinischen Angaben nicht mehr durchgeführt, wenngleich dies in den letzten drei oder vier Jahrzehnten durchaus üblich war.

90 Im Folgenden werden die geschlechtsentsprechenden Begriffe aufgrund der besseren Lesbarkeit ohne Anführungszeichen verwendet, da mittlerweile klar geworden sein sollte, dass diese nur im Zusammenhang mit dem Zuweisungsgeschlecht ihren Sinn haben.

Eine penisvergrößernde Operation ist bislang technisch nur schwer möglich, der Penis kann allerdings aufgerichtet und die Hypospadie korrigiert werden. Eine hormonelle Vergrößerung des Penis ist jedoch mithilfe einer lokalen Testosteron- oder DHT-Behandlung möglich – mit unterschiedlichem Erfolg. Den Rest macht die Pubertät. Die Tatsache, dass eine virilisierende Operation einen viel kleineren Eingriff als die feminisierende Operation darstellt, ist auch ein Grund für die in zweifelhaften Fällen vermehrte Zuschreibung in die männliche Richtung. Kritiker sprechen bislang auch nur bei feminisierenden Operationen von »Genitalverstümmelung«, nicht bei den operativen und hormonellen Eingriffen der virilisierenden Formen. Dazu kommt bei der Korrektur in die männliche wie in die weibliche Richtung die Gonadektomie, die Entfernung der gegengeschlechtlichen Gonaden.

Beim Adrenogenitalen Syndrom (AGS) ist eine feminisierende Operation in den ersten Lebensmonaten mittlerweile Standard in allen medizinischen Intersex-Zentren Europas und der USA. Zu dem Argument einer möglichst reibungslosen psychosexuellen Entwicklung des Kindes kam in den letzten Jahren noch ein chirurgisch-technisches dazu: Das Gewebe ist in den ersten Lebensmonaten noch sehr östrogenisiert und entsprechend relativ narbenfrei zu operieren. Dazu kommt, dass die sexuelle Sensibilität eher erhalten werden kann, je früher die Klitoris- und Vaginalplastik stattfindet. Das Argument ist also sowohl ein ästhetisches als auch ein funktionelles. Besonderer Wert wird bei der Operation heute auf den Erhalt von Klitoris, *bulbus vestibuli* und *musculus bulbus spungiosus* gelegt, die für die sexuelle Sensibilität und den Orgasmus wichtig sind. Bei der geschlechtszuweisenden Operation im Falle von AGS ist oft die Trennung von Harnröhre und Vagina »erforderlich«. Im Gespräch mit manchen Eltern von AGS-Mädchen ergab sich zudem, dass nicht nur für Ärzte, sondern auch für viele Eltern das Problem Intersexualität oder geschlechtliche Uneindeutigkeit durch die Operation als gelöst erscheint, wobei es vielen Eltern auch wichtig ist, dass ihr Mädchen »normal« aussieht. In der Diskussion um die Notwendigkeit operativer Eingriffe am Genitale bei AGS wird meist ausgeblendet, dass allein die hormonelle Substitution des Kortisol- und Aldosterolmangels und des Androgenüberschusses mit Kortison zu einem Rückgang der Androgene und damit auch gleichzeitig zu einer leichten Verkleinerung der Klitoris führen würde, wie die Kinderendokrinologin Ursula Kuhnle erklärt. Eine Korrektur in die männliche Richtung im Falle von AGS würde, so der Kinderendokrinologe

Hans Weibhauser, die Entfernung der Ovarien vor der Pubertät erfordern,[91] was die Kastration fortpflanzungsfähiger Gonaden bedeuten würde, die aufgrund des Kastrationsverbots jedoch verboten ist.[92]

Im Falle von Gemischter Gonadendysgenesie ist die Geschlechtsentscheidung medizinisch nicht unumstritten, allerdings wird in letzter Zeit vermehrt in die männliche Richtung entschieden und operiert. Das bedeutet, dass eine Hypospadie-Korrektur durchgeführt wird, wodurch der Ausgang der Harnröhre unterhalb des Penis an die Spitze des Penis verlagert wird und dieser aufgerichtet wird, Harnröhre und Vagina getrennt werden und die Vagina operativ geschlossen wird sowie – sofern vorhanden – Eileiter und Uterus entfernt werden. Dass man der betreffenden Person damit die Möglichkeit nimmt, durch Einsetzen einer Zygote (befruchtete Eizelle) Kinder zu gebären, wird im medizinischen Diskurs nicht diskutiert. Erfolgt die Operation in die weibliche Richtung, so wird die Klitoris reduziert, die großen Schamlippen werden zusammengenäht und Urethra und Vagina werden getrennt. Für die Trennung von Urethra und Vagina wird der Rückfluss von Urin in die Vagina und das damit verbundene permanente Entzündungsrisiko als Argument angeführt. Außerdem wird der Hoden beziehungsweise die Stranggonade entfernt. Als Grund dafür gilt das Entartungsrisiko fehlentwickelter (dysgenetischer) und im Bauchraum befindlicher Hoden, das bei XY/XO Gonadendysgenesie bis zu 5 Prozent betragen soll. Aus ethnologischer Perspektive lassen sich jedoch auch kulturelle Gründe und Normen vermuten, nach denen ein Mann einfach keine Gebärmutter und eine Frau keine Hoden zu haben hat.

Bei CAIS werden meist die Gonaden entfernt – entweder schon im Säuglingsalter oder meistens in der Pubertät nach Zustimmung der betroffenen Person. Bei PAIS, das bei der Geburt entdeckt wird,[93] findet je nach Geschlechtszuweisung darüber hinaus eine ein- oder zweizeitige feminisierende Operation oder eine lokale Testosteron- oder DHT-Behandlung statt, die durch entsprechende Hormongaben ergänzt wird. Nach Auffassung der meisten Mediziner müssen im Falle einer weiblichen

---

91 Kessler (1998) und Hester (2003) haben auf die Rhetorik der Tragik durch den Gebrauch von Begriffen wie »require«, »must«, »demand«, »necessary« und dergleichen hingewiesen.

92 In Deutschland §1631c BGB.

93 In Fällen, wo das Genitale erst in der Pubertät zu virilisieren beginnt, wird PAIS bei der Geburt meist nicht entdeckt, was zu einer weiblichen Geschlechtszuschreibung führt.

Geschlechtszuschreibung die Gonaden spätestens vor Eintritt der Pubertät entfernt werden, da sie sonst zu einer Virilisierung – Peniswachstum, Stimmbruch und männlichem Körperbau – führen würden, Merkmale, die »nicht mehr rückgängig zu machen sind«. Die Organe und Körperteile, die nicht zum zugewiesenen Geschlecht passen, werden operativ entfernt. Das kann nur vor dem Hintergrund des spezifisch biomedizinischen Körperbildes – der Abtrennbarkeit des Körpers und von Körperteilen von der Person – geschehen. Erst dadurch kann der Körper parzelliert – das heißt in einzelne Bestandteile zerlegt – und entsprechend behandelt werden (Hauser-Schäublin u.a. 2001: 78). Erst durch die Entpersonalisierung von Teilen der Genitalien und von Gonaden können diese als »falsch« oder funktionslos entfernt werden, weil sie nicht als Teil der Person betrachtet werden. Die Wahrnehmung einiger erwachsener intersexueller Menschen, durch Klitorisreduktion oder Gonadektomie eines wichtigen Teils ihrer selbst beraubt worden zu sein, deutet darauf hin, dass die entsprechenden Organe durchaus als zum Selbst gehörig wahrgenommen werden können. Auch die von einigen geschilderte Erfahrung der Entfremdung vom medizinisch hergestellten Körper zeigt, dass das Selbst im ursprünglichen und ganzen Körper festgemacht wird. Wir werden später sehen, dass diese zerstörte Integrität der Person einen Eckpfeiler der Kritik erwachsener intersexueller Menschen am medizinischen Behandlungsmodell darstellt.

An der Praxis, gegengeschlechtliche Gonaden zu entfernen, wird deutlich, dass die Essenz des Geschlechts immer noch in den Gonaden lokalisiert wird. Gonaden, die nicht dem zugewiesenen Geschlecht entsprechen, müssen für eine Vereindeutigung des Geschlechtskörpers entfernt werden, weil sie als Träger oder Essenz des anderen Geschlechts gelten. Die Gonaden bewirken darüber hinaus durch die Produktion von Geschlechtshormonen eine Vermännlichung oder Verweiblichung der körperlichen Merkmale ab der Pubertät und somit eine körperliche Manifestation von Ambiguität, die möglichst in ihrer Ursache – den Gonaden – beseitigt werden muss.

Da die Genitalien dem euro-amerikanischen Geschlechtermodell zufolge sichtbare äußere Kennzeichen des Geschlechts darstellen, müssen sie dem zugewiesenen Geschlecht in ihrer Erscheinung und (heterosexuell konzipierten) Funktion angepasst werden. Folgende ebenfalls denkbare Möglichkeiten existieren nicht: Erstens könnte – wie Kessler (1998: 8–9) vorschlägt – die geschlechtsanzeigende Index-Funktion von Genitalien bedeutungslos werden, das heißt, aus dem Aussehen der Genitalien würde nicht mehr auf das Geschlecht geschlossen werden. Zweitens könnte die Vorstellung von weiblichen und männlichen Genitalien erweitert werden in die Richtung, wie intersexuelle Genitale aussehen. Die dritte Möglichkeit wäre, die Bezeichnung der Genitalien beizubehalten und zu akzeptieren, dass Frauen auch einen Penis, Männer auch eine Klitoris, Frauen eine Art von Skrotum, Männer eine Art von Schamlippen haben mit einem Harnröhrenausgang an einem Ort, der ihnen das Urinieren im Stehen verunmöglicht. Die vierte Möglichkeit wäre, die Existenz von mindestens drei Geschlechtern (*sexes*) zu akzeptieren, die Index-Funktion von Genitalien beizubehalten und ein intersexuelles Genitale als äußeres Zeichen für dieses dritte körperliche Geschlecht zu begreifen.

Intersexualität kann in ihrer Ursache nicht behandelt werden, lediglich können deren Symptome »korrigiert« werden. Die Behandlung von Intersexualität kann als »treatment sans healing« – als eine Behandlung ohne Heilung – im Sinne des Medizinethnologen Arthur Kleinman (1997: 31–32) begriffen werden. Behandelt wird eine *disease*, nämlich das Abweichen von der körperlichen Zweigeschlechternorm, wodurch kein *healing*, sondern lediglich ein *curing* – das Herstellen von Normativität – stattfindet, was allein schon als Verbesserung der Lebensqualität gesehen wird. Die medizinische Behandlung von Intersexualität versetzt die Betroffenen in einen Zustand chronischer Krankheit, denn sie sind nach der Gonadektomie auf Hormonersatztherapie und lebenslange Kontrolluntersuchungen angewiesen. Darüber hinaus führt die operative Behandlung oft zu Problemen und damit zu Folgeoperationen. Somit entsteht die paradoxe Situation, dass der intersexuelle Körper gerade durch die medizinische Behandlung chronisch krank gemacht wird[94] (vgl. Hester 2004). Die Klassifizierung intersexueller Körper als nicht-natürlich und der sich daraus ergebende Versuch, den intersexuellen Körper durch operative und hormonelle Behandlung in Einklang mit der vermeintlich natürlichen Zweigeschlechtlichkeit zu bringen, führt zu einer Wahrnehmung von Intersexualität als ständiger Bedrohung für den betroffenen Menschen, die eine permanente Kontrolle und Überwachung erfordert.

---

94 In dieser Hinsicht sind die operativen Behandlungen mit Organtransplantationen vergleichbar, die für den Patienten keine Heilung bedeuten, sondern ihn in einen Zustand chronischer Krankheit hinterlassen (Kalitzkus 2002: 45).

Echte medizinische Indikationen für die Behandlung von Intersexualität

Kritiker werfen der Medizin vor, die »korrigierenden« oder »rekonstruie-renden« Operationen bei Intersexualität seien rein kosmetische, also von Schönheits- und Geschlechternormen motivierte Eingriffe, und keine medizinisch notwendige Heilbehandlung. Obwohl diese Kritik für viele Eingriffe im Wesentlichen zutrifft, zeichnet ein differenzierter Blick ein viel komplexeres Bild. Denn oft werden im medizinischen Diskurs die kosmetischen Indikationen mit echten medizinischen Indikationen für operative Eingriffe vermischt. In medizinkritischen und depathologisieren-den Diskursen über Intersexualität dagegen werden die gesundheits-bedrohlichen Aspekte kaum thematisiert, was zu einer Unvereinbarkeit der Argumente und damit zu einer Verunsicherung bei Betroffenen und Eltern führen kann. Es ist daher sinnvoll, echte medizinische Indikationen, also eine Lebens- oder Gesundheitsgefährdung jenseits der postulierten psychischen Traumatisierung durch uneindeutige Genitalien streng von kosmetischen Indikationen zu trennen.

Was sind also echte medizinische Gründe, aus denen in einen intersexuellen Körper im noch nicht zustimmungsfähigen Alter operativ eingegriffen werden muss? Als Grund für die Gonadektomie wird immer wieder das Tumor-Risiko genannt, wobei dieses bei der Gonadendysgene-sie höher sein soll als zum Beispiel bei der Androgenresistenz (AIS) oder bei Hermaphroditismus verus, grundsätzlich aber immer vorhanden ist, wenn sich »Hoden« nicht an der richtigen Stelle (nämlich im Skrotum) befinden oder Gonaden nicht »richtig« entwickelt sind. Kritiker merken hierzu allerdings an, dass das Tumor-Risiko nicht so hoch sei wie behaup-tet und damit eine Abwägung mit der Funktion, die die Gonaden ja für körperliches und psychisches Wohlergeben haben, zugunsten des letzteren ausfallen müsse.

Enden Vagina und Urethra, also Scheiden- und Urinausgang in einem gemeinsamen Kanal, wie es bei vielen intersexuellen Genitalien der Fall ist, kann das, so die medizinische Meinung, zu häufig wiederkehrenden Harnwegsinfekten führen. Diese können hochfieberhaft sein und bis hin zu schwerer Urosepsis [95] führen. Endet eine Harnröhre nicht an der richti-gen Stelle, kann die Mündungsstelle sehr eng sein, was nicht nur zu Infek-ten, sondern auch zu einem Harnrückstau in der Blase führen kann, der wiederum die Nierenfunktion beeinträchtigen beziehungsweise zu

---

95 Von den Harnwegen ausgehende Blutvergiftung.

Gebärmutterentzündungen und weiblicher Unfruchtbarkeit führen kann. Darüber hinaus besteht das Risiko, dass das Menstruationsblut bei einem »virilisierten« Genitale nicht richtig abfließen kann, wodurch es zu einem Rückstau des Blutes und zu Infekten kommen kann. Dieses Problem kann aber nicht als ein originär medizinisches gesehen werden, da es sich erst als Folge des medizinischen Eingreifens ergibt. Würde der Hormonhaushalt nicht »feminisiert«, hätten die betreffenden Personen keine starken oder überhaupt keine Blutungen. Bei einer »Pseudovagina« beziehungsweise einer »Utriculuszyste« (zum Beispiel bei XY/XO Gemischter Gonadendysgenesie oder bei Hermaphroditismus verus) bestehen Infektrisiken, die – wenn vorhanden – über den Uterus oder den Eileiter im Bauchraum zu Abszessen führen könnten. Allerdings ist das oft auch eine Folge der operativen Verlegung der Harnröhre an die Spitze des Penis bei männlicher Geschlechtszuweisung, aufgrund welcher der Urin nicht mehr richtig abfließen kann.

Von Kritikern werden als Gegenargumente Beispiele angeführt, in denen ein gewisses Risiko nicht zum operativen Entfernen von Körperteilen führt: Ein Krebsrisiko sei nicht immer gleichbedeutend mit der Notwendigkeit der prophylaktischen Entfernung von betreffenden Körperteilen. Nur weil Intersexualität prinzipiell als Krankheit definiert ist, stellen intersexuelle Menschen eine Risikogruppe für bestimmte andere Erkrankungen dar, so die Kritik.

Alle oben angeführten medizinischen Argumente gründen in einem angenommenen Risiko. Darüber, wie groß dieses Risiko tatsächlich ist, gibt es innerhalb der Medizin unterschiedliche Meinungen. Die Risiken werden von verschiedenen Experten unterschiedlich gewichtet, was bis dahin führen kann, dass manche von einem Risiko noch nie etwas gehört haben, das anderen als sehr gewichtig erscheint. So schätzen Mediziner, die dafür plädieren, die Genitaloperation beim AGS ins entscheidungsfähige Alter zu verlegen, das Infektrisiko nicht so hoch ein wie diejenigen, die frühe Operationen favorisieren. Darüber hinaus werden alle Risiken (bis auf das Krebsrisiko der Gonaden) meiner Beobachtung nach vor allem von Kinderchirurgen und -urologen beschrieben und weniger von Endokrinologen. Die Medizinethnologin Lock (1993: 146) hat auf die »Risikosprache« in der Medizin hingewiesen. Diese führe dazu, dass nicht nur Ärzte, sondern auch Betroffene und Eltern das stochastische Risiko auf sich beziehen und aus Angst heraus entsprechende Schritte einleiten.[96] Mit dem Aufkommen von verbesserten Medizintechnologien wird auch der Faktor Reproduktionsfähigkeit bezüglich der geschlechtszuweisenden Therapie wichtiger.[97] Ob die Erhaltung beziehungsweise die Ermöglichung von Fruchtbarkeit ein echtes medizinisches oder bereits ein gesellschaftliches Argument ist, darüber kann man unterschiedlicher Meinung sein. Fest steht, dass ein rechtzeitiges medizinisches Eingreifen zu einer möglichen Reproduktionsfähigkeit beitragen kann. XX-AGS wird unter anderem deswegen in die weibliche Richtung behandelt, weil Fruchtbarkeit mit hormoneller und chirurgischer Hilfe möglich ist. Ebenso ist Zeugungsfähigkeit bei 5 alpha-Reduktasemangel mit medizinischer Hilfe möglich. Diese Möglichkeit würde dem Betroffenen genommen, würde die Verlegung der Hoden aus dem Bauchraum in den Hodensack hinausgezögert. Zeugungsfähigkeit ist jedoch kein Argument, wenn bei Menschen mit Gemischter Gonadendysgenesie, Hermaphroditismus verus oder PAIS in die weibliche Richtung entschieden wird. Sobald eine Zuschreibung in die weibliche Richtung erfolgt ist, spielt eine mögliche männliche Zeugungsfähigkeit keine Rolle mehr und umgekehrt: Eine Zuschreibung in die männliche Richtung klammert ein Bemühen darum, dass dieser Mensch später ein Kind austragen kann, aus. Die Konzeption genitalkorrigierender Eingriffen als Korrektur einer funktionellen Störung und damit als medizinisch notwendige und nicht nur rein kosmetische Korrektur liefert Medizinern eine Legitimation ihres Tuns. So versteht zum Beispiel der Kinderurologe Michael Rainer auch einen gekrümmten Penis als »funktionelle Störung« und dessen »Korrektur« daher als medizinisch notwendig, um heterosexuellen Geschlechtsverkehr und damit auch Zeugungsfähigkeit zu ermöglichen.

Zusammenfassend gilt für den medizinischen Diskurs: Hier wird Intersexualität als sexuelle Differenzierungsstörung begriffen, die sich entweder in einem uneindeutigen Genitale oder im Widerspruch von chromosomalem, gonadalem, hormonellem und genitalem Geschlecht manifes-

---

96 Zum Risikodiskurs in der Schwangerschaft vgl. Kneuper 2004: 188ff.
97 Aufgrund der bestehenden Unsicherheit über die Entwicklung der Geschlechtsidentität wird in jüngster Zeit auch die Möglichkeit diskutiert, bei einer weiblichen Geschlechtszuschreibung die Hoden zwar zu entfernen, um eine körperliche Virilisierung zu verhindern, diese jedoch tiefgefroren aufzubewahren, um daraus mithilfe von in den nächsten Jahren oder Jahrzehnten eventuell entwickelter Medizintechnologie zeugungsfähige Spermien zu gewinnen.

tiert. Zugrunde liegend ist das biomedizinische Geschlechtermodell, das eine Elaboration des euro-amerikanischen Geschlechtermodells darstellt. Diesem Modell zufolge existieren »natürlicherweise« nur zwei Geschlechter, wobei der Körper die Grundlage des Geschlechtsstatus darstellt. Im Falle von Intersexualität ergibt sich daraus die Paradoxie, dass erst der medizinisch korrigierte Körper die natürliche Grundlage des Geschlechts darstellen kann, weil Intersexualität als Fehl- oder Missbildung begriffen wird. Entsprechend der medizinischen Zuweisungspraxis, die sowohl auf körperlichen Merkmalen als auch auf der prognostizierten Geschlechtsidentität basiert und der angenommenen psychischen Traumatisierung durch unkorrigierte nicht eindeutig männliche oder weibliche Genitalien, werden geschlechtlich uneindeutig geborene Kinder meist in den ersten Lebensmonaten entsprechend der Zweigeschlechternorm korrigiert. Das antizipierte Leiden am intersexuellen Körper liefert die Legitimation für derartige Eingriffe, die als Einschreibungen gesellschaftlicher Körpernormen in intersexuelle Körper verstanden werden können.

Rechtsprechung

Keine juristische Kategorie Intersexualität

Die Kategorien »Intersexualität«, »Hermaphrodit«, »Zwitter« und »Menschen mit uneindeutigem Geschlecht« existieren als juristische oder als eigene *gender*-Kategorien in Deutschland, Österreich und der Schweiz nicht (vgl. Wacke 1989, Plett 2002). Das bedeutet, es gibt – im Gegensatz zu früheren Zeiten – keine personenstandsrechtlichen und strafrechtlichen Regelungen für intersexuelle Menschen. Nehmen wir an, ein »echter Hermaphrodit« wird bei seiner/ihrer Geburt dem männlichen Geschlecht zugeschrieben. Als Erwachsener kommt er/sie mit der männlichen Geschlechterrolle nicht zurecht, sieht eher weiblich aus und will sich nun zur Frau umschreiben lassen, wozu ein richterlicher Beschluss notwendig wäre. Er/Sie kann sich dabei jedoch nicht auf körperliche Zwischengeschlechtlichkeit berufen, weil es eine derartige rechtliche Kategorie nicht gibt. Welche juristischen Möglichkeiten hat dieser »echte Hermaphrodit«? Wie könnte ein Rechtsanwalt in diesem Fall argumentieren?

Die einzigen existierenden rechtlichen Regelungen in Deutschland für einen Geschlechtswechsel finden sich im 1980 in Kraft getretenen Transsexuellen-Gesetz (TSG). Dieses Gesetz kennt zwei Lösungen, die »kleine« und die »große Geschlechtsänderung«. Im ersten Fall wird lediglich der amtliche Vorname geändert, wofür von der Person der Nachweis verlangt wird, sich auf Grund transsexueller Prägung seit mindestens drei Jahren dem anderen als dem bei Geburt zugeschriebenen Geschlecht zugehörig zu empfinden (§1 Abs. 1 TSG). Im zweiten Fall müssen Antragsteller dauernd fortpflanzungsunfähig sein und »sich einem ihre äußeren Geschlechtsmerkmale verändernden operativen Eingriff unterzogen haben, durch den eine deutliche Annäherung an das Erscheinungsbild des anderen Geschlechts erreicht worden ist« (§ 8 Abs. 2 Nr. 3 und 4 TSG). Für solche schwerwiegenden operativen Veränderungen des Geschlechtskörpers ist jedoch ein psychologisches Gutachten nötig, das erst nach zweijähriger psychotherapeutischer Behandlung erstellt werden kann. Eine spezielle Regelung für den Geschlechtswechsel bei intersexuellen Menschen existiert jedoch nicht. Das ist umso erstaunlicher, da die medizinischen Unsicherheiten bezüglich der Geschlechtszuschreibung in manchen Fällen sehr groß sind und der Geschlechtswechsel bei intersexuellen Menschen häufiger als bei körperlich eindeutigen Männern und Frauen vorkommt.

Dauerhafte Fortpflanzungsunfähigkeit gilt in der Tat für die meisten Fälle von Intersexualität. Eine »deutliche Annäherung an das Erscheinungsbild des anderen Geschlechts« ist in unserem fiktiven Beispiel ebenfalls gegeben. Somit wären die Voraussetzungen für eine Änderung des Geschlechtseintrages bereits gegeben. Darüber hinaus war, so könnte argumentiert werden, die Geschlechtszuschreibung keine Feststellung des Geschlechts, sondern eine Entscheidung, da bereits bei der Geburt eine Unsicherheit aufgrund uneindeutiger körperlicher Geschlechtsmerkmale vorlag. Der Hermaphrodit in unserem Beispiel wurde operativ und hormonell zum Mann gemacht, als der er/sie sich aber nicht fühlt. Die medizinische Entscheidung zum Zeitpunkt der Geburt war also falsch. Zu beantragen wäre somit nicht eine neue Geschlechtszuschreibung, sondern die Korrektur einer ursprünglichen »falschen« Zuschreibung, also eines Irrtums. In diesem Fall würde man biologistisch argumentieren, dass das »wahre« Geschlecht von der medizinischen Profession sozusagen nicht richtig erkannt, dass der Körper also nicht richtig »gelesen« worden war. Weil eben die ursprüngliche Geschlechtszuweisung falsch war, müsse die

Entscheidung einer Person für ihr »eigentliches« Geschlecht, welches nur nicht erkannt worden war, akzeptiert werden. [98] Die einfachste Möglichkeit für unsere fiktive Person, ihr Geschlecht zu »wechseln«, wäre die Aussage eines Arztes vor dem Gericht, die ursprüngliche Geschlechtszuschreibung sei ein Irrtum gewesen. Dazu erklärt die Kinderendokrinologin Ursula Kuhnle:

»Wenn der Arzt dem Gericht sagt, das ist keine Frau, sondern ein Mann, dann ist das für das Gericht die Wahrheit. Da braucht es keine psychologischen Gutachten mehr. Die Medizin allein entscheidet hier.«

Hier zeigt sich die (Definitions-)Macht der Medizin in aller Deutlichkeit. Die Rechtsprechung selbst hat keine Möglichkeit zu definieren, was ein Mann und was eine Frau ist. Sie ist bei der geschlechtlichen Zuordnung vollkommen auf die medizinische Profession angewiesen. Dieses Machtungleichgewicht kritisiert der/die Aktivist/-in Michel Reiter:

»Das Diskursfeld ›Intersexualität‹ ist in hohem Maße durch Ungleichverteilung charakterisiert: nur der Mediziner beansprucht für sich das Definitionsrecht einer geschlechtlichen Zuordnung. Die Rechtsprechung ist ihm nachgelagert, denn sie verfügt über keine eigenen Geschlechtsdefinitionen.«[99]

Hätte der »echte Hermaphrodit« unseres Beispiels die Möglichkeit, sich als eine dritte Geschlechterkategorie eintragen zu lassen? Das Personenstandsgesetz (PStG), in dem neben dem Familienstand, Namen, Geburtszeit und -ort auch das Geschlecht standesamtlich festzuhalten ist, und zwar binnen Monatsfrist, schreibt nur fest, *dass* die Rubrik »Geschlecht« auszufüllen sei – ein Offenlassen der Geschlechtsrubrik ist damit nicht zulässig. Es schweigt jedoch darüber, *welche* Geschlechtseintragungen erlaubt sind. Lediglich in einem Kommentar zum Personenstandsgesetz heißt es:

»Nach §21 Abs. 1 Nr. 3 PStG wird das Geschlecht des Kindes in das Geburtenbuch eingetragen. Das Kind darf nur als Knabe oder Mädchen bezeichnet werden.« (Hepting/Gaaz 2000 in Plett 2002: 36)

Bestehen Unklarheiten oder Zweifel, ist vom Arzt oder der Hebamme eine Bescheinigung über das zugewiesene Geschlecht einzuholen. »Die Eintragung »Zwitter« ist unzulässig, weil dieser Begriff dem deutschen Recht

---

98 Diese Überlegungen sind an die Ausführungen der Juristin Elisabeth Holzleithner angelehnt, die sie auf meine diesbezügliche Nachfrage gab.
99 Reiter, Michel, *Einleitung*, 12.9.2003, http://postgender.de

unbekannt ist« (Hepting/Gaaz in Plett 2002: 36). Die Verfasser des BGB, das 1900 in Kraft getreten ist, fanden nämlich:

»Nach dem heutigen Stand der medizinischen Wissenschaft darf angenommen werden, daß es weder geschlechtslose noch beide Geschlechter in sich vereinigende Menschen gibt, daß jeder sog. Zwitter entweder ein geschlechtlich mißgebildeter Mann oder ein geschlechtlich mißgebildetes Weib ist.« (Mugdan in Wacke 1989: 870)

Das Münchner Amtsgericht stellt in der Begründung seiner Ablehnung von Michel Reiters erstem Antrag auf die Eintragung eines Dritten Geschlechts fest, die deutsche Rechtsordnung und das soziale Leben in Deutschland gingen von dem Prinzip aus, »dass jeder Mensch entweder ›männlichen‹ oder ›weiblichen‹ Geschlechts ist und zwar unabhängig von möglichen Anomalien im Genitalbereich«[100]. Ein Blick in die deutsche Rechtsgeschichte zeigt, dass es durchaus juristische Regelungen für Menschen zwischen den Geschlechtern gegeben hat. So sah das *Allgemeine Preußische Landrecht* von 1794 zum Beispiel vor:

»I 1§19 Wenn Zwitter geboren werden, so bestimmen die Aeltern, zu welchem Geschlechte sie erzogen werden.
§20 Jedoch steht einem solchen Menschen, nach zurückgelegtem achtzehnten Jahre, die Wahl frey, zu welchem Geschlecht er sich halten wolle.
§21 Nach dieser Wahl werden seine Rechte künftig beurtheilt
§22 Sind aber Rechte eines Dritten von dem Geschlecht eines vermeintlichen Zwitters abhängig, so kann ersterer auf die Untersuchungen durch Sachverständige antragen.
§23 Der Befund der Sachverständigen entscheidet, auch gegen die Wahl des Zwitters, und seiner Aeltern.« (in Wacke 1989: 887)

Im *Sächsischen BGB* von 1863/65 findet sich im § 46: »Eine Person, deren Geschlecht zweifelhaft ist, wird dem bei ihr vorherrschenden Geschlechte beigezählt« (in Wacke 1989: 883). Und in *Kreittmayrs Bayerischem Codex Maximilianeus Civilis* von 1756 steht: »Hermaphroditen werden dem Geschlecht beygezehlt, welches nach Rath und Meinung deren Verständigen vordringt; falls sich aber die Gleichheit hierin bezeigt, sollen sie selbst eins erwählen, und von dem Erwählten *sub Poena Falsi* nicht abweichen.« (in Wacke 1989: 883).

---

100 Aus der Beschwerde gegen den ablehnenden Beschluss des AG München vom 13.9.2001 auf eine Änderung des Eintrages in das Geburtenbuch als Drittes Geschlecht, 19.8.2002, 2.8.2004, http://lobby-fuer-Menschenrechte.de/mreiter.html.

Hier lassen sich wesentliche Unterschiede zum geltenden deutschen Bundesgesetzbuch (BGB), das seit 1900 in Kraft ist, finden. Zum einen existierte der Zwitter oder Hermaphrodit als *gender*-Kategorie, für die spezielle Regelungen gefunden werden mussten. Allerdings existierte im deutschen Recht nie ein Drittes Geschlecht für Hermaphroditen. Obwohl ihre Existenz juristisch anerkannt war, wurde ihre Zuordnung zum männlichen oder weiblichen Geschlecht verlangt. Während im APL die Entscheidung für eines der beiden Geschlechter zuerst bei den Eltern, mit Erreichen der Volljährigkeit jedoch in den Händen der »Zwitter« lag, verließ sich das *Sächsische BGB* und der *Bayerische Codex* bereits auf die medizinische Profession als Experten. Lediglich im Falle der Gleichheit beider Anteile sollte im *Bayerischen Codex* der Hermaphrodit selbst entscheiden. Von der eigenen Entscheidung durften die »Zwitter« in allen deutschen Regelungen jedoch danach nicht mehr abweichen. Zu begründen ist diese vergleichsweise strenge Haltung mit der Angst vor unerkannter Homosexualität, welche als schweres Vergehen eingestuft wurde. Im Gegensatz dazu erkennt das geltende deutsche Recht Homosexualität sowohl als sexuelle Orientierung als auch als Identität und Form des ehelichen Zusammenlebens rechtlich an. Intersexuelle Menschen sind im BGB dagegen nicht existent.

Vor dem Amtgericht München läuft seit 2001 ein Verfahren, in dem der Hermaphrodit[101] Michel Reiter für seine/ihre Eintragung eines Drittes Geschlechts als Zwitter, Hermaphrodit oder intersexuell im Personenstand klagt. Dieses Verfahren wurde bereits zweimal abgelehnt, zuletzt im Jahre 2002. Die Ablehnung wurde damit begründet, dass Zwitter oder Hermaphroditen zweigeschlechtliche Lebewesen seien, das heißt gleichwertige männliche und weibliche Gonaden besitzen (also »echte Hermaphroditen« im medizinischen Sinne seien) und dies im Fall von Reiters Diagnose AGS nicht vorliege. Die alternative Option »intersexuell« als Geschlechtsbezeichnung im Personenstandsregister komme nicht in Betracht, da dieser Begriff kein eigenes Geschlecht kennzeichne, sondern einen Oberbegriff für eine Reihe von Störungen der sexuellen Differenzierung darstelle. Das Gericht übernimmt hiermit die medizinische Bestimmung von »intersexuell« als Fehlentwicklung, Krankheit oder Störung und als keine eigene Geschlechtsbestimmung. Die weitere Option einer Einteilung der Menschheit in 5 Geschlechter (neben Männern und Frauen noch *herms, ferms* und *merms*), wie sie von der Biologin Anne Fausto-Sterling

---

101 In der gesamten Arbeit sind die Bezeichnungen intersexueller Personen immer deren Selbstbezeichnungen.

(1993) vorgeschlagen und von Michel Reiter als weitere juristische Option eingefordert wurde, wurde abgelehnt, weil dies nach Meinung des Gerichts ebenso wie die Forderung nach einem Dritten Geschlecht eine Minderheitenmeinung darstelle. Eine Eintragung als Drittes Geschlecht würde zudem »erhebliche Abgrenzungsschwierigkeiten und Rechtsunsicherheiten« mit sich bringen, da die Frage der Zugehörigkeit völlig ungeklärt sei. Intersexualität werde vom Antragsteller unberechtigterweise von einer medizinischen zu einer Identitäts- beziehungsweise *gender*-Kategorie umgedeutet. Mit dieser Einschätzung wird das Anliegen vom zuständigen Gericht entpolitisiert und in die individuelle Psyche verlegt und damit individualisiert. [102]

Strafrechtliche Fragen

Im gegenwärtigen Medizinrecht besteht ganz allgemein der Trend zu mehr Selbstbestimmungsrechten und weniger Fremdbestimmung. Nach dem Strafrechtler Hannes Schütz ist bei der medizinischen Behandlung von intersexuellen Kindern Selbstbestimmung umso entscheidender, je schwerer der Eingriff, insbesondere wenn es sich um irreversible handelt, je eher ein Aufschub der Behandlung aus medizinisch-somatischer Sicht möglich ist und je größer die Unsicherheit hinsichtlich der voraussichtlichen Entwicklung der geschlechtlichen Identität ist. Parallel dazu und im Zusammenhang damit gibt es einen Trend zu einer zunehmenden Verrechtlichung von medizinischer Behandlung, der zu einer Verengung des ärztlichen Handlungsspielraums führt. Im Falle der chirurgischen und hormonellen Behandlung intersexueller Kinder ergeben sich daraus folgende juristische Problemfelder. Wie beim Personenstand zeigt sich auch im Strafrecht die juristische Abhängigkeit vom medizinischen Diskurs. Rechtswissenschaftler beschäftigen sich seit der zunehmenden Kritik erwachsener intersexueller Menschen an geschlechtszuweisenden Genital- und Gonadenoperationen an intersexuellen, nicht einwilligungsfähigen Neugeborenen und Kleinkindern in den letzten Jahren mit strafrechtlichen Fragen dieser Eingriffe. Dabei geht es im Wesentlichen um das Selbstbestimmungsrecht über den eigenen Körper, um Fragen der Heilbe-

---

102 Vgl. Reiter, Michel, *Ablehnung*, 12.9.2003, http://postgender.de/Ablehnung.

handlung, des Kindeswohls, der Fremd- und Eigennützigkeit sowie der körperlichen Unversehrtheit.

Die Frage der Heilbehandlung

Nach Art. 2 Abs. 2 BGB hat jeder Mensch das Recht auf körperliche Unversehrtheit. Das Recht auf körperliche Unversehrtheit jeden Kindes ist ebenso in der UNO-Kinderrechtskonvention verankert. Eingriffe, die ein Mensch an einem anderen Menschen vornimmt, sind demnach Körperverletzungen und somit Straftaten, die nur dann nicht rechtswidrig sind, wenn der Eingriff mit Zustimmung des betroffenen Menschen erfolgt, beziehungsweise wenn es sich um eine Heilbehandlung handelt. Geschlechtszuweisende Operationen werden im Säuglingsalter durchgeführt, wo die Person selbst keinen informierten Konsens geben kann, der Eingriff also nicht selbstbestimmt ist. Nur als Heilbehandlung sind sie nicht strafbar. Daher ist die strittige Frage: Handelt es sich bei Operationen im Genitalbereich und der Gonaden bei intersexuellen Kindern um eine eindeutige Heilbehandlung oder nicht? Wäre das nicht der Fall, könnten diese Operationen nicht mehr als legal gelten.[103]

Dabei kann man entweder von einem engen Begriff von Heilbehandlung ausgehen, der nur unmittelbare körperliche gesundheitsbedrohliche Indikationen zulässt, oder wie Hannes Schütz von einem weiteren Begriff, der auch prophylaktische Eingriffe zulässt:

»Wir gehen zunächst davon aus, dass der Begriff nicht nur im engeren Sinn therapeutische Maßnahmen, sondern auch diagnostische und prophylaktische Eingriffe mit erfasst, dass wir also einen weiteren Begriff der Heilbehandlung sehen, dass es zusätzlich erforderlich ist, dass der Eingriff aufgrund einer anerkannten medizinischen Indikation geschieht. Außerdem soll der Zweck dieser Behandlung sein, Krankheiten, Leiden, Körperschäden, körperliche Beschwerden,

---

103 In Kolumbien hat der oberste Gerichtshof 1999 in zwei Entscheidungen festgestellt, »dass geschlechtszuweisende chirurgische Eingriffe nur mit Zustimmung des betroffenen Menschen selbst vorgenommen werden dürfen, also nicht vor Erreichen der Volljährigkeit« (Entscheidung vom 12.5.1999 und 2.8.1999). Zur Begründung wurde angeführt, dass die Gefahr der Fehleinschätzung seitens der Ärzte und Eltern zu groß und die Operation irreversibel sei. Die Eingriffe werden daher strafrechtlich nicht mehr als Heilbehandlung gesehen, sondern als Verletzung der körperlichen Unversehrtheit des Kindes. In Deutschland sind diese Eingriffe an Minderjährigen als »Heilbehandlungen« noch erlaubt, es gibt jedoch seitens einiger erwachsener Intersexueller sowie von engagierten Juristen Bestrebungen, diese Eingriffe nicht als Heilbehandlungen, sondern als Genitalverstümmelungen, Körperverletzungen oder als Kastration unter Strafe zu stellen.

aber auch seelische Störungen zu verhüten, zu erkennen, zu heilen oder zu vermindern. Also ein sehr weiter Begriff, der auch die Verhinderung seelischer Störungen umfasst.«

Kann der medizinische Diskurs dem Strafrecht glaubhaft versichern, dass uneindeutige Genitalien zwangsläufig zu psychischer Traumatisierung führen und dass eine Nicht-Behandlung entweder zu psychischem Leid oder zu gesundheits- beziehungsweise lebensbedrohlichen körperlichen Problemen führt, liegt für die Rechtsprechung eine echte medizinische Indikation vor. Die oben dargestellte Vermischung von medizinischen und gesellschaftlichen Argumenten über Geschlecht und Geschlechtsidentität im medizinischen Diskurs macht die juristische Beurteilung nicht leichter. Es geht also um die Frage, Intersexualität als Fehlbildung, Krankheit, und Grund für seelische Störungen zu betrachten sind oder nicht. Darüber hinaus ist zu fragen, ob jede Verringerung der Störung automatisch als Verbesserung des Zustandes gelten kann. In einem weiteren Schritt könnte die Kategorisierung als körperliche Störung angezweifelt und als Produkt gesellschaftlicher Normvorstellungen enttarnt werden – also eine geschlechtliche Variation ohne Krankheitswert. Bestehen Unsicherheiten über die Notwendigkeit des Eingriffs, gilt der Grundsatz *Primum non nocere*, dass also durch die Behandlung vor allem kein Schaden zugefügt werden soll. Dass die Eingriffe von vielen Betroffenen als Schädigung erfahren werden, wird in den folgenden Kapiteln noch deutlich werden.

Während im medizinischen Diskurs die soziale Akzeptanz als eindeutiges Mädchen oder eindeutiger Junge gleichgesetzt wird mit psychischer Gesundheit, differenziert Hannes Schütz zwischen der Antizipation psychischer Störungen und der reinen sozialen Akzeptanz:

»Bei der Prüfung eines konkret beabsichtigten geschlechtsdifferenzierenden Eingriffs wäre es zunächst wichtig, genau herauszuarbeiten, welche Elemente dieses Eingriffs aus medizinisch-somatischer Sicht unaufschiebbar sind (z.B zur Behebung oder Vermeidung funktioneller Störungen). Davon ausgehend sollte jeweils geprüft werden, ob man den Eingriff nicht auch so durchführen kann, dass dabei der körperlichen Spielraum für eventuelle spätere Eingriffe, bei denen eine selbstbestimmte Entscheidung möglich ist, weit gehend erhalten bleibt.«

Die soziale Akzeptanz allein rechtfertigt aus strafrechtlicher Perspektive keine derartig einschneidenden medizinischen Eingriffe. Das heißt, allein das Argument, man könne in unserer Gesellschaft nur als Junge oder Mädchen mit einem eindeutigen Geschlechtskörper gesellschaftlich akzeptiert werden, wäre für eine Begründung eines Eingriffs als Heilbehandlung nicht ausreichend. Außerdem können sich gesellschaftliche Normen auch – wie die Beispiele Homosexualität oder Transsexualität zeigen – innerhalb weniger Jahre ändern. Die gesellschaftliche Situation und die Akzeptanz von Intersexualität zur Zeit der Pubertät oder des Erwachsenenalters können völlig anders sein als zum Zeitpunkt der Geburt eines intersexuellen Menschen. So sind auch die sozialen Folgen der Intersex-Bewegung derzeit nicht absehbar.

Aus juristischer Perspektive ist die Trennung zwischen den medizinisch notwendigen und den eher kosmetischen und geschlechtszuweisenden Eingriffen sehr wichtig. Mit den »rein medizinischen« hätte dann nämlich das Strafrecht nichts zu tun, so Hannes Schütz. Bezüglich der Beurteilung geschlechtszuweisender chirurgischer Eingriffe stehen sich zwei konträre Auffassungen gegenüber. Die eine Seite begreift diese als Verstoß gegen die im Grundgesetz verankerten Menschenrechte. So ist beispielsweise auf der Homepage der *Deutschen Gesellschaft für Transidentität und Intersexualität* (dgti) zu lesen: »Eine medizinische und/oder chirurgische Zwangszuweisung eines Neugeborenen ist ein Verstoß gegen Art. 1 Abs. 1 GG,[104] Art. 2 Abs. 1[105] und 2 GG,[106] sowie Art. 3 Abs. 1[107] und 3 GG,[108] der durch nichts zu rechtfertigen ist«.[109]

Dagegen sieht die andere Seite medizinische Eingriffe an intersexuellen Menschen als Heilbehandlungen zum Wohle des Kindes. Die Kritik richtet sich nur gegen Eingriffe, die ohne Zustimmung der Betroffenen stattfinden. Die Forderung vieler intersexueller Menschen nach dem Recht auf Selbstbestimmung über den eigenen Körper, die vom juristischen Diskurs aufgegriffen wird, weist gewisse Parallelen mit der Diskussion um den § 218 BGB und dem Recht auf Abtreibung auf: Diejenigen, die den Körper der Frau im Mittelpunkt sehen, kritisieren am Abtreibungsverbot den fremdbestimmten Umgang mit dem weiblichen Körper durch medizinische und juristische Praktiken. Mit dem Slogan »Mein Bauch gehört mir!« setzen sie diesen die Autonomie von Frauen über ihre eigenen Körper

---

104 »Die Würde des Menschen ist unantastbar. Sie zu achten und zu schützen ist Verpflichtung aller staatlichen Gewalt.«

105 »Jeder hat das Recht auf die freie Entfaltung seiner Persönlichkeit, soweit er nicht die Recht anderer verletzt und nicht gegen die Verfassungsmäße Ordnung oder das Sittengesetz verstößt.«

106 »Jeder hat das Recht auf Leben und körperliche Unversehrtheit. Die Freiheit der Person ist unverletzlich. In diese Rechte darf nur auf Grund eines Gesetzes eingegriffen werden.«

107 »Alle Menschen sind vor dem Gesetz gleich.«

108 »Niemand darf wegen seines Geschlechtes [...] benachteiligt oder bevorzugt werden.«

109 Definition der Geschlechter, 12.12.2004, http://dgti.org/gsymmaerz04-k1.html

entgegen. Denn, so ihre Begründung, ein Mensch müsse Kontrolle über sich selbst haben dürfen, über seinen Körper ebenso wie über sein Bewusstsein. Analog könnte man die Forderung vieler intersexueller Menschen so formulieren:»Mein Geschlecht gehört mir!«. Auf diese Weise wird der Körper in der Diskussion um das Selbstbestimmungsrecht intersexueller Menschen über ihren eigenen Körper zum politischen»Kampfplatz« um die Autonomie des Selbst (vgl. Villa 2000: 53).

Die Frage des Kindeswohls

Das »Wohl des Kindes« ist eine juristische Kategorie, die es auszufüllen gilt. Aufgrund unterschiedlicher Ansätze existieren unterschiedliche Auffassungen darüber, was das »Wohl« eines intersexuellen Kindes sein soll. Das »Wohl des Kindes« ist der Punkt, an dem konträre Diskurse zur Intersexualität kollidieren. Das angesprochene Recht auf Selbstbestimmung und einen intakten Körper stehen im Widerspruch mit dem Recht auf medizinische Behandlung und Hilfe. Darüber hinaus ist die Vorstellung von einem intakten Körper selbst kontrovers. Je nachdem, ob ein intersexuelles Genitale als vollständig und normal oder als fehlgebildet betrachtet wird, je nachdem also, ob intersexuelle Körper als Variation anerkannt werden oder als unvollständig oder fehlerhaft entwickelt gelten, wird ein intakter Körper unterschiedlich gesehen. Gelten intersexuelle Körper nicht mehr als Fehlbildungen oder Störungen der somatosexuellen Entwicklung, sondern als normale und gesunde Körper, so sind geschlechtsangleichende Operationen juristisch als Verletzung des Rechts auf körperliche Intaktheit (Art. 2, Abs. 2 GG) und als Vergehen gegen das Verbot von Genitalverstümmelungen zu begreifen. Folgt man dem pathologisierenden medizinischen Diskurs, so ist ein intakter Körper nur der normale weibliche oder männliche Körper, und die entsprechende medizinische »Behandlung« von Intersexualität wäre die Herstellung von körperlicher Intaktheit im Sinne von Gesundheit. Für die erste Auffassung war der intersexuelle Körper vor den Eingriffen »ganz«, für die zweite wird er es erst durch die medizinische Behandlung.

Diesen beiden konträren Auslegungen entsprechend können sowohl das Recht auf körperliche Unversehrtheit als auch das Recht auf medizinische Hilfe juristisch eingefordert werden. Der behandelnde Arzt, vor allem der Chirurg, befindet sich somit im Spannungsfeld zwischen den Diskursen und vor der Eventualität rechtlicher Klagen aus beiden Richtungen.

Operiert er ein intersexuelles Kind am Genitale, könnte er wegen Verletzung der körperlichen Integrität angeklagt werden. Unterlässt er die »Behandlung«, könnte er sich der unterlassenen Hilfeleistung strafbar machen.[110] Im Zusammenhang damit steht auch die Frage des Fremd- und Eigennutzens. Medizinische Eingriffe an nicht zustimmungsfähigen Kindern sind juristisch nur möglich, wenn sie rein eigennützig für das Kind sind, das heißt, wenn nicht andere Interessen die Motivation für den Eingriff darstellen. Auch hier stoßen wieder unterschiedliche Diskurse aufeinander. Die Beurteilung geschlechtsangleichender medizinischer Eingriffe als eigennützig oder fremdnützig hängt davon ab, ob man das Akzeptiert- und Respektiertwerden des Kindes durch die Eltern als ein Recht des Kindes betrachtet, welches in manchen Fällen nur durch die medizinische Herstellung eines den Normvorstellungen entsprechenden Körpers gewährleistet wird, oder ob man die Korrektur beziehungsweise Zerstörung eines naturgegebenen Körpers mit allen damit verbundenen Problemen als fremdnützigen Eingriff begreift, der in erster Linie den Eltern dient, eventuell auch der Gesellschaft.

Die Frage des Bewahrens einer offenen Zukunft

Die Juristen Elisabeth Holzleithner, Hannes Schütz und Eva Matt führen aus:

»Das Leitbild einer optimalen Behandlung und Beratung von intersexuellen Neugeborenen kann, speziell was gravierende, weichenstellende und irreversible Eingriffe anlangt, am besten mit der Idee des ›Bewahrens einer offenen Zukunft‹ umschrieben werden. Danach sollte es das Ziel sein, möglichst weitgehend die spätere Ausübung des Selbstbestimmungsrechts zu ermöglichen. [...] Das Recht auf

---

110 In diesem Zusammenhang unterscheidet der Jurist Krüger in seinem Vortrag *Rechtliche Fragen der Intersexualität* auf dem Symposium *Intersexualität bei Kindern* am 5. bis 6.3.2004 in Halle zwischen einer bewussten Entscheidung der Eltern, aus triftigen Gründen ihr Kind unbehandelt zu lassen, welche juristisch zu akzeptieren ist und einer *non-compliance* der Eltern aus »Gedankenlosigkeit«, was juristisch unakzeptabel wäre. Allerdings ist diese Unterscheidung zwischen »bewusster« und »gedankenloser« Entscheidung selbst höchst fragwürdig. Zu leicht kann man einer anderen Auffassung als der eigenen »Gedankenlosigkeit« vorwerfen.

eine offene Zukunft entspricht überdies dem Leitprinzip der Rechtsetzung und Rechtsanwendung im Bereich körperlich-geistiger Integrität.«[111] Was aber gewährleistet eine offene Zukunft? Wie kann zu einem Zeitpunkt, an dem eine Entscheidung noch nicht auf Selbstbestimmung, sondern auf elterliche und ärztliche Fremdbestimmung gründet, der größte Möglichkeitsraum für die Zukunft offen gelassen werden? Gibt es darauf eine eindeutige Antwort? Auch hier stehen verschiedene Perspektiven auf den intersexuellen Körper im Konflikt. Aus der einen Perspektive kann dieses Recht nur durch möglichst wenige – und das bedeutet, lediglich »rein medizinisch notwendige« – Eingriffe garantiert werden. Da ungewiss ist, welche Geschlechtsidentität das Kind später entwickelt, nimmt eine fremdbestimmte geschlechtszuweisende Operation dem Kind die Möglichkeit, entweder im anderen als dem zugeschrieben Geschlecht mit dem entsprechenden Geschlechtskörper oder als intersexueller Mensch mit einem intersexuellen Körper zu leben. Das Bewahren einer offenen Zukunft wird verstanden als Wahlmöglichkeit des Geschlechts und Selbstbestimmung über körperverändernde medizinische Maßnahmen.

Aus der anderen Perspektive, die mit dem medizinischen Diskurs über Intersexualität in Verbindung steht, wird das Kind auch durch ein Nicht-Eingreifen festgelegt. Einerseits nimmt man dem Kind nach Angaben von Chirurgen die Möglichkeit eines optimalen Operationsergebnisses in ästhetischer und funktionaler Hinsicht, welches zum Beispiel im Fall von AGS nur in den ersten Lebensmonaten erzielt werden kann. Dieses »Zeitfenster« (Michael Rainer) schließt sich danach, wodurch die Möglichkeit eines relativ »normal« weiblich aussehenden und funktionierenden Genitales durch eine Verschiebung des Operationszeitpunktes verloren geht. Andererseits führt eine solche Entscheidung dazu, dass das Thema *gender* für das Kind gerade durch die Nicht-Erfüllung gesellschaftlicher Norm-Maßstäbe permanent aktiviert ist. Die Möglichkeit einer relativen Unbedeutsamkeit von der Geschlechterthematik stehe ihm dann, so das Argument, nicht zur Verfügung, weil es durch die Auffälligkeit seines geschlechtskörperlichen Andersseins ständig damit konfrontiert sei. Sich nicht zu entscheiden ist demnach nicht möglich, denn jede Entscheidung ist eine Entscheidung und damit in gewisser Weise eine Festlegung für die Zukunft.

---

111 Schriftliche Stellungnahme beim österreichischen Interfakultären Kontaktgespräch über die Betreuung von Intersex-Patienten.

Die Frage der Kastration

Nach §1631c BGB ist die Kastration in Deutschland bis zum 25. Lebensjahr grundsätzlich rechtswidrig. Eine Kastration ist definiert als »Entfernung oder Ausschaltung der Keimdrüsen mit unter anderem der Folge, dass im Erwachsenenalter die Zeugungs- beziehungsweise Empfängnisfähigkeit aufgehoben ist« (Pschyrembel 2002). Als Teil der medizinischen Behandlung werden Gonaden, die die »falschen« geschlechtskörperlichen Merkmale hervorrufen, entfernt. Ob dies als Kastration beurteilt wird, hängt davon ab, wie die Medizin dies als Heilbehandlung rechtfertigen kann. Die Frage der Kastration ist ein weiteres Beispiel dafür, wie die Rechtsprechung auf medizinische Aussagen angewiesen ist. Denn das Kastrationsgesetz gilt ausdrücklich nicht für Heilbehandlungen, wie zum Beispiel die Entfernung eines malignen Tumors. Wird ein gesundes reproduktionsfähiges Organ entfernt oder zerstört, kann nicht mehr von einer »Heilbehandlung« gesprochen werden. Ob allein das Risiko auf Entartung von Gonaden jedoch ausreichend ist für die Rechtfertigung als Heilbehandlung, ist juristisch umstritten. Die Frage, wann eine Gonadektomie bei Intersexualität eine Kastration darstellt, ist somit eine juristisch nicht geklärte Frage. Aber selbst wenn Gonadektomien ohne eigentlich medizinische Indikation keine Kastration darstellen, wird ein gesundes Organ mit seiner Funktion zerstört. Denn nur die Zerstörung der Reproduktionsfähigkeit von Gonaden als unrechtmäßig zu sehen, sei, so die Juristin Elisabeth Holzleithner

»allerdings eine eingeschränkte Sichtweise Das Organ ist in seiner Integrität ja nicht nur schützenswert, insoweit es ›zeugungsfähig‹ ist. Es hat auch noch andere Funktionen, die schützenswert sind und es kann nicht auf seine Funktion im Rahmen der Fortpflanzung reduziert werden« [112]

Die Gonaden bilden neben rein reproduktiven Funktionen zum Beispiel auch Hormone, die andere spezifische Funktionen haben und deren Entfernung bei vielen eine lebenslange Hormonersatztherapie notwendig macht.

---

112 Holzleithner, Elisabeth, *Variation als Abweichung. Zur medizinischen und juristischen Herstellung des Geschlechts von Intersexuellen*, 20.7.2004,
http://homepage.univie.ac.at/elisabeth.holzleithner/HolzleithnerVariation.pdf.

Die Frage der geschlechtlichen Diskriminierung

Das Verbot der Diskriminierung aufgrund des Geschlechts (GG Art. 3,3) wird in der Diskussion um genitalkorrigierende Eingriffe häufig herangezogen. Dabei wird postuliert, es stelle eine Benachteiligung von – essentialistisch als eigenes Geschlecht verstandenen – intersexuellen Menschen beziehungsweise Hermaphroditen dar, wenn deren Geschlecht aufgrund gesellschaftlich fehlender Anerkennung einem der anderen beiden Geschlechter operativ angepasst würden müsse, und vor allem dadurch die sexuelle Sensibilität zerstört werde. So sieht es beispielsweise die Beschwerde gegen den ablehnenden Beschluss des Amtsgerichtes München vom 13.9.2001 auf eine Änderung des Eintrages in das Geburtenbuch als Drittes Geschlecht:

»Dass ihnen verweigert wird, als das anerkannt zu werden, was sie sind, stellt einen Verstoß gegen die Menschenwürde von Hermaphroditen dar, denen damit signalisiert wird, dass ihre Existenz so wie sie ist, von Rechts wegen keine Akzeptanz erfährt. Das ist deswegen von besonderer Bedeutung, weil Geschlecht in unserer Gesellschaft als ein persönliches Wesensmerkmal verstanden wird, das besondere Bedeutung hat, weil es den Menschen als Ganzes prägt. Wenn so ein wesentliches Element des Menschseins nicht so akzeptiert wird, wie es ist, sondern nur insoweit als es einem anderen entspricht, wird damit auch eine Mißachtung der ganzen Person zum Ausdruck gebracht. Hermaphroditen werden damit prinzipiell ungleich mit anderen Menschen behandelt, deren Geschlecht, wenn es weiblich oder männlich ist, als solches anerkannt wird und Wertschätzung erfährt.«[113]

Anders als Männer und Frauen werden intersexuelle Menschen somit nicht als das, was sie (in einer bestimmten Selbst- und Körperdeutung) sind, anerkannt.

Der juristische Diskurs, in dem verschiedene Diskurse um Intersexualität zur Gesetzgebung gerinnen, als derjenige, bei dem die Ebene der Werte und Ideen auf die normative gesetzgebende Ebene transformiert wird, ist also bezüglich der Intersex-Thematik durch drei Merkmale charakterisiert: Zum ersten, im Gegensatz zu früheren Gesetzeskanons in Deutschland durch das völlige Fehlen von Intersexualität als Rechtskategorie, zum zweiten durch seine Auseinandersetzung mit verschiedenen Diskursen über Intersexualität und zum dritten durch seine Abhängigkeit von der medizinischen Definitionsmacht.

---

113 Reiter, Michel, 2.8.2004, http://lobby-fuer-Menschenrechte.de/mreiter.html.

Intersexuelle Identitätskategorien

In diesem Kapitel geht es um die Frage, welche Identitäten in gegenwärtigen Diskursen im deutschsprachigen Raum für intersexuelle Menschen angeboten und verhandelt werden und wie diese – getreu der Lokalisierung des Selbst im Körper – auf unterschiedliche Weise mit dem Körper begründet werden. Viele betonen das Recht auf *agency*, sprich das Recht auf Selbstinterpretation des eigenen Körper-Selbst[114] und sind wie Michel Reiter von der *Arbeitsgemeinschaft gegen Gewalt in der Gynäkologie und Pädiatrie* (AGGPG) der Auffassung:»Wer nun Intersexen, Frauen, etc. sind, muss eine Selbstdefinition bleiben und kann nicht über den optischen Blick determiniert werden«.[115] Ebenso meint Claudia Clüsserath von der *Deutschen Gesellschaft für Transidentität und Intersexualität (*dgti*):*»Hermaphrodit ist jemand, der sich selbst als solcher beschreibt.« Auch bei der Selbsthilfegruppe *XY-Frauen* wird der Grundsatz vertreten, dass jede(r) sich so begreifen kann, wie er/sie meint. Die Gruppe versteht sich dabei als ein Ort, an dem Toleranz gegenüber verschiedenen Selbstverständnissen und Identitäten eingeübt und praktiziert werden kann. Trotzdem – und hier liegt ein gewisser Widerspruch – begründen alle ihre Identität mit ihrem »natürlichen« Körper, also quasi objektiv. Die verschiedenen Intersex-Identitätskategorien stellen also »verkörperte« Identitäten dar, die im biomedizinisch als intersexuell definierten Körper ihre Grundlage haben. Zunächst beziehen sich nämlich all diese Kategorien auf den zwischengeschlechtlichen Körper, der dadurch zur Grundlage von Identität wird. Aus der Selbstbeschreibung »Ich *habe* einen medizinisch als intersexuell definierten Körper« wird die Identität »Ich *bin* intersexuell« oder »Ich *bin* ein Hermaphrodit«.

Da die Medizin als hegemoniale Interpretationsmacht immer noch die vorherrschende Instanz ist, die intersexuellen Menschen und/oder deren Eltern den intersexuellen Körper deutet, ist die Einordnung als mangelhaft oder fehlerhaft meist die erste. Hören Jugendliche von ihren Ärzten »Du bist zwar genetisch ein Junge, kannst dich aber ruhig weiter als Mädchen fühlen« oder Mädchen von Eltern »Wir haben dich lieb, *obwohl* du XY-Chromosomen oder Hoden hast«, dann ist das für sie meist nur ein schwacher Trost hinter der Selbstwahrnehmung als nicht richtig oder nicht nor-

---

114 Meine Übersetzung des Begriffs »body self« von Young (1997: 5).
115 Reiter, Michel (1997), *Versuch einer Biografie oder alles was ist, muss gesagt werden können*, 25.1.2003, http://postgender.de/postgender/bio.html.

mal. Erfahren Jugendliche oder Erwachsene (oft sehr spät), dass irgend etwas an ihrem Körper so falsch war, dass es entfernt, reduziert, korrigiert oder verstümmelt werden musste, hat das enorme Folgen für ihre Selbsteinschätzung. So stellt sich vielen die Frage, wie verkehrt sie im ursprünglichen Zustand gewesen sein mussten, dass sie ohne medizinische Eingriffe weder von ihren Eltern noch von der Gesellschaft hätten akzeptiert werden können. Die Erarbeitung einer positiven Selbstdefinition jenseits von Mangel und Pathologie stellt eine zentrale Aufgabe im Leben vieler intersexueller Menschen dar. Eine Identität, die sie nicht mehr dazu zwingt, möglichst konform mit der Norm zu sein, kann große Freiheitsgewinne für den Einzelnen bedeuten.[116] Erst damit wird eine Selbsteinschätzung wie folgende von Elisabeth Müller möglich:

»Ich habe nicht einen Mangel oder eine Krankheit, sondern ich bin ganz. Der Mangel, der ist weg. Wo ehemals Gefühl von Mangel, Mindersein und Elendfühlen war, da passt es jetzt einfach.«

Die verschiedenen Identitäten können unter Umständen nur von kurzer Dauer und sehr leicht beeinflussbar sein. In der Auseinandersetzung mit anderen Betroffenen und mit den aktuellen Diskursen entstehen für den Einzelnen neue Möglichkeiten, sich zu deuten. Oft befinden sich mehrere Interpretationen in einer einzigen Selbstbeschreibung. Da die Identitätskategorien, in denen sich intersexuelle Menschen zu verorten versuchen, sehr unstabil und fließend sind, stellen das *World Wide Web* und die virtuellen Diskussionen im Internet geeignete Räume dar, um Identitäten kennen zu lernen und zu erproben. Das Internet ist ja generell für das freie Spiel der Geschlechtsidentitäten und sexuellen Identitäten bekannt, wo sich auf diese Weise auch neue Identitätskategorien und kollektive Identitäten für Minderheiten herausbilden können (vgl. Turner 1999: 463). Wenn im Folgenden verschiedene Identitäten differenziert werden, bedeutet das daher nicht, dass jemand sich nur auf die eine oder andere Weise deutet. Es kann sich sehr wohl jemand als Hermaphrodit, Zwitter, intersexuell *und* als XY-Frau beschreiben, je nach Gesprächskontext, Gesprächspartner, der jeweiligen Intention und der biografischen Situation. Andere lehnen bestimmte Identitäten für sich aber auch vollkommen ab.

---

116 Wenngleich Freiheit für manch andere auch bedeutet, eine ganz normale Frau sein zu dürfen, ohne ständig mit der Intersex-Thematik konfrontiert sein zu müssen, und diese daher die medizinischen Maßnahmen zur Normierung ihres Körpers im Sinne der Zweigeschlechternorm grundsätzlich gutheißen.

Im Folgenden sollen nun die verschiedenen Diskurse, die den Hintergrund für die individuell gewählte Identität darstellen, beschrieben werden.

Hermaphroditen

Zum Hermaphroditen im Mythos

Der Diskurs um Hermaphroditen ist ein mythologisierender, der allerdings den Begriff des Hermaphroditen aus seiner mythischen Verortung herauslösen und auf real existierende Wesen anwenden will. Hermaphroditen sollen, so meinen manche, wieder zum Inbegriff von Schönheit und Ästhetik werden, das heißt, ein androgyner Körper, wie ihn viele Hermaphroditen ohne medizinische Behandlung hätten, sollte wieder zum ästhetischen Ideal werden. Im Gegensatz zu dem Begriff »intersexuell« als »zwischen den Geschlechtern«, als ein Weniger als Mann und Frau, weist »Hermaphrodit« auf die mythische Verbindung von Mann *und* Frau in einer Person, auf ein Mehr als Mann und Frau hin. Von Hermaphroditen wie Michel Reiter wird der Begriff »Intersexualität« als Produkt des pathologisierenden Diskurses abgelehnt:

»Als intersexuell bezeichne ich mich [...] nicht mehr, denn es bringt nichts, medizinische Begriffe weiterzuführen. Da ich den Hermaphroditen aus seiner mystischen Verortung herauslösen will [...] ist dann ohnehin ein neues, adäquateres Wort vorhanden. Und da bin ich zuversichtlich, was künftige Entwicklungen betrifft.«[117]

Michel Reiters Forderung, sich mit Hermaphroditen »als Symbolcharakter« auseinanderzusetzen, bedeutet, dass der Hermaphrodit aus Mythos, Kunst und Poesie eine symbolische oder metaphorische Identifikationsfigur für real existierende Hermaphroditen darstellen kann. Die Identität als Hermaphrodit knüpft an eine jahrtausendealte Tradition der Verehrung und an archetypische Ideen von Doppelgeschlechtlichkeit als eine Form menschlicher Vollkommenheit an. Hermaphroditen hätten dann, so Elisabeth Müller, die Funktion, der oberflächlich gewordenen Gesellschaft wieder die nötige Tiefe zu geben:

---

117 Reiter, Michel (1997), *Versuch einer Biografie oder alles was ist, muss gesagt werden können*, 25.1.2003, http://postgender.de/postgender/bio.html.

»Hermaphroditen sind wichtig, weil es ist nur noch Oberfläche da. Um den Dingen auf den Grund zu gehen, um sie auf den Grund zu führen, sie gründlich zu machen, sie zu gründen und begründen, ist das tertium datur, sind die Hermaphroditen nötig, um der Gesellschaft die nötige Tiefe wieder zu geben.«

Der Hermaphroditen-Diskurs historisiert und mythologisiert intersexuelle Körper. Wie Turner (1999: 475) feststellt, gibt er intersexuellen Menschen ein Gefühl der Zugehörigkeit und nicht-intersexuellen Menschen eine Achtung vor einer körperlichen Gegebenheit, die keineswegs so ungewöhnlich ist. In den folgenden Ausführungen zur Mythologie des Hermaphroditen soll die Rezeption mythischer Darstellungen des Hermaphroditen in der griechischen Antike und im jüdisch-christlichen Schöpfungsmythos durch heutige Hermaphroditen dargestellt und somit gezeigt werden, wie sie aus Darstellungen und Vorstellungen des mythischen Hermaphroditen für sich Identität erzeugen. Hermaphroditos war nach der griechischen Legende, die Ovid in seinen *Metamorphosen* aufgreift, der Sohn der griechischen Gottheiten Hermes und Aphrodite. Er war sehr schön und als er in ihrer Quelle badete, verliebte sich die Quellnymphe Salmakis in ihn. Sie umarmte ihn, zog ihn mit sich auf den Grund und betete zu den Göttern, dass sie für immer vereint blieben. Ihre Bitte wurde erhört, ihre Körper verschmolzen und wurden zu einem Wesen mit weiblichen Brüsten, weiblichen Körperformen und männlichen Genitalien, das Ovid folgendermaßen beschreibt:»Zwei sind sie nicht, und doch von doppelter Gestalt, weder Mädchen noch Knabe kann man sie nennen, so daß sie keines von beiden zu sein scheinen und doch beides zugleich.« (Ovid Metamorphosen IV 288–389 in Wacke 1989: 875)
Als solcher wurde Hermaphroditos, der durch Metamorphose in ein beide Geschlechter vereinigendes Wesen verwandelt wurde,[118] Urbild zahlreicher antiker Darstellungen der bildenden Kunst und der Malerei. Nach Wacke ist die mythische Figur des Hermaphroditen jedoch noch älter und war ursprünglich eine orientalische Gottheit, die beide Geschlechter in sich

---

118 Dies ist der Grund, warum der Hermaphrodit in den meisten Sprachen grammatikalisch dem männlichen Geschlecht zugeordnet wird. Den Begriff des Hermaphroditen gibt es in vielen Sprachen: *hermaphrodite* (französisch), *ermafrodito* (italienisch), *hermafrodita* (spanisch), *hermaphrodite* (englisch), *hermafrodiet* (niederländisch), *hermafrodit* (schwedisch), *hermafroditt* (norwegisch). Das deutsche Wort »Zwitter« ist verwandt mit »zwei« und bedeutet in seiner ursprünglichen Bedeutung ein hybrides Wesen von zweierlei Abstammung. Die heute ausschließliche Bedeutung »zweigeschlechtlich« bekam Zwitter erst im 16. Jahrhundert. (vgl. Kluge 2002, *Etymologisches Wörterbuch der deutschen Sprache*, 24. Auflage, Berlin u.a., Wacke (1989: 874).

vereinigte. Historisch lässt sich ihr Kult von Athen über Zypern bis nach Syrien zurückverfolgen. Manche ziehen auch eine kulturhistorische Verbindung zum indischen Ardhanarishvara, eine Manifestation von Shiva in seiner Verschmelzung mit seiner Shakti mit einer männlichen und einer weiblichen Hälfte. Der Hermaphroditos-Kult wurde aber in Griechenland nicht mehr besonders gepflegt, vielmehr beschäftigten sich vor allem Kunst und Poesie mit dem in sich vollendeten Geschöpf (Wacke 1989: 874). Im antiken Griechenland galt der mythische »Urmensch« als doppelgeschlechtlich und daher in sich vollkommen, wie es die Rede des Aristophanes in Platons Symposium wiedergibt.

»Ursprünglich war unsere Natur nämlich nicht die, die sie jetzt ist, sondern eine andere: gab es doch am Anfang dreierlei Geschlechter von Menschen, nicht nur zwei wie jetzt, das männliche und das weibliche, vielmehr noch ein drittes, das diese beiden in sich vereinte; bloß der Name ist von ihm geblieben, indes es selbst verschwand. Denn das Mannweib war damals noch ein eigenes Geschlecht, nach Aussehen wie Bezeichnung eine Einheit aus den beiden anderen, dem männlichen und dem weiblichen; jetzt aber lebt nur noch sein Name fort, und der als Schimpfwort.«[119]

Der letzte Satz weist auf die reale Existenz von Menschen mit doppelgeschlechtlichen Geschlechtsmerkmalen in der Antike hin. Die Römer rechneten Zwitter-Geburten zu den *monstra*[120] – Missbildungen – die auf nahendes Unheil hinwiesen.[121] Als unheilverkündende Ungeheuer (*prodigina*) wurden sie meist sofort nach ihrer Geburt hingerichtet.

Dass auch die biblische Schöpfungsgeschichte den Hermaphroditen kennt, ja, dass der Urmensch Adam selbst ein Hermaphrodit gewesen sein soll, ist eine Interpretation des aktuellen Hermaphroditendiskurses intersexueller Menschen. So erläutert Elisabeth Müller:

»Adamos, der Urmensch, war ein Hermaphrodit. In der Genesis heißt es nicht: ›Als Mann und Frau schuf er sie‹, sondern ›Als Mann und Frau schuf er ihn.‹ Das ist eine Fehlübersetzung. Weil es heißt nicht ›Mann und Frau‹ im Sinne von ›Mann oder Frau‹, sondern es heißt ›Mann und Frau in der Einheit‹. Die Entzweiung des Menschen in Mann oder Frau, das hat mit dem Sündenfall zu tun. Das ist meine Assoziation, die ich habe.«

---

119 Schmidt-Berger, Ute (1985), Platon, *Das Trinkgelage oder über den Eros*, Frankfurt/Main, S. 41.

120 Lat. *monstrare* – zeigen, hinweisen. Von lat. *monstrum* leitet sich auch der deutsche Begriff »Monstrum« oder »Monster« ab.

121 Wacke (1989: 877) zitiert als Quelle dafür Plinius secundus den Älteren.

Tatsächlich gab es eine exegetische Richtung innerhalb der jüdischen und
christlichen Tradition, die den Urmensch Adam als doppelgeschlechtliches
Wesen begriff. Denn wenn Gott den Urmenschen nach seinem Bilde schuf
und er selbst als eine Einheit gedacht wurde, so erschien es logisch, auch
den Urmenschen als Einheit aus Mann und Frau zu denken. So ist in älteren Bibelausgaben auch zu lesen: »(Z)um Bilde Gottes schuf er ihn (den
Adam) als männlich und weiblich« (Wacke: 1989: 876). Mann und Frau
werden als unvollkommene Wesen gedacht, da sie der anderen Hälfte
bedürfen, um zu einer Ganzheit zu gelangen. Der Hermaphrodit, der
männliche und weibliche Essenz in sich vereint, gilt dagegen als in sich
vollkommenes Wesen – eine Annahme, die Hermaphroditen der medizinischen Konzeption von intersexuellen Menschen als Mangelwesen
entgegensetzen.

In diesem Diskurs wird die genannte Auslegung des biblischen Schöpfungsmythos manchmal auch mit der biomedizinischen Erzählung der
embryonalen geschlechtlichen Differenzierung in Verbindung gebracht:
Die mythische ursprüngliche Doppelgeschlechtlichkeit wird mit der
doppelgeschlechtlichen Potenz des Embryos konzeptionell verbunden. Die
Biomedizin beschreibt den Embryo vor der 7. Schwangerschaftswoche als
geschlechtlich undifferenziertes Wesen. Die geschlechtliche Undifferen-
ziertheit wird hier als ursprüngliche Doppelgeschlechtlichkeit im Sinne des
Hermaphroditismus jedes Menschen verstanden. Der im obigen Sinn
gedeutete Schöpfungsmythos aus der Genesis und die Konzeption des
Hermaphroditen als Urgrund des Menschen findet somit in gegenwärtigen
biomedizinischen Erkenntnissen eine quasi empirische Bestätigung.

Statt medizinisch pathologisiert und als Fehlentwicklung betrachtet zu
werden, sollte der Hermaphrodit, so finden manche Hermaphroditen, als
eine Fortentwicklung von Mann und Frau betrachtet werden. So ist im
Internet zum Beispiel folgendes Statement zu lesen:

*»Ich glaube auch ein hermaphrodit zu sein. meine mutter leugnet das, ich habe aber narben.
hermaphroditen sind die nächsthöhere evolutionsstufe des menschen. sie werden da geboren, wo sich
gut und böse durch wahre liebe vereinen. [sic!]«* [122]

Hermaphroditen begreifen sich innerhalb einer jahrtausendalten Tradition
der Verehrung und zugleich der Ausrottung, die bereits in der Antike ihren
Anfang genommen hat. Von der Medizin werden sie ihrer Wahrnehmung

---

122 Gästebucheintrag auf der Homepage des Hermaphroditen Garou Raphael, 23.9.2004,
http://beepworld.de/members59/garou68/index.htm.

nach zwar nicht mehr direkt ausgerottet, jedoch wird ihnen eine Existenzberechtigung als Hermaphroditen in dieser Gesellschaft abgesprochen. Zwar werden sie nicht mehr eliminiert, aber ihre nach dem Geschlechtsdimorphismus geschlechtlich uneindeutigen Körper werden sehr wohl medizinisch umgebaut.

Körperliche Evidenzen des Hermaphroditen

Der Begründer der »Hermaphroditen-Bewegung« in Deutschland und Kritiker medizinischer Verstümmelungspraktiken an Hermaphroditen Michel Reiter begreift seinen/ihren Körper, der im medizinischen Diskurs und von vielen »AGS-Frauen« als »weiblich« klassifiziert wird, als Hermaphroditen-Körper. Stellen für jene die Eindeutigkeit des XX-Karyotyps und der Gonaden sowie die Möglichkeit einer weiblichen Fertilität die Evidenzen für die Kategorisierung als Frau dar, so deutet Michel Reiter das intersexuelle Genitale bei seiner/ihrer Geburt, seinen/ihren Phänotyp sowie auch seine/ihre Psyche und sein/ihr Verhalten als hermaphroditisch. Claudia Clüsserath, die/der sich als »echter Hermaphrodit« begreift, zieht zur körperlichen Begründung ihrer/seiner Doppelgeschlechtlichkeit neben den ursprünglichen Gonaden und dem Genitale bei der Geburt auch andere körperliche Merkmale als Evidenzen heran, die im medizinischen Diskurs nicht verhandelt werden So beschreibt sie/er ihren/seinen Körper als in der Mitte geteilt:

Claudia Clüsserath: »Meine linke Körperhälfte ist noch mehr weiblich als meine rechte entwickelt. An der einen Schulter fehlen 3cm in der Breite, die habe ich hier auf der anderen Seite. Mein Bein ist auf der linken Seite 3,5cm kürzer als auf der rechten Seite. Dafür ist mein Becken auf der linken Seite etwas breiter. Ich habe auch bei meinem Kiefer eine Unterscheidung zwischen rechtem und linkem Kiefer. Der linke Kiefer ist kleiner, filigraner entwickelt. Da fehlen mir 7 mm. Wenn man mein Gesicht halbiert – am Computer habe ich Verschiedenes ausprobiert, habe mein Gesicht auseinander geschnitten und die Teile verändert – dann habe ich auch links ein größeres Auge als rechts. Dafür ist der Stirnknochen hier flacher entwickelt als rechts. Rechts ist er dicker, massiver und hier ist er kleiner und flacher.«
CL »Diese unterschiedliche Entwicklung der Körperhälften, das habe ich bei anderen bis jetzt noch nie gehört.«
Claudia Clüsserath: »Das kommt darauf an, was man für eine Physiologie hat und was die [Ärzte, CL] mit dir gemacht haben. Nach allem, was ich weiß, bin ich als echter Hermaphrodit auf die Welt gekommen. Das einzigste, wo man das heute noch nachvollziehen kann, ist in meinem Chromosomensatz, aber da auch unterschiedlich zwischen links und rechts. Wenn man aus meiner linken Körperhälfte Zellmaterial zieht – Körpermaterial, kein Blut, Blut saust ja im ganzen Körper herum – kriegt man einen anderen Chromosomensatz als auf der rechten Seite,

auf der einen Seite überwiegend weiblich, auf der anderen überwiegend männlich. ,Chimärismus‹ [123] nennt man das.«
CL: »Kennst du andere echte Hermaphroditen, bei denen das auch so ist?«
Claudia Clüsserath: »Ja, einige.«
CL: »Auch in rechts und links geteilt?«
Claudia Clüsserath: »Das kommt drauf an: rechts-links oder oben-unten.«

In einigen Fällen von »Hermaphroditismus verus« kann es Claudia Clüsserath zufolge vorkommen, dass die Doppelgeschlechtlichkeit sich bis in die unterschiedliche Entwicklung der beiden Körperhälften hinein auswirkt. Hermaphroditische Körperbeschreibungen dieser Art lassen mythische Bilder des indischen Ardhanarishvara und anderer mythischer Gestalten, die halb Mann und halb Frau sind, leibhaftig werden.

Dass diejenigen mit einer Identität als Hermaphroditen nicht unbedingt an äußerlichen doppelgeschlechtlichen Merkmalen zu erkennen sein müssen, beweist Elisabeth Müller, die/der sich – äußerlich ganz Frau – als »sehr weiblicher Hermaphrodit« begreift. Wenn Elisabeth Müller sich selbst als einen »sehr weiblichen Hermaphroditen« bezeichnet, dann bezieht sich, so erklärt sie/er, das Substantiv auf ihren/seinen Körper und das Adjektiv auf das Lebensgefühl, die äußerliche Erscheinung und die sexuelle Orientierung zu Männern sowie das »sexuelles Empfinden«. Nach dieser Klassifikation gibt es weibliche, männliche und androgyne Hermaphroditen. Nach Elisabeth Müller müssen wir »weg von Mann und Frau, jedoch nicht weg von männlich und weiblich«. Für Elisabeth ist die Tatsache, bei einem äußeren weiblichen Erscheinungsbild, einer »weiblichen Sexualität« und einem »sehr weiblichen Lebensgefühl« Hoden und XY-Chromosomen zu haben, die körperliche Evidenz für eine Identität als Hermaphrodit. Da Elisabeth Müller mit CAIS einen äußerlich sehr weiblichen Körper hat, auf die Außenwelt weiblich wirkt und auch unbehandelt dem Bild des Hermaphroditen aus der Kunst nicht ähneln würde, verlegt sie/er die Begründung ihrer Identität in verborgene Substanzen (Chromosomen und Gonaden). Diese wiederum sind erst durch den klinischen Blick und medizinische Labortests erkennbar.

So bringt der medizinische Diskurs um CAIS als Intersex-Form beziehungsweise als »Pseudohermaphroditismus masculinus« eine Identität als Hermaphrodit überhaupt erst hervor. Diese Identität liegt somit im medizinischen Diskurs mitbegründet, obwohl sich Hermaphroditen von

---

123 Chimärismus nennt man das doppelte Vorhandensein von XY und XX-Chromosomen in einem Körper. Als Ursache wird eine Zellverschmelzung von Zwillingen vermutet.

diesem vehement distanzieren. Obwohl Elisabeth Müller den medizinischen Diskurs um Intersexualität vehement ablehnt, da dieser Hermaphroditen pathologisiere und ihnen ihre Würde nehme, übernimmt sie/er zur Begründung der eigenen Identität und Körperdeutung als Hermaphrodit dennoch durch den medizinischen Blick gewonnene Erkenntnisse, die medizinisch definierten Bestandteile des körperlichen Geschlechts sowie die geschlechtliche Zuordnung von Hoden und XY-Chromosomen als »männlich«. Auch mit der Auffassung, die einzelnen hermaphroditischen körperlichen Gegebenheiten seien im Grunde nicht miteinander vergleichbar und müssten alle für sich betrachtet werden, übernimmt Elisabeth Müller, wie viele Hermaphroditen, zur Beschreibung der ganz unterschiedlichen Ausprägungen des Hermaphroditismus die medizinische Klassifizierung zwischengeschlechtlicher körperlicher Gegebenheiten.

Dadurch, dass der Begriff »Hermaphrodit« auf Mythisches rekurriert und somit die eigene Existenz durch seine Anbindung an einen bedeutungsvollen Diskurs gewissermaßen festnagelt, schreckt er aber auch manche ab, die lieber eine »neutralere« Identität als intersexuell, XY-Frau oder ganz normale Frau (oder Mann) haben. So sind manche der Auffassung, die mythische und antiquierte Konnotation dieses Begriffes hebe ihre körperliche Gegebenheit auf eine Ebene, mit der sie sich nicht identifizieren wollen. In einem Gruppentreffen der *XY-Frauen* entspann sich folgender kurzer Dialog als Reaktion auf die Anfrage einer anderen Forscherin, die eine Forschung über Hermaphroditen machen wollte und in diesem Rahmen auch einige Mitglieder der Gruppe interviewen wollte. Im Folgenden Ausschnitt werden drei unterschiedliche Ebenen deutlich, wie der Begriff »Hermaphrodit« verstanden wird:

Katrin Ann Kunze: »Wir sind keine Hermaphroditen, wir als Gruppe. Hermaphroditen sind Wesen aus Kunst und Mythos, aber wir sind das nicht.«
Elisabeth Müller: »Ich bin schon ein Hermaphrodit. Ich mag es nicht, wenn du für die ganze Gruppe sprichst, dass wir keine Hermaphroditen sind.«
Katrin Ann Kunze: »Ich weiß nicht, was die Frau [die Forscherin, CL] meint. Aber echte Hermaphroditen im medizinischen Sinn gibt es in der Gruppe nicht.«

In der ersten Auslegung kann Katrin Ann Kunze keinen Zusammenhang zwischen den Wesen aus Kunst und Mythos und der Gruppe *XY-Frauen* sehen. Im Gegensatz zur oben beschriebenen Auffassung, den Begriff und das Konzept des Hermaphroditen auf real existierende intersexuelle Menschen anzuwenden, versteht sie den Hermaphroditen rein als mythische Figur. Elisabeth Müller dagegen versteht »Hermaphrodit« als Körperidentitäts-Bezeichnung für intersexuelle Menschen, vor allem als ihre/seine eigene Identität. »Ich bin schon ein Hermaphrodit« bedeutet: Alle, die ihren Körper als hermaphroditisch begreifen, sind auch Hermaphroditen. Katrin Ann Kunze wiederum spricht schließlich eine dritte Dimension des Begriffs an, nämlich die des medizinischen Diskurses. Hier werden unter Hermaphrodit nur die »echten Hermaphroditen« verstanden, die »weibliche« *und* »männliche« Gonaden haben, welche es aber bislang bei den *XY-Frauen* nicht gibt.

Intersexueller Mensch

Das Amtsgericht München führt in der Begründung seiner Ablehnung eines Antrages auf die Bezeichnung »intersexuell« als dritte Geschlechterkategorie aus, die Verwendung des medizinischen Begriffes »intersexuell« als Identitäts- oder Geschlechtsbezeichnung sei eine unzulässige Umdeutung einer Krankheitsbezeichnung in eine Identitäts- oder Geschlechterkategorie. Um diese Bedeutungstransformation geht es im folgenden Kapitel. Die Konnotation der Bezeichnung »intersexuell« mit Störung oder Krankheit tritt langsam in den Hintergrund. Als Identitätskategorie und sogar eine eigene Geschlechterkategorie dagegen wird der Begriff immer bedeutender. So begreifen sich viele intersexuelle Menschen heute als intersexuell, intersexuelle Frau oder intersexuellen Mann, ohne jedoch die pathologische Bedeutung zu übernehmen. Intersexualität wird somit zu einer positiven Identitätskategorie, die die körperliche Gegebenheit zwischen Mann und Frau nicht mehr als Mangel, sondern als Besonderheit oder einfach als normal auffasst.

Der Begriff »Intersexualität« wird aus dem medizinischen Diskurs von seiner ursprünglichen Bedeutung als Krankheit herausgelöst und zu einer Geschlechts- und/oder positiven Identitätsbezeichnung. Ausgehend von der Intersex-Bewegung, die in den USA von der *Intersex Society of North America* (ISNA) in den neunziger Jahren begründet wurde, sind in vielen europäischen Ländern Intersex-Bewegungen am Entstehen, die intersexuelle Identitätspolitik betreiben. Intersexuell oder intersex als Adjektiv beziehungsweise Intersexe (Pl. Intersexen) oder Intersexuelle(r) als Substantive stellen eine eigene (Geschlechs-)Identität dar. Als Bezeichnung von Identität wird Intersexualität wörtlich verstanden als eine geschlechtliche körperliche Gegebenheit zwischen den Geschlechtern. Ihre Körper deuten nach Auffassung vieler Betroffener darauf hin, dass Geschlecht von »der Natur« nicht bipolar, sondern als Kontinuum gegeben ist und sie sich im Zwischenraum zwischen Mann und Frau befinden. Als Metapher für diese Auffassung von Geschlechtskörpern werden zum Beispiel die Extremfarben Schwarz und Weiß angeführt, wozwischen alle möglichen Grauschattierungen liegen. Eine noch extremere Auffassung ist diese: Geschlecht ist so bunt wie die Natur selbst, Mann und Frau sind nur zwei von vielen möglichen Geschlechtern.

Manche empfinden »Intersexualität« als Bezeichnung für ihre körperliche Gegebenheit als durchaus passend, da das »Zwischen« den Geschlechtern Mann und Frau genau die Auffassung ihres Körpers oder ihr Selbstempfinden ausdrückt. Überhaupt einen identitätsstiftenden Begriff zu haben, der nicht eine Krankheit, sondern ein Geschlecht bezeichnet, kann als ein Schritt in Richtung gesellschaftlicher Etablierung gesehen werden. Die Identitätskategorie »intersexuell« gilt in diesem Diskurs nur für diejenigen, die einer der medizinischen Intersex-Kategorien zugehören. Intersexualität muss also angeboren sein. Personen, deren Körper ursprünglich eindeutig waren und lediglich aufgrund selbstbestimmter hormoneller oder chirurgischer Umgestaltungen »zwischen den Geschlechtern« geworden sind, werden nicht in diese Kategorie aufgenommen, wenngleich sich manche Trans-Personen selbst als intersexuell bezeichnen. Hier zeigt sich der enge Zusammenhang zwischen der Identitätsbezeichnung »intersexuell« und der medizinischen Klassifizierung »sexueller Differenzierungsstörungen«. Lediglich die Bewertung als Störung wird abgelehnt. Der intersexuelle Identitätsdiskurs hat sich somit – abgesehen von der Wertung – noch nicht von der medizinischen Definitionsmacht emanzipiert, sondern ist bei der Einordnung von Körpern als intersexuell in gewisser Weise auf den medizinischen Diskurs angewiesen. Der medizinische Diskurs bringt eine Identitätskategorie als intersexueller Mensch, Intersex(e), Intersexuelle(r) erst hervor. Ohne die medizinische Kategorisierung bestimmter Körper als intersexuell, die teilweise äußerlich kaum oder gar nicht von weiblichen Körpern abweichen, gäbe es keine Deutung des eigenen Körpers als »zwischen den Geschlechtern« und des eigenen geschlechtlichen Selbst als »intersexuell«.

Für andere stellt »intersexuell« eine reine Körperbeschreibung dar. Es ist eine durch die körperliche Gegebenheit unausweichliche »Seinsform« und keine frei gewählte Lebensweise, wie es Susan Kästner formuliert. Sie versteht Intersexualität nicht als ihre Identität, sondern als körperliche Tatsache:

»Intersexuell ist ein Mensch mit einem intersexuellen Körper. Und das ist das, was medizinisch vorliegt. [...] Ich habe in dem Titel meines Vortrags auch nicht gesagt ›Als Intersexe leben‹, sondern ›Mit Intersexualität leben‹. Das ist ein ganz feiner Unterschied. Das zweite heißt, ich lebe mit einer bestimmten körperlichen Gegebenheit, nämlich mit Intersexualität. Aber ich mache das nicht zu meiner Identität.«

Ähnlich meint auch Katrin Ann Kunze:

»Ich benutze das Wort ja auch nicht aus Überzeugung, weil ich es mir selber ausgedacht habe oder weil es ein Name ist, den ich mir wie einen Künstlernamen selber gegeben hätte, sondern weil es das Wort schon gibt.«

Der Begriff »Intersexualität« setzt sich innerhalb der breiten Öffentlichkeit immer mehr durch. Daher identifizieren sich viele – mangels eines besseren Ausdrucks – damit, wie beispielsweise auch Barbara Thomas:

»Ich würde mich mangels eines besseren Begriffes schon mit dem Begriff ›Intersexualität‹ identifizieren. Aber für meinen persönlichen Weg eindeutig sagen:›Ich empfinde mich als Frau.‹«

Als reine Körperbeschreibung können manche ihren Körper als intersexuell deuten und sich trotzdem als Frau fühlen, so wie Luise Weilheim, die den Begriff »intersexuell« als medizinisch-objektive Beschreibung ihres Körpers begreift:

»Ich fand das Wort ›intersexuell‹ eigentlich gut und finde es eigentlich auch bis jetzt immer noch gut. Ich weiß, dass viele ein Problem damit haben mit diesem ›inter‹. Aber ich finde es irgendwie in Ordnung und passend, obwohl ich mich natürlich nicht männlich fühle. Das Wort bezieht sich auf meinen Körper, nicht auf das Gefühl, dass man sich irgendwie dazwischen fühlt. Und das ist ja objektiv einfach so. Ich habe männliche Chromosomen und ich hatte Hoden und ich weiß ja inzwischen, was da alles so passiert ist beziehungsweise ich weiß es leider noch nicht so ganz genau. Aber ich fühle mich als Frau und ich sehe aus wie eine Frau. Das wiegt und zählt viel mehr für mich. Deswegen ist klar, ich habe von beidem etwas.«

Erst wenn man die eigene körperliche Gegebenheit akzeptiere, könne man sich selbst als ganzes akzeptieren und lieben. Alex Jürgen, der Leukämie hatte, sieht diese Erkrankung als Ergebnis der Ablehnung seines Körpers und seines Selbst. Erst dadurch, dass er sich selbst als intersexuellen Menschen zu lieben und seinen intersexuellen Körper zu akzeptieren begann, konnte er nach seiner Schilderung den Krebs besiegen.

»Ich weiß ganz genau, dass ich den Krebs nur gekriegt habe, weil ich mich nie akzeptiert habe, weil ich mich immer gehasst habe. Ich weiß, dass ich mich heute wieder lieben kann, ich weiß, dass

ich ein liebenswürdiger Mensch bin, dass ich mich selber mag und stolz bin, dass ich so bin wie ich bin, nämlich intersexuell, und nicht anders. Ich habe meine Intersexualität akzeptiert, mein Körper hat keinen Grund mehr, sich selber zu zerstören. Seit dem Zeitpunkt, wo ich gesagt habe, ›Ich bin intersexuell und ich bin stolz, dass ich so bin‹, habe ich nicht den geringsten Funken Angst, dass ich noch mal krank werden kann.«

XY-Frau

> »I am a Woman, hear me roar,
> with testes too big to ignore.«
>
> *(Sherry Groveman in Warne/Bell, 2005)*

Die Identitätskategorie »XY-Frau« ist eine Kategorie aus dem deutschsprachigen Raum, die in engem Zusammenhang mit der Selbsthilfegruppe der *XY-Frauen* steht. Der Name »XY-Frauen« soll ein Sprengsatz sein und zeigen, dass es nicht nur Frauen mit XX-, sondern auch einige mit XY-Chromosomen gibt. Ebenso wie »Hermaphrodit« oder »intersexuell« will die Identitätsbezeichnung »XY-Frau« die Konnotation von Störung oder Mangel überwinden. XY-Frauen sind sie keine mangelhaften XX-Frauen, sondern eine besondere Art von Frauen. Luise Weilheim berichtet von der emanzipativen Wirkung dieser Identitätsbezeichnung:

»Dann habe ich im Internet gesucht und so stieß ich auf die Gruppe XY-Frauen. Und das war für mich – ich kann es nicht erklären, aber es war wie eine Erleichterung. Ich war plötzlich nicht mehr eine XX-Frau, die defekt ist, sondern ich war eine XY-Frau, die ja gar keine Eierstöcke entwickeln hätte können.[...] Das ist total schwierig zu sagen. Das ist wie wenn du ... Nein, ich kann es gar nicht erklären. Es ist aber irgendwie erleichternd gewesen, obwohl ich nicht sagen würde, ich bin ein Drittes Geschlecht. Für mich persönlich reicht männlich-weiblich, weil ich mich ganz weiblich fühle. Aber ich habe den Gedanken, irgendwie bin was Besonderes, nicht eine schiefgelaufene XX-Frau. Irgendwie so in die Richtung geht es. [...] Ich habe mich als mangelhafte Frau erlebt. Ich musste Tabletten nehmen, damit ich überhaupt erst eine Frau wurde. Es war eine große Erleichterung, durch die Gruppe zu erfahren, dass ich nicht eine schiefgelaufene XX-Frau, sondern eine perfekte und vollwertige XY-Frau, etwas Besonderes bin. Und als XY-Frau konnte ich gar keine Eierstöcke entwickeln und gar keine Menstruation bekommen.«

Evidenzen für die Identität als XY-Frau sind die weibliche Geschlechtsidentität und der weibliche Phänotyp: »Ich fühle mich als Frau und sehe aus wie eine Frau«, lautet eine häufige Formulierung von XY-Frauen zur Begründung ihres Geschlechtsstatus als Frau. XY-Frau als Identitätskategorie stellt die Geschlechts-Konzeption des biomedizinischen und des *Common Sense* in Frage, in dem XY-Chromosomen und Hoden essentielle körperliche *Marker* für Männlichkeit sind. Damit verwerfen XY-Frauen auch die (mittlerweile überholte, aber doch noch anzutreffende) medizinische Konzeption, Frauen mit XY-Chromosomen und vermeintlichen Hoden seien »eigentlich« Männer und nur äußerlich Frauen, Pseudo-Frauen oder Pseudo-Hermaphroditen, eine Auffassung, die sich in den Begriffen »testikuläre Feminisierung« oder »Pseudohermaphroditismus masculinus« ausdrückt. Denn nach dem medizinischen Modell der somatosexuellen Differenzierungsstörung sind Menschen mit XY-Chromosomen aufgrund ihres männlichen »Kerngeschlechts« Männer mit einer Störung auf dem Weg der geschlechtlichen Differenzierung, entweder bei der Rezeption von Androgenen (CAIS und PAIS), der Herausbildung der Gonaden (Gonadendysgenesien), bei der Synthese von Androgenen oder bei der Umwandlung von Testosteron in DHT (5 alpha-Reduktasemangel). Diese Auffassung kann sich beispielsweise in folgenden Aussagen von Ärzten gegenüber ihren »Patientinnen« manifestieren, die auf der Homepage der *XY-Frauen*[124] gesammelt und kritisiert werden:

»Eigentlich hätte aus der Petra ein Peter werden sollen.«
»Sie sind in Wirklichkeit ein Mann.«
»Gott wollte, daß Sie ein Mann werden..«
»XY bedeutet Mann.«
»Wenn Sie Ihre Hormone nicht nehmen, werden Sie zum Mann!«
»Sie haben ja bald ihre Geschlechtsumwandlung.« (Arzt zu einer CAIS-Frau, kurz vor der Gonadektomie)
»Sie sind ein Neutrum.«

Was bedeutet die Existenz von Hoden und »männlichen« Geschlechtschromosomen für XY-Frauen? Wie werden diese Anteile von XY-Frauen wahrgenommen? Das Wissen um Hoden und XY-Chromosomen kann zu einer argwöhnischen Suche nach Zügen von Männlichkeit führen, wie Barbara Thomas erzählt:

»In meinen Augen eine sehr attraktive CAIS-Freundin hat sehr spät ihre Diagnose erfahren und dabei wurde von den Ärzten ihre eigentliche Männlichkeit ihr gegenüber betont. Sie erzählte, wie sie sich monatelang mit neuen argwöhnischen Augen im Spiegel anschaute, ob sie nicht doch sehr männliche Züge habe, bis sie anfing, in der U-Bahn alle Frauen mit dem gleichen Blick anzuschauen und langsam merkte, wie häufig ihr scheinbar männliche Züge auffielen. Ihre Erfahrung

---

124 12.12.2004,http://xy-frauen.de./08%20verschiedenes/%Eusserungen.htm.

erinnert mich an Max Frischs Andorra, in dem der Protagonist so lange suggeriert bekommt, dass er ein Jude ist, bis er schließlich das glaubt und dieser Irrtum ihn das Leben kostet.[125]

Die Identifizierung von Hoden mit Männlichkeit führt bei vielen XY-Frauen zur Verunsicherung ihrer Weiblichkeit, zu einem Fragezeichen hinter ihrem Frau-Sein. Um diese Traumatisierung zu überwinden, kritisieren manche XY-Frauen nicht nur die semiotische Gleichsetzung von Hoden und Männlichkeit, sondern stellen darüber hinaus infrage, ob es sich bei den Gonaden im Falle von CAIS überhaupt um Hoden handele. Hoden sind definiert als »männliche Keimdrüsen«, die sich im Skrotum befinden und Spermien produzieren. XY-Frauen besitzen überhaupt kein Skrotum und produzieren auch keine Spermien. Ebenso haben die vermeintlichen Hoden im Embryonalstadium zwar die Bildung der weiblichen inneren Strukturen (Uterus und Teil der Vagina) verhindert, jedoch aufgrund der Androgenresistenz nicht zur Herausbildung des männlichen äußeren Genitales geführt. Auf der Suche nach Gründen für die medizinische Klassifikation der Gonaden von CAIS-Frauen als Hoden fragt sich Katrin Ann Kunze:

Katrin Ann Kunze:»Wenn das Geschlecht bis zur sechsten Schwangerschaftswoche unspezifisch ist und sich aus ein und derselben gleichen haselnussgroßen Anlage entweder Eierstock oder Hoden entwickelt, wieso sind das dann Hoden? Dann spricht man vielleicht nur deswegen von Hoden, weil das chromosomale Geschlecht männlich ist und weil es eigentlich hätte männlich werden sollen. Wenn die Hoden aber, wie bei manchen CAIS-Frauen abgestiegen sind, dann sind es vielleicht doch welche. Die sind zwar nicht voll funktionsfähig und können keine Samen produzieren, aber sie haben ja deutlich gezeigt, wo sie hinwollen. Vielleicht geht das mit den Embryonalhoden schon in Ordnung.«
C:»Immerhin produzieren sie Androgene.«
Katrin Ann Kunze:»Ja guck, wenn die Androgene produzieren, dann sind es ja vielleicht doch Hoden. Ja, das mag schon stimmen. Oder vielleicht sind es Hoden, die sich in Eierstöcke verwandeln können, wenn die die diesbezügliche Information bekommen. Wenn der Körper Androgene in Östrogene umwandeln kann,[126] *wieso soll dann nicht so ein kleiner Zellklumpen eine andere Form annehmen und seine Funktion endgültig ändern können? Wieso nicht? Wenn das so wäre, wäre es aber wiederum komisch, weil das Männliche sich ja immer noch bestätigen lassen muss.*[127] *Das Weibliche ist ja das, was sich ,against all odds‹ durchsetzt. Wenn das tatsächlich Hoden*

---

125 Vortrag Voraussetzungen für langfristige Zufriedenheit bei Menschen mit Intersex-Diagnose, beim Symposium Intersexualität bei Kindern, 5. bis 6. März 2004 in Halle.

126 Bei AIS werden die vorhandenen, aber nicht rezipierbaren Androgene teilweise in Östrogene umgewandelt.

127 Damit ist gemeint, dass für eine Entwicklung zum Mann zusätzlich zu den Androgenen noch ein funktionierender Androgenrezeptor nötig ist.

sind und die brauchen noch diese Bestätigung von dem Rezeptor, dann ist das auch wieder komisch.«[128]

In diesem Gesprächsausschnitt wird deutlich, wie um die *Bedeutung* der Gonaden auf der Suche nach einer körperlichen Bestätigung der Identität als XY-Frau gerungen wird. Sind Hoden nur durch ihre Verbindung mit XY-Chromosomen männlich? Ist ihre geschlechtsspezifische Semiotik der Grund, warum die Medizin sie selbstverständlich entfernt? Ähnliches gilt für die XY-Chromosomen als »männliche« Geschlechtschromosomen. Werden sie als männlich charakterisiert, weil sie normalerweise im Körper von Männern zu finden sind? Im Körper von XY-Frauen könne man, so meinen manche, XY-Chromosomen nicht als »männlich« charakterisieren. Unterstützung bekommt diese Kritik aus neuester genetischer Forschung, die ebenfalls die geschlechtliche Zuordnung von XY- und XX-Chromosomen als »Geschlechtschromosomen« in Frage stellt, da auf diesen auch geschlechtsunspezifische Informationen zu finden sind. Ebenso sind auch einige geschlechtsspezifische Informationen auf anderen Genen angesiedelt. XY-Frauen fühlen sich als Frauen und weisen durch ihre Interpretation ihrer körperlichen Existenz darauf hin, dass ein XY-Karyotyp durchaus auch bei Frauen vorkommen kann. Das steht im Widerspruch zum biologischen Geschlechterverständnis, nach dem die Chromosomen das Geschlecht bestimmen und das sich beispielsweise auch bei der Definition von Frauen im Internationalen Olympischen Komitee manifestiert.

Die Feministin Germaine Greer wendet sich gegen ein Verständnis von Menschen mit AIS als Frauen und wird daher von XY-Frauen heftig kritisiert.[129] Greer (2000) zufolge sollen nicht all jene in der Kategorie »Frau« akzeptiert werden, die »misslungene« Männer oder Intersexuelle sind und deren Frausein sich nur auf eine »eigene Behauptung« gründe. In die Kategorie »Frau« alle »inkompletten Männer« aufzunehmen würde bedeuten, die zu überwindende freudsche Auffassung der Frau als ein Mangelwesen neu zu bestätigen. Weiblichkeit sei statt dessen eine mit einer spezifischen biologischen Gegebenheit verbundene psychologische Erfahrung,

---

128 Dieser Gesprächsausschnitt stammt aus dem Jahre 2004. Ein Jahr später sagt sie dazu: »Diese Überlegungen sind historisch, das würde ich so nicht mehr sagen. Es waren Hoden, und ich bin kastriert worden, das ist heute für mich wie für viele andere eine Tatsache, über die ich auch in diesen Worten rede.«

129 Siehe die Homepage der *AIS Support Group AISSG*, dem englischen Äquivalent zu den deutschen XY-*Frauen*, 1.10.2004, http://medhelp.org/www/ais.

die Menschen mit AIS aufgrund ihres nicht weiblichen Körpers verwehrt bleibe. Statt der Eigenbezeichnung »AIS-Frauen« spricht Greer daher von »AIS-Männern« (Greer 2000: 94–101).

Nimmt man eine Skala zwischen männlich und weiblich an, so positionieren die meisten Diskurse intersexuelle Menschen im Zwischenraum zwischen Mann und Frau. Einige wenige XY-Frauen mit CAIS begreifen sich jedoch – im Gegensatz zu einem zwischen Frau und Mann oder einem Weniger-als-Frau – als noch weiblicher als XX-Frauen. XY-Frauen wären somit die »weiblicheren Frauen«. [130] Diese Auffassung kombiniert biomedizinisch-endokrinologisches Wissen und feministisch-essentialistische Vorstellungen. Die dahinter stehende Argumentation ist folgende: Im Gegensatz zu XX-Frauen, in deren Körper auch die »männlichen« Hormone wirken, seien CAIS-Frauen vollkommen frei von diesen »männlichen« Körpersubstanzen, die auch Auswirkungen auf Psyche und Verhalten haben. Daher seien eigentlich XX-Frauen aufgrund von »männlichen« und »weiblichen« Hormone eher als »intersexuell« oder »zweigeschlechtlich« aufzufassen, während XY-Frauen aufgrund des vollkommenen Fehlens »männlicher« Substanzen eine Art »Super-Frauen« darstellen. Auf eine biologistisch-feministische Weise werden Androgene als »männliche« Substanzen mit Aggression, Gewalt und Egoismus verbunden. Barbara Thomas erzählt davon:

»CAIS-Frauen haben manchmal auch diese Ideologie: Wir sind die Superfrauen, weil wir die blöden männlichen Hormone nicht haben. Wir sind die besseren Frauen. Ich kenne eine, die gesagt hat, das ganze Unglück der Welt basiert auf den männlichen Hormonen. Krieg, Gewalt, und alles Mögliche. Ich habe manchmal das Gefühl, dass manche CAIS-Frauen sich damit auch so ein bisschen von den PAIS-Frauen abgrenzen.«

So können sich einige XY-Frauen als friedliebender, harmonischer und mit anderen Werten, die kulturell mit Weiblichkeit assoziiert werden, ausgestattet begreifen. Dieses Verständnis greift endokrinologisches Wissen auf, versieht es aber mit neuer Bedeutung.

---

130 Diese Auffassung wird nur von wenigen so formuliert, aber sie existiert im Diskurs um XY-Frauen und findet auch Einzug in manche Lebensgeschichten und Selbstdeutungen.

Frau mit einer Stoffwechselstörung (AGS)

Viele Menschen mit XX-Chromosomen und AGS begreifen sich als eindeutige Frauen mit einer Stoffwechselstörung (wie Diabetes), und nicht der Gruppe der intersexuellen Menschen zugehörig. So versteht Birgit Lanzleithner den Begriff »Intersexualität«*» als rein medizinisch«. Sie beschreibt sich als »selbstverständlich Frau« mit einer lebensbedrohlichen Stoffwechselstörung, die sie rein endokrinologisch versteht, ohne jeden Bezug auf ihr Geschlecht. Jegliche geschlechtliche Identität, die daraus abgeleitet wird, hält sie für überzogen:

»Ich erachte den Begriff ›Intersexualität‹ als rein medizinisch, als geschichtlich entstanden, wahrscheinlich haben sie nichts Besseres gewusst und dann eben dieses Wort gewählt. Das Problem ist, dass dieser Begriff emotional aufgeladen wird. Der Begriff selbst ist aber eigentlich völlig bedeutungslos. Michel Reiter und ihre Gruppe [die AGGPG, CL] füllen das nun mit Inhalt, machen das so bedeutungsschwanger.«

Für diejenigen, die vor allem die Krankheit sehen, stehen auch nicht-geschlechtsbezogene gesundheits- oder sogar lebensbedrohliche Aspekte, die oft mit AGS einhergehen, im Vordergrund. Sie begreifen sich beziehungsweise ihre Kinder nicht als intersexuell und viele wollen mit der Intersex-Thematik nichts zu tun haben. Zur Begründung werden Argumente aus dem medizinischen Diskurs herangezogen, denen zufolge AGS keine Form von Intersexualität ist. Das geht so weit, dass einige den Begriff »Adrenogenitales Syndrom« ersetzt haben wollen, da der Bezug zum Genitale – im Gegensatz zum englischen Begriff »Congenital Adrenal Hyperplasia«, der nur von einer angeborenen Nebennierenhyperplasie spricht – bereits im Begriff festgeschrieben ist. Diese Frauen und Eltern sehen den Schwerpunkt dieser Erkrankung in der Nebennierenüberfunktion, welche die Herausbildung des vermeintlich intersexuellen äußeren Genitales bewirkt. Das innere Genitale, die Gonaden und der Uterus sowie die Möglichkeit, hormonell richtig eingestellt Kinder auszutragen zeichne sie als eindeutige Frauen aus.

Intersexualität als wahres Geschlecht und authentisches Selbst

Der Natur-Kultur-Antagonismus

Im Kern geht es im Diskurs des Natur-Kultur-Antagonismus um die Frage, ob der Mensch bei seiner Geburt eine geschlechtliche *tabula rasa* darstelle oder ob nicht vielmehr die Geschlechtsidentität in naturwissenschaftlich erfassbaren biologischen Prozessen (Hormonen, Genen) angelegt sei. Ist also *gender* ein reines Produkt der Geschlechtszuschreibung eines Menschen und der entsprechenden Sozialisation (*nurture*), oder entwickeln sich Geschlechtsidentität und Geschlechterrolle relativ unabhängig von äußeren Einflüssen (*nature*)? Neben der Frage der Geschlechtsidentität, die im Zentrum der Debatte steht, geht es auch um die Determinanten der (mehr oder weniger starken Übernahme der) Geschlechterrolle und der sexuellen Präferenz. Soziale Einschreibungen in den Körper werden in dieser Sichtweise als biologisch und damit als »natürlich« betrachtet.

Der Diskurs um die Prävalenz des biologischen versus des Erziehungsgeschlechts wird am Körper von Menschen, die mit im Sinne der Zweigeschlechtlichkeit uneindeutigen Genitalien geboren werden, ausgetragen. Das bedeutet, sie erfahren die konkreten Auswirkungen des jeweiligen Paradigmas am eigenen Leibe. Auch dienen sie als Testfall, als biologisches Experiment im Streit um diese beiden Thesen. Im medizinisch-psychologischen Diskurs, aber mehr noch im Diskurs um Intersexualität als wahres Geschlecht spielt der Antagonismus von Natur und Erziehung eine große Rolle. Der *nurture-nature*-Antagonismus-Diskurs wird nicht nur an intersexuellen Menschen ausgetragen, sondern von betroffenen Menschen selbst zur Untermauerung ihrer Kritik und ihrer Forderungen herangezogen. Er ist damit ein Diskurs, in den alle Seiten, *nurturers* und *naturers*, Mediziner und Medizinkritiker, Aufrechterhalter der Zweigeschlechtlichkeit als natürlicher Ordnung wie Befürworter eines Dritten Geschlechts verwickelt sind. In der Ablehnung des *nurture*-Ansatzes und seiner Personifizierung in John Money ergeben sich Allianzen zwischen so weit auseinander liegenden Feldern wie den konstruktivistischen *Gender Studies*[131], biologistischer Argumentation und den Befürwortern eines Dritten Geschlechts für Intersexuelle oder Hermaphroditen.

---

131 Die *Gender Studies* schwanken in der Bewertung der Intersex-Kritik zwischen dem Festhalten am konstruktivistischen Paradigma, das einen Grundpfeiler des Feminismus

Ein einziger Fall, bei dem es sich noch dazu nicht um Intersexualität handelte, wurde zum ideologischen Schlachtfeld des Natur-Kultur-Gegensatzes und damit in gewisser Weise auch zwischen Bio- und Sozialwissenschaften und führte zu einem Paradigmenstreit im medizinischen Umgang mit Intersexualität: der Fall David Reimer.[132] Wenn im Kontext dieser Studie über Intersexualität der Fall Reimer Erwähnung findet, so nicht, um die Diskursivierung von David Reimer als »Intersexuellen-Held« zu übernehmen, sondern um diese zu analysieren. Bruce Reimer wurde 1955 als Zwilling in Kanada geboren. 1956 wurden bei seiner Vorhaut-Beschneidung durch ein Versehen Blutbahnen und Nerven so verschmort, dass darauf sein Penis abfiel. In ihrer Verzweiflung wandten sich seine Eltern an John Money am John Hopkins Hospital in Baltimore, auf den sie durch eine Fernsehsendung aufmerksam geworden waren. Money konnte die Eltern dazu bewegen, eine Geschlechtsumwandlung durchführen zu lassen, da Bruce als Mann ohne Penis als sozial nicht überlebensfähig galt, worauf Bruce 1967 operativ in Brenda umgewandelt wurde. In der Folge wurde der Fall Reimer, der als Junge geboren, als Mädchen erzogen und im unmittelbaren Vergleich mit seinem genetisch identischen Zwillingsbruder als endgültiger Beweis der Erziehung über die Natur gefeiert und Joan/Brenda von John Money und Anke Ehrhardt (1972) als perfektes Mädchen beschrieben. Die Frauenbewegung übernahm die vermeintlichen Erfolgsgeschichten Moneys bereitwillig, bewiesen sie doch eindrücklich das von de Beauvoir aufgestellte Postulat, man (oder besser frau) werde nicht als Frau geboren, sondern zur Frau gemacht. Somit lieferte Money die naturwissenschaftliche Grundlage für den feministischen Konstruktivismus. Für diese Bewegung waren Beweise damals sehr wichtig, um argumentativ gegen die immer noch vorherrschende Idee einer natürlichen Ursache für die weibliche und männliche Rollenverteilung anzutreten.

Reimer selbst berichtete jedoch, mit der weiblichen Rolle (und mit Money) immer weniger zurechtgekommen zu sein. Als Brenda 1979 die Umstände ihrer Zuschreibung zum weiblichen Geschlecht erfuhr, ließ sie sich operativ und hormonell zurückbehandeln, wechselte das Geschlecht und

---

und der *Gender Studies* darstellt, und der Kritik an der natürlichen Ordnung der Zweigeschlechtlichkeit.

132 Der Fall wird in der Literatur entweder als John/Joan, als Bruce/Brenda oder als David Reimer behandelt.

ihren Namen in David[133] und lebte seit 1990 verheiratet mit seiner Frau und drei adoptierten Kindern zusammen. 2004 starb er durch Selbstmord. Wenngleich in den Presseberichten von Geldsorgen als Ursache gesprochen wurde, verbuchte die *nature*-Seite die Verzweiflungstat Reimers als Zeichen der endgültigen Widerlegung Moneys These der sozialisatorischen und medizinischen Machbarkeit von Geschlecht.

Nachdem der Fall in den siebziger Jahren als Erfolg gegolten hatte, verschwand er in den achtzigern aus Publikationen zum Thema und wurde erst Ende der neunziger Jahre unter umgekehrten Vorzeichen wieder aufgegriffen. Der Biologe Milton Diamond präsentierte Reimer als Opfer der konstruktivistischen Ideologie, dessen »wahres« Geschlecht sich entgegen aller Versuche, ihn zur Frau zu machen, durchgesetzt und sich als das »Natürliche« gegen das sozial Aufgezwungene behauptet habe. Man könne eben nicht zur Frau gemacht werden, wenn die Chromosomen nicht stimmen, so die biologistische Argumentation. Aus dem Scheitern des Versuchs, Reimer das andere Geschlecht anzuerziehen, wurde der Rückschluss auf »andere« intersexuelle Menschen gezogen. Diamond und Sigmundson (1997) fordern daher ein Moratorium für geschlechtszuweisende Operationen an intersexuellen Kindern, bis sich das »wahre Geschlecht« durchsetze. In diesem Ansatz wird das Aufwachsen mit »uneindeutigen« Genitalien entdramatisiert, allerdings keineswegs die Idee einer natürlichen Zweigeschlechtlichkeit aufgegeben. Vielmehr entpuppt sich Diamonds Kritik an Money bei genauer Betrachtung vor allem als eine Kritik an der Umwandlung von Männern in Frauen und als Plädoyer für ein *In dubio pro masculo*. Nicht medizinische Machbarkeit und bessere Funktionalität soll den Ausschlag für eine Geschlechtszuweisung geben, sondern das »wahre« Geschlecht.

Der neo-essentialistischen Auffassung vom »wahren Geschlecht« zufolge setzt sich das Natürliche gegen das Soziale durch. Soziales Verhalten, sexuelle Präferenzen und die Geschlechtsidentität gelten fortan als bereits vorgeburtlich angelegt und durch die Sozialisation nur schwer beeinflussbar. Das Natürliche ist demnach das Wahre und Eigentliche, das durch die Aufoktroyierung etwas Fremden ihrer selbst entfremdet wird. In einem Rückbezug auf die eigentliche Natur – sowohl in ihrem Sinn als Essenz oder wahres Wesen als auch in ihrem materiellen Sinn als physische Gegebenheit – liegt demnach Befreiung von den Zwängen der Kultur. Die

---

133 David als Synonym des Kampfes gegen einen Giganten.

Auffassung vom Individuum als Monade, begründet durch die Natur, das sich gegen kulturelle Zwänge durchzusetzen hat, um zur Emanzipation und zu seinem wahren Wesen zu gelangen, ist ein Produkt zum einen des Neo-Naturalismus, zum anderen einer Auffassung vom Menschen, in der sich das Individuum unabhängig von sozialen Normen entwickeln kann und das Ausleben seines im Körper lokalisierten Wesens wichtiger ist als die Einordnung in soziale Normen.

Der Antagonismus zwischen *nurture* und *nature* wird über einem moralischen Graben aufgespannt, wobei klar polarisiert wird: Money, der aus der Tradition der sexuellen Befreiung sowie der Emanzipation von natürlich angelegten biologischen Zwängen kommt, wird mit chirurgischer Gewalt und moralischer Dekadenz[134] gleichgesetzt. Dagegen wird Diamonds Plädoyer für ein Moratorium geschlechtsangleichender Operationen als moralisch gut begriffen. Erstens, weil die Operationen unter anderem zum Verlust sexueller Sensibilität führen, und zweitens wegen der durch ein aufoktroyiertes soziales Geschlecht hervorgerufenen psychischen Schäden. Es ist dieses Eintreten für ein Moratorium chirurgischer Geschlechtsangleichung und für das Selbstbestimmungsrecht intersexueller Menschen über ihr Geschlecht, welches Diamond so viel Ansehen und Ehre innerhalb der Intersex-Bewegung gebracht hat. Durch die Publikation von John Colapinto[135] wurde der Fall Bruce/Brenda beziehungsweise John/Joan/David Reimer und die Natur-Kultur-Frage auch einer breiten Öffentlichkeit zugänglich. Der Antagonismus zwischen *nurture* und *nature*, der mittlerweile – zumindest in nicht-medizinischen Diskursen – oft auf den Antagonismus Money und Diamond verkürzt wird, bekommt durch die gebetsmühlenhafte Wiederholung innerhalb der Intersex-Bewegung, im medialen, gesellschaftlichen sowie im wissenschaftlichen Diskurs eine quasi-mythische Dimension: Money als Dämon, Diamond als Befreier vom Bösen.

---

134 Den Hintergrund dafür bilden die von ihm angeregten »sex games« intersexueller Kinder, die zur Festigung der Psychosexualität führen sollten.
135 1997 als Artikel im Rolling Stone »The true story of John/Joan« (11. Dezember 1997) und 2000 als Buch, *Der Junge, der als Mädchen aufwuchs* [orig. *As Nature Made Him. The Boy that was Raised as a Girl*], München.

Der intersexuelle Körper als Grundlage des Selbst

Der Topos »Zurück zur eigentlichen Natur des Geschlechts«, die in den Genen oder anderen körperlichen Merkmalen festgemacht wird, stellt einen bedeutenden Faktor des gegenwärtigen Intersex-Bewusstseins dar. Biologische Grundlagen führen demnach zu einem geschlechtsspezifischen Bewusstsein seiner selbst und zur entsprechenden sozialen Rolle. Die biologistische Begründung von männlicher und weiblicher Geschlechtsidentität und -rolle ist die Grundlage für ein Intersex-Bewusstsein, das auf den biologischen Körper als Essenz und Grundlage von Identität zurückgreift. Im Diskurs um Intersexualität als wahres Geschlecht wird die Anerkennung eines biologischen Determinismus mit Emanzipation gleichgesetzt. Dieser Neo-Essentialismus oder Neo-Naturalismus, den intersexuelle Menschen ins Feld führen, stellt einen Liberalismus in biologischem Gewand oder, negativ formuliert, einen »biologischen Determinismus in liberalem Gewand« (Moi 1999: 38) dar.

Die Rückbesinnung auf das Konzept vom »wahren Geschlecht«, welches von Diamond und anderen biologistisch argumentierenden Medizinern nicht als eine Überwindung des Konzepts der körperlichen Zweigeschlechtlichkeit gedacht ist, sondern sich innerhalb des Geschlechterdimorphismus bewegt, wird von vielen intersexuellen Menschen als theoretische Grundlage ihrer Identität »intersexuell« übernommen. Insofern – und das ist zentral für das Verständnis – argumentieren beide Seiten, Mediziner und medizinkritische intersexuelle Menschen, mit »der Natur« als wahrer Essenz ihres Seins. Der Unterschied liegt in der Interpretation der Natur, die somit verhandelbar und in ihrem Wesen umstritten wird. Diejenigen, die sich von der Medizin unterdrückt und verstümmelt fühlen, übernehmen die argumentativen Waffen ihrer Gegner als Grundlage ihrer Forderungen nach Akzeptanz von intersexuellen Körpern.

In deutlichem Gegensatz zu Ansätzen vieler postmoderner *Gender*-Theoretiker und der Transsexuellen- und *Transgender*-Bewegung, die eine freie Wahl der Geschlechtsidentität vor die vorgegebene Materialität des Körpers stellen, gründen viele intersexuelle Menschen ihre Geschlechtsidentität auf einen als natürlich gegeben, als wahr und eigentlich interpretierten Körper. Der biologische Körper spricht demnach die Wahrheit, befindet sich aber im Kampf mit einem kulturellen Zwang, nämlich der Zweigeschlechternorm. Dabei wird die medizinisch-biologische Bestimmung des Geschlechtskörpers – mit Ausnahme der Bewertung als

Pathologie – als die Wahrheit betrachtet. Das »eigentliche« Geschlecht ist am Körper ablesbar, und zwar mithilfe biomedizinischen Körperwissens anhand von Hormonen, Geschlechtschromosomen, Gonaden und so fort. Die Natur formt diesem Verständnis nach vielfältige Geschlechtsvariationen, die von der als Zwang verstandenen kulturellen Norm auf zwei Geschlechter reduziert sind, welche den tatsächlichen Körpern oft nicht gerecht wird. Einsicht in die natürliche Vielfalt bedeutet Befreiung. Unsere Kultur mit ihren engen Vorstellungen von Geschlecht, die so gar nicht den »natürlichen« Gegebenheiten entsprechen, wird als zu überwindender Zwang empfunden.

Die Essentialisierung von Intersexualität hält einerseits am euroamerikanischen Geschlechtermodell fest, andererseits werden bestimmte Annahmen neu formuliert. Einerseits wird Geschlecht als natürlich fundiert betrachtet und stellt eine lebenslängliche Konstante dar, wobei die Genitalien als sichtbarer Ausdruck tiefer liegender biologischer Substanzen und Prozesse die wesentlichen *marker* für das Geschlecht darstellen. Intersexualität als Essenz wird somit als unabänderlich und unausweichlich gesehen. Im Gegensatz zum Geschlechterverständnis einiger nicht-westlicher Kulturen stellt der biologische Körper auch in der Konzeption von Intersexualität als wahrem Geschlecht das natürliche Fundament von *gender* dar und wird als die Ursache von Geschlechtsidentität, Geschlechterrolle und auch geschlechtlicher Orientierung gesehen. Andererseits wird die Annahme von nur zwei möglichen Ausprägungen des Geschlechtskörpers widerlegt. Körperliche Gegebenheiten, »die nicht hunderprozentig ins Mann-Frau-Schema passen«,[136] können aber in Bezug auf das Geschlecht ganz unterschiedlich gedeutet werden, ebenso können unterschiedliche Merkmale (Gene, Hormone, Gonaden oder Genitalien) als essenziell verstanden werden.

Der individuelle Körper stellt in euro-amerikanischen Gesellschaften die Grundlage des unabhängigen und stabilen Selbst dar im Gegensatz etwa zu soziozentrischen Konzepten des Selbst (vgl. Scheper-Hughes 1987: 13ff, Marsella u.a. 1985, Geertz 1993: 290; zur Kritik an dieser Dichotomie Csordas 1994, Holland 1997). So ist es nicht verwunderlich, dass auch das geschlechtliche Selbst naturalisiert wird. Gerade der Geschlechtskörper, der einen Menschen in einer Zweigeschlechterordnung zum Mann oder zur Frau macht, verdeutlicht die Signifikanz des physi-

---

136 *Einleitung*, 20.4.2004, http://www.xy-frauen.de

schen Körpers für das Selbst und die soziale Identität (vgl. Kalitzkus 2003: 51). Die kulturelle Vorstellung des Körpers als authentischer Grundlage und als »Zeuge des Selbst«, wie überhaupt die Idee eines authentischen Kerns von Identität, ist das Ergebnis von historischen Entwicklungen Ende des 18. Jahrhunderts (Griesebner 1999: 67). Im postmodernen Denken wird das Konzept eines authentischen Kerns von Identität wie auch die körperliche Begründung von Identität aber aufgelöst. »Man frage mich nicht, wer ich bin, und man sage mir nicht, ich solle der gleiche bleiben: das ist eine Moral des Personenstandes; sie beherrscht unsere Papiere«, schreibt Foucault (1973: 30). In seinem Gefolge setzte im philosophisch-wissenschaftlichen Diskurs eine Verschiebung dieses einheitlichen Identitätsbegriffs ein.

Wie greifen intersexuelle Menschen in ihrem Selbstverständnis auf ihren Körper als »body self« (Young 1997: 5) zurück und was sind die »verkörperte Begründungen« ihres Selbst? Anders gefragt: Welche körperlichen Substanzen sind relevant für das »wahre geschlechtliche Selbst« intersexueller Menschen? Als der eigentliche Körper gilt oft nicht der medizinisch hergestellte »weibliche« oder »männliche« Körper, sondern der intersexuelle Geburtskörper. Auch wenn die phänotypischen Merkmale eines intersexuellen Körpers durch die medizinische Behandlung meist weitgehend beseitigt sind, wird das »wahre« Wesen intersexueller Menschen in dem Diskurs um Intersexualität als wahres Geschlecht und als authentisches Selbst als intersexuell begriffen. Dabei wird der medizinisch diagnostizierte Körper (mit Ausnahme seiner Pathologisierung) als Wahrheit übernommen. So beschreibt Katrin Ann Kunze die Bedeutung der medizinischen Diagnose für ihr Selbstverständnis:

»Die Last der Wahrheit ruhte allein auf den Schultern meiner Eltern. Sie trugen dieses Gewicht an meiner Stelle, wo es schwerer und schwerer wurde, je mehr ich heranwuchs. Und es belastete sie. Mir dagegen fehlte ein Stück meiner eigenen Lebenswahrheit, ein Teil meiner selbst, ohne den ich mich natürlich nicht zu mir hin, sondern nur von mir weg entwickeln konnte.«

Die medizinische Diagnose des eigenen intersexuellen Körpers als Lebenswahrheit wird zu einem wichtigen Baustein des individuellen Selbst. Viele beschreiben trotz elterlicher und medizinischer Verheimlichung ein jahrelang empfundenes tiefes Wissen, dass irgendetwas anders ist oder nicht stimmt. Die körperliche Erklärung für dieses Gefühl des Andersseins wird dabei für viele als befreiend empfunden. Die medizinische Diagnose der eigenen atypischen körperlichen Entwicklung kann auch wie eine Lossprechung von eigener Schuld wirken, wie es Luise Weilheim erlebt hat:

»Ich hatte schreckliche Jahre auch schon hinter mir. [...] Ich hatte mit meiner Schwester ein Gespräch, die ist 3 Jahre jünger als ich und hat sich ganz normal entwickelt. Ich weiß noch, wie die zu mir gesagt hat ›Weißt du, du musst dich einfach mal in einen Jungen verlieben, dann kommt das ganz von selber.‹ Und ich habe gewusst, ich habe mich ja in Jungen verliebt. Da habe ich gedacht: ›Irgendwie bin ich wahrscheinlich total verklemmt und wehre mich gegen irgendwas und deswegen entwickelt sich mein Körper nicht‹. Deswegen war das dann mit 17, als sich herausgestellt hat, es gibt da eine körperliche Störung, eine totale Erleichterung. Ich war nicht verrückt, ich war nicht schuld. Deswegen war ich total glücklich erst mal.«

So wie Luise Weilheim geht es vielen, die nicht über ihre Diagnose Bescheid wissen. Uninformiert über die biologisch-medizinischen Zusammenhänge im eigenen Körper wird auf eigene Erklärungsmuster zurückgegriffen. So wird als Ursache für das plötzliche Wachsen der Klitoris zum Beispiel häufige Selbstbefriedigung angenommen. Die medizinische Diagnose, die die »wahre« körperliche Ursache aufdeckt, schafft Erleichterung. Manche beschreiben die Diagnose aber auch als anfänglichen Schock. Als Jugendliche, die sich jahrelang als Mädchen wähnten, erlebten sie große Verunsicherung, als sie von »männlichen« Chromosomen oder noch mehr, als sie von ihren »Hoden« hörten. Das Erfahren der körperlichen »Wahrheit« wirft dann ein Fragezeichen hinter dem eigenen Geschlecht auf, wie es Petra Schmidt schildert:

»Dann sagte der Arzt wörtlich: ›Eigentlich hätte aus der Petra ein Peter werden müssen. Aber das hätte nur so sein sollen, Sie sind aber trotzdem ein Mädchen, können sich auch ganz normal fühle‹ Und dann kam er sofort mit den Behandlungsmöglichkeiten. Da habe ich mir gedacht: ›Was soll ich denn jetzt damit anfangen? Was bin ich denn jetzt?‹«

Das innere Fragezeichen hinter ihrer Geschlechtlichkeit durch die Diagnose beschreibt auch Katrin Ann Kunze:

»Dann war ich eben weiblich mit so einem innerlichen Fragezeichen dahinter, so: Wie viel Frau bin ich jetzt und wie viel Wert bin ich als Frau? Das war schon heikel, deswegen habe ich das sofort in die Verdrängungskiste geschoben und mir 20 Jahre lang eigentlich gar nicht angeguckt. Dann erst, mit der Gruppe und so, habe ich mich wieder damit beschäftigt. Dass ich damit ins Reine gekommen bin, das hätte ich schon viel früher haben können.«

XY-Chromosomen werden getreu dem medizinischen Diskurs als männliche Bestandteile verstanden. XY-Chromosomen als die »Chromosomen eines Mannes« (Martha Wolff) deuten somit auf eine männliche Teil-Essenz hin. Ein Teil ihres Wesens ist männlich, das ist die »Wahrheit«, mit der sie sich auseinandersetzen müssen. Viele begreifen sich trotzdem als Frauen, während für andere die XY-Chromosomen darauf hindeuten, dass sie »eigentlich« Männer sind:

Alex Jürgen: »Ich bin nicht weiblich, weil ich männliche Chromosomen habe.«

Susan Kästner: »Ziel der Operation war, mich in eine Richtung zu schieben, in die meine Biologie nicht will.«

CL: »In welche Richtung wollte denn die Biologie?«

Susan Kästner: »Ich bin XY; das heißt, es geht in die männliche Richtung. Die männliche Richtung macht sich ja nicht alleine an den Genitalien fest. Die macht sich ja auch in Verhalten und sonstigen Sachen fest.«

Bei Gruppentreffen der *XY-Frauen* wird oft über die Unterschiede der verschiedenen körperlichen Konstitutionen gesprochen. Dabei wird unter anderem differenziert zwischen denen, die sich so entwickeln konnten, wie es von »der Natur« gedacht ist und denen, die ihr wahres Sein an ihrem jetzigen medizinisch hergestellten Körper nicht mehr ablesen können. Die Ersteren (vor allem CAIS) können aus der Sicht der letzteren von ihrem Phänotyp auf ihr »eigentliches« Frausein schließen – sofern sie diese Sicht akzeptieren. Die Zweiteren müssen sich auf der Suche nach ihrem wahren Wesen mit der Frage auseinandersetzen, was aus ihnen ohne medizinische Eingriffe geworden wäre. Durch die operativen Eingriffe fühlen sich viele Menschen mit uneindeutigem Geschlecht nicht mehr als ganz. Ob sie die operative Behandlung dabei grundsätzlich ablehnen oder nicht, die Frage nach ihrem »wahren Geschlecht« und ihrem eigentlichen Körper und das Gefühl zerstörter Integrität beschäftigt viele Betroffene mit PAIS, 17 beta HSD, 5 alpha-Reduktasemangel, u.a. Durch die medizinische Manipulation des Körpers kann ein Gefühl von zerstörter körperlicher Integrität entstehen. So beschreibt Jutta Gerke:

»Ich wurde mit einem unauffälligen weiblichen Körper geboren. Die Klitoris war zwar leicht vergrößert, aber im ›normalen‹ Bereich. Bei zwei Leistenbruchoperationen, die ich mit sieben Jahren hatte, stellte sich heraus, dass ich Hoden habe. Diese Hoden wurden dann bei diesen OPs sofort raus genommen. Dadurch wurde bei mir eine durch die eigenen Gonaden gesteuerte Pubertätsentwicklung, die bei meinem Enzymdefekt eine deutliche, allerdings keinesfalls vollständige Vermännlichung bedeutet hätte, verhindert. Diese Vermännlichung hätte eine Veränderung der Fettverteilung, Zunahme der Muskelmasse, Wachstum der Klitoris, Stimmbruch und Zunahme der Körperbehaarung bedeutet, wobei das Ausmaß dieser Veränderungen rückblickend nicht rekonstruierbar ist. Stattdessen wurde mein Körper beginnend mit meinem fünfzehnten Lebensjahr mit feminisierenden Hormonen behandelt und damit hinsichtlich der sekundären Geschlechtsmerkmale verweiblicht. Durch die medizinischen Eingriffe wurde mein Körper massiv manipuliert und ist ein anderer geworden als wenn man der Natur ihren freien Lauf gelassen hätte. Wie ich heute aussehen würde, wenn sich mein Körper so entwickeln hätte dürfen, wie es die Natur vorgesehen hatte, kann ich nicht sagen.«

Auch Claudia Clüsserath fragt sich, wie sie/er »eigentlich« wäre, wäre sie/er nicht operativ und hormonell behandelt beziehungsweise umgebaut worden:

»Ich wurde umgebaut. Ich weiß ja heute nicht mal, ob ich der Mensch bin, der ich eigentlich hätte werden sollen. Bei den ganzen körperlichen Dingen, die ich habe, weiß ich nicht, ob die mir angezüchtet worden sind oder ob ich das bin. Nur eins weiß ich: ich kenne das Endergebnis. Dieses Endergebnis sagt ›Ich bin ein fehlgeschlagenes Experiment medizinischer Forschung.‹ Was aus mir geworden wäre, hätten sie mich gelassen wie ich war, weiß ich nicht. [...] Ich weiß nur, dass sie nicht zu knapp an mir rumgemengt haben und auch ungefähr was sie gemacht haben, aber nicht, wie ich eigentlich wäre. Das eigentliche Wesen, was mir von Natur aus mitgegeben wurde, ist regelrecht vergewaltigt worden. Wer bin ich eigentlich wirklich? Wie wäre ich geworden? Wäre ich glücklich geworden? Weil glücklich sind wir alle nicht.«

Claudia Clüsserath fühlt sich durch den operativen Umbau ihres/seines Körpers der Möglichkeit beraubt, mittels des eigentlichen Körpers das eigene Selbst zu erkennen. Nur anhand von Narben, einigen wenigen medizinischen Unterlagen – an die meisten kommt sie/er trotz wiederholter Versuche nicht mehr heran – und einer zweimaligen Taufe, zuerst als Mädchen, dann als Junge, kann sie/er die medizinischen Eingriffe rekonstruieren und ihren ursprünglichen Körper als Hermaphrodit vermuten. Aber die Möglichkeit, den eigentlichen und wesenhaften Körper leiblich zu erleben, bleibt ihr/ihm aufgrund der medizinischen Eingriffe ebenso verwehrt wie das Wissen um ihr/sein eigentliches psychisches Empfinden. Die Suche nach ihrem/seinen Geburtskörper führte bei Claudia Clüsserath dazu, dass sie/er sämtliche alte Briefe und alte Fotos durchforstete und versuchte, medizinische Unterlagen aus den Krankenhäusern zu bekommen., um zu wissen, wer sie/er eigentlich ist.

Die medizinischen Eingriffe werden von vielen nicht als Korrektur von Fehlbildungen oder als Rekonstruktion des eigentlichen weiblichen oder männlichen Körpers interpretiert, sondern als Umbau und Zerstörung des eigentlichen Körpers. Hier zeigt sich der Unterschied zum medizinischen Diskurs in aller Deutlichkeit. Im medizinischen Diskurs wird die Behandlung als Herstellung eines gesunden ganzes Körpers, »so wie es von der Natur vorgesehen ist«, interpretiert, mittels der »der Natur ein wenig nachgeholfen« wird. Ganzheit und körperliche Integrität werden mit medizinischer Behandlung als Vollendung einer Entwicklung, die die Natur nicht ganz geschafft hat, erst hergestellt. Im Gegensatz dazu ist es für viele intersexuelle Menschen gerade die medizinische Behandlung, die die ursprüngliche Ganzheit und Integrität intersexueller Körper zerstört. Während im medizinischen Diskurs der intersexuelle Körper ein fehlgebildeter weiblicher oder männlicher Körper ist, stellt er für viele Betroffene ihr »wahres Geschlecht« und damit die Grundlage ihres Selbst dar. Den Körper zu spüren, so der Soziologe Anthony Giddens (1991: 78), sei ein Weg, das Selbst als integriertes Ganzes zu empfinden. Für das Individuum ist der Körper der Ort, an dem es lebt, sein Zuhause. Gerade der Körper als Zuhause des Selbst wird aber durch die ungewollte medizinische Manipulation des als ursprünglich oder eigentlich empfundenen Körpers aber in Frage gestellt. Dadurch fühlen sich viele intersexuelle Menschen der Möglichkeit beraubt, mit diesem Körper ihr Selbst zu leben. Die körperlich-leibliche Integrität wird als zerstört wahrgenommen, der Körper wird zu einem »Unzuhause«. Das wird von vielen als nie wieder rückgängig zu machender Verlust erlebt.

Wenn von zerstörter Integrität des ursprünglichen Körpers die Rede ist, dann sind damit meist die Genitaloperation und hier vor allem die Klitorisreduktion gemeint. Manchmal wird auch die Gonadektomie als Verstümmelung beschrieben. Elisabeth Müller verwendet wie viele, die die Entfernung der Gonaden als tiefen Einschnitt empfinden, statt der medizinischen Formulierung »Gonadektomie« den drastischeren und an Verstümmelung erinnernden Begriff »Kastration«. Obwohl in Bezug auf Reproduktion nicht funktionsfähig, hat sie/er ihre/seine Hoden als Teil ihrer selbst wahrgenommen:

>*»Ich habe meine Hoden vor der Kastration im Gegensatz zu manchen anderen schon gespürt. [...] Meine Lebendigkeit wurde im Grunde versaut dadurch, dass meine Weiblichkeit künstlich hergestellt wurde. Meine Unschuld wurde mir dadurch genommen.«*

Die Hoden haben zu Elisabeth Müllers unverfälschtem Sein gehört. Somit haben die Mediziner sich an ihrem/seinem ursprünglichen »unschuldigen« Körper schuldig gemacht. Elisabeth Müller spricht auch von »Mord« an ihrem/seinem eigentlichen Wesen, welches sie/er als Hermaphrodit begreift, weswegen sie/er auch ihre/seine Weiblichkeit als künstlich hergestellt erlebt. Hier spiegelt sich der Antagonismus von natürlich versus künstlich wieder. Die Entdeckung des »wahren«, intersexuellen Körpers und die Identifizierung mit diesem führen zu einem Zuwachs an psychischer Gesundheit und Kraft, wie Anna Jacobs erzählt:

>*»Es gibt da etwas Wahres in mir, vor allem meine körperliche Gegebenheit, sprich XY-Chromosomen, bestimmte Hormone, die Weigerung meines Körpers, bestimmte Androgene zu akzeptieren, usw., aber auch schon in der Psyche. Je mehr man sich diesem wahren Wesen und*

damit sich selbst nähert, desto mehr Kraft steht einem zur Verfügung. Das Verdrängen nimmt viel Kraft in Anspruch, die man für wichtige Dinge nicht mehr hat.«

Auch Petra Schmidt beschreibt, wie viel Kraft sie das Verdrängen der eigenen Körperwahrheit gekostet hat und wie viel mehr Reserven ihr durch ihre jetzige authentische Existenz als intersexueller Mensch zur Verfügung stehen:

»Ich habe so viel Kraft und Zeit darauf verwendet, um eine normale Frau zu spielen, um normal zu sein und mich an die anderen anzupassen, dass ich dabei total vergessen habe, wer ich eigentlich bin. Heute sage ich mir: ›Ich bin halt so und dann mache ich was draus.‹ Damit komm ich besser klar, als zu der Zeit, wo ich immer versucht habe, mich anzupassen.«

Luise Weilheim fühlte sich immer »als Frau«, schon als Kind war sie »so ein richtiges Mädchen«. Wie viele andere zieht sie als Belege dafür ihre Vorliebe für schöne Kleider, Schmuck, Puppen und andere weiblich konnotierte Verhaltensmuster heran. Sie wollte immer »weiblichere Rundungen« bekommen. Als das Brustwachstum – herbeigeführt durch synthetisierte Östrogene – dann kam, war sie anfangs sehr glücklich, sie identifizierte sich sehr mit dem hormonell unterstützten weiblichen Körper. Schließlich aber musste sie erkennen:

»Der Arzt hat mir gesagt: ›Das Brustwachstum ist jetzt abgeschlossen. Ist sehr gut geworden. Kann man sehr zufrieden sein.‹ Und ich weiß noch, ich bin in mein Zimmer und bin da zusammengebrochen. Alles war kalt und schrecklich. Ich habe gedacht ›Die Brust ist überhaupt nicht gut‹. Weil ich gemerkt habe, ich fühle mich überhaupt nicht so, wie ich gedacht habe, dass ich mich fühlen werde. Ich habe mich körperlich nicht als Frau gefühlt, obwohl ich psychisch immer eine Frau war. Ich habe mich nicht abgerundet gefühlt, obwohl das nur ein inneres Gefühl war, mein Äußeres schaute für andere Menschen sehr weiblich aus.«

Obwohl sie sich über ihre Brustentwicklung freute, obwohl die Hormone ihr eine körperliche Entwicklung brachten, die sie als Vollendung ihrer Weiblichkeit herbeisehnte, und obwohl ihr Äußeres objektiv »sehr weiblich« aussah, merkte sie, dass irgendetwas trotzdem nicht weiblich war. Psychisch fühlte sie sich als Frau, körperlich sah sie objektiv sehr weiblich aus, aber leiblich empfand sie sich dennoch nicht als Frau. Der Körper als Essenz war nicht weiblich oder wie es Elisabeth Müller ausdrückt: »Mein Körper sagt nicht Frau«. Der medizinisch korrigierte Körper wird als unnatürlich und künstlich hergestellt erfahren. Der angenommene ursprüngliche Körper in seinem unversehrten Zustand wird, obwohl er nicht mehr da ist, dennoch von vielen als Begründung des eigentlichen Wesens und der gegenwärtigen Identität betrachtet. Andere dagegen können weder den gegenwärtigen noch den ursprünglichen Körper als Grundlage ihrer Identität betrachten, da der gegenwärtige Körper künstlich hergestellt ist und der »eigentliche« Körper nicht mehr existiert. So sagt Swenja Köpke:

»Ich fühle mich heute meiner intersexuellen Identität beraubt. Nicht Mann, nicht Frau, aber auch nicht mehr intersexuell.«

Swenja Köpke nimmt zwar Intersexualität als ihr eigentliches Geschlecht an, der intersexuelle Körper kann jedoch nicht mehr die Grundlage ihrer Identität sein, da er durch die medizinischen Eingriffe zerstört wurde. Als Frau fühlt sie sich auch nicht, weil sie weiß, dass sie keine wirkliche Frau ist, da sie als intersexueller Mensch geboren wurde und XY-Chromosomen hat. Aus der Annahme, dass es niemals gelingen kann, aus einem intersexuellen Menschen eine Frau oder einen Mann zu machen, ziehen einige, wie Garou Raphael[137] den Schluss, die Medizin sollte aufhören mit dem geschlechtlichen Umbau, zumindest nicht ohne explizite Zustimmung der Betroffenen:

»Hätte man mich womöglich komplett zu einer Frau ummodeliert? Eine Frau die dann trotzdem keine ist? Ohne Eierstöcke, ohne Gebärmutter und allem was sonst noch zu einer richtigen Frau gehört? Nie kann ein Hermaphrodit eine Frau werden, und sicherlich auch nie ein richtiger Mann. Man wird, egal was auch die Medizin an uns versucht und manipuliert, immer eines bleiben: ein Hermaphrodit.«

Eine Frau ist Garou Raphael zufolge ein Mensch mit Eierstöcken und Gebärmutter und anderen Merkmalen, die medizinisch nicht hergestellt werden können. Insofern kann die »Ummodelierung« eines Hermaphroditen in eine Frau (und auch einen Mann) stets nur oberflächlich sein. Die Essentialisierung des Selbst durch den Körper wird aber auch von manchen kritisiert. Martha Wolff sieht es als eine Art von Zwang:

»Dieses Den-Körper-zum-Charakter-machen ist ganz gemein. Wenn man jetzt sagt, es gibt intersexuelle Menschen, dann ist es ja genau das. Das ist ja das Fatale. Dann ist es eine neue Kategorie, eine neue Schublade. Dann würde man genau das machen, was sie eigentlich ablehnen, den Körper zum Charakter machen. Das ist ja das, was viele tun. Die sehen ihren Körper und sagen, der ist nicht männlich und nicht weiblich, der ist nochmal was anderes und den machen sie zum Charakter. Manche machen ja richtiggehend ein Bekenntnis daraus. Ich glaube, als Kompromiss, als Zwischenschritt, genau wie der Feminismus als Zwischenschritt nötig war, der Feminismus ist dazu da, um überwunden zu werden. Vielleicht ist es ein ganz nötiger Zwischenschritt. Dass wenigstens mal kapiert wird: Zwei Schubladen genügen nicht. Nur, wenn es dann

---

137 23.4.2004, http://beepworld/de/members59/garou68/index.htm

geht wie bei der Apartheid, dass man außer Schwarzen und Weißen noch Inder hat, Asiaten, Japaner, Mischlinge ersten Grades, Mischlinge zweiten Grades, dann kommt man in tausend Sachen. Es wäre halt schön, wenn diese Definition überhaupt nicht mehr so vorkäme. Wenn es diese Schubladen gar nicht mehr geben müsste. Aber das ist ein Endziel und vielleicht ein idealisierendes.«

Manche Eltern, die ihr Kind von Anfang an in »die Wahrheit« seines Körpers einweihen, benutzen medizinische Beschreibungen des intersexuellen Körpers in kindlich verständlicher metaphorischer Form. Hoden, »männliche« Gene oder Hormone werden zum Beispiel als »männliche Puzzlesteine« beschrieben. So weiß Fenja Harms von ihren Eltern: »Ich bin ein Mädchen, aber ich habe auch Puzzleteilchen von einem Jungen.«

Entfremdung vom medizinisch hergestellten Körper

»Ich habe gemeint, für meine Tochter
ist es das Schlimmste, keine Kinder zu haben.
Aber für sie war das Schlimmste,
keinen Körper zu haben.«
(Martha Wolff)

Der gegenwärtige Körper wird von vielen, die den intersexuellen Körper als Grundlage ihres wahren Selbst begreifen, als fremd empfunden, weil er medizinisch hergestellt und nicht der eigene, ursprünglich von der Natur gegebene Körper ist. Dieser Diskurs steht in einem größeren diskursiven Zusammenhang mit dem abendländischen Topos der Entfremdung als innerliche Entzweiung einerseits und mit Vorstellungen der Entfremdung von der Natur durch die Zivilisation andererseits.

Intersexualität selbst ist zwar keine chronische Krankheit,[138] intersexuelle Menschen werden jedoch in einen Zustand chronischer Krankheit versetzt, zum einen durch die Angewiesenheit auf lebenslange Hormoneinnahme, zum anderen durch die enge Bindung an medizinische Institutionen. Der Medizinsoziologin Kathy Charmaz (1995: 657) zufolge erschüttert eine schwere chronische Erkrankung die Beziehung zwischen Körper und Selbst und unterbricht dadurch das Gefühl ihrer Einheit. Da das Selbst im Körper seinen authentischen Kern findet und Selbst und Leib untrennbar verbunden sind, kann jede nicht-selbstbestimmte Veränderung des Körpers auch eine Bedrohung des Selbst darstellen (vgl. auch Kalitzkus

---

138 Außer im Fall von AGS, das im medizinisch-endokrinologischen Diskurs als eine »chronische Krankheit« beschrieben wird.

2003: 61). Dieses Gefühl ist mitbedingt durch den Materialismus und die Trennung von Materie und Geist in der Biomedizin (vgl. Scheper-Hughes/Lock 1987: 22). Was Kalitzkus (2003) in Bezug auf organtransplantierte Menschen beschreibt, trifft in vielen Fällen auch für intersexuelle Menschen zu, deren Genitalien an das zugewiesene Geschlecht angepasst wurden und deren körperliche Erscheinung und leibliches Empfinden in beträchtlichem Maße die Wirkung von »künstlichen« Hormonen ist: »Die Ersetzung (...) bedeutsamer Körperteile durch ›fremde‹ bedroht die Empfindung des Leibes als Einheit und kann zu Erfahrungen von leiblicher Desintegration und einer Entfremdung vom Körper führen« (2003: 210).

Bei intersexuellen Menschen werden keine Körperteile durch »fremde« ersetzt, sondern der gesamte gegebene Körper wird in Richtung eines normgerechten weiblichen oder männlichen Körpers »umgebaut« beziehungsweise »korrigiert«. Wenn der Körper als Wirkung von künstlich zugeführten Hormonen, und bestimmte Körperteile als Ergebnis eines operativen Eingriffs wahrgenommen werden, so kann dies zu einem Gefühl der leiblichen Desintegration und der Entfremdung führen. Geschieht die hormonelle beziehungsweise chirurgische Anpassung nicht auf ausdrücklichen Wunsch der Betroffenen (wie im Falle von Transsexualität), können einzelne Körperteile als nicht zum leiblichen Selbst gehörig, sondern als »künstlich« hergestellt empfunden werden. In der folgenden Schilderung ihrer medikamentös herbeigeführten körperlichen Entwicklung von Petra Schmidt wird der Antagonismus von Natur als Wahrheit und Kultur als künstlich deutlich, wobei der intersexuelle Körper als ursprünglich und authentisch und die Medikamente als unauthentisch empfunden werden.

»Früher, vor der Diagnose, habe ich mir das immer gewünscht, auch Brüste zu haben wie die anderen. Mit den Hormonen kam es dann, aber ich konnte das nicht so verfolgen. Es hat sich dann halt entwickelt, aber irgendwie – das hört sich jetzt sehr komisch an – frage ich mich manchmal, ob das die Brust ist, die zu mir gehört oder ob das irgendwie so was Gezüchtetes ist. Manchmal habe ich eher den Eindruck, das ist alles künstlich. Auch wenn ich meine Tage bekomme, das fühlt sich das für mich künstlich an. Wenn ich diese Hormone absetze, dann ist das ja vorbei. Das merke ich ja. Ich habe die auch mal ein paar Wochen nicht genommen. Da kriege ich meine Tage nicht, aber dann lebe ich auch normal weiter. Meine Arme sind meine und meine Beine sind meine, aber meine Brust ist es nicht. Sie ist eher so was Gemachtes, was künstlich Gezeugtes. [...] Manchmal habe ich den Eindruck, wenn ich die Hormone nicht nehme, geht es mir besser, weil ich dann den Eindruck habe, ich verpfusche meinen Körper nicht. Wenn ich sie

nicht nehmen würde, würde ich sagen, das ist so, damit kann ich leben. Wenn ich die nehme, habe ich das Gefühl, jetzt betrüge ich meinen Körper. Das hört sich jetzt alles sehr komisch an.«

Obwohl Petra Schmidt immer eine weibliche Brust wollte, um so zu sein wie andere Frauen, bemerkte sie in dem Moment, als sie sich körperlich entwickelte, dass diese Entwicklung, die Brust wie ihre Menstruation, lediglich das Ergebnis von künstlich zugeführten Hormonen waren und nicht zu ihrem eigentlichen Körper gehörten. Folglich ist sie ihrer Selbsteinschätzung nach nur durch künstliche Hormone Frau und nicht eigentlich. Es lässt sich schwer einschätzen, ob sie die Brustentwicklung und ihre Menstruation deswegen als nicht zu ihrem Wesen gehörig empfindet, weil sie ihre Diagnose kennt oder ob sich die körperliche Entwicklung leiblich falsch anfühlt.

Dazu kommt, dass viele intersexuelle Menschen die Veränderungen am Körper als Ergebnis eines alltäglichen Aufwands wahrnehmen. Gerade bei der Einnahme von Hormonen fühlen sich viele an die medikamentöse Herstellung ihres Frauseins beziehungsweise Mannseins erinnert. Von einigen intersexuellen Menschen, die Hormone zur Entwicklung oder Unterdrückung von körperlichen Merkmalen in Übereinstimmung mit dem Zuweisungsgeschlecht einnehmen müssen, werden diese als künstlich empfunden. Weil sich Hormone auch auf Gefühle und Verhalten auswirken, fällt es manchen schwer, zwischen ihrem »eigentlichen« Wesen und dem, was sie lediglich als die Wirkung der von außen zugeführten Hormonen empfinden, zu unterscheiden, wie Susan Kästner es schildert:

Susan Kästner: »Ich kann nicht auseinanderdifferenzieren, was ich bin und was an den Hormonen liegt, die ich nehmen muss. Ich weiß nicht, inwieweit meine Hormone das beeinflussen. Ich weiß, wer ich bin. Aber ich weiß nicht, welchen Anteil meine von außen zugeführten Hormone daran haben. Ich weiß, dass ich mich, wenn ich die Hormone nehme, wie weichgespült fühle.«
CL: »Du weißt nicht, ob das, wie du dich selbst erlebst, auch wirklich du bist?«
Susan Kästner: »Wie würde ich wirken, wenn ich Ich wäre? Wenn ich ohne diese Hormone leben würde? Wie wäre ich dann wirklich?«

Romy Kaiser, die ihre Hormone abgesetzt hat, fühlt sich jetzt freier, da sie ihr körperliches Erleben und ihre Gefühle als authentisch erlebt und nicht als medikamentös hergestellt:

»Ich fühle mich jetzt freier. Wenn ich mich gut fühle, dann weiß ich, es liegt nicht an den Tabletten, sondern es bin einfach ich.«

Durch die medizinische Behandlung werden, so Michel Reiter,

»unsere Körper [...] vernichtet und gegen künstliche, hormonell und chirurgisch erzeugte ausgetauscht. [...] Wir werden nicht physisch getötet [...], vielmehr werden wir ausradiert bei gleichzeitiger Belassung unserer physischen existenzerhaltenden Organe. Weder ist die Hülle, der Körper, in welchem wir waren, noch der alte, noch ist unser Verhalten innerhalb der Gesellschaft dasjenige, welche[s] es geworden wäre, wären wir belassen worden.« [139]

Ist der Körper nicht mehr der alte, wird er durch medizinische Maßnahmen verändert und in seiner ursprünglichen Gegebenheit zerstört, wie soll dann das Selbst im Körper seinen authentischen Kern finden? Mit der Ausradierung des Körpers geht Reiter zufolge eine Vernichtung des Selbst einher, so dass weder die Psyche noch das Verhalten mehr als authentisch verstanden werden kann. Dadurch, dass der Körper zwar einem der beiden Geschlechter gemäß, jedoch nicht mehr als Grundlage und Ausdruck des eigenen Selbst empfunden wird, entsteht das Gefühl, nicht mehr »Herr« des eigenen Körpers zu sein:

»Wenn nun in diesem Bereich nicht nur Zerstörungen stattfinden, wie dies bei chirurgischen Interventionen der Fall ist, sondern ein kompletter oder teilweiser Neuaufbau, zum Beispiel durch Konstruktion von Neovaginen, Penisaufbauplastiken erfolgt, muß dies Konsequenzen auf die Beschaffenheit von Wesen und Handlungsfähigkeit haben. Da diese Eingriffe generell als fremdbestimmt erlebt werden, bleibt ein innerer Kern zurück, welcher sich aufgrund körperlich-konstruierter Merkmale jedoch nicht mehr auszudrücken vermag. Eine Art genitaler Autismus ist die Folge. Gleich verhält es sich mit den hormonellen Körperaufbaustrukturen. Hier wird der Körper zwar als einem Geschlecht zugehörig gesellschaftlich wiedererkannt, jedoch nicht als selbstzugehörig empfunden. Dies bedeutet, daß wir zwar unsere Körper einsetzen und benutzen können – doch er gehört uns nicht, er war ab dem Zeitpunkt der medizinischen Interventionen nicht mehr unserer. Auch hier ist die Folge, wie oben, daß nun zu einem genitalen Autismus ein körperlicher Autismus hinzukommt.« (Michel Reiter) [140]

Ähnlich beschreibt auch Claudia Clüsserath den Eingriff in die psychisch-physische Integrität ihres/seines Leibes als Störung, die eine Identifikation mit dem eigenen Körper verunmöglicht:

»Das, was ich Zeit meines Lebens gesucht habe, das ist nicht weiblich und nicht männlich, sondern die Identifikation, mit dem Körper, mit dem ich geboren worden bin, diese körperliche und psychische Integrität. Mein Gehirn ist ja mit meinem Körper gewachsen. Das heißt, alle Steuerorgane meines Gehirns führen ja auch zu den entsprechenden Organen meines Körpers.

139 (1997), Verworfene Körper – Spirits without Body? Eine kurze Bestandsaufnahme zum gesellschaftlichen Umgang mit Intersexuellen, 25.1.2003, http://postgender.de/post gender/butler.html.

140 (1997), Verworfene Körper – Spirits without Body? Eine kurze Bestandsaufnahme zum gesellschaftlichen Umgang mit Intersexuellen, 25.1.2003, http://postgender.de/post gender/butler.html.

Mein Körper ist gewachsen [...] Mein Gehirn ist auch darauf getrimmt, meine Gonaden zu steuern. Das Gehirn weiß, dass die Dinger da sind. Wenn jetzt irgendein Arsch, entschuldige, wenn jetzt irgendein Mediziner mir einen Teil davon wegnimmt, dann merkt mein Gehirn das. Irgendwo sind da unten ja Nervenenden. Da gibt es diese Hypophysen-Gonaden-Achse. Da werden bestimmte Hormone gesteuert, die schmeißen meine Gonaden in Gang, wenn die in Gang sind, steuern die wieder in die Hypophyse rein.«

Alex Jürgen berichtet von dem Gefühl, dem Körper im Spiegelbild entfremdet zu sein, den Zusammenhang zwischen Leib und Körper nicht mehr zu finden und den Körper vom Selbst abzuspalten:

»Ich habe mich damals in so einen großen Spiegel angeschaut und ich habe echt nicht realisiert, dass ich das sein soll. Das war der ärgste Moment in meinem Leben, wenn man selber in den Spiegel schaut und man kennt sich nicht mehr.«

Genitalien, Gonaden und Hormone sind demnach Manifestationen des eigentlichen Wesens, ebenso wie die Psyche. Greift man in den Körper ein, führt das auch zu Veränderungen in der Psyche. Die ursprüngliche Einheit von Körper und Psyche ist zerstört. Weder über die Psyche noch über den Körper kann das wahre Selbst erfahren werden. Der Eingriff in die körperliche Integrität äußert sich als konkrete leibliche Empfindung. Die Erfahrungen von zerstörter Ganzheit durch die operativen Eingriffe und der Entfremdung von hormonell hergestellten Geschlechtsmarkern zeigen, dass nicht-selbstbestimmte schwerwiegende Eingriffe in den Körper eine Bedrohung für das Selbst darstellen.

Das gilt nicht nur für medizinisch veränderte intersexuelle Körper und organtransplantierte Menschen, sondern der Medizinethnologin Lenore Manderson zufolge für alle größeren operativen Eingriffe in den Körper. Manderson, die sich in ihrem Artikel über den »postsurgical body« (1999) mit Körperbild, Selbstwahrnehmung und Identität operierter Menschen auseinandersetzt, beschreibt ebenfalls das Gefühl von Nicht-Identifizierung und Abspaltung (*disruption*) von dem chirurgisch veränderten, vermeintlich geheilten (*cured*) Körper. Der Körper ist aber nicht geheilt[141] im Sinne von ganz und gesund, sondern lediglich wiederhergestellt oder

---

141 »Heilen« heißt »heil machen« in Sinne von »ganz, gesund machen«. Während oft ein etymologischer Zusammenhang zwischen heil im Sinne von »ganz, gesund« und dem Substantiv »Heil« im Sinne von »Segen, Glück« vermutet wird, ist »heil« und »Heil« unter Umständen gar nicht verwandt. Das Substantiv leitet sich vielmehr aus der Bedeutung »Vorzeichen« ab. »Heil« und »heilen« sind auch eng verwandt mit dem Wort »heilig«. (Kluge 2002, *Etymologisches Wörterbuch der deutschen Sprache*, 24. Auflage, Berlin u.a.: de Gruyter)

normiert (*cured*). Nach der operativen Entfernung von krebsbefallenen Organen oder Amputationen von Körpergliedern berichten Betroffene vom Verlust körperlicher Integrität und fühlen sich in ihrer Geschlechtsidentität als Mann oder Frau bedroht, vor allem wenn es sich um die Entfernung von mit Geschlecht konnotierten und kulturell als Geschlechtsmarker dienenden Organen wie Prostata bei Männern und Uterus, Eierstöcke, Eileiter bei Frauen oder andere Körperteile handelt, die »vergendered« sind. Die Entfernung von »vergeschlechtlichten« Körperteilen führt also auch bei eindeutigen Frauen und Männern zu einer Unsicherheit, noch ganz Frau oder noch ganz Mann zu sein (vgl. Manderson 1999).

Die Medizinethnologin Young beschreibt die Lokalisierung des Selbst im Körper als Teil der humanistischen Tradition. Den Körper als »Ort« des Selbst zu begreifen ist ihr zufolge eine humanistische Ideologie (Young 1997: 5). Im Gegensatz zur postmodernen Dekonstruktion von Subjekt, Selbst und Identität ist es demnach ein Kennzeichen des Humanismus, eine Essenz des Selbst anzunehmen und diese im Körper anzusiedeln. Die Suche nach der eigenen Identität wird nicht als eine (beliebige) Konstruktion begriffen, sondern als Entdeckung des authentischen »body self« (Young 1997: 5). Aus dieser Annahme kann sich auch die Vorstellung von Authentizität als im Einklang mit der eigenen Körperlichkeit entwickeln, die viele intersexuelle Menschen anstreben, um die Entfremdung von der Künstlichkeit des medizinisch hergestellten Körpers zu überwinden. Die Auseinandersetzung mit dem unversehrten und dem medizinisch hergestellten Körper ist eng verbunden mit Fragen zur eigenen Identität. Gerade die Identität kann aber über den medizinisch veränderten Körper, der dann nicht mehr die Basis von Identität darstellt, nicht mehr erfahren werden. Damit entsteht eine Diskrepanz zwischen Körper und Selbst, die eine authentische leibliche Erfahrung verunmöglicht. Der medizinisch hergestellte Körper kann dann nur noch die Basis für etwas sein, das man nicht ist.

Intersexualität und Geschlechterrollenverhalten

In vielen Erzählungen intersexueller Menschen lassen sich klassische Geschlechterrollenklischees finden, so wie beispielsweise bei Susan Kastner:

CL: »Du sagst, ›Ich fühle mich nicht als Frau‹. Was bedeutet das für dich? Wie fühlst du dich nicht?«

Susan Kästner: »Ich fühle mich nicht als Weibchen, das mit Handtasche herumläuft und Stöckelschuhe anzieht. Ich kann mit Männern flirten, das läuft ganz normal ab, dieser biologische Tanz von der Senkrechten in die Waagrechte. Aber schminken, sich im Bikini bräunen, stundenlang im Bad stehen, das kann ich nicht.«

CL: »Was würdest du als Unterschied sehen zwischen dir und einer biologisch eindeutigen Frau, die aus gewissen Gründen keine Kinder kriegen kann? Gestern hast du deine Intersexualität vor allem daran festgemacht, keine Kinder kriegen zu können. Aber das ist es ja noch längst nicht.«

Susan Kästner: »Nein, das ist ein Teil. Eine biologische Frau, die hat XX-Chromosomen und damit eventuell eine ganz andere Denk- und Herangehensweise. Die Möglichkeiten, was du machen kannst, die Fähigkeiten sind bei beiden Geschlechtern relativ deckungsgleich. Nur, wie du an eine Sache rangehst oder eine Sache beurteilst, da ist eine andere Möglichkeit da. Da gibt es ganz feine Differenzierungen. Die kannst du teilweise nicht festmachen. Ich fühle mich durch die Hormontabletten manchmal so, ›Ich kann heute nicht rechnen‹«.

Der Grund, warum Susan Kästner die weiblichen Geschlechterrollenklischees nicht erfüllt, sind für sie ihre XY-Chromosomen. Gleichzeitig verunmöglicht ihr die Einnahme »weiblicher« Hormone ihre ansonsten gut ausgeprägte »männliche« Fähigkeit zum rationalen Denken. Für Romy Kaiser weist »Wildfang«-Verhalten eher auf Männlichkeit als auf Weiblichkeit hin. »Wildfang« (engl. »tomboy«) ist ein Begriff, der in die medizinisch-psychologische AGS-Forschung Einzug gehalten hat als Charakterisierung von »jungenhaft« und wild wirkender Mädchen.

»Als Kind, da war ich wirklich so – ja das Wort ›Wildfang‹ passt ganz gut. Als Kinder waren wir ja ständig draußen. Puppenspielen, na ja, nicht unbedingt, Autos waren auch nicht schlecht. Den ganzen Tag draußen herum gerannt, Burgen gebaut, auf Bäume geklettert. O.K. Bis zu einem bestimmte Alter sind die Kinder eh Kinder, da differenziert man nicht. Aber wir haben uns auch mit Kerlen gekloppt. Von daher muss ich sagen, so richtig in dieses Schema ›Frau‹ passe ich nicht. Ich habe nie Kleider anziehen können. Ich habe es gemacht, wenn meine Mutter es verlangt hat.«

Auch Alex Jürgen greift auf Geschlechterrollenstereotypen zurück um zu erklären, dass das Zuweisungsgeschlecht »Mädchen« sich schon in der Kindheit als falsch herausgestellt hat:

»Ich kann mich noch erinnern, dass ich am Klo gestanden bin und wollte probieren, ob ich pinkeln kann im Stehen und dann ist mir alles zwischen den Beinen weg geronnen. Die Harnöffnung ist nicht beim Penis vorne heraus gegangen. Mit 12,13 Jahren hat mir meine Mutter eine Dauerwelle machen lassen und hat mir jeden Samstag die Haare eingedreht. Sie hat mit mir gekämpft, dass ich Röcke anziehe, aber ich wollte nur Hosen anziehen und ich war immer mit den Buben unterwegs und alles.«

»Im-Stehen-Pinkeln« gilt im euro-amerikanischen und biomedizinischen Geschlechterdiskurs als eine »natürliche« männliche Eigenschaft. Diese Norm gilt als Hauptbegründung dafür, warum uneindeutige Genitalien bei intersexuellen Kindern mit männlichem Zuweisungsgeschlecht und Hypospadie bereits in der frühen Kindheit »korrigiert« werden. Die Mitteilung über die körperliche Ursache ihres Andersseins »erklärt« für Freunde und Bekannte oft Geschlechterrollenuntypische Verhaltensweisen und kann zu einem tieferen Verständnis führen. So bericht Alex Jürgen von seinem *Outing* als intersexueller Mensch.

»In meinem Freundeskreis war die Reaktion eher so, ›Ah, jetzt wird mir einiges klar‹. Weil ich mich nie typisch wie eine Frau verhielt, mich nie schminkte, keine Kleider anzog, mich sogar dagegen wehrte. Diese Reaktion von meinen Freuden, dieses ›Aha, jetzt verstehe ich dich erst‹, tat mir so gut, dass ich auch anderen davon erzählte.«

Ernst Bilke beschreibt die freudige Überraschung vieler Leute, mit ihm als Mann gut reden zu können, weil das ihm zufolge traditionell für einen Mann ungewöhnlich sei. Liefert er jedoch die »natürliche« Erklärung für diese positive Eigenschaft, lässt die Überraschung schnell nach, weil das diese Leute nur in ihren Klischees bestätigt: Er ist gar kein richtiger Mann.

»Ich kann Männern helfen und sie schätzen das auch sehr. Oder ich kann sehr gut mit Frauen reden, was für sie eine sehr schöne Erfahrung ist. Aber nur unter der Prämisse, dass ich ein Mann bin. Ich habe es auch schon manchen Frauen gesagt, die dann ganz enttäuscht waren und sagten: ›Jetzt wissen wir, warum man mit dir so gut reden kann. Du bist halt auch kein richtiger Mann.‹«

Manche meiner Gesprächspartner sehen in der Kombination männlicher und weiblicher Eigenschaften aufgrund ihres intersexuellen Körpers einen Vorteil gegenüber »nur« Männern oder Frauen, wie zum Beispiel Claudia Clüsserath:

»Vielleicht registrieren manche das Weibliche in mir, andere suchen eher das Männliche. Wenn es darum geht, Hochseetouren zu machen, dann stehe ich halt am Steuer. Die Leute vertrauen sich meinen Fahrkünsten an. Auf der anderen Seite habe ich auch Gespräche mit Krebskranken. [...] Wir Hermaphroditen sind die sozialeren Wesen, weil wir zwischen den gefühlsmäßigen Situationen Mann und Frau umschalten können, oder eine Mischung drin haben. Wir haben irgendwo dieses dominant männliche Aggressionspotential, das benutze ich auch manchmal. Auf der anderen Seite kann ich auch schnurren wie ein Kätzchen, je nachdem wie ich das brauche. Das sind Dinge, die sind uns angeboren. Warum muss das was Schlechtes sein?«

Die gleichzeitige Existenz »männlicher« Verhaltens- und Handlungsmuster wie Hochseetouren, sicheres Autofahren und Aggression und »weiblicher«

Eigenschaften wie Gespräche führen, Zuhören oder »Schmusebedürfnis« machen den Hermaphroditen zu einem »sozialeren« Wesen, weil er von seiner Biologie her beide Seiten in sich vereint. Viele Eltern beobachten, mit was und wem ihr intersexuelles Kind spielt, wie es sich verhält usw., um zu sondieren, ob das Zuweisungsgeschlecht richtig oder doch falsch war. Dabei kommen immer dann Unsicherheiten und Ängste auf, wenn das Kind sich geschlechtsuntypisch verhält. War die Geschlechtsentscheidung richtig? Wird es sich später zum anderen Geschlecht hin entwickeln? Ist es nicht eigentlich doch das andere Geschlecht? Beispielsweise erzählt Petra Schmitt:

»Man guckt einfach extremer. Neulich sagte Dennis, er will auch lange Haare haben. Dann sagte ich, Jungen haben aber keine langen Haare. Damit war das Gespräch auch beendet. Aber wir sind schon sensibel, wenn er lange Haare möchte oder sonstwas, was eher mädchenhaft ist. Da fragen wir uns schon, ob er vielleicht eher ein Mädchen ist.«

Auch Heinrich Ratschek berichtet darüber, wie er seinen Sohn Holger beim Spielen mit einem *gender*-Blick beobachtet:

»Das sind so besondere Wachsamkeiten und Bewertungen, die ansonsten überhaupt nicht so aufgetreten sind. Wenn die Schwester auch mit Autos spielt, ist das nun einfach auch etwas ganz Selbstverständliches, wo man überhaupt nicht darüber nachdenkt. Ich habe mich auch schon dabei ertappt, wenn Holger Mädchenkleidung anzog, musste ich darauf achten, dass ich nicht so reagierte, ihm das zu verwehren. Ich weiß, das sind normale Dinge, die in jeder Kindheitsentwicklung da sind, die auch wichtig sind für ein Kind, bestimmte Rollen auszudrücken, auszuspielen. Aber mir fiel es nicht leicht, ihn das so tun zu lassen.«

Bei manchen Eltern geht die Angst vor Geschlechterrollen-Nonkonformität so weit, dass sie in einer Abwehrreaktion alles, was gesellschaftlich dem anderen Geschlecht zugeordnet wird, von ihrem Kind fernhalten, auch um sich selbst die Illusion zu geben, es wäre ein typisches Mädchen oder ein typischer Junge. So erzählt Sabine Götz über ihre Reaktion auf die Intersexualität ihrer Tochter Tanja:

»Ich habe nicht gewusst, was ich machen soll, als wir das [die Intersexualität, CL] erfahren haben, als sie ein Jahr alt war. Ich bin heim und habe alles, was irgendwie nach Jungen aussieht, Kleidung, Spielzeug und alles, weggeschmissen. Ich habe es genommen und in den Mülleimer geschmissen. Alles, was blau war, was mir nicht feminin genug war. Es war dann nur noch rosa, Rüschen, Spitzen, Kleidchen, nur noch Mädchen pur. Kein anderes Kleidungsstück. Ich habe einen Knall gehabt. Aus heutiger Sicht kann ich es nicht mehr nachvollziehen, was da in mir vorgegangen ist. Aber ich habe so die fixe Idee gehabt, wenn sie schon nicht ein richtiges Mädchen ist und wir sollen sie als Mädchen aufziehen, dass muss ich mir das optisch noch selber bestätigen. Wenn mir jemand was geschenkt hat und das war dunkelblau, bin ich in Tränen ausgebrochen.

Die Leute haben gemeint, ich spinne, die wussten ja nicht, warum. Und wenn das die tollste Jeans war. Wenn die Rüschen hatte oder Spitzen, dann war es O.K. Wenn das so eine ganz normale Hose war, ich habe sie weggeschmissen. Ich habe sie nicht mal in die Altkleidersammlung gegeben. Der männliche Aspekt sollte völlig weg sein, das war wirklich Müll für mich.«

Eltern sollen ihr »Bild vom Mädchen um die Merkmale und Eigenschaften ihres Kindes erweitern«, empfiehlt der Psychotherapeut Werner-Rosen besorgten Eltern. Aber auch »offene« Eltern bedienen sich Geschlechterrollenklischees, wenn sie stolz berichten, ihrem intersexuellen Kind »männliche« und »weibliche« Verhaltensweisen zu gestatten, wie zum Beispiel folgender Vater eines intersexuellen Kindes.[142]

»Er lernt nicht, Junge zu sein, das wollen wir noch mal ganz klar sagen. Er lernt einfach, Mensch zu sein. Er kann sich frei entfalten, ob weiblich oder männlich, egal was er auslebt. Er ist nunmal beides. Es fängst damit schon an, wenn er sagen würde, er würde gern die Fingernägel lackiert haben, kriegt er die lackiert, er setzt sich damit auseinander. Egal, ob er gefragt wird: ›Warum hast du denn als Junge Fingernägel lackiert?‹ Er setzt sich schon darüber hinweg. Ob er irgendwelches Spielzeug haben will, ob das männliches oder weibliches Spielzeug ist, er kann sich da frei entwickeln. Wir wollen ihn stark machen, dass er sich gegen die Menschen durchsetzen kann. Dass er nicht so leiden muss wie andere vielleicht.«

Andersgeschlechtliche Verhaltens- und Handlungsmuster haben aber nur dann eine geschlechtsspezifische Index-Funktion, wenn intersexuelle Menschen damit ihre eigentliche Intersexualität begründen wollen. So sieht beispielsweise Rosa Grünwälder ihren eher männertypischen Beruf in keinem Zusammenhang mit einer pränatalen Androgenexposition und AGS, im Gegensatz zu ihrer Endokrinologin, die ihren Beruf für typisch für AGS-Frauen hält. Sie gehört keiner Selbsthilfe- oder Aktivistengruppe an und begreift sich auch nicht als intersexuell, sondern als Frau. Würde Rosa Grünwälder innerhalb des Hermaphroditen- oder Intersex-Diskurses argumentieren, würde ihr Beruf ihr als eine Manifestation ihrer männlichen körperlichen Anteile und als Zeichen dafür dienen, dass sie keine wirkliche Frau ist. Solche unterschiedlichen Deutungsmuster belegen meine These, dass Identität eng verknüpft ist mit kulturellen beziehungsweise subkulturellen Deutungsangeboten, auf die der Einzelne zum Verständnis seines Selbst zurückgreift.

Zusammenfassend kann festgehalten werden: Die Rhetorik vieler Intersexuellen-Lebensgeschichten verbindet einen biologischen Determinismus von Geschlecht mit einem sozialen Konstruktivismus der

---

142 Transkription aus der Dokumentation *Eindeutig Zweideutig* von Ilka Franzmann, Sendedatum: 4.7.2003, 22.15, ARTE, 55 min.

Zweigeschlechtlichkeit. Die Naturalisierung von Geschlecht, das heißt die Begründung von Geschlecht in speziellen, als geschlechtlich definierten Körperteilen, -organen und -substanzen, bleibt in der Konzeption von Intersexualität als wahrem Geschlecht und authentischem Selbst erhalten. Das Konzept eines authentischen Kerns Intersexualität geht allerdings aus dem medizinischen Diskurs hervor, von dem sich dieser Diskurs so vehement distanziert.

Alternative Geschlechtermodelle

Geschlechterrollenvielfalt und das Dritte Geschlecht in anderen Kulturen

> »[T]he study of gender and sexuality is as much about the study of ourselves through the detour of the other as any other aspect of anthropology, except that it is even more obvious that the boundary between self and other is an unstable one in some respects.«
>
> *Henrietta Moore 2000: 159*

Je nach Paradigma und theoretischer Ausrichtung wurden alternative Geschlechter in außereuropäischen indigenen Kulturen von Ethnologen verschieden interpretiert. Die Bemerkung von Katz (1992: 281–334) bezüglich ethnologischer Beschreibungen der nordamerikanischen *berdache*, diese Beschreibungen sagten mehr über deren Autoren aus als über die *berdache* selbst, trifft für ethnologische Deutungen alternativer Geschlechter und für die gesellschaftliche Rezension diesbezüglicher ethnologischer Quellen generell zu. Seit Ende der siebziger Jahre führte der ethnologische Perspektivenwechsel dazu, kulturelle Konstruktionen von drei und mehr *genders* zu suchen und zu finden, was in engem Zusammenhang mit der Sehnsucht einer westlichen Subkultur nach einem freieren Spiel der Geschlechter steht. So werden viele Phänomene, die davor als institutionalisierte Homosexualität oder als Transvestismus interpretiert wurden, heute als kulturelle Variationen von Transgenderismus oder eben in jüngster Zeit auch als Intersexualität verstanden. Die Phänomene werden im Rahmen eines westlich-subkulturellen Emanzipationsdiskurses instrumentalisiert. Dabei lässt sich ein Zusammenspiel von *queer*-Theorien, feministischem Konstruktivismus und intersexuellen Emanzipationsdiskursen ausmachen,

Zweigeschlechtlichkeit als rein soziale Konstruktion zu begreifen und *gender-variance*-Phänomene aus außereuropäischen Kulturen als empirische Begründungen dafür aufzugreifen.

Auf der Suche nach gesellschaftlichen Vorbildern und Identifikationsfiguren besteht innerhalb der Bewegung, die Intersexualität gesellschaftlich etabliert haben will, großes Interesse an der Frage, wie mit Intersexualität in anderen Kulturen umgegangen wird. Bei der gesellschaftlichen Konstituierung des (gesellschaftlichen) Phänomens Intersexualität und deren sozialer Akzeptanz findet ein Rekurs auf ethnologische Beschreibungen von Kulturen mit ganz anderen Spielarten des Themas »Geschlecht« statt. Phänomene wie Geschlechterrollenvielfalt, das heißt drei und mehr *genders,* und institutionalisierter Geschlechterrollenwechsel bilden einen empirischen Hintergrund zur kulturellen Relativierung des Zweigeschlechtersystems der euro-amerikanischen Kultur. Dabei werden Ideen, die einem westlich-subkulturellen Diskurs entstammen, mit vermeintlich vergleichbaren Phänomenen aus anderen Kulturen untermauert. Der Umgang anderer Kulturen wird als »offener« oder »freier« romantisiert und glorifiziert. Daran sind ethnologische Interpretationen nicht ganz unschuldig, die einerseits als Ursache der gesellschaftlichen Inanspruchnahme von *gende- variance*-Phänomenen innerhalb der Intersex-Bewegung gesehen werden können und andererseits selbst auch eine Reaktion auf das gesellschaftliche und wissenschaftliche Interesse an Intersexualität darstellen. In der ethnologischen Literatur werden in jüngster Zeit verschiedene Dritte Geschlechter als Intersexualität interpretiert (Nanda 1990, Schröter 2003). Diese Beschreibungen stellen eine Verbindung zwischen Intersexualität, alternativen Geschlechtern und einer spezifischen gesellschaftlichen Funktion für diese Menschen her, die von einigen Intersexuellen in gegenwärtigen westlichen Gesellschaften auf der Suche nach gesellschaftlichen Vorbildern ihrer eigenen Identität aufgegriffen wird. Dabei wird der Begriff »Intersexualität« aus dem westlich-medizinischen Kontext herausgelöst und entfremdet, um außereuropäische Phänomene zu beschreiben, was einer ethnologischen Beschäftigung mit geschlechtlich uneindeutig geborenen Menschen in anderen Kulturen eher abträglich ist, jedoch deren Inkorporierung in den Akzeptanzdiskurs der gegenwärtigen Intersex-Bewegung umso leichter macht. Heino Meyer-Bahlburg, ein Psychologe, der seit langer Zeit psychologische Studien über intersexuelle Menschen in den USA durchführt, beurteilt die Glorifizierung von Dritten

Geschlechtern in einigen außereuropäischen Kulturen innerhalb der US-amerikanischen wie auch der deutschen Intersex-Bewegung kritisch:

>>*Die ganze Diskussion zur Kultur ist sehr abhängig von der jeweiligen Ideologie. Es gibt die Leute, die auf Teufel komm raus das Dritte Geschlecht erheben, das sie als die anti-westliche und überlegene Weise, mit ihnen umzugehen, betrachten.. Wenn man es sich aber genau anguckt, ist es nirgendwo besonders glorreich, ein Drittes Geschlecht zu sein, mit Ausnahme der mythologischen Zustände, wo der Hermaphrodit zu einer gottähnlichen Figur erhoben wird. Zum Beispiel 5 alpha-Reduktasemangel, die wenigen Fälle, die vernünftig beschrieben werden, sowohl in der Dominikanischen Republik wie bei den indigenen Bergstämmen von dem Ethnologen Gil Herdt: Für viele sind diese Kulturbereiche ein Beispiel dafür, dass es dort Dritte Geschlechter gibt. Aber niemand hat je definiert, was eigentlich die Bedingungen sind, unter denen man ein Drittes Geschlecht anerkennt. Fast alle Kulturen haben Geschlechter, die nicht männlich und weiblich sind.. Aber wann ist ein Drittes Geschlecht ein Geschlecht, das weder das eine noch das andere ist? Die Fälle, die in der Dominikanischen Republik beschrieben sind, legen nahe, dass es nicht ein sehr glorreicher Zustand in der Dominikanischen Republik ist. Wenn man Gil Herdts detaillierte Beschreibung von Einzelfällen in Neuguinea sich ansieht, verschwinden die auch von dort, weil sie es dort nicht aushalten. Ich bin nicht davon überzeugt, dass, abgesehen von ideologischen Brillen, das Dritte Geschlecht ein Vorbild für uns ist. Wir haben unser eigenes Drittes Geschlecht. So nennen sich einige Intersexuelle absichtlich >Intersex<, weil sie genau in dieser Situation sind. Für die ist es dann ein möglicher Ausweg. Das ist bislang nicht legal festgesetzt, aber als Selbstidentifizierung, dass man weder in das eine noch in das andere hineinpasst, sondern eine dritte Gruppe darstellt, zu der man gehört, die sich dann wirklich als dritte Gruppe fühlt, das ist für einige Leute ein möglicher Ausweg. Aber das ist etwas anderes als das Dritte Geschlecht in Neuguinea oder der Dominikanischen Republik.«*[143]

Zum einen, so Meyer-Bahlburg, werden Geschlechtersysteme mit Dritten Geschlechtern für intersexuelle Menschen in nicht-westlichen Kulturen als freier und toleranter glorifiziert, ein Prozess, der in der Ethnologie als Romantisierung des Wilden und Exotisierung nicht-westlicher Kulturen bekannt ist. Durch die Aufstellung eines fundamentalen Gegensatzes zwischen dem Westlichen und dem Nicht-Westlichen (»the West and the rest«) findet ein »Othering« statt, das das andere in diesem Fall mit allen positiven und emanzipatorischen Werten besetzt, an denen es der eigenen Gesellschaft mangelt. Dritte Geschlechter und *gender variance* werden als Möglichkeit begriffen, das westlich-binäre Geschlechterdenken in Frage zu stellen und Möglichkeitsräume jenseits der zwei Geschlechter aufzuzeigen, was eine produktive Krise herbeizuführen vermag (vgl. Garber 1992: 11). Die Inanspruchnahme alternativer Geschlechter in nicht-westlichen Kulturen zur Ermöglichung neuer Denkräume, die die Grenzen des

---

143 Kommentar beim Symposium *Intersexualität bei Kindern* in Halle am 5. und 6.3.2004.

Zweigeschlechtersystems verschieben sollen, wird auch von der Ethnologin Schröter kritisiert:

»Die gesamte Debatte [über alternative Geschlechter, CL] ist zurzeit eng an einen subkulturellen Identitätsdiskurs gekoppelt, der seine eigenen, der westlich-urbanen Welt entstammenden Ziele verfolgt und die in anderen Gesellschaften vorgefundenen Geschlechtskonzeptionen als moderne Utopien interpretiert. Populäre Begriffe dafür sind *Gender Crossing* und *Gender Bending* und sie bedeuten innerhalb des diskursiven Rahmens, den sie produzieren, Grenzen zu verschieben, neue Räume zu eröffnen und Lebensentwürfe durchzusetzen, die quer sind zu den hegemonialen Vorstellungen von Männlichkeit und Weiblichkeit. Diesen Begriffen haftet ein magischer Zauber an, der vieles verspricht: ein neues Selbstbewusstsein marginalisierter Minderheiten, neue politische Allianzen und, im akademischen Bereich, ein revolutionärer Paradigmenwechsel: Die Auflösung der so genannten ›Kategorie‹ Geschlecht.« (Schröter 2002: 12–13)

Dabei wird für den Westen ein absoluter Geschlechterdimorphismus festgestellt, was eine unzulängliche Simplifizierung darstellt, betrachtet man die Idee eines Dritten Geschlechts für Homosexualität in Deutschland in den zwanziger Jahren, christlich-kirchliche Nischen, die als Drittes Geschlecht interpretiert werden können, Transsexualität, Transgenderismus und vieles andere mehr. Dies zu ignorieren hat jedoch fatale Folgen für die Wahrnehmung der westlichen Geschichte. »Mit dem Imago des absoluten Dimorphismus im Westen kreiert die postkoloniale Anthropologie ihre eigene totalitäre Fiktion«, so Schröter (2002: 218).

Zum anderen gibt es, wie Meyer-Bahlburgs Äußerungen nahelegen, keine verbindliche Definition, was unter Dritten Geschlechtern verstanden wird. Tatsächlich wird dieser Begriff uneinheitlich zur Beschreibung ganz verschiedener Phänomene verwendet. Mal bezieht er sich auf *sex* als körperliches Geschlecht, mal auf *gender* als Geschlechterrolle und dann wieder auf eine bestimmte Art von Sexualität (vgl. auch Agrawal 1997: 279).

Außereuropäische Vorstellungen von mehr als zwei Geschlechtern können nur schwer in westliche Begrifflichkeiten übersetzt werden, da sie sich in ganz unterschiedlicher Weise auf Körper, Verhalten, Eigenschaften, psychische Merkmale und Sexualität beziehen. Das westliche Geschlechtermodell, in dem der Körper die Grundlage des Geschlechtsstatus darstellt und das nur zwei Geschlechter kennt, ist meist unzureichend, um Phänomene von *gender variance* zu verstehen. So besitzen Gruppen, die unter einer beschriebenen alternativen Geschlechterkategorie zusammengefasst werden, meist keine Äquivalente in westlichen Kulturen. Umgekehrt gibt es dort oft keine Kategorien, die westlichen Begriffen wie

»homosexuell«, »transsexuell« oder »intersexuell« entsprächen, obwohl diese Verknüpfung sowohl im populären als auch im wissenschaftlichen Diskurs oft hergestellt wird. Die Kategorien alternativer Geschlechter sind demnach streng gebunden an den jeweiligen kulturellen Kontext. Andererseits trägt es ebenso wenig zum interkulturellen Verständnis und Vergleich bei, indigene Begriffe einfach unübersetzt zu verwenden (vgl. Schröter 2002: 12). Zusammenfassend können ethnologische Studien über alternative Geschlechter in außereuropäischen kulturellen Kontexten folgendermaßen charakterisiert und kritisiert werden:

»Man zählt die Geschlechter einer Gesellschaft, häufig ohne genau zu benennen, was Geschlecht in den einzelnen Kontexten eigentlich ist, verwendet einmal indigene, dann wieder etische [144] Begriffe, rekurriert auf Geschlechterstereotypen, soziale Rollen, Körper, Metaphern und Tropen, ohne die einzelnen Elemente zu unterscheiden, und hat so anstelle einer subversiven Verwirrung der Geschlechter eine babylonische Verwirrung der Sprache geschaffen.« (Schröter 2002: 13)

Gender variance wird von den Ethnologen Jacobs und Cromwell als »kultureller Ausdruck eines multiplen Geschlechts (das heißt, mehr als zwei) und als die Möglichkeit, Geschlechterrollen und -identitäten während seines Lebens zu ändern« (1992: 63, Übers. CL) definiert. Das Motiv für *gender variance* und Geschlechterrollenwechsel ist oft eine Vorliebe für Geschlechterrollenverhalten des anderen Geschlechts. Herdt unterscheidet bezüglich des Geschlechtersystems zwei Idealtypen von Kulturen: Kulturen mit sexuellem Dimorphismus wie die euro-amerikanische, die auf der körperlichen wie auf der sozialen Ebene von zwei Geschlechtern ausgehen. Diese Kulturen tendieren Herdt zufolge dazu, essentialistisch und in Bezug auf die Person und das sexuelle Verhalten moralisch restriktiver zu sein. Hier werden Personen vor allem durch eine biologische oder tiefere psychologische Essenz, die als unveränderlich gilt, definiert. Kulturen mit einem Dreigeschlechter-System dagegen, die Herdt zufolge keine starre Verbindung zwischen körpergeschlechtlicher Klassifikation und Geschlechtsidentität herstellen, sind demzufolge in der geschlechtsspezifischen Sozialisation ihrer Mitglieder weniger restriktiv und akzeptieren körpergeschlechtliche Variationen eher. Gleichzeitig stellt die Androgynie

---

144 In der Ethnologie wird unterschieden zwischen zwei Arten, kulturelle Phänomene zu interpretieren. In Analogie zur »phonemischen« und »phonetischen« Analyse in der Sprachwissenschaft wird unterschieden zwischen einer »emischen« Interpretation von innen, innerhalb der Kategorien einer Kultur und einer »etischen« Interpretation von außen, in den Kategorien des wissenschaftlichen Beobachters.

in diesen Kulturen oft ein wichtiges Motiv auch im sakralen Bereich dar. In diesen »polymorphen« Kulturen werden Personen eher fließend und als relativ männlich oder weiblich definiert, je nach Lebensstufe, sozioökonomischem Status und Ritual (Herdt 1994c: 425). Herdt ist einer theoretischen Richtung zuzuordnen, die die kulturelle Existenz eines Dritten Geschlechts mit geschlechtlicher Liberalität in Verbindung bringt. Andere Autoren (zum Beispiel Schröter 2002) sind gegenteiliger Auffassung: Denn mit gleicher Berechtigung könne *gender variance* auch als eine rigidere Form des Umgangs mit dem Thema »Geschlecht« interpretiert werden, da Verhalten, Eigenschaften und Sexualität, die der *gender*-Norm nicht entsprächen, nicht in die Kategorie »Frau« oder »Mann« integriert werden, sondern zu einem Ausschluss aus der jeweiligen Kategorie in einen dritten oder vierten Geschlechtsstatus führte. Eine Vielzahl von Geschlechtern bedeutet folglich nicht notwendigerweise eine größere Flexibilität und Offenheit von geschlechtlichen Normen und Praktiken. So wäre auch folgende Interpretation denkbar: Je größer die Zahl der Geschlechter in einer bestimmten Gesellschaft, desto rigider die jeweiligen Geschlechternormen, da jedes Geschlecht Konformität des Einzelnen innerhalb eines engen Rahmens verlangt (vgl. Agrawal 1997: 294). Das heißt, was ein Zweigeschlechtersystem für intersexuelle Menschen und andere Abweichler von der Geschlechternorm bedeutet, ist abhängig von dessen Flexibilität und Toleranz. Bestünde nämlich eine generelle Offenheit gegenüber bestimmten Charakter- und Verhaltensmerkmalen sowie gegenüber körperlichen Merkmalen, ohne dass dadurch die Zugehörigkeit zu einem Geschlecht in Frage gestellt wird, so könnten zwei Geschlechter durchaus ausreichend sein und intersexuelle Menschen auch in einem Zweigeschlechtersystem Freiheit finden. Ist ein Geschlechtersystem jedoch in Bezug auf körperliche Merkmale und den Geschlechterwechsel sehr rigide, so wird die Zweigeschlechtlichkeit von intersexuellen Menschen als einschränkende Norm und Zwang erlebt.

In Bezug auf die Frage, welche Bedeutung alternative Geschlechterrollen und kulturell verankerter Geschlechterrollenwechsel für das Geschlechtersystem einer Gesellschaft haben, gibt es ebenfalls zwei konträre Interpretationslinien. In der einen stellen alternative Geschlechter eine Subversion des Zweigeschlechtermodells dar. Der anderen Ansicht nach bestärken zusätzliche Geschlechter zu Mann und Frau die hegemoniale binäre Geschlechterordnung durch die Übernahme entsprechender Normen beziehungsweise deren Pervertierung.

Die im Folgenden gewählten Beispiele sind Phänomene von Geschlechterrollenvielfalt, die im ethnologischen Diskurs um alternative Geschlechter verhandelt werden und die auch von der Emanzipationsbewegung intersexueller Menschen als Vorbilder aufgegriffen werden. Dabei sollen die *hijra* in Indien, die nordamerikanischen *berdache*, *gender variance* in Indonesien, die *xanith* in Oman, Geschlechterrollenwechsel in Polynesien, die »geschworenen Jungfrauen« auf dem Balkan sowie religiös motivierter Geschlechtswechsel im schamanistischen Kontext vor allem hinsichtlich zweier Fragestellungen besprochen werden: (1) Wie werden diese Phänomene in der Ethnologie interpretiert?, und (2) Auf welche Weise relativieren sie das euro-amerikanische Geschlechtermodell, das *sex* als Grundlage von *gender* annimmt und Geschlecht als dimorph konzeptualisiert?

Hijra in Indien

Hijra sind Menschen, die meist mit einem männlichen Körper, teilweise aber auch mit einem intersexuellen oder weiblichen Körper geboren werden, aber durch eine kastrierende Operation inklusive Penektomie *hijra* werden. Sie treten in der Öffentlichkeit traditionell bei Hochzeiten und Geburten auf, wo sie aufgrund ihrer sexuellen Askese (*tapasya*) Medien für Fruchtbarkeit darstellen, verdienen ihren Lebensunterhalt heute aber auch vermehrt in der Prostitution, was für ihre soziale Stellung nicht gerade förderlich ist. *Hijra* werden mit einer Mischung aus Verachtung, Furcht und Respekt behandelt. Sie leben in sozialen Gemeinschaften und können entweder als eine Art Kaste innerhalb der indischen Gesellschaft begriffen werden oder auch als Asketen außerhalb des Gesellschaftssystems, da sie nicht an den sozialen Rollen und Beziehungen teilhaben, die in der indischen Gesellschaft die Person definieren: Sie heiraten nicht und verzichten auf ein Familienleben. Die Stellung der *hijra* und ihre Identifizierung mit Fruchtbarkeit kann aus der hinduistischen Mythologie erklärt werden, wo Geschlechterrollenwechsel ein positiv besetzter Topos ist. So lebte der Held des Epos Mahabharata Arjuna als kastrierter Mann und als Frau verkleidet, um die Königsfrauen im Singen und Tanzen zu unterrichten und an Hochzeiten und Geburten teilzunehmen. Diese Darstellung geht auf die rituelle Stellung von Eunuchen[145] am indischen Hofe sowohl unter

---

145 Eventuell waren das die historischen Vorläufer der heutigen *hijra*.

hinduistischer als auch unter muslimischer Herrschaft zurück. Auch von dem Gott Shiva gibt es zum einen Darstellungen als Halb-Mann-halb-Frau in seiner Manifestation als Ardhanarishvara, zum anderen führte er selbst eine Art von Selbstkastration durch und praktizierte sexuellen Verzicht, wodurch er zu großer Schöpfer- und Fruchtbarkeitsmacht gelangte. Shiva, so der Mythos, warf seinen *lingam* (Penis) in die Erde, wodurch dieser aufhörte, Quelle individueller Fruchtbarkeit zu sein, und universale Fruchtbarkeit zu verströmen begann. *Hijra* identifizieren sich in dieser Hinsicht mit Shiva: Sie opfern ihre individuelle Männlichkeit, um anderen Fruchtbarkeit geben zu können, weswegen die »Emaskulation« (Kastration und Penektomie) als ihr Initiationsritual auch *nirvan* (Befreiung von einem begrenzten menschlichen Bewusstsein) genannt wird (Nanda 1994: 375–380).

Auf die Frage, wie sie zu *hijra* geworden sind, hört man immer wieder die Antwort »Wir sind so geboren«. Auf die Frage ihrer Rekrutierung antworten *hijra*, entweder die *hijra*-Community nehme sich Babys mit *hijra*-Geschlechtsmerkmalen, Eltern gäben ihre *hijra*-Kinder der *Community* freiwillig oder Männer mit »fehlgebildeten Genitalien« schlössen sich selbst der *hijra*-Community an (Agrawal 1997: 283, Übers. CL). Sie begreifen ihre Gemeinschaft als eine Art Auffangbecken für Menschen mit einem Körper zwischen den Geschlechtern, die sonst keinen gesellschaftlichen Platz hätten. Was heißt das? Die nahe liegende Interpretation, nach der *hijra* intersexuelle Menschen sind, stellt eine falsche und auch biologistisch verkürzte Annahme dar. Bei genauerer Betrachtung stellt sich diese Annahme nämlich als *hijra*-Ideologie dar, mit der sie sich nach außen darstellen und wie sie von anderen gesehen werden wollen. Tatsächlich werden die meisten *hijra* als biologisch eindeutige Jungen geboren und erst durch die Emaskulations-Operation zu *hijra* gemacht. »Wir sind so geboren« bezieht sich somit nicht unbedingt auf den Körper, sondern auf einen ganzen Korpus von selten physischen, meist psychischen Verhaltensmerkmalen, die *hijra* »seit Geburt« haben.

Die Ethnologin Nanda (1990, 1994, 1997) beschreibt *hijra* als »dritte Geschlechterkategorie« (*gender*). Da die indische Gesellschaft *hijra* als Drittes Geschlecht toleriere und akzeptiere, sei diese, so Nanda, toleranter und weniger dimorph. Nanda zeichnet ein harmonisches Bild der indischen Gesellschaft bezüglich der Integration von Widersprüchlichkeiten und *gender*-Variationen. Dies ergibt sich nach ihr aus der generellen Fähigkeit der indischen Gesellschaft, mit Variation umzugehen und »Widersprüche und Variationen auf der sozialen, kulturellen und persönlichen Ebene« (Nanda 1994: 23, Übers. CL) zu integrieren:

»Wo die westliche Kultur hartnäckig versucht, geschlechtliche Widersprüche aufzulösen, zu unterdrücken, mit Scherzen abzutun oder zu ignorieren, hat sich in Indien die Angst im Zusammenhang mit der Transgeschlechtlichkeit (*transgenderism*) nicht zu einer kulturell institutionalisierten Phobie ausgeweitet. [Auf diese Weise, CL] behält der Hinduismus seine traditionell verankerte Fähigkeit bei, die Gegensätze, Widersprüche und Unterschiede, die die Hijra buchstäblich ›verkörpern‹, in sich zu integrieren.« (Nanda 1997: 130)

Für ganz Asien stellt der Ethnologe Johnson eine Tendenz der Integration von *gender variance* fest. Die »Geschlechtsüberschreiter« (*transgenders*) verkörpern demnach in Gesellschaften, die stark auf Komplementarität und nicht so sehr auf Aufrechterhaltung der Gegensätze aufgebaut sind, die Idee einer kosmischen Einheit (vgl. auch Schärer 1946, Baumann 1986, Kroef 1956, Johnson 1987, Errington 1990, Nanda 1990, Pelras 1996). In diesen würden geschlechtlich uneindeutige Menschen als heilige Wesen, als göttliche Figuren und als Fruchtbarkeitssymbole betrachtet (Johnson 1987: 25).

Bei meinen eigenen Beobachtungen in Nordindien konnte ich allerdings eher das Gegenteil feststellen, nämlich Ausschluss und gesellschaftliche Verachtung, wie es auch die Ethnologin Hall (1997) beschreibt. Hall beschreibt *hijra* als »sowohl sozial als auch räumlich marginalisiert« (Hall 1997: 430, Übers. CL) und als ausgeschlossen aus der indischen Gesellschaft. Der soziale Raum, den die *hijra* besetzen, existiert demzufolge nicht aufgrund der vermeintlichen Toleranz der indischen Gesellschaft gegenüber *gender variance*, sondern weil sich *hijra* diesen Raum als Reaktion und im Widerstand gegen den systematischen Ausschluss aus der Gesellschaft selbst geschaffen haben, »um in einer feindlichen Welt zu überleben« (Hall 1997: 452, Übers. CL). Die kulturelle *gender*-Nische als »weder Mann noch Frau« (Nanda 1990, 1994) ist demnach als Subversion eines auch in Indien bestehenden hegemonialen Geschlechterdimorphismus zu verstehen. Das indische Geschlechtersystem als Ganzes kann daher nicht als »Dreigeschlechtersystem« interpretiert werden. Die Diskussion zwischen romantisierender Interpretation der indischen Gesellschaft als harmonisches, integrierendes Ganzes versus einer Interpretation als extreme Klassengesellschaft entspricht einer seit Dumonts *Homo Hierarchicus* (1980) geführten generellen Debatte über die Interpretation des indischen Kastensystems.[146] Widerspricht der Geschlechtsstatus der *hijra* euro-amerikanischen Vorstellungen von *sex* als Grundlage von *gender*? Muss die *sex-gender*-Trennung aufgegeben werden, um *hijra* innerhalb des indischen Deutungskontextes verstehen zu können? Interpretationen, nach denen die indische Gesellschaft als toleranter auch gegenüber Geschlechts*körpern* beschrieben wird und die Verbindung zwischen Geschlechtskörper und *gender* scheinbar nicht so starr ist, übersehen meist die Tatsache, dass auch der *hijra*-Körper ein »korrekter Körper« zu sein hat (Agrawal 1997, Übers. CL). Denn erst nach der kastrierenden Operation gilt ein *hijra* als echter *hijra*. Der Körper selbst muss also an bestimmte gesellschaftliche Normen für einen *hijra*-Körper angepasst werden, um als legitime Grundlage des *hijra*-Status zu gelten. Der »Blick unter den Rock« muss auch bei *hijra* die richtigen, durch die Operation an eine kulturelle Norm angepassten Genitalien zeigen. Was folgt daraus für den Zusammenhang zwischen dem körperlichen und dem sozialen Geschlecht? Daher muss die Annahme von *sex* als die Grundlage von *gender* für den indischen Kontext und für *hijra* als Drittes Geschlecht nicht aufgegeben werden, denn auch hier stellt der Körper die Grundlage des sozialen Geschlechts dar. Allerdings muss der körperliche Geschlechtsdimorphismus erweitert werden um eine dritte Körperkategorie, denn ein spezifischer operativ hergestellter oder selten ein naturgegebener intersexueller Körper bildet die Grundlage der *hijra*-Kategorie. Dieser Körper muss »korrekt« sein. Wie der intersexuelle Körper in der gegenwärtigen euro-amerikanischen Gesellschaft einer Geschlechternorm operativ und hormonell angepasst wird, so muss auch der männliche Körper operativ zu einem »korrekten« *hijra*-Körper gemacht werden. Da die indische Gesellschaft ein alternatives *gender* nur auf Kosten der Annahme von passenden Körpermerkmalen erlaubt, ist sie nach Ansicht Agrawals nicht als permissiver in Bezug auf Geschlecht zu verstehen. Auch im Falle der kulturellen Konstruktion von *hijra* nimmt also der Körper eine zentrale Rolle ein. Die Grundlage für *hijra* ist eine dritte Art von Körpern (vgl. Agrawal 1997: 290-293).

---

146 Einen guten Überblick über die ethnologische Debatte über das indische Kastensystem geben Quigley, Declan (1993), *The interpretation of caste*, Oxford: Oxford University Press, Fuller, Chris J. (1996) (Hg.), *Caste today*, Delhi und Sharma, Ursula (1999), *Caste*, Buckingham.

Berdache in Nordamerika

Berdache waren biologisch eindeutige Männer oder Frauen, die in Kleidung, Verhalten, Arbeit und Sexualität die Geschlechterrolle des »anderen« biologischen Geschlechts annahmen und einen Status zwischen den Geschlechtern innehatten (Callender und Kochems 1983: 443). Meist handelte es sich um biologische Männer, seltener um Frauen, und aus manchen Berichten kann auch auf intersexuelle Menschen geschlossen werden. *Berdache* verrichteten nicht nur die Arbeit des »anderen« Geschlechts, sie hatten auch in vielen indianischen Gesellschaften eine Mittlerfunktion inne und arbeiteten nicht selten als Medizinmänner und -frauen. Der Begriff *berdache* stammt aus dem Arabischen, wo er ursprünglich männliche Prostituierte oder »Lustknaben« bezeichnet und gelangte über die Mauren nach Europa. Dort erlebte der Begriff mit der Zeit einen Bedeutungswandel, wurde von europäischen Chronisten zur Bezeichnung des institutionalisierten Geschlechterrollenwechsels in nordamerikanischen indigenen Kulturen verwendet und gelangte von dort in die Ethnologie (vgl. Lang 1997: 144).

Das Phänomen der *berdache* wurde von europäischen Chronisten wie von Ethnologen lange Zeit abwertend als institutionalisierte Homosexualität beschrieben, wobei der Ethnopsychologe Georges Dévéreux (1937) als Anfangspunkt gesehen werden kann. Mit den siebziger Jahren änderte sich die Bewertung der *berdache* und das Phänomen wurde unter positiven Vorzeichen als freierer und toleranter Umgang mit Homosexualität romantisiert und auf diese Weise eine »Wesensverwandtschaft« zwischen westlichen Homosexuellen und *berdache* konstatiert. Mit dem Artikel *The North American berdache* von Callender und Kochems aus dem Jahre 1983 zeichnete sich ein Perspektivenwechsel im ethnologischen Blick auf das Phänomen der *berdache* ab. Man erkannte, dass die Kategorie *berdache* nicht auf homosexueller Orientierung beruhte, sondern auf Tätigkeitspräferenzen, die der »anderen« Geschlechterrolle zugeordnet waren und die sich bereits im Kindesalter äußerten. Des Weiteren führte das in der Ethnologie heraufziehende Paradigma von alternativen Geschlechtern, multiplen Geschlechtersystemen beziehungsweise *gender variance* dazu, *berdache* nicht mehr als Männer oder Frauen, sondern als alternative Geschlechter zu begreifen und damit euro-amerikanische Grundannahmen der biologischen Grundlage von Geschlecht und der Zweigeschlechtlichkeit als kulturelle Konstrukte zu entlarven.

Die Interpretation als institutionalisierte Homosexualität wurde auch deswegen verworfen, weil Heterosexualität als Beziehung zwischen zwei Menschen definiert wird, die verschiedenen *genders* angehören, was durchaus auch für die sexuelle Beziehung zwischen einem *berdache* und einem Mann zutrifft. Gleichgeschlechtliche Beziehungen hingegen waren auch in indigenen nordamerikanischen Gesellschaften mit multiplen Geschlechtern sozial nicht akzeptiert. Im Gegensatz zu der »Hetero-Sexus-Normativität« (Tietz 1998: 104) des euro-amerikanischen Geschlechtermodells, in dem zwei Sexualpartner unterschiedlichen »biologischen« Geschlechtern angehören müssen, sind nordamerikanische indigene Geschlechtersysteme durch eine »Hetero-Gender-Normativität« (Tietz 1998: 104) charakterisiert, nach der die Personen unterschiedlichen *genders* angehören müssen (Tietz 1998: 104, Lang 1990, 1997). Durch die geschlechtliche Rollenaufteilung zwischen einem *berdache* und seinem Partner bestätigten Beziehungen zwischen einem *berdache* und einem Mann gewissermaßen die Rollenaufteilung zwischen den Geschlechtern (vgl. Lang 1997: 148).

Die Navaho werden immer wieder herangezogen als die indianische Gesellschaft, in der intersexuelle Menschen den höchsten gesellschaftlichen Status innehatten. Die Navaho unterschieden zwischen drei Arten von *nadle*, den »echten« *nadle*, die nach Angaben von Hill (1935) Hermaphroditen waren, und den nur vorgetäuschten biologisch männlichen und weiblichen *nadle*. Nach Hills Navaho-Informanten bedeutet der Begriff *nadle* »Weber«, was auf ihre berufliche Spezialisierung hindeutet; daneben waren die *nadle* häufig Medizinmänner. *Nadle* kann übersetzt werden mit »transformiert werden« (Sapir in Hill 1935: 273) und bedeutet »einer, der sich fortwährend verändert« beziehungsweise »einer, der fortwährend hin und her wechselt« (Witherspoon 1977: 142, Übers. CL). Der Bericht von Hill ist der erste ethnologische Bericht über die *nadle*, neuere Berichte von Thomas (1997) und Lang (1990: 74–82) beschreiben dasselbe. So kann das Geschlechtersystem der Navaho durch fünf *genders* und drei *sexes* charakterisiert werden, wobei das dritte *sex* aus Menschen, die männliche *und* weibliche Geschlechtsmerkmale zeigen, bestand (vgl. Thomas 1997, Tietz 1998).

Hills Bericht (1935) legt nahe, dass es sich bei den »echten« *nadle* um Hermaphroditen handelte, eine Deutung, die heute von intersexuellen Menschen häufig aufgegriffen wird. Dabei darf jedoch nicht übersehen werden, dass Hills Bericht aus einer Zeit stammt, in der Homosexualität, Transvestismus, Transsexualität und Hermaphroditismus oft gleichbedeutend verwendet wurden. Nach folgender medizinischer Analyse der Endokrinologin Ursula Kuhnle bleibt es unklar, ob die »echten« *nadle* der Navaho intersexuelle Menschen im medizinischen Sinn waren. Dieses Beispiel soll auch zeigen, welche Fragen aus medizinischer Sicht interessieren:

»Die Beschreibung der physischen Merkmale von Hermaphroditen in diesem Artikel ist sehr vage. Es wird berichtet, dass diese Hermaphroditen bei der Geburt erkannt werden und entweder als Mädchen oder als Jungen aufwachsen, die dann zwischen 18 und 25 Jahren ihr Geschlecht wechseln. Medizinisch gesehen ist dies für phänotypisch weibliche Individuen möglich, die während der Pubertät virilisieren können, phänotypisch männliche Individuen feminisieren nicht. Man könnte sich aber vorstellen, dass die Gynäkomastie bei der Androgenresistenz, dem Klinefelter-Syndrom und dem seltenen ›echten Hermaphroditismus‹ als ›Feminisierung‹ gedeutet werden könnte. Allerdings virilisieren diese Individuen während der Pubertät beträchtlich. Die Beschreibung der physischen Merkmale der ›echten‹ nadle in Hills Bericht sind aus medizinischer Perspektive sehr oberflächlich und beziehen sich lediglich auf den körperlichen Habitus, auf die Stimme und die Kleidung. Ein nützlicher zusätzlicher Hinweis könnte sein, dass in einem Fall schon der Großvater ein nadle war. In allen Intersex-Formen, mit Ausnahme einer schwach ausgeprägten Androgeninsensitivität, ist ohne medizinische Intervention eine männliche Fruchtbarkeit nicht möglich, weibliche Fruchtbarkeit selten und nur bei Hermaphroditismus verus selten berichtet worden. Andererseits ist die Vaterschaft immer ein unsicherer Beweis, so dass dieses Argument schwer zu interpretieren ist. Sicher natürlich ist, dass die genitalen Fehlbildungen der Intersexualität nicht vom Vater auf den Sohn vererbt werden können.*« (Ursula Kuhnle)*

Hill gibt in seinem Artikel einige interessante Hinweise über die Funktion und das Ansehen der *nadle*, die zeigen, dass sie in dieser Gesellschaft eine spezielle soziale Funktion als Mittler auch in Streitfällen zwischen Männern und Frauen innehatten und als solche sehr angesehen waren. Er berichtet, dass *nadle* mit dem damaligen amtierenden US-Präsidenten Roosevelt verglichen werden, wie es sich in folgender von Hill zitierten Charakterisierung zeigt:

»They know everything. They can do both the work of a man and a woman. I think when all the nadle are gone, that will be the end of the Navaho […] You must respect a nadle. They are, somehow, sacred and holy.« (Hill 1935: 278)

Berdache erleben seit den neunziger Jahren eine gesellschaftliche Wiederentdeckung, die unter dem Einfluss von homosexuellen *Native Americans* stattfindet, welche sich mit ihrer Identität als *Two Spirit* als indianische Homosexuelle von westlichen Homosexuellen abgrenzen. In einer Revitalisierungsbewegung der »Verfremdung und Aneignung« (Tietz 1998: 115) wird somit das alte Phänomen *berdache*, welches ein durch

Verhaltensvorlieben und nicht durch sexuelle Vorlieben motivierter Geschlechterrollenwechsel war, in Bezug auf Homosexualität neu interpretiert. Damit verbunden ist der Versuch, sich gesellschaftlich gleichermaßen als Homosexuelle wie als Indianer zu legitimieren, wobei übersehen wird, dass indianische Kulturen der Homosexualität ablehnend gegenüberstanden. Die Identitätsbezeichnung *Two Spirit* als die Vereinigung von männlichem und weiblichem *spirit* bezieht sich auf die spirituelle Bedeutung, mit der alternative Geschlechter in vielen indianischen Kulturen verbunden waren und verbindet auf diese Weise Homosexualität mit indianische Spiritualität. *Berdache* werden als eine indianische Kategorie für schwule und lesbische Personen in Verbindung mit indianischer Spiritualität neuinterpretiert (Tietz 1998: 102). In jüngster Zeit haben *Two Spirit*-Ideen aus dem *gay-and-lesbian*-Kontext auch Einfluss auf die Emanzipationsbewegung intersexueller Menschen. Dabei wird von einigen eine Verbindung hergestellt von Intersexualität und indianischer Spiritualität. So schildert beispielsweise der Hermaphrodit Heike Spreitzer die Blackfoot-Gesellschaft als toleranter gegenüber geschlechtlichen Abweichlern, die hier besondere gesellschaftliche Funktionen innehaben, wobei intersexuelle Menschen den höchsten Rang in der Hierarchie einnehmen:

»Multiple Geschlechtersysteme gibt es in fast allen Ethnien in Nordamerika, zwischen drei und fünf Geschlechterkategorien, also entweder eine, zwei oder drei zusätzlich zu dem, was Mann oder Frau entspricht, wobei das Problem ist: Schon die Definition von Mann oder Frau ist anders. Nicht nur, weil der gesamte kategorielle Rahmen anders aufgeteilt ist, sondern auch weil Geschlecht nicht präskriptiv, sondern deskriptiv ist. Man bekommt eine Rolle zugewiesen aufgrund des tatsächlich gezeigten Verhaltens, und nicht, um Leuten irgendwelche Vorschriften zu machen, er kommt in eine bestimmte Kategorie rein und hat sich deswegen so und so zu verhalten. Das Blackfoot-System besteht aus drei weiteren Kategorien zusätzlich zu Mann und Frau [...]. Im Prinzip ist die Blackfoot-Gesellschaft egalitär, es gibt allerdings so was wie spirituelle Hierarchie. Die gilt auch im Besonderen mit diesem Geschlechtersystem: Diesen drei Weder-Mann-noch-Frau-Geschlechtern sagt man besondere spirituelle Befähigung nach, die auch zum Teil mit profanen Aufgaben wie Mittlerdiensten korrelieren. Individuen, die diesen nicht-männlichen-nicht-weiblichen Kategorien bei Geburt zugewiesen werden, sind natürlich Intersexen. Allerdings gibt es auch bei Geburt als männlich oder weiblich kategorisierte Individuen, bei denen sowohl ihnen selber wie auch Angehörigen im Alter zwischen drei und fünf Jahren auffällt, dass da die deskriptive statt präskriptive Rolle zum Vorschein kommt, dass sie sich nicht so verhalten wie anderen wie andere und dass sie deswegen die Rolle zu wechseln haben. Das habe ich immer ›metaphorische Intersexualität‹ genannt.«[147]

---

147 Transkription aus dem Dokumentarfilm *Intersexed* von Joachim Kateri.

Die genannten Gesellschaften verbinden nach dieser Auffassung gesellschaftliche Hochachtung intersexueller Menschen mit einem sehr toleranten *gender*-System[148] und überhaupt sozialer Egalität. Hierarchie findet sich nur auf der spirituellen Ebene, wobei intersexuelle Menschen die höchste Position einnehmen. Mit Deutungen wie dieser legitimieren manche intersexuelle Menschen beziehungsweise Hermaphroditen ihre »eigentliche« spirituelle Höherstellung aufgrund der Vereinigung des männlichen und weiblichen Prinzips in ihrer Person. So wie Homosexuelle haben in jüngster Zeit auch intersexuelle Menschen in ihrer Suche nach kulturellen Vorbildern und Identifizierungsrollen alternative Geschlechtersysteme des indigenen Nordamerikas für sich entdeckt. Sie identifizieren sich mit der spirituellen Einordnung von körperlicher und sozialer Zwischengeschlechtlichkeit sowie mit der Funktion dieser Personen als Mittler.

Dritte und Vierte Geschlechter in Indonesien

Die Makassar in Südsulawesi kennen vier soziale Geschlechterkategorien. Neben Männern und Frauen unterscheiden sie die beiden ambivalenten Kategorien *kawe-kawe* (biologische Männer, die sich nicht oder nur teilweise als Männer empfinden und die die männliche Rolle nicht oder nur partiell übernehmen) und – weniger häufig – *calabai* (biologische Frauen, die sich dem weiblichen Rollenkomplex ganz oder teilweise verschließen). Auch körperliche Intersexuelle werden, je nachdem ob sie sich eher männlich oder weiblich verhalten, als *kawe-kawe* oder *calabai* klassifiziert. Der Geschlechtsstatus *kawe-kawe* und *calabai* ist sehr offen konzeptualisiert und ermöglicht den Individuen eine extrem variable Ausgestaltung ihrer Geschlechtsidentität und Geschlechterrolle. Auch die Dauer ist offen. *Kawe-kawe* können wie Frauen als Ritenspezialistin *anrongbunting* (»Hochzeitsmutter«) bei Hochzeiten arbeiten, wobei diese Rolle als Vermittler zwischen Frau und Mann sowie die als Vermittler zwischen der Ebene der Menschen und der Geister bei *kawe-kawe* auf die Verbindung von weiblichen und männlichen Aspekten in einer Person zurückzuführen ist. Diese Kategorien ermöglichen nach Röttger-Rössler (1997: 108) auch intersexuellen Menschen ein relativ konfliktfreies Leben. Im urbanen Bereich vermischt sich heute die *kawe-kawe*-Kategorie oft mit der Kategorie *homoseks*,

---

148 Wobei die Kategorisierung in verschiedene *genders* aufgrund von Verhalten als Toleranz verstanden wird. Zur Diskussion darüber siehe oben.

was zu einer starken Betonung des sexuellen Faktors führt, der dem *kawe-kawe*-Phänomen ursprünglich nicht zugrunde lag (vgl. Röttger-Rössler 1997).

Vergleichbar den *kawe-kawe* und *calabai* bei den Makassar sind die Geschlechterkategorien der *calabai* und *calalai* bei den Bugis ebenfalls im Süden Sulawesis. Der Ethnologe ChristianPelras (1997) zieht die Verbindung dieser dritten und vierten Geschlechterkategorien bei den Bugis zu den vorislamischen *bissu*-Priestern, die von Holt (1939), Kroef (1955) und Hamonic (1975) beschrieben wurden. Als Medizinmänner hatten diese vor allem die Aufgaben, zwischen Göttern/Geistern und Menschen zu vermitteln, als Heiler zu fungieren sowie Sakralia zu bewahren. Entsprechend der damaligen Perspektive wurden die *bissu* als »Transvestiten-Priester« oder als »Bisexuelle«[149] beschrieben, da sie als biologische Männer teilweise oder dauerhaft in Frauenkleidung (Hamonic 1975: 125) auftraten, wenngleich schon Kroef (1975) darauf hinweist, dass es keine adäquate Übersetzung für *bissu* und andere alternative Geschlechter in Indonesien gebe. Als Mittler zwischen zwei kosmologischen Ebenen vereinen *bissu* in sich das weibliche und das männliche Prinzip. Dieses Konzept ist in allen religiös motivierten Geschlechterrollenwechseln vor allem im schamanistischen Kontext zu finden. Nach Holt umfasst die Kategorie *bissu* »Männer mit abnormen körperlichen Gegebenheiten« (1972: 30, Übers. CL), worunter sie Impotenz, Homosexualität und Hermaphroditismus versteht. Diese Zusammenfassung von drei heute so divergent erscheinenden Phänomenen kann im Kontext des Konzepts von »psychischem« und »physischem Hermaphroditismus« [150] verstanden werden, wodurch sich auch die Interpretation der *bissu* als »religiöse Hermaphroditen« (Kroef (1955) erklären lässt.

Die *banci*,[151] eine Subkultur innerhalb der javanischen Metropolen, charakterisiert Oetomo (1991) folgendermaßen:

»Die meisten Indonesier klassifizieren Menschen in drei Geschlechter (genders), nämlich männlich (*laki-laki*), weiblich (*perempuan*) und ein drittes Geschlecht dazwischen, genannt *banci*, *wadam* oder *waria*. [...] Dies sind entweder (1) Menschen, die

---

149 Im Sinne von »zwei Geschlechter in einer Person vereinigend«, wie auch Baumann (1986) diesen Begriff verwendet.
150 Vgl. das Kapitel Zur Geschichte des medizinischen Konzepts Intersexualität.
151 Seit den späten sechziger Jahren werden die emanzipativen Begriffe *wadam* (für *wa*nita *A*dam, »Adam-Frau«) und *waria* (für *wa*nita p*ria*, »männliche Frau« oder »Mann-Frau«) verwendet (Oetomo 1996: 262).

androgyn erscheinen[152] oder sich androgyn bewegen (2) biologische Männer, die Kleidung, Verhalten und gesellschaftliche Rollen von Frauen annehmen, sich als *waria* bezeichnen und sich regelmäßig mit anderen *waria* in bestimmten Gemeinschaften treffen.« (Oetomo 1991: 120, Übers. CL)

Nach Oetomo haben die *banci* das Schlagwort Mann-zu-Frau-Transsexueller als »gefangen in einem männlichen Körper« zur Selbstbeschreibung übernommen. *Banci* arbeiten normalerweise im weiblichen Bereich, in Friseur- und Schönheitssalons, kochen oder sticken, aber führen auch geschlechtsneutrale Tätigkeiten als Heiler oder Clowns aus. Oetomos Beschreibungen legen nahe, dass auch intersexuelle Menschen mit androgynen physischen Merkmalen in dieser dritten Geschlechterkategorie ihren Platz finden könnten, wozu Oetomo selbst jedoch keine näheren Angaben macht. In jüngster Zeit ist aus den *waria* eine regelrechte Identitätsbewegung entstanden, die auf ihrem Pass statt »Mann« oder »Frau« *waria* eingetragen bekommen und zum Beispiel auch eigene öffentliche Toiletten für sich fordern (Röttger-Rössler, pers. Mitteilung). Viele *banci* wollen ihren Körper mittels Hormonen und Operationen in die weibliche Richtung umgestalten, bleiben aber auch nach der körperlichen Transformation *banci*.

Für ganz Südostasien gilt, dass die Personen, die die zweigeschlechtliche Norm sprengen, eine Funktion als Mittler haben. So werden sie als Mittler zwischen Männern und Frauen, zwischen hierarchischen Klassen, zwischen ethnischen und religiösen Gruppen, zwischen Tradition und Moderne im Prozess kultureller Transformation oder, wie im Falle der *bissu*, zwischen Menschen und Göttern oder Geistern beschrieben (vgl. Johnson 1997: 25, Besnier 1994: 317–318).

Xanith in Oman

In der ethnologischen Zeitschrift *Man* fand 1978 eine Diskussion über die Existenz eines Dritten Geschlechts in Oman statt. Anlass war ein Aufsatz der Ethnologin Unni Wikan (1978) über die *xanith*, welche sie als »Transsexuelle« beschrieb. Allerdings liegt ein gewisser Widerspruch darin, wenn sie später darlegt, *xanith* würden zwischen den Sphären der Männer- und der Frauenwelt hin- und herwechseln und sich in weiblichen wie in männlichen sozialen Räumen aufhalten. *Xanith* sind darüber hinaus da-

---

152 An anderer Stelle schreibt er »mit androgynen körperlichen Merkmalen« (Oetomo 1996: 261).

durch gekennzeichnet, dass sie sich sexuell zu Männern hin orientieren, immer aber in der passiven sexuellen Rolle. In den meisten sozialen Kontexten assoziieren sich die *xanith* mit dem weiblichen Geschlecht und führen weibliche Tätigkeiten aus. Ihre ökonomische Funktion ist meist die eines/einer Prostituierten, sie arbeiten aber auch als Hausdiener. In dem Dorf, in dem Wikan forschte, war zum Zeitpunkt ihrer Forschung nach ihren Angaben ca. einer von 50 Einwohnern ein *xanith*. Daraus, dass sie sexuell mit Männern verkehren, könne jedoch Wikan zufolge nicht abgeleitet werden, es handle sich bei den *xanith* um Homosexuelle im westlichen Sinn, da, wie sie betont, in Oman weniger die Genitalien als die praktizierten Formen des geschlechtlichen Verkehrs – aktiv oder passiv –entscheidend für die Definition eines Menschen als Mann oder Frau sind. Für die Konzeptualisierung von *gender* bei den Omani ist vor allem das sexuelle Verhalten – als penetrierend oder nicht-penetrierend – entscheidend. Demnach wären die *xanith* sozial Frauen. Wikan beschreibt die *xanith* aber als eine dritte Geschlechterrolle für Mann-zu-Frau-Transsexuelle (Wikan 1978: 304), was die Ethnologin Behrend zu der Auffassung veranlasst, die Omanis hätten kein Zwei-, sondern ein Dreigeschlechtermodell (vgl. Schröter 2002: 113). Ebenso bezeichnet Röttger-Rössler die *xanith* als ein Drittes Geschlecht, da sie »in sozialer Hinsicht weder Mann noch Frau [sind und] über Autonomiespielräume [verfügen] die Männern und Frauen in Oman sonst nicht offen stehen« (Röttger-Rössler 1997: 106).

Shepherd (1978) kritisiert Wikans Interpretation der *xanith* als Transsexuelle und als dritte Geschlechterrolle und bezeichnet diese vielmehr als homosexuelle Männer. Im Gegensatz zu Deutungen, nach denen aus der Existenz der *xanith* auf ein Drei-Geschlechter-System der Omanis geschlossen werden könne, findet Schröter (2002) umgehrt, dass die *xanith* die auch im Oman hegemoniale Geschlechterdichotomie stützen, statt sie subversiv zu untergraben. An der Diskussion über das »wahre Wesen« der *xanith*, ob sie in euro-amerikanischer Begrifflichkeit Transsexuelle, Homosexuelle und/oder ein Drittes Geschlecht sind, wird die Problematik der Übertragung westlicher Konzepte, die einem speziellen subkulturellen Diskurs entstammen, auf andere kulturelle Kontexte deutlich. Fest steht, dass wir mit unseren Begriffen, die von nur zwei biologischen und sozialen Geschlechtern und von einer natürlichen oder biologischen Bestimmtheit der Geschlechter ausgehen, im Verstehen dieser Phänomene nicht weiterkommen.

Geschlechtsliminalität in Polynesien

Seit der zweiten Hälfte des 20. Jahrhunderts berichten Ethnologen von einem Phänomen im Zwischenraum der Geschlechter, das auf Samoa *fa'afafine*[153], auf Tahiti und Hawaii *māhū*, auf Tonga *fakaleiti*[154] und auf Tuvalu *pinapinaaine* genannt wird. Es handelt sich dabei um physiologische Männer, die entweder weil sie als Mädchen erzogen wurden oder aus eigenem Antrieb heraus weiblich konnotiertes Verhalten, weibliche Kleidung, Sprache und einen weiblichen Habitus annehmen und sich in weiblichen sozialen Räumen bewegen. Sexuell verkehren sie mit Männern, aber stets in der passiven (weiblichen) Rolle. Je nach theoretischer Ausrichtung und Zielsetzung des Forschers werden sie als Drittes Geschlecht (Herdt 1994, Poasa 1991, Shore 1981), als Transvestiten (Mageo 1992) oder als Transsexuelle interpretiert. Am ernstzunehmendsten sind meines Erachtens die Interpretationen, die nicht auf westliche Begriffe zurückgreifen, sondern das Phänomen als *gender*-Liminalität begreifen (Besnier 1994). Besnier hält eine Interpretation in westlichen *gender*-Kategorien für reduktionistisch, da diese die Phänomene völlig aus ihrem indigenen kulturellen Zusammenhang reißen. Mit seiner Interpretation als *gender*-liminale Personen schließt er an Turners Begriff der Liminalität an, deren Hauptmerkmale er auch bei Polynesiens *gender*-Liminalität findet, nämlich ihr sozialer Ort »betwixt and between«, ihr Außenseiterstatus und ihre sozial niedrige Stellung (Besnier 1994: 287). Nach Besnier stellen sie keine eigene Geschlechterkategorie dar, sondern verstärken die Zweigeschlechtlichkeit, indem sie Männer darauf aufmerksam machen, was nicht männlich ist. Auch ist es Besnier zufolge falsch, sie, wie innerhalb der *gay-and-lesbian*-Literatur geschehen, als Homosexuelle zu interpretieren, da sie niemals mit Partnern aus ihrer eigenen sozialen Geschlechterkategorie, sondern stets mit Männern sexuell verkehren und ihre Sexualität daher als Heterosexualität – genauer als Hetero-*gender*-ität – interpretiert wird (Besnier 1994: 302).

---

153 »Wie eine Frau«, »in der Art einer Frau« (von *fafine* – Frau) (vgl. Mageo 1992: 443).
154 Von engl. *lady* – wie eine Frau.

»Geschworene Jungfrauen«[155] auf dem Balkan

Auf dem Balkan werden bei den Südslawen und Albanern »geschworene Jungfrauen« beschrieben. Seit der ersten Hälfte des 18. Jahrhunderts wird aus dieser Region von biologischen Frauen mit männlichem Habitus und männlichem Verhalten berichtet, die in der männlichen Geschlechterrolle leben, Männerkleidung und Waffen tragen, Männerarbeit machen und vermutlich auch eine Geschlechtsidentität als Mann entwickeln. Dem Ethnologen Grémaux (1994) zufolge ist ein Geschlechtswechsel in die Rolle der »geschworenen Jungfrau« mit einem sozialen Aufstieg verbunden, da Frauen in den patrilinearen und virilokalen Gruppen des Balkans »soziale Außenseiter« seien und die »geschworenen Jungfrauen« sozial nicht mehr als Frauen gelten, sondern in dieser dritten Geschlechterrolle (Grémaux 1994) von der Gesellschaft als Quasi-Männer anerkannt sind. Aufgrund von Männermangel oder seltener auch von Vorlieben für männlich konnotiertes Verhalten werden sie entweder schon als Kinder ermutigt, die Rolle eines Sohnes einzunehmen oder sie entscheiden sich später für die männliche Rolle.[156] Die soziale Existenz als Nicht-Frau ist dann bestätigt, wenn das Mädchen den Schwur ablegt, für immer Jungfrau zu bleiben (Grémaux 1994, Young 2000). Diese Geschlechterkategorie bietet auch Frauen, die sich in der traditionellen weiblichen Rolle unwohl fühlen, einen Freiraum. Young (2000) betont vor allem den Geschlechterrollenwechsel und beschreibt sie als »Frauen, die Männer werden«. Grémaux dagegen beschreibt sie als »Drittes Geschlecht«. Die soziale Geschlechterkategorie der »geschworenen Jungfrauen« dürfte auch für intersexuelle Menschen, die unbehandelt in der Regel in der Pubertät körperlich virilisieren, eine Möglichkeit (gewesen) sein, relativ konfliktfrei in die männliche Rolle zu wechseln. Grémaux deutet darauf hin, wenn er in einem von ihm beschriebenen Fall vermutet, der Geschlechtswechsel könnte durch eine hormonelle Störung verursacht worden sein (1994: 275).

---

155 In der albanischen Sprache gibt es verschiedene Begriffe dafür: *tobelija* (die, die einen Schwur abgelegt hat) bezieht sich auf den Schwur, für immer Jungfrau zu bleiben. *Muskobanja* (männliche Frau), *harabasha* (Frau-Mann), *zena covjec* (Frau-Mann) und *momak djevojka* (Mädchen-Junge) beziehen sich auf die den Zwischengeschlechterstatus (Grémaux 1994).

156 Bestimmte Aufgaben dürfen aufgrund der strengen Arbeitsteilung nur von Männern oder eben »geschworenen Jungfrauen« verrichtet werden.

Zwischengeschlechtlichkeit und Geschlechterrollenwechsel im schamanistischen
Zusammenhang in Sibirien

Im Kontext des arktischen Schamanismus wird der Geschlechtswechsel von Schamanen beschrieben. Dieser wurde als »religiös motivierter Transvestismus« und in neuerer Zeit als Drittes Geschlecht (Saladin d'Anglure 1992) interpretiert. Im sibirischen Schamanismus bei den Chukchi, Koryak, Itelmen, Iupik, Yukagir, Gilyak und Nanai, welcher im letzten Jahrzehnt im Zuge einer allgemeinen Revitalisierung der vorsowjetischen sibirischen Kulturen neu entdeckt wurde, wechseln Schamanen in die andere Geschlechterrolle. Nach Bogoras (1909) wurden die biologisch männlichen Schamanen, die einen gelegentlichen oder auch permanenten Geschlechtswechsel vollziehen, *ne'uchica* (»weicher Mann«, »ähnlich einer Frau«) und die selteneren weiblichen Geschlechtswechslerinnen *qa'chikicheca* (»ähnlich einem Mann«) genannt. Diese Geschlechtstransformationen geschahen nicht aus einem individuellen Bedürfnis heraus, sondern auf den Ruf von Geistern hin und waren von den jungen Novizen sehr gefürchtet (vgl. Bogoras 1909, Mandelstam Balzer 1996, Saladin d'Anglure 1992). Die ausführlichsten Beschreibungen liegen von Bogoras (1909) vor. Er traf verschiedene *ne'uchica* und beschreibt die verschiedenen Stufen ihrer geschlechtlichen Transformation. Auf einer ersten Stufe gehe es lediglich darum, die Haare auf eine weibliche Art zu kämmen. Diese Aufgabe werde gelegentlich von den Geistern zum Zwecke einer Heilung verlangt. Die zweite Stufe beinhalte »cross dressing«, noch ohne einen vollständigen Geschlechtswechsel. Auch dies geschehe auf Anordnung der Geister zum Zwecke der Heilung. Viel wirksamer sei aber ein kompletter Geschlechtswechsel zum *ne'uchica*, der »wie eine Frau fühlt« (Bogoras in Mandelstam Balzer 1996: 166), und sich sexuell zu Männern hin orientiert. Während manche *ne'uchica* heimlich noch Frauen hatten, wird von anderen erzählt, dass sich sogar ihre Geschlechtsorgane in die einer Frau transformierten.

Diese Schamanen transzendieren neben anderen Grenzen auch die Grenze von Männlichkeit und Weiblichkeit, wodurch sie außergewöhnliche spirituelle Kraft erlangten. Diese Transzendierung machte sie zu mächtigeren und höheren Wesen und verhalf den Geschlechtswechslern zu einem hohen sozialen Ansehen und großem Einfluss. Jedoch sollte das Motiv nicht vorschnell auf soziale Beweggründe reduziert werden, denn, wie immer wieder betont wird, werde sowohl die Initiation zum Schamanen als auch der schamanistische Geschlechtswandel in den allermeisten

Fällen auf Befehl von Geistern gegen den Willen der Betroffenen vollzogen.

Viele dieser geschilderten Beispiele für Geschlechterrollenvielfalt werden als Vorbilder der kulturellen Akzeptanz und gesellschaftlichen Funktion intersexueller Menschen herangezogen. Die beschriebenen Gesellschaften und der Status von vermeintlich intersexuellen Menschen in diesen Gesellschaften wird oft romantisierend und glorifizierend wiedergegeben: Intersexuelle Menschen seien in den beschriebenen Kulturen sozial durchaus existent und akzeptiert, entweder als eigene Geschlechterkategorie oder innerhalb »flexibler« Geschlechtersysteme durch die Möglichkeit des relativ unproblematischen Geschlechtswechsels. Von der sozialen Existenz von mehr als zwei *genders* in manchen Kulturen wird auf die soziale Konzeptualisierung eines dritten Körpergeschlechts geschlossen. Intersexualität sei, so das *local knowledge* dieses Diskurses intersexueller Menschen, in vielen Kulturen sozial akzeptiert und werde häufig mit Spiritualität in Verbindung gebracht. So berichtet zum Beispiel Alex Jürgen:

»In Indonesien werden Hermaphroditen wie Götter verehrt. Als ein intersexueller Bekannter von mir dort vor einiger Zeit nackt im Meer gebadet hat, sind die Leute danach gekommen und haben ihm gehuldigt. Und in Indien, da sind das Tänzer! Die leben total abgeschieden und werden nur eingeladen zu Festlichkeiten und tanzen dann da. Die sind dort kulturell akzeptiert.«

Alternative Geschlechtskonzeptionen intersexueller Menschen

Die Zweigeschlechtlichkeit stellt heute eine der wenigen letzten Gewissheiten dar. Gesellschaftliche, weltanschaulich-religiöse und philosophische Gewissheiten lösen sich im Zuge postmoderner Dekonstruktion mehr und mehr auf. Die Aufgabe lieb gewonnener Kategorien, die durch Einschluss und Ausgrenzung die Welt überschaubar machen, führen zu Verunsicherungen. Zweigeschlechtlichkeit als eine der letzten Bastionen von Sicherheit und als sicheres Rückzugsgebiet in einem ungewiss gewordenen Gesellschaftssystem wird von vielen intersexuellen Menschen als der Natur widersprechende gesellschaftliche Körpernorm verhandelt. Im Folgenden soll es um die Frage gehen, welche Alternativen zur westlichen Zwei-Körpergeschlechter-Konzeption – abgesehen von den oben besprochenen alternativen Geschlechtermodellen in einigen Gesellschaften – von intersexuellen Menschen verhandelt werden und ob diese als Freiheitsgewinnne oder auch als weitere Normierung und Einschränkung beziehungsweise als weiterer Zwang verstanden werden.

Die Erweiterung der Norm für körperliche Weiblichkeit und Männlichkeit

Eine Form der Integration intersexueller oder uneindeutiger Körper in das euro-amerikanische Geschlechtermodell wäre, zwei soziale Geschlechter beizubehalten, aber die Idee, alle Körper seien eindeutig dimorph, zu verwerfen. Nach diesem Modell wäre der geschlechtsanzeigende Charakter bestimmter körperlicher Merkmale aufzuheben, denn Chromosomen, Hormone, Penis, Hoden, Vagina, Eierstöcke, Uterus und dergleichen würden nicht selbstverständlich auf eines der beiden körperlichen wie sozialen Geschlechter hindeuten. Es hieße, die Vergeschlechtlichung von Körpersubstanzen und Körperteilen aufzuheben. XX-Chromosomen, eine bestimmte Konzentration an Östrogenen, Klitoris, Vagina, Uterus und Eierstöcke wären dann keine eindeutigen Indizien für das weibliche Geschlecht mehr, wie auch XY-Chromosomen, Hoden, Penis und Skrotum keine eindeutigen körperlichen Hinweise für das männliche Geschlecht mehr wären. Dann könnte es auch Frauen mit Penis wie auch Männer mit Uterus und Vagina geben. Diese Fragestellungen betreffen auch die euroamerikanischen Verwandtschaftskategorien. Verwandtschaftsvorstellungen und -bezeichnungen müssen sich neuen medizintechnologischen Möglichkeiten anpassen, wie es an der Aufweichung des Konzepts biologischer Vater- und Mutterschaft durch moderne medizinische Reproduktionstechnologien zu beobachten ist[157] (vgl. Hauser-Schäublin u.a. 2001).

Schon jetzt wird in der medizinischen Zuweisungspraxis der Index-Charakter bestimmter Körpermerkmale flexibel gehandhabt. Denn je nach geschlechtlicher Zuordnung als Junge oder Mädchen können vorhandene körperliche Merkmale, die in die andere Richtung »vergeschlechtlicht« sind, plötzlich an Zeichencharakter verlieren oder die Bezeichnung für dasselbe Merkmal zum Beispiel von »vergrößerter Klitoris« zu »Mikropenis«, von »Schamlippen« zu »Hoden« [158] wechseln. Darüber hinaus können

---

157 Ist diejenige Frau die biologische Mutter, die das Kind austrägt oder die, die ihre Eizelle und damit ihr Erbgut zur Verfügung stellt?

158 Die Bezeichnung »Hoden« wechselt allerdings bei AIS nicht in »Eierstöck« oder »Stranggonaden«. Da der Begriff »Hoden« nach Auffassung vieler XY-Frauen auf eine essentielle Männlichkeit hindeute, wird vorgeschlagen, stattdessen lieber neutral von Gonaden zu sprechen.

unterschiedliche Merkmale als Evidenzen für verschiedene Identitäts-kategorien intersexueller Menschen herangezogen werden. Die gesell-schaftliche Frage, ob intersexuelle Menschen als Väter oder Mütter zu be-zeichnen wären, ist ein Bestandteil dieses Diskurses. So wird beispielsweise überlegt, ob diejenigen mit weiblichem Zuweisungsgeschlecht, welche mit oder ohne medizintechnologische Hilfe in der Lage wären, Kinder zu zeugen, Väter oder Mütter wären. Sind Menschen mit Gemischter Gonadendysgenesie mit männlichem Zuweisungsgeschlecht, die ihren Uterus und Eileiter noch haben und durch Eispende ein Kind austragen könnten, oder Hermaphroditen, die Kinder zeugen oder austragen, Mütter oder Väter? Müsste man für diese intersexuellen Eltern eine dritte Verwandtschaftskategorie konzipieren? Was wäre mit »echten Hermaphro-diten«, die sich mithilfe von Medizintechnologien in naher Zukunft eventuell selbst befruchten könnten.[159] Das euro-amerikanische bipolare Modell, das in engem Zusammenhang mit kulturellen Reproduktions-vorstellungen steht, wird brüchig durch die Existenz von Menschen, die dem männlichen Geschlecht zugewiesen sind und menstruieren beziehungsweise eventuell sogar Kinder gebären oder denjenigen, die dem weiblichen Geschlecht zugewiesen sind und Samenergüsse haben und ein Kind zeugen können sowie von Hermaphroditen, die männlich und weiblich sind und ein Kind zeugen und/oder austragen können.

Man könnte diese Konzeption als Aufhebung des geschlechtlichen Zeichencharakters bestimmter körperlicher Merkmale und Substanzen bei Aufrechterhaltung von zwei sozialen Geschlechtern bezeichnen. Be-stimmte körperliche Merkmale, die jetzt noch als männlich oder weiblich interpretiert werden, dienen demnach nicht mehr als Begründung von Geschlecht. Diese Konzeption entspricht der Vision eines »blurring of categories« der Soziologin Suzanne Kessler (1998: 105–132). Demnach könne es durchaus als normale Variation Männer mit Brüsten und Frauen mit Phallus, der entweder als große Klitoris oder als Penis interpretiert werden kann, geben. Das »blurring« von Genitalien könne dann auch, so Kesslers Hoffnung, zu einem »blurring« der sexuellen Orientierungen führen, da dann nicht mehr klar wäre, ob eine Frau, die sich von einer anderen Frau mit Penis penetrieren lässt, als lesbisch oder heterosexuell zu bezeichnen ist. Dieses Verschwimmen von geschlechtlichen Merkmalen

---

159 Die medizinische Forschung hat bislang keine Ambitionen in dieser Richtung gezeigt, da die Lobby der Hermaphroditen (noch) nicht einflussreich genug ist und das innerhalb gesellschaftlicher Werte und Vorstellungen nicht einordnenbar wäre.

würde dann eventuell auch zur gesellschaftlichen Akzeptanz intersexueller Körper als normal und gesund führen. Es bestünde dann keine Notwendigkeit mehr, intersexuelle Körper einer bestimmten Geschlechtskörpernorm anzugleichen, weil die euro-amerikanische Verbindung von geschlechtsanzeigenden körperlichen Merkmalen und dem Geschlecht gelockert wäre. Diese Konzeption würde zu einer Auflösung der Kategorie des »körperlichen Geschlechts« führen, das als Grundlage von *gender* ausgedient hätte.

Geschlecht als Kontinuum mit Mann und Frau als Extrempole

Die zweite gesellschaftliche Alternative, die in Bezug auf die Möglichkeit, intersexuelle Körper als normale Variation der Natur zu integrieren, verhandelt wird, ist die Konzeption des körperlichen Geschlechts [160] als Kontinuum. Geschlechtskörper sind demnach nicht streng dimorph aufzufassen, sondern innerhalb eines Kontinuums von extremweiblich bis extremmännlich. So spricht Claudia Clüsserath wie viele anderen intersexuelle Menschen auch von Mann und Frau als Extremen:

»Mann und Frau ist ein Extrem. Ein Extrem auf einer Skala, die von schwarz nach weiß geht. Alles, was dazwischen an Grauschattierungen vorstellbar ist, das ist auch vorhanden und das produziert die Natur auch.«

Intersexuelle Menschen könnten, ohne dass die Gesellschaft das Konzept der Zweigeschlechtlichkeit aufzugeben hätte, auch innerhalb des Zweigeschlechtersystems mit ihrer körperlichen Gegebenheit leben, wenn Geschlecht als Kontinuum mit Mann und Frau als den zwei Polen aufgefasst würde:

»Ich meine, es könnte heute schon möglich sein, innerhalb der Zweigeschlechtlichkeit, die als Kontinuum aufgefasst wird, zwischen Mann und Frau zu leben, es müssen nicht Hermaphroditen als Drittes Geschlecht offiziell anerkannt sein.« (Barbara Thomas)

Dies entspräche eigentlich auch dem im Kapitel über den medizinischen Diskurs dargestellten chirurgisch-anatomischen und endokrinologischen Geschlechtermodellen, denen zufolge Geschlecht quantitativ und die Übergänge zwischen den Geschlechtern fließend konzipiert sind. Die

---

160 In diesem Zusammenhang wird auch das soziale Geschlecht mitdiskutiert, das entsprechend als Kontinuum begriffen werden sollte. Aber im Zusammenhang mit Intersexualität kommt es auf die körperliche Dimension der Kontinuum-Konzeption von Geschlecht an.

Metapher einer Farbskala zwischen schwarz und weiß, in der durch die Mischung dieser beiden Farben eine unendliche Palette von Grauschattierungen herauskommt, wird oft herangezogen, wobei die Extrempunkte schwarz und weiß meist als Stereotypen männlicher und weiblicher Körper beschrieben werden, wie zum Beispiel von Barbara Thomas:

»Wer passt schon in die Schwarz-weiß-Kategorien Marilyn Monroe oder Arnold Schwarzenegger? Ich sehe viele Grautöne, lauter Individuen mit einem einzigartigen Gemisch aus männlichen und weiblichen Hormonen und Persönlichkeitsanteilen. Die Grenzen sind meines Erachtens sehr fließend. Ich meine, man wird dem einzelnen Menschen, ob intersexuell oder nicht, am ehesten gerecht, wenn man von einer stufenlosen Skala ausgeht zwischen den konventionellen Polen, wo der Einzelne sich individuell einordnen kann und diese Selbsteinschätzung dann auch gesellschaftlich geachtet wird.«

So könnte sich jeder Einzelne auf dieser Skala, bei der Mann und Frau nur noch die Extrempunkte markieren würden, geschlechtlich irgendwo einordnen. Auffällig ist im obigen Zitat die Vermischung von *sex* und *gender*. Sowohl der Geschlechtskörper als auch die Geschlechtsidentität und das Geschlechterrollenverhalten sind demnach als Kontinuum zu begreifen. Auch in der Konzeption von Geschlecht als Kontinuum findet sich die enge Vernetzung von Biologie, Identität und Verhalten. Dabei ist es abhängig von der individuellen Interpretation bestimmter Anteile des Geschlechtskörpers, wo sich der Einzelne verortet. Gäbe es statt des strengen Geschlechtsdimorphismus eine »Geschlechterskala«, so hätten die »falschen« körperlichen Anteile keine so gravierende Bedeutung mehr, wie Katrin Ann Kunze ausführt:

»Aber ich habe ja die Besonderheit. Und weil das auf allen Erlebnisebenen so eine prägende Sache ist, weil da so ein unheimliches Gewese drum gemacht wird, was ja im Grunde völlig ungerechtfertigt ist, statt es nüchtern festzustellen und zu sagen, ungefähr 7,5 oder 38,4 auf einer Skala von 1 bis 100. Ich kann mich zwar nicht fortpflanzen, aber ich bin total lebensfähig, ich bin kerngesund, so gut wie nie krank.«

Mann und Frau sind, ebenso wie andere Dualismen, in der euroamerikanischen Kultur und dem westlichen Denken tief verwurzelt und mit metaphorischer Bedeutung aufgeladen. Die Idee des Kontinuums von Geschlecht kann als Ausbruch aus diesem kulturell verankerten dualistischen Denken zu einer Hinwendung zu dem Raum dazwischen führen. Natürlich stellt sich auch beim Konzept von Geschlecht als einer Skala von männlich bis weiblich Frage, wo auf dieser Skala einzelne intersexuelle Menschen anzuordnen wären. Nachdem Katrin Ann Kunze die Idee einer

»Geschlechterskala« von 0 bis 100 vorgestellt hat, stellt sie gleich darauf auch dessen reduktionistische Vereinfachung fest:

»Aber was heißt hier null bis hundert? Was ist dann die Null, was ist Hundert? Was ist ein ›Extremmann‹ und eine ›Extremfrau‹? Vielleicht müssten auch die Bewertungen der beiden Pole als ›männlich‹ und ›weiblich‹ wegfallen. Außerdem hätte diese Bandbreite von null bis hundert dann auch noch einen Querschnitt von x Ebenen.«

Wer legt fest, ob ein Mensch zehn, fünfzig oder hundert Prozent Mann oder Frau ist? Was ist darüber hinaus null Prozent und was hundert Prozent? Was ist eine Extremfrau und was ein Extremmann? Die Entscheidung über die individuelle Verortung auf der Geschlechterskala, so wird argumentiert, solle dem Einzelnen selbst überlassen bleiben. Um aber das Konzept zu verstehen, ist trotzdem zu fragen: Sind XY-Frauen als »weiblicher« als XX-Frauen anzusiedeln, zum Beispiel aufgrund des alleinigen Wirkens »weiblicher« Hormone, oder als »männlicher« aufgrund der Existenz von XY-Chromosomen und Hoden? Sind AGS-Frauen »weiblicher« oder »männlicher« als AIS-Frauen? Legt man zur geschlechtlichen Einordnung das chromosomale, das endokrinologische, das gonadale oder das anatomische beziehungsweise phänotypische Modell an? Das streng dimorphe Geschlechtermodell lässt sich nach Meinung vieler meiner Gesprächspartner, die Geschlecht als Kontinuum begreifen, nur noch in Bezug auf die Fortpflanzung aufrecht erhalten, wie sich auch in folgendem Gesprächausschnitt mit Susan Kästner zeigt:

C:. »Wie würdest du Geschlecht begreifen?«
Susan Kästner: »Das ist ein fließender Übergang. Du hast einen tiefen Ton und einen hellen Ton oder hell und dunkel. Dazwischen, zwischen hell und dunkel, hast du alle Graustufungen. Das sind die verschiedenen Färbungen, die durch die verschiedenen Einflüsse der Genetik entstehen. Hell und dunkel müssen zusammenkommen, um fruchtbar zu sein, das sind die äußeren Pole. Dazwischen hast du eine ganze Skala. Du kannst Missstimmungen haben, klare Töne, Misstöne. Aber damit Fruchtbarkeit entsteht, braucht es diese beiden Extrempunkte.«
CL: »Das heißt, in Bezug auf Fruchtbarkeit ist es gar nicht so falsch, von Mann und Frau zu reden?«
Susan Kästner: »Ja, der fortpflanzungsfähige Mann und die fortpflanzungsfähige Frau sind einfach ein Extrem.«

Die zwei Pole »Mann« und »Frau« sind demnach als rein reproduktive Kategorien zu begreifen. Damit wird die biologische Begründung von Zweigeschlechtlichkeit übernommen und die euro-amerikanische Verknüpfung von Geschlecht und Reproduktion fortgeführt. Diese Verknüpfung wird für die »Extrempole« des geschlechtlichen Kontinuums Mann und Frau beibehalten:

»Und natürlich gibt es diese zwei Pole. Und natürlich gibt es männliche und weibliche Lebewesen, die sich miteinander fortpflanzen, das ist schon so, das will ich auch gar nicht wegreden.« (Katrin Ann Kunze)

Auch Elisabeth Müller lässt den Geschlechtsdimorphismus in Bezug auf Fortpflanzung zu, kritisiert aber die Verknüpfung von Reproduktion und geschlechtlicher Zuordnung als unzulässige Simplifizierung der tatsächlich gegebenen Komplexität von Geschlechtskörpern; als »Kleinkinderdenken«:

»Mann-Frau, das hat ja erstmal auch mit Mama und Papa zu tun. Die haben mich gezeugt. Frauen kriegen Kinder, Männer zeugen Kinder. Das ist Kleinkinderdenken, das ist naives Denken. Aber später hat es eine gewisse Berechtigung, von weiblich und männlich zu sprechen, weil das ja auch die Fortpflanzung macht. Ich denke, man muss es dabei belassen und da nicht mehr daraus machen als es ist.«

Zweigeschlechtlichkeit, so die Argumentation, wird nur in Bezug auf Fortpflanzung bedeutsam. Außerhalb dieses Kontextes wirkt diese Norm als Zwang für Menschen, die nicht eindeutig zugeordnet werden können. Emanzipation würde bedeuten, eine Möglichkeit zu schaffen, dass jeder sich entsprechend seiner Identität und Körperdeutung innerhalb des Geschlechts-Kontinuums selbst verorten könnte.

Das Dritte Geschlecht für intersexuelle Menschen – Existenzraum oder Stigma?

»Es ist nun an der Zeit, dass unsere Gesellschaft die
Existenz eines ›Dritten Geschlechtes‹ anerkennt.
Die damit einhergehende Integration des
Hermaphroditen als normaler und bekannter
Bestandteil dieser Kultur wäre zwar chronologisch
ein Rückschritt, da bereits die Preußen, die Kelten,
die Ägypter, die Griechen und andere Völker dies
lange vor unserer fortschrittlichen Gesellschaft
kannten, aber es wäre ein gewaltiger Fortschritt im
Sinne einer humanitären Gesellschaft, die in der
Lage ist, das ›Andere‹ zu integrieren, anstatt es zu
vernichten oder unter Gewaltanwendung zu
vereinheitlichen.«
(Michel Reiter)[161]

Die Idee eines Dritten Geschlechtes kam Anfang des 20. Jahrhunderts, im
Zusammenhang mit der Neukonzeption von Homosexualität von einer
Krankheitskategorie zu einer eigenen Spezies und Identitätskategorie sowie
der homosexuellen Emanzipationsbewegung auf. Heute wird das Dritte
Geschlecht sowohl von verschiedenen *queer-* und *transgender-*Personen als
auch von einigen intersexuellen Menschen für sich beansprucht. Von
intersexuellen Menschen wird dabei der von der Medizin als intersexuell
definierte Körper als einzig zulässige Begründung für das Dritte Geschlecht herangezogen. Die »Speerspitze« der Diskussion um das Dritte
Geschlecht für intersexuelle Menschen, die von Betroffenen und Eltern oft
aufgegriffen wird, stellt der Antrag auf eine Eintragung im Personenstandsregister als Drittes Geschlecht von Michel Reiter, dem/der
Begründer/-in der *Arbeitsgemeinschaft gegen Gewalt in der Gynäkologie und
Pädiatrie* (AGGPG) dar. Am 16. Juli 2003 erschien in der *Süddeutschen Zei-
tung* folgender Artikel:

»Zwitter muss eine Frau bleiben. Hermaphrodit verliert Prozeß [sic!] um amtliche
Eintragung.
Vor 37 Jahren kam Birgit in München als Bub auf die Welt, seine Eltern gaben ihm
den Namen Michel. Bei Untersuchungen stellte sich heraus, dass mit ihm etwas
nicht stimmte. Im Alter von zwei Wochen diagnostizierten Ärzte ein so genanntes
androgenetisches [sic!] Syndrom mit Salzverlust. Der Penis des Knaben war zu
klein geraten, und sein Hodensack war buchstäblich leer. Auch der Chromosomen-

---

161 25.1.2003, http://postgender.de.

satz passte nicht ins männliche Bild. Und so wurde die Geburtsurkunde zwar handschriftlich, aber dennoch amtlich korrigiert: Aus Michel wurde Birgit. Heute nennt sich Birgit privat wieder Michel und versucht, als Mensch mit einem dritten Geschlecht anerkannt zu werden – als Hermaphrodit beziehungsweise Zwitter. Der Soziologie-Student kämpft seit Jahren gerichtlich um die entsprechende Eintragung ins Personenstandsregister und um die offizielle Korrektur seines Vornamens. Den ersten Prozess vor dem Münchner Amtsgericht verlor er (die SZ berichtete). Nun ist er mit dem Anliegen auch in der Beschwerdeinstanz gescheitert. Die 16. Zivilkammer beim Landgericht München I ließ die Frage offen, ob ein echter Hermaphrodit mit einer Geschlechtsbezeichnung ›Zwitter‹ ins Personenstandsregister eingetragen werden könne. Denn der laut Wissenschaft äußerst seltene Fall eines ›echten‹ Zwitters, bei dem sowohl Hoden- als auch Eierstockgewebe im Organismus vorhanden sei, liege in diesem Fall nicht vor: Birgit-Michel verfüge zwar über Eierstöcke, aber nicht über Hoden. Dass nach Ansicht von Birgit-Michel drei zusätzliche Geschlechter anerkannt werden müssten, ist nach Auffassung des Gerichts nichts anderes als die Einstufung des echten Hermaphroditismus, des Pseudo-Hermaphroditismus masculinus sowie femininus in eigenständige Geschlechter. ›Das stellt eine Minderheitenmeinung dar‹, sagten die Richter. Auch aus dem Grundgesetz lasse sich in solchen Fällen kein Anspruch auf Anerkennung eines weiteren Geschlechts neben ›männlich‹ und ›weiblich‹ herleiten. Das Gericht versuchte auch, auf Birgit-Michels Seelenqualen einzugehen: ›Die Betroffene empfindet insbesondere die operativen und medikamentösen Behandlungen, die bei ihr nach der medizinisch zutreffenden Zuordnung zum weiblichen Geschlecht durchgeführt wurden, rückblickend als falsch.‹ Die dadurch entstandenen menschlichen Probleme seien aber nicht dadurch zu bewältigen, dass nun irgendwelche Behördenakten umgeschrieben werden, meinten die Richter sinngemäß. Damit wenigstens der Vorname wieder geändert werden könne, schlugen sie Birgit-Michel vor, dies nach dem Transsexuellengesetz herbeizuführen [...]. Für Birgit-Michel ist das keine akzeptable Lösung. Natürlich sei dieses Anliegen eine Minderheitenmeinung, weil das Thema konstant tabuisiert werde. Deswegen werde er, wenn nötig, auch beim Europäischen Gerichtshof klagen.«

Michel Reiter geht es mit dem Eintrag als Drittes Geschlecht um die Anerkennung seiner/ihrer Menschenwürde, um das Recht, das sein zu dürfen, was er/sie ist und nicht eine Geschlechterrolle leben zu müssen, die ihm/ihr nicht entspricht und die ihm/ihr lediglich von der medizinischen Profession zugewiesen wurde. Außerdem begreift er sich als diskriminiert aufgrund seines/ihres Geschlechts, was dem Grundgesetz nach Art. 3 (3)[162] widerspräche, da er/sie sich gezwungen sieht, sich in

---

162 »Niemand darf wegen seines Geschlechtes, seiner Abstammung, seiner Rasse, seiner Sprache, seiner Heimat oder Herkunft, seines Glaubens, seiner religiösen oder politischen Anschauungen benachteiligt oder bevorzugt werden.«

offiziellen Dokumenten einem Geschlecht zuzuordnen, zu dem er/sie nicht gehört. Des Weiteren geht es dabei um eine rechtliche Grundlage, Intersexualität nicht mehr als Krankheit oder Fehlbildung zu begreifen, sondern als eigene Geschlechterkategorie. Erst durch die Etablierung eines Dritten Geschlechtes wäre der medizinischen, chirurgischen und hormonellen »Behandlung« intersexueller Körper der legitime Boden entzogen und die vermeintliche Heilbehandlung würde sich als Verletzung der körperlichen Unversehrtheit und als Diskriminierung intersexueller Menschen aufgrund ihres Geschlechts herausstellen. Ein Eintrag als Drittes Geschlecht wäre der argumentative Boden, auf dem medizinische Eingriffe an intersexuellen Kindern als Genitalverstümmelungen definierbar und somit strafbar wären. Ganz grundlegend geht es bei der Forderung nach einer rechtlichen Kategorie für intersexuelle Menschen als Drittes Geschlecht um eine soziale Existenzberechtigung für intersexuelle Menschen beziehungsweise Hermaphroditen, die ihnen in der gegenwärtigen Gesellschaft nicht zugesprochen wird und die auf diesem Wege offiziell verankert würde. Das Dritte Geschlecht stellt einen Schritt der Sichtbarmachung und der gesellschaftlichen Etablierung intersexueller Menschen dar. Allerdings meinen einige, dass die Etablierung einer neuen Kategorie letztlich auch wieder überwunden werden muss, um eine völlige Befreiung von Geschlechterkategorien und Einteilung von Menschen nach dieser Kategorie zu erreichen, und um Individualität leben zu können.

Das Dritte Geschlecht wird aber nicht nur als juristische Kategorie, sondern als gesellschaftliche dritte Geschlechterkategorie verhandelt. Bei der Konzeption intersexueller Menschen als Drittes Geschlecht würde das euro-amerikanische Zweigeschlechtermodell durch ein Dreigeschlechtermodell ersetzt. Dann gäbe es neben Männern und Frauen noch intersexuelle Menschen beziehungsweise Hermaphroditen als dritte Kategorie. Das Dreigeschlechtermodell wäre sowohl ein Drei-*gender* als auch ein Drei-*sex*-Modell. Damit bliebe die Begründung von *gender* durch den Körper erhalten, *sex* und *gender* würden lediglich um eine weitere Kategorie erweitert werden; der intersexueller Körper stellt die Grundlage für dieses Dritte Geschlecht dar. Einen Baustein für den konzeptionellen Rahmen der Idee eines Dritten Geschlechts für Hermaphroditen beziehungsweise intersexuelle Menschen stellen auch die oben diskutierten ethnologischen Berichte über alternative Geschlechter in einigen außereuropäischen Kulturen dar, die als Beleg für eine liberalere Umgangsweise mit Intersexualität interpretiert werden.

Innerhalb der Gruppe der *XY-Frauen* wie allgemein unter intersexuellen Menschen existieren unterschiedliche Positionen zum Dritten Geschlecht, sei es als juristische, sei es als soziale Kategorie. Für Befürworter und Ablehner gibt es eine ganze Reihe guter Gründe. Zum einen gäbe ein Drittes Geschlecht als juristische Kategorie intersexuellen Menschen eine rechtliche Handhabe, sich gegen chirurgische Eingriffe am intersexuellen Genitale als Genitalverstümmelung zu wehren.[163] Zum anderen bietet es die Möglichkeit, etwas zu benennen, was bislang nur unter pathologisierenden Vorzeichen benannt werden kann. Dieses Dritte Geschlecht solle ebenso normal werden wie die anderen beiden Kategorien, wünschen sich einige. Dies würde auch den Hebammen und Geburtshelfern mehr Spielraum lassen. So schildert die Schweizer Hebamme Janine Demmer, wie problematisch für sie eine Geburt ist, bei der sie nicht sagen kann, ob das Kind ein Junge oder Mädchen ist, aber rechtlich gezwungen ist, das Kreuzchen bei einer der beiden Möglichkeiten zu machen:

»Wenn du als Hebamme eine Geburt anmeldest, kreuzelst du ›Junge‹ oder ›Mädchen‹ an. Und jetzt: Was kreuzle ich an, wenn ein intersexuelles Kind auf die Welt kommt? Dann kreuzle ich nichts an. Und dann? Dann stehst du blöd da. Dann musst du ein medizinisches Gutachten bringen, weil du noch nicht weißt, in welche Richtung das Kind geht. Und das begreift das Standesamt nicht, weil die das nicht kennen. Wenn du nicht einen eindeutig zuordnbaren Namen gibst, dann wollen sie einen zweiten Namen, damit sie sehen, ob es ein Mädchen oder Bub ist. Und eigentlich sollte es politisch irgendwann mal so weit kommen, dass es das Geschlecht ›intersexuell‹ gibt. Dass Hebammen dort ihr Kreuzchen hinmachen können. Dass Kinder in der Schule lernen, dass es nicht nur Männchen und Weibchen gibt.«

Für diejenigen intersexuellen Menschen und deren Eltern, die sich für die Einführung eines Dritten Geschlechts für intersexuelle Menschen aussprechen, zeigt die Existenz intersexueller Körper, unter Rückbezug auf »die Natur« und einer Essentialisierung von Intersexualität als eigenem Geschlecht, dass »die Natur« nicht nur zwei, sondern drei Geschlechter hervorbringt. Während diese Tatsache bei Pflanzen und Tieren anerkannt werde, werde es beim Menschen spätestens seit der Klassifizierung von Hermaphroditen in Pseudohermaphroditen und damit »eigentliche« Männer oder Frauen, nicht gebilligt, meint Alex Jürgen:

---

163 Allerdings böten auch die anderen alternativen Geschlechtermodelle diese juristische Möglichkeit. Lediglich das Zweigeschlechtermodell in seiner gegenwärtigen Ausprägung und strengem Normierungsdenken bietet den ideologischen Hintergrund für derartige Eingriffe.

»In der Tier- und Pflanzenwelt, da gibt es drei Geschlechter, das ist ganz normal. Es gibt männliche und weibliche Pflanzen und Tiere und es gibt Zwitter. Die haben ihren Platz und das ist definiert so, warum gibt es das bei uns nicht?«

Somit böte das Dritte Geschlecht intersexuellen Menschen die Möglichkeit, etwas zu benennen, was sonst nicht benannt werden kann. Im Rahmen diesbezüglicher Aufklärungsarbeit treten zum Beispiel Vertreter der Schweizer Gruppe *Selbsthilfe Intersexualität* (SI) im Biologieunterricht in Schulen auf, um die Schüler darüber aufzuklären, dass es schlichtweg falsch und eine Lüge sei zu behaupten, es gebe nur zwei Geschlechter. Im Biologieunterricht sollten Schüler heute, so die oft gehörte Forderung, über Intersexualität als Drittes Geschlecht lernen. Das Dritte Geschlecht kann auch als bewusstes Offenlassen des juristischen Geschlechtseintrags verstanden werden.[164] Es würde dann Unentschlossenheit bezüglich der Zuschreibung als Junge oder Mädchen bedeuten: Menschen würden solange der Kategorie »unentschlossen« angehören, bis sie sich selbst für ein Geschlecht entscheiden, was spätestens mit Eintreten der Volljährigkeit geschehen muss. Diese Option wäre vor allem für die intersexuell Geborenen, bei denen das Geschlecht unklar ist, gedacht. Unklar ist dabei, ob das Dritte Geschlecht eine Art Übergangslösung darstellen sollte, ein Abwarten sozusagen, bis sich das »wahre«, sprich gefühlte Geschlecht des intersexuellen Menschen offenbare, oder ob ein medizinisch als intersexuell klassifizierter Körper zur dauerhaften Klassifizierung als Drittes Geschlecht jenseits von Mann und Frau führen sollte.

Mit dem Dritten Geschlecht können sich jedoch keineswegs alle intersexuellen Menschen identifizieren, im Gegenteil. Denn auch für eine Ablehnung einer weiteren Geschlechterkategorie gibt es einige gute Gründe: Diejenigen, die die geschlechtliche Kategorisierung als Zwang erlebt haben, wollen diesem Zwang nicht durch eine neue Kategorie, die auch wieder festlegen will, begegnen, so wie zum Beispiel Barbara Thomas, die damit die Auffassung vieler Mitglieder der *XY-Frauen* ausdrückt:

---

164 In diesem Zusammenhang wird immer wieder das *Allgemeine Preußische Landrecht (APL)* als ein liberaleres Rechtssystem zitiert, da es Hermaphroditen eine Wahlfreiheit gelassen hätte. Das APL wie auch andere frühere juristischen Regelungen waren jedoch äußerst streng, denn ein späterer Geschlechtswechsel nach dieser Entscheidung wurde als Meineid schwer bestraft. Der Grund dahinter war die Angst vor heimlicher Homosexualität. Das heißt, das APL gab zwar intersexuellen Menschen eine Wahl zwischen Mann und Frau, bewegte sich aber in sehr starren Zweigeschlechter- und sexuellen Normen.

»Dem Dritten Geschlecht stehe ich sehr skeptisch gegenüber, weil ich das Gefühl habe, dass eine dritte Kategorie auch nicht besser ist als zwei starre Geschlechter. Also ich möchte eine fließende Skala, weg von diesen Schubladen, denn ich finde eine dritte Schublade nicht besser als zwei Schubladen. Ja, und was ist mit den Menschen, die sagen, ich fühle mich weitgehend weiblich und ein bisschen männlich oder mit Lesben oder Schwulen oder Transsexuellen oder Bisexuellen. Also, ich denke, es gibt so viele Schattierungen. Ja, natürlich, es ist ein Bedürfnis, Menschen zu kategorisieren. Aber warum? Ist es nicht letztendlich, um Macht und Kontrolle über Menschen zu haben? Um sich was leicht zu machen. Weil man dann einen Menschen nur relativ oberflächlich wahrnimmt. Nicht irgendwo differenziert [...]. Ich verstehe, für Menschen, die jetzt ganz arg dazwischen stehen, dass sie das Bedürfnis nach einem Dritten Geschlecht haben. Wie gesagt, ich würde dem nicht im Wege stehen. Aber ich würde mich genauso unwohl fühlen, wenn ›Frau‹ für mich heißen würde: Haushalt, Kinder, nur Rock tragen, daheim bleiben, ›Hermaphrodit‹ so und ›Mann‹ so. Das ist für mich alles unbefriedigend. Allerdings, wenn es Betroffene gibt, die sagen, wir möchten diese Kategorie haben und wir fühlen uns da drin aufgehoben, würde es mir nicht zustehen zu sagen, nein, das nicht. Aber ich möchte da nicht in die Kategorie reingehen, weil ich das Gefühl hätte, das wäre wieder nur eine enge Schublade, die keine Verbesserung ist. Ich denke, gerade die Individualität des Einzelnen ist viel wichtiger zu achten.«

Obwohl Barbara Thomas anerkennt, dass einigen mit einem offiziellen Dritten Geschlecht geholfen wäre, weil das deren Identität und leiblichem Erleben entspricht oder weil sie es als Grundlage für ein juristisches Vorgehen gegen die medizinischen Eingriffe sehen, lehnt sie diese Option für sich ab. Sie befürchtet eine ebenso strenge Norm wie für Männer und Frauen, und zwar sowohl eine spezifische Körpernorm für dieses Dritte Geschlecht, die den medizinisch definierten Intersexkategorien entsprechen muss, als auch eine Geschlechterrollennorm. Sie spricht damit die Frage an, ob die kulturelle Institution von mehr als zwei Geschlechtern Freiheitsgewinne für den Einzelnen oder im Gegenteil eine größere Restriktion und Normierung von Körpern, Identität und Verhalten bedeutet. Auch für Barbara Thomas bedeutet eine dritte Geschlechterkategorie einen neuen Zwang, eine neue Norm. Gleichzeitig würde diese die klassischen Geschlechterrollen zementieren, weil für jegliche Abweichung das Dritte Geschlecht »zur Verfügung« stünde. Freiheitsgewinne stecken für sie vielmehr in einer Verminderung von Relevanz oder sogar im Wegfallen der *gender*-Kategorien. Individualität kann demnach erst zur Entfaltung kommen, wenn Geschlechter-Kategorisierungen wegfallen. Die Klassifizierung von Menschen entlang des Geschlechts verhindert einen differenzierten Blick auf das Individuum, das in seiner geschlechtlichen Manifestation sehr in Erscheinung tritt. Das Dritte Geschlecht suggeriere, meint Romy Kaiser, mit drei Geschlechterkategorien seien die Menschen vollständig zu erfassen:

»Es müsste die Option geben, dass man gar nichts einträgt. Man hat ja mit dem Dritten Geschlecht gleich wieder einen Stempel drauf. Dann ist man ja wieder in einer Kategorie drin. Dann sind es zwar drei, aber es sind trotzdem noch abgeschlossene Kategorien.«

Ein weiterer Grund, Intersexualität nicht als eine dritte juristische Geschlechterkategorie einzuführen, ist die Auffassung, statt Freiheitsgewinn führe das Dritte Geschlecht zu einer Stigmatisierung intersexueller Körper. Statt darin eine Möglichkeit zum Ausleben von Zwischengeschlechtlichkeit zu sehen, stellt die offizielle Eintragung als »Drittes Geschlecht« beispielsweise für Ernst Bilke eine Diskriminierung dar, welche er mit einer Extremform der sozialen Stigmatisierung, nämlich dem Judenstern im Dritten Reich vergleicht:

»Ich bin sehr skeptisch gegenüber diesem Dritten Geschlecht. Ich glaube nicht, dass es intersexuellen Menschen einen Deut weiterhilft, sogar eher, dass es ihnen schadet. Eltern, die sich zwangsweise damit auseinandersetzen müssen, weil sie so ein Kind haben, haben die Probleme auch, aber für den normalen Menschen ist es selbstverständlich, dass es Männer und Frauen gibt und nichts dazwischen. Das ist eine Ebene und eine Art von Denken, die völlig fremd ist. Und da würde es automatisch zur Diskriminierung kommen, zu Ablehnung. Weil alles, was man nicht kennt, was man nicht einordnen kann, das macht erstmal Angst, das passt in keine Kategorie und dann lehnt man es im Zweifelsfall ab. Wir haben eine ganz lange Kulturgeschichte, wo man das Phänomen verfolgt hat, angefangen von den Monstren in der Antike bis zum Nationalsozialismus. Das hat ja auch Gründe. Das macht einem ja auch selber Angst. Alles, was irgendwie exotisch ist, das weckt Interesse und Neugier, ist vielleicht auf dem Jahrmarkt interessant. Aber was ja eigentlich erstrebenswert wäre, wäre Normalität. Die erreicht man mit einem Dritten Geschlecht für intersexuelle Menschen gerade nicht.«

Außerdem, so einige, seien intersexuelle Menschen eine gesellschaftliche Minderheit. Als solche können sie nicht von der gesamten Gesellschaft verlangen, ihr Geschlechtsverständnis neu zu konzipieren, so eine Argumentation. Was dagegen verändert werden könne, sei Offenheit, Toleranz und Akzeptanz von Verschiedenheit. So meint zum Beispiel Anna Jacobs:

»Das Dritte Geschlecht ist meiner Meinung nach ein Phantom. Ja, es gibt Männer und Frauen und alles Mögliche dazwischen. Aber ich glaube, dass es keinen Sinn macht, dass eine doch kleine Minderheit von der Gesellschaft verlangt, sie solle ihr Geschlechtsverständnis völlig neu konzipieren – mit allen denkbaren Auswirkungen – nur um für diese Minderheit eine neue Schublade zu eröffnen, in der sich dann doch wieder neue Minderheiten auch nicht zu Hause fühlen.«

Von vielen wird das Dritte Geschlecht auch als Übergangslösung gesehen, um gesellschaftlich auf die Existenz intersexueller Menschen aufmerksam zu machen, selbst aber auch wieder überwunden zu werden, da es neue

Kategorien und damit neue Grenzen, Ausschlüsse und Festlegungen schafft, so Martha Wolff:

»Stell dir mal vor, es gibt Intersexuelle ganz normal, so wie es jetzt einigermaßen normal ist, dass Frauen als Lesben zusammenleben und Männer als Schwule. Dass es in ein paar Jahren– das könnte schnell gehen – heißt, sie ist intersexuell, ohne dass man sagt, bist du jetzt bisexuell oder so was, sondern es ist einfach normal. Ich glaube, da braucht man diesen Schritt, dass es dass Dritte tatsächlich gibt. Aber so wie der Feminismus nötig war, um überwunden zu werden, so muss auch das Dritte Geschlecht wieder überwunden werden.«

Wer soll zum Dritten Geschlecht gehören? In dieser Frage liegt in der Tat das schwierigste Problem. Innerhalb des Diskurses um Intersexualität als Drittes Geschlecht wäre dieses für Körper zwischen oder jenseits von Mann und Frau bestimmt.[165] Für ein Drittes Geschlecht müsste folglich eine medizinische Diagnose als intersexuell gegeben sein. Die Diskussion um die Zugehörigkeit zum Dritten Geschlecht für intersexuelle Menschen spitzt sich zu auf die Frage: Welche Körper beziehungsweise welche körperlichen Merkmale sollen die *marker* für ein Drittes Geschlecht sein? Und wie zwangsläufig soll diese Zuordnung stattfinden? Soll diese Kategorie eine Möglichkeit für erwachsene intersexuelle Menschen darstellen, die sich als weder-Mann-noch-Frau oder beides fühlen sein, um relativ leicht in diese Kategorie zu wechseln? Oder sollte das Dritte Geschlecht vielmehr eine zu »Mann« und »Frau« gleichwertige Geschlechterkategorie sein, der neugeborene intersexuelle Kinder zugeordnet werden *könnten* oder *müssten*? Sollte es Eltern die Möglichkeit geben, ihrem Kind die Wahl des Geschlechts offen zu halten? Das würde dazu führen, dass einige wenige intersexuelle Kinder dem Dritten Geschlecht zugeordnet würden, während die Mehrheit weiterhin als Frau oder Mann klassifiziert wäre. Oder sollte es generell für alle Kinder mit uneindeutigen beziehungsweise intersexuellen Geschlechtsmerkmalen verbindlich sein, wodurch alle Neugeborenen, die äußerlich nicht eindeutig weibliche oder männliche Geschlechtsmerkmale aufweisen, einer dritten Geschlechterkategorie als intersexuelle Menschen, Hermaphroditen oder Zwitter zugeordnet werden müssten. Aber welche körperlichen Merkmale sind dafür ausschlaggebend? Wie ist der Unterschied zwischen einem Mann, einer Frau und dem Dritten Geschlecht definiert? Wie sieht ein intersexuelles Genitale in Abgrenzung zu einem männlichen und weiblichen aus? Hier befände man sich wieder im Prob-

---

165 Eine Ausweitung auf *transgender*-Personen und andere »gender trouble makers« (Hirschauer 2004) wird bislang von intersexuellen Menschen wenig diskutiert.

lem der Abgrenzung. Da das Dritte Geschlecht keine fließenden Übergänge zwischen den Geschlechtern, sondern drei klar voneinander unter-
scheidbare Formen annimmt, müsste ein intersexueller Körper klar definiert sein, was aber aufgrund der vielfältigen Phänotypen äußerst schwierig
ist.

Eine weitere Möglichkeit wäre, alle medizinisch als intersexuell erkann-
ten neugeborenen Kinder, Jugendliche und Erwachsene offiziell zum Dritten Geschlecht zu rechnen. Damit bliebe die Definitionsmacht der Medizin über intersexuelle Körper gewahrt; die medizinisch definierten Formen
von Intersexualität würden entscheiden, wer intersexuell ist und damit als
Drittes Geschlecht eingeordnet werden *müsste*. Somit würden automatisch
alle Menschen mit einem medizinisch definierten Intersex-Syndrom zum
Dritten Geschlecht erklärt werden. Für eine Frau beispielsweise mit CAIS,
das in der Pubertät entdeckt wird, wäre dann ein Geschlechtsstatuswechsel
von »Frau« zum Dritten Geschlecht zwingend. Aus einer medizinischen
Kategorie für eine »Störung«oder »fehlerhafte Entwicklung« wäre damit
endgültig eine Geschlechterkategorie geschaffen. Hier zeigt sich die
Abhängigkeit eines sich als Gegendiskurs zur Medizin präsentierenden
Diskurses von eben den medizinischen Kategorien. Das Dritte Geschlecht
soll nach Ansicht seiner Befürworter eine eigene Geschlechterkategorie für
Menschen mit medizinisch als intersexuell definierten Körpern sein. Dabei
hat die Medizin das Deutungsmonopol über die Frage, was einen
intersexuellen Körper ausmacht und was zum Beispiel Transsexualität oder
Transgenderismus ist. Allerdings besteht auch unter Medizinern kein Konsens bezüglich der Frage, was unter Intersexualität fallen solle. Des Weiteren erscheinen innerhalb des medizinischen Diskurses Formen, die von
Betroffenen als Intersexualität begriffen werden, eindeutig als weiblich
oder männlich zuordbar, wie zum Beispiel CAIS, 5 alpha-Reduktasemangel
oder »einfache« Hypospadie.

Ein weiteres Problem betrifft die *Bewertung* dieser dritten juristischen
Kategorie. Eine echte Gleichbewertung eines dritten Geschlechtsstatus
müsste einen Geschlechtswechsel vom Dritten Geschlecht zu Frau oder
Mann genauso schwierig machen wie den Wechsel von Mann zu Frau oder
Frau zu Mann. Man würde dann nach dem Transsexuellen-Gesetz verfahren müssen. Oder sollte man den Wechsel vom oder ins Dritte Geschlecht
leichter machen? Aber dann wäre diese Geschlechterkategorie eine unsi-
chere, und daher nicht so »ernsthaft« wie die anderen beiden.

Auch bei der Gruppe *XY-Frauen* gibt es keine übereinstimmende Position bezüglich des Dritten Geschlechts. Folgender Diskussionsausschnitt bei einem Gruppentreffen zeigt, wie die oben geschilderte Diskussion von den Mitgliedern aufgegriffen wird. Das Dritte Geschlecht als Übergangslösung würden viele unterschreiben. Es dürfe aber, so viele in der Gruppe, auf keinen Fall ein Zwang sein. Erika Kasal erklärt, dass das Dritte Geschlecht Rechtssicherheit verschaffen soll und somit die Möglichkeit vergrößert wird, gegen Genitalverstümmelungen zu klagen. Andere finden für sich den Eintrag »intersexuell« in der Geburtsurkunde wie im Pass und anderen offiziellen Dokumenten grausam, weil dies intersexuelle Menschen auf einen Außenseiterstatus festlege und somit stigmatisiere:

Katrin Ann Kunze: »*Wollen wir als Gruppe eine dritte Identität zelebrieren?*«
Elisabeth Müller: »*Es könnte auf eine dritte Identität hinauslaufen.*«
Jutta Gerke: »*Man darf die Unterschiede der Meinungen nicht mehr unter den Tisch kehren.*«
(XXX): »*Wir müssen die Unterschiede integrieren.*«
(YYY): »*Das Dritte Geschlecht als Übergang würde ich wie viele andere auch unterschreiben. Es soll aber kein Zwang sein.*«
Erika Kasal: »*Michel [Reiter, CL] will damit Rechtssicherheit. Wenn es ein Drittes Geschlecht offiziell gibt, dann haben auch die Klagen gegen Genitalverstümmelung größere Chancen. Dann gibt es uns offiziell als das, was wir sind.*«
Elisabeth Müller: »*Wenn der Antrag auf das Dritte Geschlecht durchgeht, löst das die Stigmatisierung auf und das Verbrechen kann als solches aufgedeckt werden. Dann kann ich die Leute anzeigen, wenn die mich verstümmeln.*«
Erika Kasal: »*Das sehe ich auch so: Es geht darum, dass es einen Rechtsstatus gibt, um das Verbrechen aufzudecken. Das führt zu einer ganz anderen Entwicklung und einem ganz anderen Status von intersexuellen Menschen. Diesen Status habe ich bislang nicht. Die Medizin hat bislang das Recht auf Verstümmelung. Ein als intersexuell geborenes Kind soll als solches eingetragen werden.*«
(ZZZ): »*Für mich wäre das grausam.*«
Katrin Ann Kunze: »*Ich habe mein Dasein bis jetzt unter diesen zweigeschlechtlichen Voraussetzungen gelebt. Ich bin Frau und will auch Frau sein. Ich kann es natürlich nur unter der Dualität sehen, weil ich so großgeworden bin. Ich fände es klasse, wenn ich aufhören könnte, mich zu fragen, was die fehlenden Fortpflanzungsorgane bedeuten, wenn das uninteressant würde. Das Dritte Geschlecht fände ich aber diskriminierend. Ich finde es nicht toll, dass es nur Frauen und Männer geben soll. Es wäre toll, wenn wir uns begegnen könnten, ohne dass ständig mitschwingen würde, Mann oder Frau. Aber unter meinen Voraussetzungen ist es so.*«
Erika Kasal: »*Vielleicht brauchen wir das Dritte Geschlecht als Stützpfeiler. Es ist ein Mittel zum Zweck. Der Zweck ist postgender. Weil die Menschen es gewohnt sind, in Rastern zu denken. (Zu Katrin Ann Kunze:) Du bist schon fast postgender in deinem Denken.*«

Sarah Luzia Hassel: »*Was die Medizin mit intersexuellen Menschen macht, ist menschen-unwürdig. Die Menschenwürde sollte vor dem Verfassungsgericht auch gegenüber der Medizin einklagbar sein.*«
Elisabeth Müller: »*Es geht um ›verworfene Körper‹.*«[166]

Postgender – Die Überwindung der Kategorie »Geschlecht«

Wie in dieser letzten Diskussion bereits angeklungen, geht es einigen letzt-lich gar nicht um ein Drittes Geschlecht oder eine Erweiterung der Norm für körperliche Weiblichkeit und Männlichkeit, sondern um eine *postgender*-Gesellschaftsordnung: Ein gesellschaftlicher Entwurf und eine Zukunftsvi-sion, in der die Kategorie »Geschlecht« unrelevant werden und sich letzt-lich auflösen soll. Das *postgender*-Konzept drückt sich zum Beispiel in Titeln von Internet-Seiten wie http://www.postgender.de[167] von Michel Reiter[168] oder http://www.genderfreenation.de von Ins(a) Kromminga aus. Im Gegensatz zu einem fixen Zustand von Klassifizierungen ist *postgender* die »Idee einer fließenden Identität und eines fließenden Körpers« (Ins(a) Kromminga[169]). Im Unterschied zu einer Kontinuum-Konzeption von Geschlecht, in der männlich und weiblich als Eckpfeiler noch erhalten sind, fallen hier jegliche Geschlechterkategorisierungen weg. Eine tatsächli-che Aufgabe der Kategorie »Geschlecht« wird zwar nur von einigen weni-gen gefordert. Jedoch wird von vielen intersexuellen Menschen aufgrund ihrer Erfahrung der körperlichen wie psychischen Beschneidung durch Geschlechterkategorien heraus der Wunsch ausgesprochen, ihre Individualität unabhängig von gesellschaftlicher *sex*-und *gender*-Einordnung leben zu können. Das geschlechtsbezogene »Schubladen-Denken« macht viele krank und unfrei und wird als Zwang erlebt. Damit folgt die *postgen-der*-Idee dekonstruktivistischen Gender- und Queer-Theoretikern, die Geschlecht als Kategorie und als Macht- und Herrschaftsinstrument abge-schafft haben wollen. Alex Jürgen führt aus:

---

166 Dialogausschnitt auf einem Gruppentreffen der *XY-Frauen* in Wuppertal, März 2003.
167 Diese Homepage existiert seit 2005 nicht mehr.
168 Wenn Geschlecht als Kategorie fällt, dann löst sich damit auch die Kategorie »Hermaphrodit« auf, für die Reiter eintritt. Die »Gewalt an Hermaphroditen« (Reiter) ließe sich dann nicht mehr thematisieren. Reiters Ansatz ist der Spagat zwischen der Thematisierung dieser Gewalt und der Abschaffung der Kategorie »Geschlecht«. Er/Sie fordert eine gesellschaftliche Existenzberechtigung für Hermaphroditen (mitsamt ihres hermaphroditischen Körpers) bei gleichzeitiger Dekonstruktion aller Geschlechter.
169 27.7.2005, http://http://genderfreenation.de/art/artmain.html.

»Grundsätzlich sind wir alle Menschen. Und das ist die Grundbotschaft, um die es eigentlich geht. Das ist für mich das Wichtigste. Es gibt Menschen auf dieser Welt und die Menschheit ist sehr bunt. Den Begriff ›Mann‹ und ›Frau‹ zu streichen, wäre für mich natürlich das Positivste, weil ich ja mein ganzes Leben lang gesucht habe, wo ich hingehöre, da oder dort. Die Einteilungen, du musst jetzt das oder das sein, dort hineingesteckt oder dorthin, so ein Schubladendenken. Drum habe ich das ›Mann/Frau‹ so gehasst.«

Einige sehen in der Abschaffung körperlicher geschlechtlicher Ordnungsmuster eine Emanzipation für intersexuelle wie auch für nicht-intersexuelle Menschen und hoffen wie Ernst Bilke, »dass es irgendwann einmal eine gesellschaftliche Entwicklung gibt, wo das gar nicht mehr so wichtig ist, das zu benennen«. Eine solche Freiheit steht im Gegensatz zur gegenwärtigen Situation. Michel Reiter, der/die sein/ihr Denken als *postgender* begreift, vergleicht »dieses Leben bei abgerissenen Schutzmauern des Geschlechtes« damit, sich mitten im Geschlechterkrieg zu befinden, an dem die meisten um ihn/sie herum teilnehmen, er/sie selbst nicht. Daher, so Reiter, werde ihm/ihr »Kriegsdienstverweigerung« vorgeworfen, er/sie werde aus der Gemeinschaft ausgeschlossen oder für einen Idioten gehalten.[170]

Die Geschlechterkategorien als Möglichkeit, Körper, Verhalten und Identitäten rasch einzuordnen, gibt einerseits Sicherheit, reduziert andererseits aber auch die Komplexität des Daseins, wie Katrin Ann Kunze ausführt:

»Ich denke, in jedem Menschen stecken ja männliche und weibliche Anteile, jeder ist eine ganz individuelle Mischung von männlich und weiblich auf der Verhaltensebene, auf der hormonellen, der genetischen, der genitalen Ebene, und so weiter. Und dann zu sagen, du bist ein Mann und ich bin eine Frau, vereinfacht vieles, aber es führt auch dazu, vieles zu verkennen oder gar nicht wahrzunehmen. […] Das sind natürlich die Bastionen, auf die man sich wieder zurückzieht, was ich neulich mit Häme auf Papier gebracht habe: Dann kann man froh sein, wenn man wenigstens noch mit Gewissheit sagen kann: Ich bin Mann oder Frau. Wenigstens das habe ich sicher. Das gibt mir Identifikationsmöglichkeit und die Möglichkeit, bestimmte Projektionen vorzunehmen und das alles aus so einer sicheren Position heraus. Das rede ich auch schon seit Jahren: Wenn ich die Norm in Frage stelle und sich mein Gegenüber darauf einlässt, dann hat das oft irritierende Konsequenzen: Also bis eben war ich noch normal. Wenn ich deines jetzt auch als normal zulasse, was ist denn dann mit mir? Da muss man ja was aufgeben, dann muss man sich ja auf diesen freien Fall einlassen, sich eine Identität erarbeiten zu müssen und sich das alles neu zusammensuchen zu müssen. Wo man nicht mehr sagen kann, auf Seite 23, das bin ich oder

---

170 Reiter, Michel, *Versuch einer Biographie oder alles was ist, muss gesagt werden können*, 25.1.2003, http://postgender.de/postgender/bio.html.

so wie das da geschildert ist, das bin ich, da ist schon alles aufgeschrieben. Man muss sich auf einmal selber und kreativ und mit Mühe vielleicht selbst definieren.«

Die Möglichkeit, das eigene Selbst, die eigene Individualität auf einer körperlichen Grundlage zu verorten und auszudrücken, stellt sich oft erst durch den Kontakt zu Foren her, in denen Intersexualität verhandelt wird. Nach Katrin Ann Kunzes Einschätzung würde *postgender* nicht nur Intersexuellen, sondern allen Menschen die Möglichkeit geben, ihre eigene – auch körperliche – Individualität unabhängig von Geschlechternormen leben zu können wie auch andere in ihrer Besonderheit wahrnehmen zu können. Auf die Frage, ob sie eine Vision des Geschlechterverhältnisses hätte, antwortet sie:

»Konkret nicht und schon gar nicht anwendbar. Aber einfach mal so als fanatisiertes Szenario stelle ich mir das total spannend und angenehm vor, in einer Welt oder einer Gesellschaft zu leben, wo es die geschlechtliche Einteilung per se erst mal gar nicht gibt. Wo auf einer Bandbreite von null bis hundert, die dann auch noch einen Querschnitt von x Ebenen hat, einfach jeder irgendwie sich ansiedelt, dass Vielfalt einfach an der Tagesordnung ist. Dann gehe ich aus und lerne jemanden kennen und muss meine ganze Neugier, mein ganzes Sensorium im positiven Sinn aufbringen, um diese Person kennen zu lernen. [...] Die Menschen oder die Wesen, was immer das dann sind, sind einfach darauf angewiesen, sensibel, neugierig, tolerant und solidarisch zu sein, um überhaupt in dieser vielgestaltigen heterogenen Umgebung klarzukommen. Das macht einen fit fürs Überleben und sorgt für Spaß. Irgendwann gehe ich mit so einer Person nach Hause und dann ist das nochmal eine große Überraschung, was haben wir denn da jetzt. Hm, sieht ja interessant aus, kenn ich noch gar nicht, was macht man denn damit. Fühlt sich das gut an, wenn ich da draufdrücke. Dass man dann anfangen muss, herumzuexperimentieren, um klarzukommen. So was würde ich mir toll vorstellen. Das kann ich jetzt aber nicht in einen Gesellschaftsentwurf einbauen.«

Menschen nicht der einen oder anderen Kategorie zuzuordnen erfordert Mühe, die sich aber nach Katrin Ann Kuhnze lohnen würde. Gewonnen wird dadurch die Möglichkeit, die Komplexität und die Individualität des Einzelnen besser zu erfassen. So stellt die Aufgabe von *gender* wie anderer liebgewordener Kategorien zur Klassifizierung, Normierung und Gleichschaltung von Menschen einen Freiheitsgewinn dar, der allerdings auch ausgehalten werden muss. Viele intersexuelle Menschen, mit denen ich gesprochen habe, würden sich am liebsten als »Ich« definieren, um dem Druck zu entkommen, sich innerhalb einer bestimmten Geschlechterkategorie verorten zu müssen, so wie es Susan Kästner ausdrückt:

»Das macht es auch schwer, Intersexualität zu definieren. Ich kann es nur für mich definieren. Ich würde mich einfach als Ich bezeichnen. Ich würde Mann, Frau einfach lassen. Ich bin ich.«

Oft überwiegt der Wunsch nach positiver Identität und Ehrlichkeit und danach, als das wahrgenommen zu werden, was sie wirklich sind, gegenüber dem gesellschaftlichen Druck, normal zu sein und sich dafür zu verleugnen. Eine Variante von *postgender* ist auch die Idee, jeder Mensch stelle ein eigenes Geschlecht dar. Das entspricht dem Projekt einer geschlechtlichen Konzeption von Individualität des Sexualwissenschaftlers Hirschfeld in den zwanziger Jahren des 20. Jahrhunderts,[171] weshalb seine Beschreibungen der »sexuellen Zwischenstufen« von einigen als sehr fortschrittlich und für intersexuelle Menschen emanzipierend beschrieben werden, wie zum Beispiel von Elisabeth Müller:

»Man kann nicht von drei Geschlechterkörpern reden. Man muss von wesentlich mehr Geschlechterkörpern reden. Ich bin nicht vergleichbar mit einer AGS. Das ist was völlig anderes. Im Grunde hast du so viele Geschlechter wie Menschen, wenigstens 4.000 Varianten. Das ist ein Konstrukt, das so zu beschreiben, als gäbe es lediglich zwei oder auch drei Geschlechter.«

Die medizinisch beschriebenen geschlechtskörperlichen Variationen stellen die Grundlage der Vorstellung von mannigfachen Geschlechtsvarianten dar. Grundlage des *postgender*-Diskurses ist wieder der medizinische Diskurs um Intersexualität. Hier wird auch deutlich, dass das *postgender*-Konzept auf *postsex*, der Abschaffung der *körperlichen* geschlechtlichen Kategorisierung, aufbaut. Hiermit bleibt wieder die euro-amerikanische körperliche Begründung von Geschlecht erhalten. Gibt es kein *gender* mehr, dann kann man auch die Körper nicht mehr klassifizieren und umgekehrt: Kann man die Körper nicht mehr geschlechtlich kategorisieren, kann man die Menschen auch nicht mehr einem Geschlechtsstatus zuordnen. Freiheit und Emanzipation ist für intersexuelle Menschen, so die Auffassung vieler in der Gruppe *XY-Frauen*, nur möglich, wenn die geschlechtlichen Zuordnungen von außen wegfallen. Die Geschlechter als Kategorien, die allein in Bezug auf Reproduktion von Belang seien, seien für eine wahre Begegnung zwischen Menschen belanglos und langfristig abzuschaffen. Daher bringe auch die Einführung einer dritten Geschlechterkategorie keinen Freiheitsgewinn, da diese wiederum zu Abgrenzungen führe, meint Claudia Clüsserath:

»Wenn ich anfange zu kategorisieren, dann grenze ich aus. Ich möchte aber nicht ausgrenzen. Ich möchte ja genau davon weg. Ich möchte ja kein Ausgrenzen mehr von Männern gegenüber Frauen, zwischen Hermaphroditen und Pseudohermaphroditen, das bringt uns nicht weiter. Am liebsten wäre mir, wenn die Kategorien ganz abgeschafft werden könnten, wenn man alle Grenzen

---

171 Siehe das Kapitel Zur Geschichte des medizinischen Konzepts Intersexualität.

über Bord werfen könnte, aber das wird nicht funktionieren. Das kann nur in die Richtung laufen, dass die Übergänge wie Hermaphroditen und Transsexuelle in der Bevölkerung etabliert werden. Irgendwann wird man anfangen, auch diese Begrifflichkeiten abzuschaffen, dann wird niemand mehr danach fragen, ›Bist du Mann oder Frau oder Hermaphrodit?‹ Da können wir darüber reden, wenn wir was voneinander möchten, dann könnten wir uns fragen, ob wir so gebaut sind, dass wir zueinander passen. Aber ansonsten? Wen interessiert das denn? Mich interessiert überhaupt nicht, was einer in der Hose hat. Ich frage mich sowieso, warum die meisten Leute immer diese Schächtelchen aufmachen. Man versucht, alles zu kategorisieren, das ist grün, blau, gelb. Aber dass irgendjemand mal sagt ›Das gefällt mir, selbst wenn es bunt ist‹, das gibt es nicht. Jeder versucht, die Leute in Schächtelchen hinein zu stecken. Das ist dieser Schwachsinn, der aus unserer Kultur rauskommt.«

Im Umgang miteinander sollte auf die geschlechtliche Einteilung verzichtet werden, so auch Elisabeth Müller. Ihr/Ihm zufolge bezieht sich zum Beispiel die Anrede »Herr« oder »Frau« auf den Geschlechtskörper, genauer auf bestimmte körperliche Merkmale, die man unter der Kleidung vermutet. Elisabeth Müller findet diesen öffentlichen Bezug auf etwas Intimes, das unseren Anredeformen inhärent ist, pervers und lehnt diese daher ab:

»Das Geschlecht ist doch Privatsache. Das geht niemanden etwas an. ›Herr Mayer‹ und ›Frau Mayer‹ zu sagen ist genau das gleiche wie ›Fotze Mayer‹ und ›Schwanz Mayer‹ zu sagen. Das ist ordinär. Das ist nicht nur bei Hermaphroditen eine Frechheit, sondern bei allen Menschen.«

Für Michel Reiter bedeutet *postgender* auch das Aufhören von Gewalt. Geschlecht bedeutet Herrschaft und Macht, die er/sie wie viele andere durch die medizinischen Eingriffe am eigenen Leib erlebt hat. Als Metapher für diese *postgender*-Existenzweise und die damit verbundene Freiheit wählt Michel Reiter das Gebirge, in dem, hoch erhoben über sämtliche Normen, alle Formationen der Natur zugelassen sind. Hier werde die Frage nach der geschlechtlichen Norm irrelevant, hier sei es erlaubt, so zu sein wie man ist, uneingeordnet und unbeherrscht.

Die Vielfalt von Geschlechtskörpern wird teilweise auch christlich-religiös begründet. Religiöse intersexuelle Menschen begreifen die Vielfalt der Schöpfung als von Gott gewollt. So beschreibt zum Beispiel Barbara Thomas, wie sie gelernt habe, ihre intersexuelle Existenz durch die Auffassung, so von Gott gewollt zu sein, als metaphysisch verankert zu akzeptieren:

»Ich hatte diesen Gedanken ›So, ja so hat dich Gott gewollt und wenn du so bist, wie du bist, bist du schön.‹ Also die Vorstellung, ich bin vielleicht anders, aber ich empfange mein Sosein aus der Hand Gottes, als etwas Positives, und meine Aufgabe ist es, mich mit meinem Sosein auszusöhnen, so wie ich bin. Wenn mir das gelingt, dann finde ich Glück und Schönheit. Ich würde mich als etwas unkonventionellen, aber praktizierenden Katholiken sehen und mich damit identifizieren.«

Auch die christliche *Intersex Support Group International (ISGI)* formuliert auf ihrem Manifest:[172]

»Most importantly we have committed to pray for persons around the earth who daily must battle against a world which has made no place for those with congenital physical/sexual/self identities, real babies, real children, real adults whose physical bodies do not simply conform to female or male. We know that God made no mistake when He made us. We are His unique creation.«

Ist die *postgender*-Idee gesellschaftlich umsetzbar? Die ethnologische Geschlechterforschung legt nahe, dass die Einordnung von Menschen entlang der Kategorie »Geschlecht« sich zwar kulturell sehr unterschiedlich ausformt, an sich jedoch ein kulturübergreifendes Phänomen darstellt. So bezweifeln auch viele intersexuelle Menschen, die für sich die geschlechtliche Einordnung am liebsten ganz streichen würden, die gesellschaftliche Umsetzbarkeit ihrer Vision. Noch, so einige derer, die sich mit einem *postgender*-Gesellschaftsentwurf auseinandersetzen, sei die Gesellschaft nicht so weit, noch bedürfe es geschlechtlicher Bezeichnungen, damit Menschen für andere verstehbar blieben. Auf den ersten Blick sieht es so aus, als ob das Wegfallen der Zweigeschlechternorm eine Emanzipation für alle intersexuelle Menschen darstellen würde. Aber bringt eine Aufhebung der sozialen geschlechtlichen Klassifizierung immer Freiheit? Kann das nicht auch zu neuem Zwang führen? Martha Wolff äußert sich skeptisch zum Versuch einiger Eltern, ihr intersexuelles Kind ohne geschlechtliche Zuordnung als Mädchen oder Junge aufwachsen zu lassen:

»Ich sehe es problematisch, sein Kind keinem Geschlecht zuzuordnen. Weil dann das passiert, was ich mir bei Luise verboten habe, nämlich, dass ich dauernd denke, was sie jetzt tut, ist das jetzt mädchenhaft oder jungenhaft. Wenn man das einem Kind freistellt und sagt, jetzt lassen wir es mal ohne geschlechtliche Zuordnung aufwachsen, dann wird die Geschlechtsschubladisierung von den Eltern und von der Umwelt noch stärker praktiziert, das heißt man beobachtet dauernd, in welche Schublade gehört es? Ob das Kind dann völlig locker und frei aufwachsen kann, bezweifle ich. Es ist dann mit diesem Problem ständig konfrontiert. Es kann nicht mehr abschalten von der Geschlechtsproblematik. Es muss ständig das eine oder das andere beweisen. Genauso wie es die Luise so kaputt gemacht hat, dieses etwas Besonderes zu sein, defizitär zu sein. Wir wollten, indem wir nicht so darauf eingingen, ihr zeigen, du bist in erster Linie Mensch.«

Wer für sein Kind eine Deaktivierung von *gender* oder *sex* wolle, konfrontiere es dadurch, so Martha Wolff, unabsichtlich ständig mit der Geschlechterproblematik. Die vermeintliche Deaktivierung des Geschlechts

---

172 15.7.2005, http://xyxo.org/isgi/index.html.

durch eine Erziehung des Kindes jenseits von Geschlechterkategorien
führe gerade dazu, dass die Frage des Geschlechts ständig aktiviert wird
und ein Dauerthema für Kind und Eltern ist. Kinder, denen von ihren
Eltern eine Art Vorreiterrolle für eine *postgender*-Existenzweise gegeben
wird, können durch die nicht so schnell außer Kraft zu setzende Zweigeschlechternorm statt geschlechtslos vielmehr durch und durch »vergeschlechtlicht« werden. Geschieht die Loslösung von allen Geschlechterkategorien auf eigenen Wunsch des Betroffenen hin, ist das auf jeden Fall
als Emanzipation zu begreifen. Geschieht diese vermeintliche Befreiung
aber durch die Eltern, kann dies zu einem neuen Zwang führen, nämlich
der ständigen Konfrontation mit der eigenen Andersartigkeit, solange der
geschlechtliche Dimorphismus in der Gesellschaft noch als die Normalität
gilt. Dem Kind wird damit jegliche Chance auf Normalität und Unauf-
fälligkeit genommen, das Geschlecht steht ständig im Vordergrund. Somit
ergibt sich das Paradox, dass *postgender* in der Praxis auch Extrem-*gender* sein
kann. Emanzipation würde bedeuten, dass jeder Mensch sich selbst als
Individuum definieren könnte und in seinem einzigartigen Wesen – jenseits
eines geschlechtlich definierten Ordnungssystems – wahrgenommen werden würde.

Genitalverstümmelung und Gewalt

Der globale Diskurs der Genitalverstümmelungen

>»One's culture's mutilation is another's ritual.«
>*(Kessler 1998: 39–40)*

Die Exzision für Mädchen und die Zirkumzision für Jungen sind zentrale
Bestandteile von Initiationsriten in vielen Kulturen, vor allem in Afrika.
Die Beschneidung ist ein körperliches Zeichen, das Erwachsene von Kindern, Initiierte von Nicht-Initiierten und Mädchen und Jungen von als
doppelgeschlechtlich verstandenen unbeschnittenen Körpern unterscheidet. Die Ethnologin Corinne A. Kratz (1994), die weibliche Beschneidung
bei den Okiek in Kenia im Zusammenhang mit der Initiation »von innen«
beschrieben hat, hat kritisch darauf hingewiesen, dass Beschneidungspraktiken in verschiedenen Kulturen meist undifferenziert in einen Topf
geworfen und – neu definiert als Genitalverstümmelung – abqualifiziert

würden. Männliche Vorherrschaft und Unterdrückung seien dann die gängigen Erklärungen dafür (Kratz 1994: 341). Jedoch müssen, so Kratz, lokale Diskurse über männliche und weibliche Beschneidung in ein kulturelles Verständnis des Körpers als »Ort« der Sinngebung und Bedeutungszuschreibung eingebettet werden. Diese Diskurse seien verbunden mit einem spezifischen Verständnis anderer Bereiche wie Reproduktion, Sexualität, Erwachsenenstatus, Mutterschaft, Macht, Religion und Identität. Daher sei die reduktionistische Interpretation der verschiedensten Beschneidungspraktiken einzig als Genitalverstümmelungen irreführend (Kratz 1994: 341). So gebe es auch keine universale politische Lösung für »weibliche Genitalverstümmelung«. Das innerhalb dieses Diskurses verwendete Bildmaterial sei oft sensationalistisch, um politische Aktion zu mobilisieren. Kaum kontextualisiert, werden Bilder mit starker emotionaler Wirkung benutzt, ohne Machtbeziehungen oder die Auswirkungen, die die Verbreitung dieser Bilder hervorrufen, zu berücksichtigen. Solche Bilder machen es, so Kratz, schwer, die Referenten dieser Bilder einzuklammern, was aber nötig wäre, um die rhetorischen Strategien, denen sie dienen, zu untersuchen. Aus ihrem Kontext gerissen werden Abbildungen »weiblicher Genitalverstümmelungen« verwendet, ohne den Interessenshintergrund des jeweiligen Autors und die Machtbeziehungen von Autor und Beschriebenen zu berücksichtigen (Kratz 1994: 242).

Statt also in den gemeinsamen Chor der Verdammung weiblicher Beschneidung als Genitalverstümmelung einzustimmen, untersucht Kratz die dahinter stehende Rhetorik. Diese, so Kratz (1993: 342), verbinde »Dritte-Welt-Frauen« und »weibliche Beschneidung«, die beide als unaufgeklärt und rückständig bewertet werden. Nach der Darstellung und Verwerfung einiger kultureller Rechtfertigungen für die Beschneidung werde stets zu internationalem Einsatz gegen die »weibliche Genitalverstümmelung« aufgerufen.

Der politische Diskurs über Beschneidung ist jedoch nicht erst ein Produkt des Feminismus, sondern steht in einem viel älteren Zusammenhang, den die meisten Autoren meist nicht wahrhaben wollen: Er steht im Kontext mit dem Konflikt zwischen indigener Kultur und Missionaren und Kolonialmächten. Für letztere waren Beschneidungen indigene Praktiken, die christliche Standards verletzten und innerhalb einer evolutionistischen Kulturtheorie als rückständig bewertet wurden. Die Kontinuität von kulturevolutionistischem Denken und der Anti-Beschneidungs-Bewegung seit den siebziger Jahren im Zusammenhang mit der Frauenemanzipation zeigt, dass der Argumentation immer noch eine »hierarchische geistige Karte« (Kratz 1994: 343) zugrunde liegt. Anti-Beschneidungs-Kampagnen haben ein Konzept von Frauen als einer homogenen, jeglichen kulturellen Kontextes entbundenen Gruppe, die in der ethnologischen Geschlechterforschung erst durch den Differenz-Ansatz (vgl. Hauser-Schäublin und Röttger-Rössler 1998) überwunden wurde.

Durchschnittliche »Dritte-Welt«-Frauen, die aufgrund ihres weiblichen Geschlechts ein hartes Leben führen und Opfer von Praktiken sind, welche als »genitale Verstümmelungen« neu definiert werden, werden mit Elite-Frauen aus der »Dritten Welt« kontrastiert. Während die letzteren als selbstbewusst und frei beschrieben werden, die Handlungsmacht (*agency*) besitzen und selbstbestimmt Entscheidungen treffen, werden erstere als machtlos, unter den Zwängen der durch Männer definierten Tradition stehend und unfähig, selber zu denken, beschrieben. Ihre Unterdrückung durch die Beschneidung macht sie zu einer Gruppe, die verschiedene Kulturen, Religionen, politischen, ökonomischen und sozialen Situationen umfasst. Dabei wird ein Antagonismus zwischen emanzipierten freien westlichen Frauen mit Selbstbestimmungsrecht über ihren eigenen Körper und denjenigen Frauen in der Dritten Welt, die Beschneidungen mitmachen, hergestellt. Letzteren wird mangelnde Selbstbestimmung, Rückständigkeit und ein fehlendes Bewusstsein ihrer Unterdrückung unterstellt. Von vielen Frauen, die beschnitten wurden, werde die Beschneidung dagegen Kratz (1994: 343–344) zufolge vielmehr als Selbstkontrolle, Wandel und Reife aufgefasst und erlebt.

Frauen, die die Beschneidung ablehnen, wird von Beschneidungsgegnern ein »richtiges Bewusstsein« und denen, die sich beschneiden lassen, ein »falsches Bewusstsein« unterstellt. Hier folgt der Beschneidungsdiskurs anderen westlichen Emanzipationsbewegungen wie der Arbeiterbewegung oder der Frauenemanzipationsbewegung, die die Rede vom »richtigen«, gesellschaftskritischen, und vom »falschen« Bewusstsein, welches sich der eigenen Unterdrückung durch Herrschaft und Macht nicht bewusst ist, geprägt haben. Die Konstituierung weiblicher Beschneidungspraktiken als »Genitalverstümmelung« erfolgt durch einen vermeintlich universalen und objektiven Diskurs über weibliche Körper mit biomedizinischen Begriffen, der die Beschreibungen in verschiedene Arten von Eingriffen klassifiziert und regional zuordnet. Die Interpretation als »Verstümmelung« nimmt einen universalen moralischen Standpunkt ein, von dem aus Beschneidungspraktiken beurteilt werden können.

Zwei Deutungen der Beschneidung, die in einer unterschiedlichen Sicht des Körpers begründet sind, stehen sich diametral gegenüber: die emischindigene Deutung der Beschneidung als schön und als reinigend und die westlich-aburteilende Sicht von außen als »hässliche Verstümmelung« (Boddy 1989, Kratz 1993). Dies gilt auch für die Deutung der chirurgischen Eingriffe an intersexuellen Körpern. Je nach Auffassung des intersexuellen Körpers als normale Variation der Natur beziehungsweise Drittes Geschlecht oder als Fehlbildung ergibt sich eine unterschiedliche Bewertung dieser Eingriffe als Verstümmelungen beziehungsweise als verschönernde und normalisierende Korrekturen. Soll Beschneidung in ihrem kulturellen Kontext begriffen werden, müssen statt etischer Kategorien wie die Zerstörung des sexuellen Empfindens emische Kategorien der Beschneidung als soziale Vervollkommnung weiblicher (und männlicher) Körper, lokale Schönheitsnormen, Selbstkontrolle der Frauen über ihren Körper als Folge der Beschneidung und soziale Gleichstellung von beschnittenen Frauen mit Männern zur Anwendung kommen (Boddy 1989: 319, Kratz 1993: 346). Allerdings besteht bei einer solchen Sicht »von innen« die Gefahr einer Harmonisierung der Gesellschaft, des Übersehens von Unterschieden zwischen verschiedenen Interessensgruppen und zwischen »traditionellen« und westlich-modernen Fraktionen. Um zu einem breiteren kulturellen Verständnis von Beschneidungspraktiken zu gelangen, gilt es, die darin verwickelten »multiple constraints and agencies« (di Leonardo 1991: 1) zu untersuchen.

Genitaloperationen intersexueller Menschen als Genitalverstümmelung

Angestoßen von der Intersex-Bewegung in den USA seit Mitte der neunziger Jahre, die eng mit der Gründung der *Intersex Society of North America* (ISNA) in Verbindung steht, wird die geschlechtszuweisende beziehungsweise korrigierende Operation an intersexuellen Genitalien von vielen intersexuellen Menschen als Genitalverstümmelung beschrieben und somit in den Diskurs über (weibliche) Genitalverstümmelung aufgenommen. Innerhalb des Intersex-Aktivismus gehört es zum »richtigen« Bewusstsein, die Zweigeschlechtlichkeit als kulturelle Norm zu enttarnen, die von bestimmten Machtinteressen, vor allem der Medizin, aufrechterhalten und in intersexuelle Körper eingeschrieben wird, weswegen geschlechtsnormierende chirurgische Eingriffe als Genitalverstümmelungen und nicht als

Heilbehandlung begriffen werden. So wie in vielen Initiationsritualen durch Beschneidung ein »sauberes«, »reines« und »schönes« Genitale durch die Beschneidung als kulturell motivierter Eingriff erst hergestellt wird, so müssen auch im biomedizinischen Diskurs intersexuelle Genitalien durch operative Eingriffe korrigiert und »ganz« beziehungsweise »schön« gemacht werden. Im Diskurs um chirurgische Eingriffe an intersexuellen Menschen als Genitalverstümmelung dagegen gilt ein intersexuelles Genitale als ganz und unzerstört und dessen medizinische »Korrektur« als Verstümmelung. Die chirurgische Intervention (er)schafft im medizinischen Diskurs, während sie im Diskurs der Verstümmelung zerstört (vgl. Kessler 1998: 40).

Intersexuellen Menschen, die der fremdbestimmten geschlechtsnormierenden Genitaloperation nicht grundsätzlich ablehnend gegenüberstehen, wird von aktivistischer Seite mangelnde Kenntnis der Machtinteressen und »falsches« Bewusstsein vorgeworfen. Während für manche intersexuellen Menschen wie zum Beispiel für Birgit Lanzleithner *agency* und Selbstbestimmung gerade die Integration von Medizintechnologie und die Anerkennung ihres Status als Frau bedeuten – entgegen aller Bestrebungen, sie als Zwischengeschlecht oder »nicht wirkliche« Frau zu begreifen – bedeutet *agency* in diesem Diskurs unter anderem die Ablehnung der operativen Eingriffe. Für Erstere tragen die medizinischen Möglichkeiten zur Handlungsmacht der Betroffenen bei, Letztere sehen gerade dadurch die Autonomie über ihren eigenen Körper – selbst ein kultureller Wert – bedroht.

Von den meisten Medizinern[173] wird jeglicher Zusammenhang zwischen der chirurgischen Behandlung von Intersexualität mit Beschneidungspraktiken entschieden abgelehnt. So findet zwar der Kinderurologe Erich Obermayer stellvertretend für alle medizinischen Intersex-Spezialisten »Genitalverstümmelungen bei Mädchen in Afrika furchtbar«, begreift diese aber als kategoriell unterschiedlich von geschlechtszuweisenden Genitaloperationen an intersexuellen Menschen in den westlichen Ländern. Denn die operative Behandlung intersexueller Genitalien erhalte, so Erich Obermayer, heutzutage im Gegensatz zu früher die Sensibilität des Genitales, geschehe sauberer, und das Ergebnis sei schöner als in den vergangenen Jahrzehnten. Was aber ein »schönes« Genitale sein soll, ist durchaus verhandelbar. Die Ästhetik von Genitalien ist ein Produkt kultureller Normen wie auch subkultureller Deutungen. So war für Alex

---

173 Auch innerhalb des medizinischen Diskurses gibt es einige Stimmen, die dafür plädieren, in bestimmten Fällen auf eine Operation des intersexuellen Genitales zu verzichten.

Jürgen sein unversehrtes Genitale, das er auf einem Foto sah,»das Schönste, was ich je gesehen habe«. Von einigen intersexuellen Menschen werden dagegen die medizinischen Eingriffe an intersexuellen Genitalien als Genitalverstümmelung verstanden. So führt zum Beispiel Claudia Clüsserath aus:

»Wenn ich die Fékété [eine französische Kinderchirurgin und Spezialistin auf dem Gebiet der Intersex-Mikrochirurgie, CL] in dem Film[174] höre, es gäbe nur zwei Möglichkeiten, entweder abtreiben oder umoperieren, wie krank muss diese Fékété sein? Was ist das für eine Gesellschaft, wo ist denn da noch Kultur? Was ist da noch für ein Unterschied zu den schwarzafrikanischen pharaonischen Beschneidungen. Wir regen uns auf über die Medizinmänner, die aus kulturellen religiösen Gründen diese Beschneidungen machen. Aber diese weißen Medizinmänner, die überall in unseren Kliniken sitzen und Kinder komplett umbauen, die ihnen Zeit ihres Lebens ihre Gefühlsempfindungen wegnehmen, sind das die besseren, nur weil die eine andere Hautfarbe haben?«

Auch von engagierten Anti-Beschneidungsaktivisten wird die chirurgische »Korrektur« intersexueller Genitalien als Genitalverstümmelung beschrieben. So stellt beispielsweise Lightfood-Klein (2003) in ihrem Buch *Der Beschneidungsskandal* neben afrikanischen Beschneidungspraktiken auch »Genitalverstümmelungen in der westlichen Welt« dar, wozu sie auch die Intersex-Chirurgie rechnet. Das Motiv der Klitorisreduktion als Mittel gegen Masturbation, spekuliert Lightfood-Klein, könne unausgesprochen auch der Klitorisreduktion bei intersexuellen und dem weiblichen Geschlecht zugeordneten Kindern zugrunde liegen. Darüber hinaus sieht sie starke Parallelen zwischen geschlechtszuweisenden Operationen an intersexuellen Kindern, Beschneidungspraktiken und sexuellem Kindesmissbrauch. Diese konzeptionelle Verbindung wird auch von Michel Reiter (1998) hergestellt. So wird die von Feministinnen und Beschneidungsgegnern erreichte Sensibilität für Beschneidungspraktiken in vielen kulturellen Kontexten, vor allem in Afrika, innerhalb der Intersex-Bewegung genutzt, um genitalzuweisende Operationen an intersexuellen Menschen in westlichen Ländern zu problematisieren. Die beiden Formen von Genitalverstümmelungen aus kulturellen Gründen seien durchaus vergleichbar: In vielen afrikanischen Kulturen werde das Kind beziehungsweise der/die Jugendliche von körperlichen Merkmalen des »anderen« Geschlechts »gereinigt« – Mädchen von der»männlichen« Klitoris, Jungen von der»weiblichen« Vorhaut. Durch bestimmte Körperpraktiken würden

174 *Eindeutig Zweideutig* von Ilka Franzmann, Sendedatum: 4.7.2003, 22.15, ARTE, 55 min.

die Betreffenden aus der ursprünglichen Doppelgeschlechtlichkeit in ein kulturell eindeutiges Geschlecht umgewandelt. Ebenso verbiete es die euro-amerikanische Geschlechternorm für Mädchen, eine penisähnliche Klitoris und Hoden zu haben und für Jungen, eine Vagina, Gebärmutter und »weibliche« Brüste zu haben. In beiden Fällen gehe es darum, kulturell akzeptable Geschlechtsmerkmale herzustellen, meint zum Beispiel Heike Spreitzer kritisch: [175]

»Es hat sehr viel mit der Genitalverstümmelung in Afrika zu tun, weil es darum geht, kulturell akzeptable Genitalien herzustellen. Ein kulturell akzeptables männliches Genital ist eines mit einem imposanten Schwanz, ein kulturell akzeptables weibliches Genital ist eines, wo nichts hervorsteht, Priorität eins und ein Loch zum Penetrieren da ist, Priorität zwei.«

Bei einer Kundgebung der AGGPG[176] war zu hören:

»Es ist aus unserer Sicht ein Skandal, dass Mediziner über die beste Form der Genitalverstümmelung diskutieren können, es ist [...] ein Verbrechen, Kinder ohne Vorliegen eines Krankheitsfalles zu verstümmeln, und das bloß, weil ihre Geschlechtsmerkmale keine eindeutigen Rückschlüsse auf Zuordnung dessen zulässt, was hier Mann oder Frau sein sollen. Wenn wir sagen, dass Kinder ohne Grund operiert werden, dann heißt das vor allem, dass die Integrität des Kindes verletzt wird. Einerseits rühmt sich dieses Land, zivilisiert zu sein, aber was, bitteschön, ist die Genitalverstümmelung, die Zerstörung von Sexualität anderes als eine Menschenrechtsverletzung, um mal in diesem Diskurs von Gesetzen zu bleiben?«

Bei geschlechtsnormierenden Genitaloperationen gehe es, wie Elisabeth Müller drastisch ausdrückt, »um ein existenzielles Verbrechen, um Diebstahl, Mord und um Menschenrechtsverletzung«. Erika Kasal vergleicht den medizinischen Umgang mit Intersexualität mit Praktiken im Dritten Reich, als Leute, die nicht der Vorstellung einer ganz eng umrissenen Normalität entsprachen, umgebracht wurden. Umgebracht würden intersexuelle Menschen heute nicht mehr, aber man lösche sie auch so aus, indem sie zu »normalen« Frauen oder Männern umoperiert werden. Den Grund für die kulturell motivierten Eingriffe bei Beschneidungen wie auch bei der Intersex-Chirurgie sieht Michel Reiter in »einer beiden Kulturen immanenten Phobie vor Zweigeschlechtlichkeit, in einer Person vereinigt (Reiter 1998: 6–7). Die »Genitalverstümmelung« an intersexuellen Menschen versteht er als eine »Elimination von Hermaphroditen«. Durch die chirurgische und hormonelle »Verstümmelung« zweigeschlechtlicher

---

175 Transkription aus dem Dokumentarfilm *Intersexed* von Joachim Kateri.
176 Dokumentiert im Film *Das verordnete Geschlecht* von Oliver Tolmein und Bertram Rotermund, Deutschland 2001, 62 min, http://Das-verordnete-Geschlecht.de.

körperlicher Merkmale würden Hermaphroditen konkret ausgerottet. Dieser gedankliche Schritt von der Genitalverstümmelung zur Ausrottung wird über den Zusammenhang von unversehrter Körperlichkeit und Identität beziehungsweise zwischen verstümmelter Körperlichkeit, Nicht-Identität und Selbstentfremdung verständlich. Weil die körperliche Grundlage der Identität als Hermaphrodit oder intersexueller Mensch nicht nur erlebnisunfähig gemacht wird, sondern komplett entfernt wird, kann dieser Körper nicht mehr das »Zuhause des Selbst« (Giddens 1991: 55) sein. Dies hat zur Folge, dass das unverkörperte Selbst keine körperliche Grundlage mehr hat. Dadurch, dass die Genitalien die Hauptmarker für Geschlechtlichkeit darstellen, führt deren Verstümmelung in dieser Argumentation zu einer gesellschaftlichen Nicht-Existenz als Hermaphrodit oder intersexueller Mensch. Auch Daniela Maier, die Mutter der fünfjährigen Miriam, die sich gegen die Genitaloperation ihres intersexuellen Kindes entschieden hat, sieht diesen Zusammenhang zwischen dem wahren Wesen des intersexuellen Kindes und der geschlechtszuweisenden Genitaloperation, die das Kind zu etwas anderem macht als es ist:

»*Wenn das Kind operiert wird, dann ist es eben angeglichen. Das Kind ist danach nicht mehr dasselbe.*«

Durch die Verknüpfung des Genitalverstümmelungsdiskurses mit dem Diskurs um Intersexualität als wahres Geschlecht kann eine Verbindung von Körper, geschlechtlicher Identität, Selbst und sozialer Existenz hergestellt werden. Durch die Verletzung der körperlichen Unversehrtheit wird der naturgegebene Körper zerstört, was zu dem Gefühl, »aus der eigenen Haut herausgerissen« zu sein und »eine fremde Haut »aufgedrückt« bekommen zu haben« führt. Durch die verstümmelnden chirurgischen Eingriffe ist das Selbst als verkörpertes Selbst gestört, es ist auf eine andere, künstlich hergestellte und nicht freiwillig gewählte Weise verkörpert, die Verkörperung ist nicht mehr die des Selbst, sondern eine von außen dem Selbstvorgegebene. Daher kann sich das Selbst nicht mit diesem Körper identifizieren. Da die Genitalien die wesentlichen Merkmale sind, in denen sich das vergeschlechtlichte Selbst ausdrückt und an denen es ablesbar ist, können Eingriffe in das Genitale als Eingriffe in das Selbst verstanden werden, können Umgestaltungen des Genitales als Umgestaltungen des Selbst erlebt werden. Erst jedoch die essentialistische Transformierung der medizinischen Krankheitskategorie »intersexuell« in ein »wahres Geschlecht« und ein »tiefes Selbst« kann zu einer Interpretation dieser Eingriffe als Auslöschen einer ganzen Bevölkerungsgruppe führen.[177]

Zum Zweck der Distanzierung von vergangenen biomedizinischen Praktiken und von »unzivilisierten« Kulturen wird im medizinischen Diskurs unterschieden zwischen »Klitorektomie«[178] und der heute üblichen Form der »Klitorisreduktion« beziehungsweise der »Klitorisversenkung«. Mit dieser Unterscheidung will man medizinische Praktiken als wissenschaftliche und moderne Heilbehandlung von indigenen Praktiken unterscheiden, die als ignorant, primitiv und unzivilisiert markiert werden. Nach Lightfoot-Klein (2003) ist diese begriffliche Unterscheidung jedoch linguistisch nicht haltbar, da das Suffix »-ektomie« lediglich das Abschneiden von etwas und nicht das komplette Entfernen bedeutet, und dieses Abschneiden durchaus Teil der Klitorisrezession sei. Darüber hinaus werde die Klitoris auch in Kulturen, in denen weibliche Beschneidung praktiziert wird, nicht komplett entfernt. Die Philosophin Diana Meyers (2000: 470) schlägt vor, als allgemeinen und neutralen Begriff »genital cutting« zu verwenden, um einerseits nicht verurteilend von »Verstümmelung« sprechen zu müssen, andererseits den Euphemismus von »Reduktion« oder »Rezession« zu vermeiden. Auch Kessler (1998) weist auf die medizinische Differenzierung von Intersex-Genitaloperationen und Genitalverstümmelungen hin. Nach ihr weist die Verwendung des Begriffes »Verstümmelung« (mutilation) für andere Kulturen auf eine Distanzierung und Diffamierung dieser Kulturen hin und verstärkt ein Gefühl von kultureller Überlegenheit. Was in der einen Kultur als Ritual oder – so könnte hinzugefügt werden – als Heilbehandlung gilt, kann in der anderen Kultur als Verstümmelung begriffen werden (Kessler 1998: 39–40). Wie Alex Jürgen im folgenden Zitat, schildern viele intersexuelle Menschen den Verlust von sexueller Sensibilität nach zahlreichen ungewollten operativen Eingriffen (vgl. zum Beispiel die Studie von Minto u.a.: 2003):

»Intersexuelle Menschen können sich alle operieren lassen, wenn sie es wollen, wenn sie es selber bestimmen können. Da können sie sich zerschnipseln aus freien Stücken, wie sie wollen. Aber wenn das in der Kindheit gemacht wird, das ist absolut ohne die Entscheidungskraft der Kinder. Und sogar in einem Alter, wo die Kinder schon so ein bisschen entscheiden könnten, wird in die

177 Die Korrektur von abstehenden Ohren führt zum Beispiel nicht zu Entfremdungserfahrungen der Betroffenen von ihrem medizinisch veränderten Körper oder zur Vorstellung einer Ausrottung von Menschen mit abstehenden Ohren.
178 Die vollständige Entfernung der Klitoris. Dieses Verfahren wird heute nach Aussagen von Medizinern nicht mehr praktiziert.

Richtung geredet mit ihnen, dass sie das alles mitmachen. Das sind, finde ich, absolut unwiderrufliche Eingriffe, die Sachen zerstören, die niemand mehr zurückbringen kann. Ich bin da unten taub, fast wie ein Querschnittsgelähmter, gerade dass ich da spüre, dass da jemand herumwerkt, mehr ist da nicht. Und das sind Sachen, die kann keiner mehr zurückgeben, dass ich da nichts mehr spüre. Ich denke mir manchmal, ob ich ein Foto machen sollte von meinem Unterleib und das den Leuten zeigen sollte und denen erklären würde, da ist kein einziger Schnitt medizinisch notwendig gewesen. Das sind so Gedanken, die ich manchmal habe.«

Der Verlust der sexuellen Sensibilität steht im Vordergrund der Kritik an chirurgischen Eingriffen an intersexuellen Genitalien.[179] Auch hier wird die Analogie zu (weiblicher) Beschneidung deutlich. In der Argumentation werden dieselben Argumente herangezogen, die innerhalb der westlichen Anti-Beschneidungs-Kampagne entwickelt wurden. Die sexuelle Erlebnisfähigkeit derjenigen intersexuellen Menschen, die in die weibliche Richtung genitalkorrigiert wurden, würde durch die massiven Eingriffe am Genitale stark eingeschränkt oder zerstört, um sozialen Normen zu genügen und um überhaupt im sozialen Sinne eine Frau sein zu können. Viele intersexuelle Menschen, die als Baby oder Kleinkind eine Klitorektomie, eine Klitorisreduktion oder eine Vaginalplastik bekommen haben, berichten wie Alex Jürgen vom partiellen oder völligen Verlust jeglicher Sensibilität in diesem Bereich. Die Chirurgie, die in der medizinischen Konzeption ein intersexuelles Genitale korrigiert, verstümmelt es in der Selbstwahrnehmung vieler Betroffener vielmehr und verletzt dadurch deren leibliche Integrität.

Das medizinisch-chirurgische Eingreifen in ein intersexuelles Genitale wird in diesem Diskurs also zum einen beschrieben als Verletzung der leiblichen Integrität, die dadurch zersplittert und gespalten erlebt und in

---

179 Verschiedene psychologische Untersuchungen (Kuhnle u.a. 1997, Minto 2003) bestätigen diese Kritik und zeigen, dass die Operationen an der Klitoris durchaus negative Langzeiteffekte haben können, aber nicht müssen (Zucker 2003, Meyer-Bahlburg 2004b). Bei all diesen Studien bleibt jedoch immer zu bedenken, dass eine beträchtliche Anzahl der ehemaligen Patienten nicht teilnehmen; in der Regel genau diejenigen, die eher unzufrieden mit der Behandlung sind. Bezöge man diese Stimmen mit ein, so würde sich das Ergebnis in Richtung »unzufrieden mit der Behandlung« verschieben. Bezieht man dann noch mit ein, dass viele meiner Gesprächspartner berichteten, dass sie sich aus Schüchternheit und Respekt den Ärzten gegenüber kaum jemals kritisch äußerten, verschiebt sich das Bild nochmal in die negative Richtung. Darüber hinaus lässt diese quantitative Art von Befragungen kaum Platz für eigene Formulierungen en emischen Begrifflichkeiten und ermöglichen durch den Gebrauch von standardisierten Antwortmöglichkeiten lediglich einen geringen Einblick in die innere Erfahrungswelt von Betroffenen.

ihrer Ganzheit zerstört wahrgenommen wird, zum anderen als Zerstörung und als Verlust der sexuellen Sensibilität. Die kulturelle Bedeutung, die dabei verschiedenen Teilen der Genitalien zugeschrieben wird, ist jedoch sehr unterschiedlich. Der Penis hat eine größere kulturelle Bedeutung als Skrotum und Hoden, die Klitoris wird als relevanter betrachtet als die Labien. Die Labien spielen in westlichen Kulturen keine so relevante Rolle, im Gegensatz etwa zu einigen Kulturen Afrikas und des mittleren Orients. Gegenwärtig findet allerdings auch in den euro-amerikanischen Kulturen ein Wandel in der Wahrnehmung statt, betrachtet man die zunehmenden kosmetischen Operationen gerade für zu groß empfundene innere und äußere Schamlippen. Die kulturelle Relevanz eines Körperteils steht in engem Zusammenhang mit dessen kulturell akzeptierter Variabilität. Je unbedeutender ein Körperteil ist, desto eher wird Variabilität toleriert und umgekehrt: Mit je mehr kultureller Bedeutung ein Körperteil aufgeladen ist, desto weniger wird Variabilität sozial geduldet und desto notwendiger erscheint eine medizinische normierende Korrektur (vgl. Kessler 1998: 45–46).

Was wird als Zerstörung leiblich gefühlter Integrität verstanden? Meist geht es dabei um die Entfernung und Reduktion der äußerlich sichtbaren vergrößerten Klitoris. Die Entfernung der Vagina bei einer männlichen Zuweisung wird nicht als Verstümmelung verstanden. Ebenso wird die Korrektur des Genitales bei männlichem Zuweisungsgeschlecht ebenfalls nicht im Verstümmelungsdiskurs thematisiert. Ein »Mikropenis« wird bislang in den meisten Fällen unter lokaler Anwendung von Hormoncremes und nicht operativ korrigiert. Die operative Korrektur eines am Schaft gespaltenen Penis (Hypospadie) und die Verlegung der Harnröhre an die Spitze der Eichel werden in diesem Diskurs ebenfalls (noch) nicht als Genitalverstümmelung begriffen. Es ist die operative Klitoris-»Korrektur« in die weibliche Richtung, die in diesem Diskurs als Verstümmelung thematisiert wird. Die Kritik zielt in zwei verschiedene Richtungen: Entweder der »Klitorophallus« wird mit geschlechtsmarkierender Bedeutung aufgeladen. Dann wird der geschlechtzuweisende Eingriff in die weibliche Richtung als Entfernen von männlichen beziehungsweise intersexuellen Anteilen erlebt. Oder die Klitoris wird zwar als vergrößert, aber trotzdem weiblich wahrgenommen. Dann bedeutet der Eingriff den Verlust eines gesunden und lustvollen Organs.

Das Argument der Verstümmelung wird innerhalb dieses Diskurses manchmal auch für die operative Entfernung der Gonaden, die nicht dem zugewiesenen Geschlecht entsprechen (ein Mann hat keine Eierstöcke und eine Frau keine Hoden zu haben), oder die nur ansatzweise entwickelt sind (»Stranggonaden«), angeführt. Susan Kästner erlebte den Verlust ihrer Gonaden als innere Behinderung:

»Und so musst du dir dieses Gefühl vorstellen. Es ist mir etwas genommen worden, womit die Gesellschaft ein komplettes Geschlecht definiert. Das ist eine Behinderung, die du nicht siehst. Das ist eine innerliche Sache. Ich meine diese Stranggonaden oder die Hoden oder wie auch immer man sie definieren mag. [...] Man hat mit der Operation meinen Körper verletzt. Die Operation zeigt die Verletzung der Seele. Sie ist die sichtbare Narbe der seelischen Verletzung.«

Während von einigen also auch die Gonadektomie als Verletzung der körperlich-leiblichen Integrität interpretiert wird, wird sie von anderen nicht so verstanden. Im folgenden Gesprächsausschnitt zwischen zwei Menschen mit CAIS, wovon sich die erstere als XY-Frau und die zweitere als Hermaphrodit versteht, zeigt sich dieser Unterschied im leiblichen Erleben:

Katrin Ann Kunze: »Diese Ganzheit, das ist der Unterschied. Ich fühle mich heute noch ganz, die Gonaden habe ich ja gar nicht gespürt.«[180]
Elisabeth Müller: »Ich habe meine Gonaden schon gespürt. Für mich war die Gonadektomie eine Kastration. Da wurde mir was weggenommen, was zu mir gehörte.«

Wenngleich nicht immer als Kastration verstanden, so wird die Gonadektomie von den meisten intersexuellen Menschen heute als unnötige Entfernung von gesunden Organen begriffen, aufgrund derer die Betroffenen an eine lebenslange Hormonersatztherapie und damit an die medizinische Institution gebunden sind. Im Falle von CAIS wird durch die Gonadektomie dem Körper die Möglichkeit genommen, durch Umwandlung von Testosteron selbst genug Östrogene, welche für das leiblich-psychische Wohlbefinden sowie für den Knochenaufbau wichtig sind, zu bilden. Im Falle von PAIS ist damit auch der männlichen Entwicklung entgegengewirkt, was manche begrüßen, andere ablehnen. In anderen Fällen (zum Beispiel Hermaphroditismus verus, Gemischte Gonadendysgenesie, 5 alpha-Reduktasemangel) wird die Gonadektomie darüber hinaus als Vereitelung möglicher Fruchtbarkeit verurteilt.

Vor welchem theoretischen Hintergrund ist die operative Entfernung der Gonaden ohne medizinische[181] Ursache als körperliche Verstümme-

---

180 Diese Aussage stammt aus dem Jahre 2003. Zwei Jahre später sagt sie: »Ich fühle mich nicht vollständig, und ich fühle mich beschädigt.« Diese Wandlung zeigt, wie sehr das leibliche Erleben einem fortwährenden Veränderungsprozess unterworfen ist.

lung zu verstehen? Dieses Verständnis basiert auf einem essentialistischen Verständnis von Intersexualität, wonach die Gonaden erstens als Ort, an dem das intersexuelle Geschlecht lokalisiert wird, und zweitens als Teil von leiblicher Ganzheit gedeutet werden. In einer essentialistischen Deutung von Hoden im Körper einer Frau und Eierstöcken im Körper eines Mannes als *Marker* für Männlichkeit, Weiblichkeit oder körperlicher Zwischen- oder Doppelgeschlechtlichkeit wird die Gonadektomie innerhalb des Verstümmelungsdiskurses als Entfernung männlicher, weiblicher oder intersexueller leiblicher Anteile interpretiert. Die gegengeschlechtlichen Gonaden beziehungsweise die Stranggonaden werden damit zu *Markern* eines essentialistisch verstandenen intersexuellen Geschlechts.

Diese Konzeption wendet sich gegen zwei Vorstellungen innerhalb des medizinischen Diskurses. Zum einen werden innerhalb der Biomedizin die Gonaden als Organe entpersonalisiert und parzelliert und können somit losgelöst vom Körperganzen entfernt werden. Sie werden zu Objekten, die losgelöst vom Leib und der subjektiven Erfahrung ihrer »Besitzer« behandelt und entfernt werden können [182] (vgl. Hauser-Schäublin u.a. 2001: 24.25). So können die Gonaden erst dann entfernt werden, wenn sie nicht mehr als Teil des Selbst des intersexuellen Menschen betrachtet werden. Gegen diese Abspaltung der Gonaden von der Person wendet sich die essentialistische Auffassung von Gonaden als Teil des intersexuellen Körpers und zum Selbst des intersexuellen Menschen gehörig. Zum anderen richtet sich die Kritik gegen die medizinisch-gesellschaftliche Auffassung, nach der ein Mann keine Eierstöcke und eine Frau keine Hoden zu haben hat,[183] und in der es intersexuelle Körper als normale und gesellschaftlich akzeptierte körperliche Variation nicht gibt. Wäre dies der Fall, müssten intersexuelle Körper nicht mehr als fehlentwickelte weibliche und männliche Körper konzipiert und daher auch nicht mehr korrigiert werden. Intersexuelle Körper sind nämlich, wie Holmes (2000) anmerkt, nur inner-

---

181 »medizinisch« hier im Sinne von gesundheits- oder lebensbedrohlich.

182 Diese Konzeption von Organen und Körperteilen und -flüssigkeiten bildet auch die Grundlage für medizinische Praktiken im Rahmen der Transplantationsmedizin der Organspende und im Rahmen der Reproduktionsmedizin der Samenspende (vgl. Hauser-Schäublin u.a. 2001).

183 Das medizinische Argument, die Hoden würden entfernt, um eine körperliche Entwicklung in die männliche Richtung in der Pubertät (Bartwuchs, tiefere Stimme usw.) zu verhindern, trifft im Falle von CAIS nicht zu. Und dennoch werden die Gonaden entfernt. Zum anderen medizinischen Grund, dem Krebsrisiko, vgl. das Kapitel *Die medizinische Behandlungspraxis.*

halb des körperlichen Zweigeschlechtermodells uneindeutig. Zieht man Intersexualität als eigene körperliche Kategorie heran, so sind sie ganz eindeutig, nämlich intersexuell. Ebenso kann nur vor dem Hintergrund der Zweigeschlechternorm behauptet werden, die Gonaden bei intersexuellen Menschen »funktionieren nicht richtig«. So schreibt der Hermaphrodit Ins(a) Kromminga:

»Ich fand heraus, dass die Hoden perfekt funktionierten. Natürlich anders als bei einem Mann, aber richtig für einen Hermaphroditen.«[184]

Andere intersexuelle Menschen wiederum sprechen sich gegen die Kategorisierung der operativen Genitalkorrekturen als Verstümmelung und gegen die Forderung nach einem Stopp von Genitalverstümmelungen an intersexuellen Kindern aus. So findet Birgit Lanzleithner, die Seite, die dafür plädiert, auf geschlechtszuweisende Operationen bis zum zustimmungsfähigen Altern zu verzichten und damit eine einfache Lösung für das Problem Intersexualität suggeriere, mache es sich zu einfach:

»Ich kenne Eltern, die haben mich angerufen, als das Kind fünf war. Die Kinder im Kindergarten verspotten das Kind so, dass es nicht mehr ohne OP ging. Das ist genau der Punkt: Ich glaube nicht, dass die Nicht-Operierten psychisch gesund groß werden. Das ist das Problem, das, wie ich glaube, Michel Reiter unter den Tisch kehrt. Gar nicht operieren oder warten, bis sie 13 sind. Gerade die Pubertät ist ja so ein schwieriges Alter. Wenn die Kinder dann nicht normal sind. Ich weiß, dass selbst Diabetiker-Kinder sich verstecken. Die spritzen sich niemals in der Öffentlichkeit, weil sie normal sein wollen. Asthmatiker verstecken ihre Sprays. Das ist so ein ganz schwieriges Krisen-Alter. Und wenn ich auch noch eine Entscheidung, in welcher Geschlechterrolle sie leben sollen, in dieses Alter packe, dann wird sich die Hälfte dieser Kinder wahrscheinlich suizidieren. Das ist ja immer das Argument von Michel Reiter, dass viele dieser Patienten mit diesen Krankenhausgeschichten zu trinken anfangen oder suizidgefährdet sind oder sich wirklich suizidieren. Ich glaube nicht, dass in der Gesellschaft, so wie sie jetzt ist, intersexuelle Kinder unoperiert psychisch gesund groß werden. Die suizidieren sich dann eben, weil sie mit ihrer Rolle nicht zurechtkommen. Und ich kann nicht einfach sagen, dann muss man sie halt einfach groß werden lassen und gucken, was kommt. Das finde ich genauso grausam wie wenn man sie operiert.«

Im Gegensatz zu den Kritikern der geschlechtsnormierenden chirurgischen Eingriffe, die Ärzten Prestige- und monetären Gewinn durch die chirurgische Behandlung intersexueller Menschen vorwerfen, sieht Birgit Lanzleithner nicht im medizinischen Eingreifen, sondern gerade in einer unterlassenen Hilfeleistung Vorteile für Mediziner. Diese könnten durch ein Nicht-Eingreifen der permanenten Bedrohung durch Prozesse auf-

---

184 4.12.2003, http://genderfreenation.org/mfa/bio.html.

grund falscher Entscheidungen entgehen. Leidtragende wären hierbei nach ihrer Auffassung die »Patienten«. Aus ihrer eigenen Erfahrung und innerhalb der *AGS Eltern- und Patienteninitiative e.V.* hat sie gelernt: »Es gibt kein AGS ohne Leid.« Das heißt, jede Entscheidung der Eltern, für oder gegen geschlechtszuweisende Operationen, gehe mit leidvollen Erfahrungen einher. Die Option, nicht einzugreifen, sei auch eine Entscheidung. Entweder, so Birgit Lanzleithner, leide das Kind unter der psychischen und körperlichen Traumatisierung durch die operativen Eingriffe oder unter der sozialen Stigmatisierung. Die Entscheidung über das eigene Geschlecht in die Pubertät zu verlegen, findet sie grausam, da das genau die Zeit sei, in der es für die Betroffenen subjektiv sehr wichtig sei, der Norm zu entsprechen.

Soll also das Kind der Norm angepasst werden, damit es die Kindheit und die Krisenzeit Pubertät unstigmatisiert durchlebt oder soll es in seiner Besonderheit belassen werden und frühzeitig lernen, sich damit und mit den gesellschaftlichen Normen auseinanderzusetzen? Die unterschiedlichen Auffassungen, die aus verschiedenen Diskursen resultieren, begreifen Ganzheit und Integrität auf vollkommen unterschiedliche Weise. Das äußert sich auch beim elterlichen Verständnis der Eingriffe an ihrem Kind. Für die einen ist ihr Kind nach der Operation »nicht mehr dasselbe« (Daniela Maier), für andere ist es erst nach der Operation ganz und richtig und war vorher fehlgebildet. Während für die einen Ganzheit Unversehrtheit bedeutet, stellt Ganzheit für die anderen getreu dem medizinischen Diskurs eine Vollendung dessen, »was die Natur nicht ganz zu Ende gebracht hat«, beziehungsweise die Korrektur einer Fehlbildung dar.

Je nachdem, ob man AGS und andere Intersex-Formen als zu akzeptierende körperliche oder geschlechtliche Variation beziehungsweise als Drittes Geschlecht auffasst oder als medizinisch korrigierbare Fehlbildung, ergeben sich auch vollkommen entgegengesetzte Vorstellungen davon, was es bedeutet, das Kind zu schützen. Schutz ist ein wichtiges Konzept im medizinischen Diskurs wie im Diskurs um Verstümmelung und Verletzung von Integrität. In allen Diskursen soll das intersexuelle Kind geschützt werden. Aber wovor? Im ersten Fall soll es vor gesellschaftlicher Stigmatisierung durch Anderssein und vor Geschlechtsidentitätsstörungen geschützt werden. Die Medizin will das Kind vor der Gesellschaft schützen, indem sie es den gesellschaftlichen Normen möglichst frühzeitig anpasst. Dazu muss die körperliche Andersartigkeit beziehungsweise Fehlbildung korrigiert werden. Kritiker dagegen, deren Ziel die soziale Akzeptanz von Intersexualität ist, wollen das Kind vor medizinischer Verstümmelung, sozialer Ausrottung und Zerstörung seiner sexuellen Sensibilität schützen. Demnach muss das Kind vor Medizinern oder auch seinen Eltern geschützt werden. Einige wenige wie Michel Reiter [185] gehen sogar soweit, hier staatliche sorgerechtliche Machtbefugnisse zu fordern.

Der Vorwurf, durch Genitalverstümmelung die körperlich-leibliche Integrität eines Menschen zu verletzen, steht in engem Zusammenhang mit dem juristischen Diskurs. Der juristische Diskurs hat zu entscheiden, ob sich das Strafrecht dem medizinischen pathologisierenden Diskurs anschließt, der die Eingriffe als Heilbehandlung begreift, oder dem Diskurs, der sie als Genitalverstümmelung thematisiert.

An folgendem Beispiel soll illustriert werden, wie dieser Diskurs und die Frage, welche Eingriffe als Verstümmelungen interpretiert werden und welche nicht, innerhalb der Entscheidungsfindung von Eltern herangezogen werden kann. Ursula Linzer ist die Mutter des vierjährigen Jannik, der mit XY/XO Gemischter Gonadendysgenesie zur Welt kam. Sie hat als Krankenschwester sowohl gute Kenntnisse des medizinischen Diskurses um Intersexualität mitsamt der gesundheits- und lebensbedrohlichen Probleme, die damit einhergehen können, kennt als auch die medizinkritischen Diskurse um diese Eingriffe als Integritätsverletzung und Verstümmelung. Die verschiedenen Diskurse und ihre unterschiedlichen Auffassungen des intersexuellen Körpers führen bei ihr zu einem inneren Konflikt. Dabei trennt Ursula Linzer sehr klar zwischen Eingriffen, die eine Körperverletzung darstellen und denen, die Fehlbildungen korrigieren. Die Korrektur der Peniskrümmung und der Hypospadie stellte für sie und ihren Mann keine Integritätsverletzung dar, weswegen sie diese bei Jannik auch relativ bald vornehmen ließen. Beim Gespräch, aus dem der folgende Ausschnitt stammt, stand die operative Entfernung des Eileiters an:

»Wir haben ihn ja auch gleich operieren lassen. Wir haben uns dazu entschieden, den Penis aufzurichten, das war die erste OP. Nach dem Jahr haben wir dann auch die Harnröhre in den Penis hinein machen lassen. Warum? Weil wir gemeint haben, dass er die Möglichkeit haben soll, nach außen hin zumindest ein ganz normaler Junge zu sein. Also wirklich ganz platt. Und dass er sich auch leichter identifizieren kann. Das hieß und heißt auch nicht für uns, dass wir ihm das verschweigen wollen, dass er auch noch andere Anteile [die Gonaden und den Eileiter, CL] hat, die wir ihm jetzt aber wirklich aus rein medizinischen Gründen entfernen lassen müs-

185 Reiter, Michel (30.6.2000), *Intersexualität: Ein kritischer Blick auf soziale und biographische Effekte medizinischer Intervention im Auftrag der Aufrechterhaltung dichotomisierter Geschlechtsmuster.* Vortrag zum efs-Kongress am 30.6.2000 in Berlin, 1.4.2004, http://postgender.de.

sen. Wir hätten es nicht gemacht, weil wir uns einfach nicht anmaßen wollten, ihm etwas zu nehmen, was ihm nunmal gegeben worden ist und wo er sicherlich auch vielleicht zu einem anderen Zeitpunkt gerne mitentscheiden möchte, ob er die weiblichen Anteile braucht und sich vielleicht auch noch anders entscheiden möchte, als Frau leben möchte oder wie auch immer. Nur da kam es zu dieser dramatischen Situation im Sommer, dass er aufgrund einer Entzündung einen Eileiterdurchbruch hatte.«

Ursula Linzer war fest entschlossen, nur das »medizinisch Notwendige« bei Jannik machen zu lassen und ihm – falls damit keine gesundheits- oder lebensbedrohlichen Risiken verbunden wären – seine »weiblichen Anteile« nicht zu nehmen. Damit wollte sie ihm die Möglichkeit offen lassen, entweder später als Frau zu leben oder eventuell auch Kinder auszutragen. Über seine »weiblichen Anteile« sollte er später selbst entscheiden. Für sie war Jannik von Anfang an ein Junge, den intersexuellen Phänotyp des äußeren Genitales, sprich die Krümmung des »Penis« und die Harnröhre, die unterhalb des Penis mündete, begriff sie als Hypospadie, also als Fehlbildung eines männlichen Genitales. Der Entschluss, diese korrigieren zu lassen, bedeutete für sie keinen Eingriff in seine körperliche Integrität. Während sie den Eingriff am äußeren Genitale getreu dem medizinischen Diskurs als Korrektur einer Fehlbildung versteht, würden Eingriffe in seine Reproduktionsorgane dagegen eine Verletzung seiner Integrität darstellen. Obwohl sie ihm eigentlich die Entscheidung über seine »weiblichen Anteile«, sprich die weibliche Gonade und eventuell den Eileiter selbst überlassen wollten, zwangen »rein medizinische Gründe« die Eltern dazu, diese entfernen zu lassen. Dies war umso leichter, als sich der Eierstock bei der Operation als »verkümmert« und damit als nicht funktionierender »weiblicher Anteil« herausstellte. Nach der Operation, vor der die Eltern noch nicht genau wussten, ob zusätzlich zum Eileiter überhaupt auch eine »weibliche« Gonade da war, berichtet der Vater Thomas Linzer:

»Jannik ist jetzt gerade mit meiner Frau im Krankenhaus, eine stundenlange Operation, aber alles ist gut verlaufen. Die Gonade im Bauchraum war verkümmert, ein verkümmerter Eierstock. Weil er verkümmert war, konnten wir ihn mit gutem Gewissen entfernen lassen. Wäre es ein richtiger Eierstock gewesen, wären wir schon in einen Zwiespalt gekommen. Einerseits musste die Entfernung sein wegen dem Risiko von Harnwegsinfektionen, andererseits wollten wir ihm seine weiblichen Anteile nicht nehmen.«

Die Gonade als »verkümmerten weiblichen Anteil« konnten sie ihm guten Gewissens entfernen lassen, ohne ihm intakte weibliche Anteile zu nehmen. Nach ihrem Krankenhausaufenthalt findet nochmal ein Gespräch mit Ursula Linzer statt, in dem sie detaillierter auf die Entscheidung der

Entfernung des Eileiters als »weiblichem« Anteil eingeht. Hier zeigt sich deutlich ihre Schwierigkeit bei der Entscheidungsfindung, die aus den verschiedenen Diskursen resultiert:

Ursula Linzer: »Dass ihm der Eileiter durchgebrochen war und ich sollte entscheiden, ob der herausgenommen werden sollte oder nicht. Ich dachte, ›bin ich denn der liebe Gott?‹. Da ist eine Welt zusammengebrochen, weil ich gedacht habe, wir können ihm alles so lassen wie es war. [...] Uns war es wichtig, dass nichts entfernt wurde, was zu ihm gehörte, es sei denn, es hätte aus medizinischen Gründen entfernt werden müssen. [...] Auf der Seite hat er keinen Hoden und da hat wohl das Anti-Müllersche Hormon nicht so stark gewirkt.[186] *So konnte sich das Weibliche bilden. Da hat sich die weibliche Seite mehr Platz und Raum verschafft. Und seine weiblichen Anteile wollten wir ihm nicht nehmen.«*

CL: »Diese Operation an Penis und Harnröhre hat für euch nichts mit Weiblichkeit zu tun oder damit, ihm etwas wegzunehmen?«

Ursula Linzer: »Genau. Andere würden vielleicht sagen, wir haben es nicht so hingenommen, wie die Natur es ihm gegeben hat, sondern ihn an der Stelle korrigiert. Für uns war das aber nichts, wo wir ihm was genommen haben, sondern wo wir ihn korrigieren lassen haben. Das mit dem Eileiter, das wäre was gewesen, wo wir ihm etwas genommen hätten und das hätten wir nicht gewollt. [...] Und er hatte ja auch eine Scheide und das ist noch etwas, wo ich mir denke, das ist ein medizinisches Problem. Vor allen Dingen, da ist es so, dass 2/3 der Harnblase sich darin entleeren können und darin aufgefangen werden können und das ist ein weiteres Problem, was er hat, dass er deswegen nicht trocken werden kann.«

Da eine Entfernung von weiblichen Anteilen aus medizinischen Gründen unvermeidbar ist, während nicht medizinisch-Notwendiges in sein Selbstbestimmungsrecht über seine Geschlechtlichkeit eingreift und seine körperliche Integrität grundlos zerstört, ist für Ursula Linzer die strikte Trennung in gesundheits- und lebensbedrohliche Gründen von psychosozialen Argumenten sehr wichtig. Die Korrektur der Peniskrümmung und der Hypospadie stellte eine genitalnormierende Notwendigkeit dar, um Jannik vor gesellschaftlicher Stigmatisierung zu schützen. Die Entfernung des Eileiters ohne medizinische Erforderlichkeit versteht sie dagegen entsprechend dem Genitalverstümmelungs-Diskurs als Verletzung der körperlichen Integrität. Die operative Entfernung von Janniks Vagina schließlich führte nicht zu einem inneren Konflikt der Eltern, weil sie medizinisch notwendig war und damit keine vermeidbare Entfernung von weiblichen Anteilen darstellte. Die Zustimmung von Ursula und Thomas Linzer wie anderer Eltern, die sich mit den verschiedenen Diskursen um Intersexualität auseinandersetzen, ist, wie anhand dieses Beispiels deutlich

---

186 Das Anti-Müllersche Hormon verhindert die Herausbildung der weiblichen inneren Strukturen wie zum Beispiel Eileiter oder Eierstöcke.

wird, *aufgespannt zwischen dem Wunsch, die körperliche Integrität des Kindes zu wahren, es aber gleichzeitig vor sozialer Stigmatisierung zu schützen und gesundheits- oder lebensbedrohliche Probleme zu vermeiden.*

Es scheint in Deutschland heute noch vorzukommen, dass ein so schwerwiegender Eingriff wie die Gonadektomie auch ohne vorherige Einwilligung der Eltern durchgeführt wird, wie Eltern[187] berichten:

Mutter: »Die Diagnose: Hermaphroditismus mit XX/XY Chimärismus. Nach dem operativ beschriebenen Befund befand sich in der linken Seite ein Ovar mit Tube und uterusähnlichem Gebilde. Das bedeutet ganz einfach, dass da ein Eierstock existiert mit einem Eileiter und einer Gebärmutter. Dies wurde operativ komplett entfernt. Die Geschlechtszuordnung ist durch das unauffällige äußere Genital und dem ganz normal männliche Hormonen produzierenden Hoden somit erfolgt – also als männlich. Es wurde innerhalb einer ganz normalen U-Untersuchung festgestellt, es fehlt ein Hoden, und das müsse man beobachten. Das wurde auch gemacht. Bis ungefähr, als Wesley 8 Monate alt war, dann hieß es, man müsse eine OP machen, um nachzugucken, ob der Hoden sich in der Bauchhöhle befindet. Da das für uns ganz normal war, haben wir dem auch zugestimmt und haben die Operation machen lassen. Der Wesley kam aus der Operation raus, wurde in ein separates Zimmer gefahren, ganz normales Krankenzimmer und der Arzt sagte dann auch ganz direkt, völlig klar und kalt, emotionslos heraus, die OP wäre gut verlaufen, man hätte allerdings einen Eierstock gefunden und ein uterusähnliches Ge- bilde. Das hätte man entfernt, weil das gehörte nicht in den Körper einen Jungen. Dann ist er gegangen.«

Vater: »Man wusste auch nicht, ob man jetzt heulen oder lachen sollte, weil man hat sich ange- guckt: Ja, was kommt jetzt?«

Mutter: »Die Frage, die sich auf jeden Fall stellt ist: Was ist jetzt? Was wird mit deinem Kind passieren? Was kommt auf dich zu? Das ist schon ein gewisses Angstgefühl, was einen be- schleicht, weil man Angst hat, dass das Leben nicht mehr normal verläuft. Als ich herausfinden wollte, was genau mit Wesley passiert ist, habe ich eine Ärztin um Hilfe gebeten und diese Ärztin hat es so begründet, dass man in Deutschland keine Mutanten züchten wolle, deswegen hätte man so gehandelt.«

Die Eltern haben versucht, gegen die behandelnden Ärzte zu klagen, ha- ben aber dann ihre Klage zurückgezogen, weil kein Medizinrechtler sie unterstützte. Claudia Clüsserath, die/der die Eltern in ihrem Vorhaben unterstützte, zumal Wesley als »echter Hermaphrodit« ihrer Einschätzung nach als Erwachsener in der Lage gewesen wäre zu gebären und man ihm durch die Gonadektomie seine Fortpflanzungsfähigkeit genommen habe, vermutet dahinter die machtvolle Verbindung von Justiz und Medizin. Der Gedanke, »keine Mutanten züchten zu wollen«, taucht in der medizini-

---

187 Transkription aus der Dokumentation *Eindeutig Zweideutig* von Ilka Franzmann, Sende- datum: 4.7.2003, 22.15, ARTE, 55 min.

schen Diskussion so meist nicht ausdrücklich auf, steckt aber, so vermuten manche, vielleicht doch hinter dem fehlenden Bemühen, die Fruchtbarkeit bei manchen Intersex-Formen zu erhalten. Die Kinderchirurgin Claudine Lamarque sagt zum Beispiel:

»Und das ist psychisch ein bisschen hart von mir, aber ist vielleicht auch gar nicht so schlecht so. Soll man noch mehr – Zwitter produzieren? Oder soll man die lieber lassen als einmalige Mutation?«

»Echte Hermaphroditen« sind aus medizinischer Sicht eingeschränkt fortpflanzungsfähig. Würde man ebensoviel Mühe in die Entwicklung von Medizintechnologien zur Fortpflanzungsfähigkeit oder sogar Selbstbefruchtung von »echten Hermaphroditen« verwenden wie in die Reproduktionstechnologien bei Männern und Frauen, dann könnten sich diese, so wird spekuliert, mithilfe von Medizintechnologien eines Tages selbst befruchten. Aber dafür fehlt eine genügend starke Lobby.

Mediziner distanzieren sich heute von den alten Operationsmethoden. Für sie liegt die große Unzufriedenheit mit geschlechtszuweisenden Operationen nicht in der Operation an sich begründet, sondern in – heute veralteten und überholten – Operationsmethoden. Die Kritik vieler erwachsener intersexueller Menschen am medizinischen Eingreifen in intersexuelle Körper an sich wird missverstanden als eine Kritik an bestimmten Operations*methoden*. Die Kritik an der Operation ist für Mediziner nachvollziehbar als Kritik an veralteten Methoden. Nach Meinung der meisten Mediziner lässt sich die Kritik einiger »weniger« Betroffenen, die in früheren Jahren operiert wurden, nicht auf heutige Techniken übertragen. Darüber hinaus wäre damals von der mittlerweile ebenfalls überholten irrigen Annahme ausgegangen worden, die Geschlechtsidentität entwickle würde sich unabhängig vom »wahren« Geschlecht. So befindet der *Arbeitskreis Kinderurologie der Österreichischen Gesellschaft für Urologie*:

»Zurzeit gibt es mehrere Strömungen und Gruppierungen [...], die versuchen, mit juristischer und legislativer Hilfe Operationen am kindlichen intersexuellen Genital postpartum zu verhindern. Wesentlich zu dieser Entwicklung beigetragen haben tragische Einzelschicksale, bei welchen ganz offensichtlich eine chirurgische Rekonstruktion mit fatalem Ausgang vorgenommen wurde. Die Anfänge dieser das genetische Geschlecht ignorierenden kindlichen Geschlechtsumwandlung beziehungsweise –zuordnung gingen in den 50er und 60er Jahren von einer amerikanischen Psychologengruppe aus [John Money und Mitarbeiter, CL]. Eine weitere Ursache war die unvollkommene chirurgische Technik der Genitaloperationen dieser Zeit mit der gängigen Praxis, dass man sich in vielen Fällen von

Intersexualität für das weibliche Geschlecht entschieden hat, da dieses chirurgisch einfacher zu rekonstruieren war. [...] Die undifferenzierte Diskussion [gegen chirurgische Genitaloperationen, CL] wird vor allem von Personen geführt, die selbst negative Erfahrungen mit ihrer Geschlechtsidentität aufweisen, die in Zusammengang mit insuffizienten kindlichen Genitalrekonstruktionen auftraten. Die negativen Einzelerfahrungen können nicht als Grundlage der Problematik dienen.«[188]

Chirurgisches Nicht-Eingreifen wird von dem Arbeitskreis als »Therapieverweigerung« verstanden, wodurch dem Kind die »Entwicklung zu einer Geschlechtsidentität« verweigert würde. Im Rahmen des Modells der Entwicklung von Identität auf der Grundlage von eindeutigen Genitalien führe ein nicht-korrigiertes intersexuelles Genitale dazu, dass das Kind »zu einem Hermaphroditen prädeterminiert« würde, was von den Kinderurologen entschieden abgelehnt wird.

Im medizinischen Diskurs ist in Bezug auf die Behandlung und die Operation die Rede von »Fortschritt«. Wer die modernen Standards und neuesten Entwicklungen kenne, der mache es richtiger als früher. Allgemeine Einigkeit besteht unter Medizinern darüber, dass viele Betroffene in den sechziger und siebziger Jahren tatsächlich verstümmelt wurden. Dabei betrifft die Verstümmelung aus medizinischer Sicht nicht die korrigierenden Eingriffe an intersexuellen Genitalien an sich, sondern die damaligen Methoden, die noch von Ignoranz und mangelnden Kenntnissen über die sexuelle Sensibilität geprägt waren und daher »katastrophale Ergebnisse in funktioneller und ästhetischer Hinsicht«, so der Kinderurologe Michael Rainer, brachten. Würden in Zukunft die richtigen Geschlechtsentscheidungen in Richtung des »wahren« Geschlechts getroffen, so gäbe es zusammen mit optimierten Operationsmethoden diese »tragischen Fälle« nicht mehr. Die Praxis der Vaginalbougierungen ist, so ist von medizinischen Intersex-Experten zu hören, überholt,[189] man plädiert meist für eine einzeitige sehr frühe Klitorisreduktion mitsamt Vaginalplastik (zwischen dem 3. und 6. Lebensmonat), die laut Kinderchirurgen und - urologen »sehr gute funktionelle und ästhetische Ergebnisse« bringe. Würden erst alle intersexuellen Kinder in Zentren behandelt, welche intersexuelle Kinder nach den modernsten medizinischen Standards

---

188 Stellungnahme des *Arbeitskreises Kinderurologe der Österreichischen Gesellschaft für Urologie* vom 26.5.04 zur Forderung eines Juristen, medizinische Eingriffe an intersexuellen Kindern im umstrittenen Bereich sollten einer gerichtlichen Genehmigungspflicht unterliegen.
189 Allerdings ist diese Praxis auch heute noch bisweilen zu finden, vgl. Fröhling 2003.

inklusiver psychologischer Betreuung behandelt, würde sich, so die Einschätzung vieler Mediziner, die Medizinkritik »einiger weniger« intersexueller Menschen von selbst auflösen. Auf diese Weise wird Medizinkritik immer auf besonders schlechte Operationsergebnisse geschoben. Die Medikalisierung und Pathologisierung von Intersexualität generell wird nicht in Frage gestellt.

Den Gegnern geschlechtsnormierender Eingriffe gelten heute allerdings gerade diejenigen intersexuellen Menschen als *Vorbilder*, die in ihrer Kindheit das »Glück« hatten, durch die »Maschen« des medizinischen Netzes gefallen zu sein, die also gerade nicht an ein medizinisches Zentrum gerieten. In der Gruppe *XY-Frauen* werden diejenigen, die ihre Klitoris und/oder ihre Gonaden noch haben, zum einen als »Helden« gefeiert, zum anderen dienen sie vielen Eltern in der Gruppe als Vorbilder. Der Konflikt zwischen diesen beiden Auffassungen, die verschiedenen Diskursen entstammen, wird in folgendem Gesprächsausschnitt zwischen einem Kinderurologen und einer Juristin deutlich:

Michael Rainer: »Wichtig ist, dass die Kinder an die richtige Stelle kommen, wo wirklich strukturelle Voraussetzungen da sind. Die Medizin hat viele Fortschritte gemacht, vor allem, was die chirurgischen Techniken betrifft. [...]«
Elisabeth Holzleithner: »Die ISNA, die hat ja diesen Newsletter ›Hermaphrodites With Attitude‹. Darin gab es Berichte von denjenigen, die damals in die Zentren gekommen sind, die diejenigen, die quasi durch die Maschen gefallen sind, sehr beneiden, weil die intakt geblieben sind, während sie verstümmelt wurden, weil diese Zentren die innovativsten Techniken hatten.«
Michael Rainer: »Ich wehre mich sehr gegen das Wort ›verstümmeln‹. Das, was man früher gemacht hat, war ein Verstümmeln, indem man sehr oft eine Klitorisreduktion gemacht hat, das heißt, die wurde einfach entfernt. Das ist heutzutage obsolet. Somit macht man heute keine geschlechtsverstümmelnde Operation mehr. Heute ist es eine geschlechtsrekonstruktive Operation mit Erhalt der Sensibilität und der Funktion. Denn die Funktion ist ja oft nicht gegeben, sondern die muss man erst schaffen mit der chirurgischen Rekonstruktion. Wir sind in der Hinsicht ja nicht mehr verstümmelnd tätig. Anders zum Beispiel ist es verstümmelnd, wenn man [bei einer männlichen Geschlechtszuweisung im Falle von AGS, CL] mit elf, zwölf Jahren die normal funktionierenden Eierstöcke entfernen muss.«

Der Wunsch nach einem unversehrten intersexuellen Körper ist für Mediziner kein Argument. »Sehr viele genitale Fehlbildungen können exzellent behandelt werden ohne Traumatisierung für das Kind«, sagt der Kinderurologe Peter Schlesier. Da im medizinischen Diskurs Intersexualität entsubstantiiert und – wenn überhaupt– als Oberbegriff für eine Reihe von Störungen der geschlechtlichen Differenzierung und nicht als Geschlechts- oder Identitätskategorie verstanden wird, kann hier das Argument der Verletzung der körperlichen Integrität durch fremdbestimmte geschlechtsnormierende genitale Eingriffe nicht konzeptualisiert und eingeordnet und damit nicht verstanden werden.

Medizinische Untersuchungen als Gewalt

Neben der gewaltvollen Herstellung der Zweigeschlechternorm und der daraus resultierenden Genitalverstümmelung thematisiert dieser Diskurs auch die Gewalt durch medizinische Untersuchungen im Genitalbereich. Nicht nur die Tatsache, dass durch die Eingriffe die sexuelle Sensibilität und körperliche Integrität zerstört wird, ist Gegenstand von heftigen Vorwürfen gegen die Medizin, sondern auch die permanente Verletzung des Schamgefühls durch die Mediziner und deren Eindringen in die Intimsphäre ihrer Patienten. Das Gefühl, der machtvollen Medizin ausgeliefert zu sein, beispielsweise bei den häufigen Untersuchungen im Genitalbereich oder bei den medizinischen Fotografien der Genitalien und des nackten Körpers, die so genannten »Verbrecherfotos«, wird auch mit sexuellem Kindesmissbrauch und Vergewaltigung verglichen. Alexander (1998) geht ausführlich auf die Analogie zwischen dem medizinischen Umgang mit intersexuellen Kindern und sexuellem Kindesmissbrauch ein. Sie beobachtet bei intersexuellen Kindern, die der medizinischen Behandlung ausgeliefert waren, dieselben psychologischen Traumata wie Angst, Schmerz, Bestrafung, Kontrollverlust, aber auch Heimlichkeit, Fehlinformation und Betrug durch eine fürsorgende Person wie bei sexuell missbrauchten Kindern. Demnach seien beide denselben Prozessen ausgesetzt. Depressionen, Suizidversuche, die Unfähigkeit zu intimen Beziehungen, Störungen des Körperbildes und dissoziative Muster sieht sie vor allem im medizinischen und elterlichen Umgang mit diesen Kindern begründet (Alexander 1998: 13). Auch Birgit Lanzleithner hat die medizinischen Untersuchungen und Behandlungen als Vergewaltigungen erlebt. Sie klagt nicht die Tatsache an, *dass* sie medizinisch behandelt und genitalkorrigiert wurde, sondern die Art und Weise, *wie* diese, vor allem zur Anfangszeit der Intersex-Behandlung in Deutschland in den sechziger Jahren, stattgefunden haben.:

Birgit Lanzleithner: »Krankenhausaufenthalte in der damaligen Zeit, da war man ausgeliefert. Jede Nadel, jedes Pflaster-Wegmachen, bedeutete immer Festhalten, viele Leute draufschmeißen, Kind festhalten und dann wurde an einem herumgemacht. Man konnte sich nicht wehren, es war egal, wie man herumgeschrien hat, das war einfach so. Es war wie eine Vergewaltigung. Einer

Arzt meinte mal, vor 30 Jahren gab es keine Psyche. Da hat man auf solche Sachen keine Rücksicht genommen, da hat keiner auf die Psyche geachtet. Und in diese Zeit sind wir halt reingerutscht. [...] Erklärungen gab es nicht. Bringen Sie das Kind rein, ausziehen, hinlegen, festhalten, aus.«

CL:»Sie haben vorher den Begriff ›Vergewaltigung‹ erwähnt. Wie haben Sie das empfunden?«

Birgit Lanzleithner:»Dazu gehörte auch dieses ganze Drumherum, also dieses Festhalten. Das war damals so, für jede Nadel sind wir im Grunde vergewaltigt worden.«

CL:»Wenn es ein Eingriff am Geschlechtsteil war?«

Birgit Lanzleithner:»Das kam noch besonders erschwerend dazu. Aber dieses Ausgeliefertsein. Das ganz Schlimme, was auch gemacht worden ist, das waren diese Bougierereien [Dehnen der Scheidenplastik, damit sie nicht zuwächst, CL]. Mit fünf oder sechs wollte ein Kinderarzt das bei mir im Wachzustand machen. Da hab ich zu sehr gemuckt und das war ihm dann zu blöd und dann hat er gemeint, das machen wir mit Narkose. Dann bin ich vier oder fünf Mal in der Grundschule einbestellt worden und dann haben sie es eben mit Narkose gemacht, wobei es genauso schrecklich war. Ich dachte, irgendwie sind alle Kinderärzte pervers.«

Birgit Lanzleithner, die für einen offeneren Umgang mit AGS, für psychologische Betreuung und für einen einfühlsameren medizinischen Umgang kämpft, der auch die Psyche und die Leiblichkeit der Patienten einbezieht, grundsätzlich aber die Notwendigkeit von operativen und hormonellen Eingriffen bei AGS nicht bezweifelt, sieht zwar zum einen die positiven Entwicklungen in dieser Richtung, zum anderen bringt es sie in große Wut zu erfahren, dass Bougierungen immer noch durchgeführt werden.

Die Thematisierung von medizinischen Untersuchungen als Gewalt erfolgt unabhängig von einer generellen Akzeptanz oder Ablehnung der Pathologisierung von Intersexualität und der genitalnormierenden Eingriffe. Sowohl diejenigen, die es generell ablehnen, dass Intersexualität als Krankheit in den Zuständigkeitsbereich der Medizin fällt und als behandlungsbedürftig gilt, als auch diejenigen, die ein bestimmtes Syndrom oder Intersexualität generell durchaus als eine zu korrigierende Fehlbildung begreifen, bemängeln die Ausklammerung des psychischen und leiblichen Erlebens der Untersuchungen. Die Kritik intersexueller Menschen an der Medizin, sie blende die Psyche der Patienten aus, ist Teil einer allgemeinen gegenwärtigen Medizinkritik, die die Trennung des Körpers von der Psyche als Produkt kartesianischen Denkens begreift und feststellt, die Biomedizin kümmere sich – im Gegensatz zu alternativen Heilmethoden – lediglich um den Körper als reine Materie und vernachlässige die körperlich-seelische Ganzheit. Die Thematisierung der medizinischen Untersuchungen als Gewalt, als Vergewaltigungen und als Verletzung des Schamgefühls ist Bestandteil fast jeder Lebensgeschichte, auch wenn die

Betroffenen nicht explizit danach gefragt wurden. Die leidvollen Erfahrungen mit der Medizin werden auch als ein Machtproblem begriffen, als eine Auslieferung an eine machtvolle Institution. Nicht nur die Untersuchungen an Kindern werden als Gewalt beschrieben, sondern auch die Musterungen im Jugendalter durch interessierte und lernbegierige Ärzte. Folgende Zitate auf der Homepage der *XY-Frauen*[190] zeigen, wie die schamvollen Erfahrungen aus heutiger Sicht als Gewaltanwendung interpretiert werden. »Tascha« empfand die Untersuchungen erniedrigend:

»Im Alter von 18 mußte ich dann [...] in die Uniklinik, um mir die Gonaden entfernen zu lassen. Ich wurde gynäkologisch untersucht. Um mich herum standen sieben Ärzte, oder vielleicht waren es auch angehende Ärzte im Studium, die interessiert dem Professor lauschten und mir zwischen die Beine schauten. Die Untersuchungen waren schmerzhaft, und ich wollte nur noch sterben vor Scham. Noch nie in meinem Leben fühlte ich mich so ausgeliefert und verletzlich wie an diesem Tag. Ich kam mir regelrecht vergewaltigt vor. [...] Nie werde ich die Untersuchungen vergessen, bei dem mir die Ärzte die Leisten und den Schambereich untersuchten.«

Die Untersuchungen vermitteln vielen das Gefühl, ein Monster und eine Sensation für die Mediziner zu sein. So schreibt »Maria«:

»Ich bin heute noch zutiefst empört, wenn ich daran denke, wie ich mit offenen Beinen im Bett lag und die Medizinstudenten in Scharen in das Zimmer drängten, um einen besseren Blick zu bekommen. Oder wie unter schrecklichen Schmerzen ohne Narkose, Schläuche in alle Öffnungen geschoben wurden und am Bildschirm geschaut wurde, wie diese verlaufen. Auch hier die gaffenden Mediziner. Und die medizinischen Nacktfotos, teilweise mit meiner Schwester (die kein AIS hat, aber durch ihre Untersuchungen so traumatisiert ist, dass sie seitdem keinen Frauenarzt mehr aufgesucht hat und lieber sterben würde als eine Vorsorgeuntersuchung über sich ergehen zu lassen), bei der man sich wie ein ausgestelltes Monster im Zirkus fühlt.«

»Andromyda« beschreibt die medizinischen Routine-Untersuchungen als »Hölle«:

»Bei der Operation des Leistenbruches offenbarte sich der Unterschied. Histologischer Befund: Hodengewebe. Weitere Untersuchungen ergaben: Genotyp 46, XY. Verdacht auf testikuläre Feminisierung. Seit diesem Tag hatte Andromyda kein angenehmes Leben mehr. Denn die Hölle begann. Jedes Jahr ging es 2 × nach Hölle (der Name der verhassten Stadt wurde in den passenden Begriff Hölle geändert). Ihre Mutter wies Andromyda jedes Mal, wenn die Zeit für Hölle gekommen war, ganz beiläufig auf diesen Umstand hin. Die folgenden Nächte war an Schlaf nicht zu denken. Andromyda grübelte, verzweifelte [...] Sie wollte verschwinden, weglaufen, nur nicht nach Hölle fahren. Sie dachte sogar daran, sich das Leben zu nehmen. Ihre Eltern nahmen diese Verzweiflung nicht wahr, wollten es vielleicht auch nicht, denn was sie nicht wissen, muss sie ja nicht kümmern. Es folgte eine nicht enden wollende Zugfahrt. Voller Qual rückte die Stunde

---

190 15.7.2004, http://xy-frauen.de/pers%F6nliche%geschichten.htm.

näher. In Hölle angekommen versuchte Andromyda, durch Langsamwerden das Unvermeidliche herauszuzögern, ohne Erfolg. Von weitem war bereits das überaus hässliche Uniklinikum zu sehen. Schritt für Schritt immer näher. Im Inneren herrschte dann ein Gestank, der typisch für ein Krankenhaus ist. Sie waren da. Nach der Anmeldung nahm sie auf dem Flur Platz. Sie wusste, es würde noch eine Ewigkeit dauern, bis … ja, bis … Bis dahin hieß man sie still sitzen und sich benehmen. Dabei wäre sie fast explodiert. Die Anspannung raubte ihr den Verstand. Die Angst ließ ihren Magen rebellieren. Sie wünschte, sie könnte zaubern und einfach verschwinden... es kam der Aufruf. Das hieß, sich in die Kabine zu zwängen, den Unterkörper frei zu machen und zu warten, ersticken, leiden [...] Dann folgte belangloses Geplänkel der Oberärztin Schlachter (Der Name wäre sehr passend gewesen) mit ihrer Mutter. Darauf musste sie auf dem ›Stuhl‹ Platz nehmen. Eine gynäkologische Untersuchung, die nie enden wollte, folgte (wenn man Rumstochern in einem Kind so nennen darf). Und als wäre das nicht genug, verweigerte ihr die Mutter die seelische Unterstützung, den Trost, den sie so dringend nötig hatte. Niemand redete mit ihr. Niemand stand zu ihr. Niemand nahm sie an die Hand. Sie hatte Angst und war mutterseelenallein. Nach dem Besuch in Hölle verlangte man von ihr eisernes Schweigen, über die Fahrt nach Hölle, über die Visite im ›Schlachthaus‹, einfach über ALLES. Niemand sollte irgendetwas erfahren. Andromyda dachte, sie müsse echt was Schlimmes haben, ein Monster sein. Was genau sie hatte, wusste sie allerdings nicht. Denn ihr hat niemand was erzählt.«[191]

Andromyda fühlte sich als Kind der medizinischen Institution wie der Oberärztin, die sie als »Schlächterin« empfand, hilflos ausgeliefert. Ohne eine Erklärung über die Gründe dieser zweimal im Jahr stattfindenden Routineuntersuchungen, die sie als Vergewaltigungen und tiefe Verletzung ihres Schamgefühls erlebte, fühlte sie sich dabei »mutterseelenallein«, zumal sie von der Mutter, die selbst nicht mit der Tatsache, eine intersexuelle Tochter zu haben, umgehen konnte, keinen Trost erfuhr. Auch Alex Jürgen empfindet heute noch panische Angst vor den berüchtigten Gynäkologenstühlen, die ihn an die medizinischen Untersuchungen erinnern:

»Ich lag da auf diesem gynäkologischen Stuhl und Heerscharen von Medizinern und Studenten guckten mir zwischen die Beine. Ich fühlte mich wie ein Monster. [...] Ich habe ein Trauma, ich kriege Panikzustände, wenn ich nur einen Frauenarztstuhl sehe. Ich steige da nicht mehr rauf.«

---

191 12.5.2005, http://xy-frauen.de/pers%F6nliche%geschichten.htm.

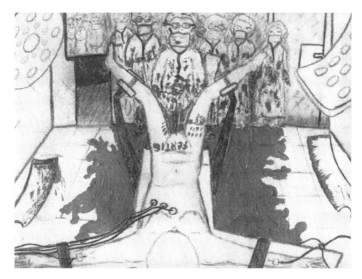

Abb. 4: OP, gemalt von Alex Jürgen

(Quelle: privat.)

Viele in ihrer Kindheit aufgrund ihrer geschlechtlichen Uneindeutigkeit behandelten Menschen beschreiben große Angst vor der gesamten medizinischen Institution. Sie vermeiden den Kontakt mit Ärzten oft so weit es geht. So berichtet Petra Schmidt:

»*Ich habe ein wahnsinniges Problem mit Ärzten, außer meinem Zahnarzt. Jahrelang diese Kontrolluntersuchungen. In mir ist da so eine Sperre. Die sind immer mit mir am Herumkritisieren, so wie ich bin, bin ich nicht in Ordnung. Ich habe Angst, dass sie immer wieder was Neues finden, was bei mir nicht passt. Ich fühle mich da nicht als Mensch angenommen. Ich fühle mich als jemand mit dieser körperlichen Gegebenheit oder dieser Krankheit, weswegen irgendwas mit mir unternommen wird und das war es. Wie eine Sensation mit diesem Swyer-Syndrom, als reiner Behälter für eine Krankheit.*«

Manche entwickeln eine große Aggression gegen ihre behandelnden Ärzte, so wie Erika Kasal:

»*Ich habe auch heute noch eine riesige Wut gegen die Ärzte, weil sie mich verstümmelt habe. Ich meide Krankenhäuser, wo es nur geht. Immer wieder träume ich davon, wie ich die Ärzte, die mich behandelt haben, umbringe.*«

Barbara Thomas schlägt vor, auf die »Lehruntersuchungen« und das Fotografieren von intersexuellen Menschen und vor allem ihrer Genitalien gänzlich zu verzichten, da dies als zutiefst erniedrigend erfahren werde:

»Kinder und Teenager, die von Scharen von Medizinstudenten nackt begafft oder fotografiert werden, erleiden einen seelischen Schaden. Das ist zutiefst traumatisch und entwürdigend und sollte unbedingt unterbleiben. In Großbritannien ist das jetzt gesetzlich verboten. Außerdem ist die Erfahrung für die Studenten von zweifelhaftem Wert. Ihre größte Herausforderung wird später nicht sein, ob sie ein Intersex-Genital erkennen können, wenn sie eines sehen, sondern ob sie sensibel und konstruktiv mit Betroffenen und Eltern umgehen können. Wenn die Wissenschaft mehr Fotomaterial braucht, also sie ohnehin schon hat, soll das nur mit ausdrücklichem Einverständnis gemacht werden oder im Rahmen eines operativen Eingriffs. Vielleicht kann man irgendwo eine Datenbank einrichten, wo alle Zugriff haben, dass man das nicht mehr ständig machen muss.«[192]

In der genitalen Untersuchung wird eine im außermedizinischen Rahmen eigentlich sexuelle Begegnung durch den standardisierten Umgang mit dem Patienten entsexualisiert und kann erst dadurch von der Person als rein medizinische Untersuchung wahrgenommen werden. Diese Menschen als Patienten werden nicht mehr als Personen, sondern als Träger von Krankheiten wahrgenommen. Nicht mehr in seiner Leiblichkeit, sondern als reiner Körper ist der Mensch Gegenstand der biomedizinischen Diagnose, Untersuchung und Behandlung. Der »ärztliche Blick« (Foucault 1993), den Mediziner bereits in ihrer Ausbildung erlernen, schafft Strategien der Objektivierung und Distanzierung. Durch bestimmte Strategien wird im Klinikalltag ein standardisierter körperlicher Kontakt und die Ausblendung der subjektiven Befindlichkeit hergestellt. Diese Strategien umfassen zum Beispiel eine spezielle hierarchische Kommunikationsstruktur und bestimmte Kleidungs- und Umgangsordnungen (Hauser-Schäublin u.a. 2000: 84ff). Im Falle einer genitalen Untersuchung sorgen das Aufnahmeritual und eine bestimmte Art der Kommunikation zwischen Arzt und Patient dafür, dass der sexuelle (und erniedrigende) Charakter der Genitaluntersuchung verschleiert wird. Die oben geschilderten Erfahrungen von Verletzung des intimen Schamgefühls zeigen, dass die Strategien der Entsexualisierung dieser Art von Untersuchungen doch nicht ganz greifen.

So entsteht die paradoxe Situation, dass die medizinischen Untersuchungen und die geschlechtszuweisenden operativen Eingriffe zu psychischer Traumatisierung und einem Gefühl von Stigmatisierung führen, wo es doch gerade das Ziel des medizinischen Managements ist, dies zu verhindern. Menschen mit geschlechtlich uneindeutigen Körpermerkmalen

192 Vortrag Voraussetzungen für langfristige Zufriedenheit bei Menschen mit Intersex-Syndromen beim Symposium Intersexualität bei Kindern, am 5. bis 6.3.2004 in Halle.

werden operativ der Zweigeschlechtlichkeit angepasst, um ihnen eine psychische Traumatisierung durch soziale Stigmatisierung zu ersparen. Dabei produziert aber gerade das medizinische Management nach Auffassung vieler, die es so erlebt haben, psychische Schäden. Gerade durch das medizinische Interesse an intersexuellen »Fällen« entsteht ein Gefühl von Stigmatisierung.

Differenzierungen intersexueller Menschen

Nachdem nun verschiedene Diskurse um Intersexualität, die von intersexuellen Menschen auf dem Weg ihrer Selbstfindung aufgegriffen werden, dargestellt wurden, soll in diesem Kapitel untersucht werden, entlang welcher Prinzipien sich intersexuelle Menschen gegenüber anderen Gruppen und untereinander abgrenzen. Ich werde diese Frage diskutieren anhand der Abgrenzung intersexueller Menschen gegenüber nicht-intersexuellen Frauen und gegenüber Transsexuellen, anhand der Abgrenzung der verschiedenen Selbsthilfe- und Aktivistengruppen untereinander sowie der internen Differenzierungen innerhalb der Gruppe der *XY-Frauen*. Emische Differenzierungen machen das Selbstverständnis intersexueller Menschen deutlich und stellen somit immer auch Diskurse der Selbstkonstituierung dar.

Abgrenzung zu anderen, nicht geschlechterrollenkonformen Menschen

Viele intersexuelle Menschen begreifen sich als Personen, die männliche und weibliche Anteile in sich vereinen oder nicht hundertprozentig Frauen oder Männer, sondern irgendwo dazwischen beziehungsweise ein eigenes Geschlecht sind. Die *XY-Frauen* begreifen sich als »eine Familie im großen Clan der Menschen zwischen den Geschlechtern, den Intersexuellen, von denen es viele, viele verschiedene gibt«.[193] Das ist zunächst einmal ganz allgemein gemeint und bezieht sich sowohl auf somatische als auch auf psychische oder Geschlechterrollenmerkmale. Wenn von »männlichen und

---

193 Flyer der XY-*Frauen*, auch online unter http://xy-frauen.de (1.8.2005).

weiblichen Anteilen« und »Mann/Frau-Schemata« die Rede ist, so ist zunächst unklar, ob diese sich auf *sex* oder *gender* beziehen.

Bei genauerer Betrachtung ergibt sich jedoch ein differenzierteres Bild. Manche *XY-Frauen* begreifen sich von ihrem Gefühl und Geschlechterrollenverhalten her als sehr weiblich, andere als eher untypisch weiblich, manche in ihrer Kindheit als Wildfang, andere als typisches Mädchen, einige als eher männlich oder als Aspekte beider Geschlechter vereinigend. Allerdings gibt es auch unter nicht-intersexuellen Frauen viele, die sich eher mit dem weiblichen Geschlechterrollenverhalten und dem Bild einer »typischen Frau« identifizieren und andere, die das »weibliche Schema« bewusst ablehnen. Dies trifft auch bezüglich der äußeren Erscheinung zu: Manche sehen sehr weiblich, andere eher androgyn, einige wenige auch eher männlich aus. Intersexuelle Menschen sind weder psychisch, noch von ihrem Geschlechterrollenverhalten oder ihrem Auftreten und Aussehen her zwangsläufig als zwischen den Geschlechtern erkennbar. Anhand keines dieser Attribute können sich intersexuelle von nicht-intersexuellen Menschen abgrenzen. Was ist also der Unterschied? Alex Jürgen meint:

»Intersexuelle haben körperlich – vielleicht auch geistig – mehr Anteile von einem Mann als Frauen. Frauen haben das vielleicht psychisch allein, aber sicher nicht körperlich.«

Nach Katrin Ann Kunze liegt der Unterschied zwischen XY-Frauen und XX-Frauen in der Biologie:

»[Intersexualität] bedeutet für mich, es gibt einen biologischen Tatbestand, der mich von nicht betroffenen Frauen auf eine wesentlichere Weise unterscheidet, als sich sowieso jede Frau von allen anderen unterscheidet.«

Obwohl Intersexualität auch mit psychischer Zwischengeschlechtlichkeit verbunden sein kann, ist dies nicht das differenzierende Charakteristikum. Somit kann der Unterschied zwischen intersexuellen Menschen und Menschen, die die Geschlechterrollen-Stereotype aus anderen Gründen nicht erfüllen, klar umrissen werden: Es ist der zwischengeschlechtliche Körper (*sex*), der hier verhandelt wird. Durch die körperliche Begründung werden psychische Befindlichkeit und Geschlechterrollenverhalten »zwischen Mann und Frau« essentialisiert und daher im Gegensatz zu einer freien Wahl als zwangsläufig dargestellt. Die Abgrenzung zu Nicht-Intersexuellen wird somit an der Trennlinie Freiwilligkeit versus Unfreiwilligkeit und rein psychisch versus körperlich festgemacht. So erläutert Petra Schmitt auf meine Frage, was sie von denjenigen XX-Frauen unterscheidet, die sich auch nicht weiblich fühlen oder die teilweise wie Männer aussehen:

Petra Schmidt: »*Mein Körper erst mal und dann: Diese Frauen haben sich ja bewusst für etwas entschieden. Das habe ich nicht. Ich habe einfach beides. Es gibt Situationen, in denen das Männliche überwiegt, und welche, in denen das Weibliche überwiegt. Ich möchte nicht eines verbannen und nur das eine leben. Ich will beide in Einklang bringen, und das gehört auch zu mir.*«

Intersexuellen Menschen dagegen, so wird argumentiert, ist die freie Wahl durch ihr körperliches Nicht-Mann-nicht-Frau-Sein diese Möglichkeit verwehrt, meint auch Erika Kasal:

»*Da ist ein Unterschied zu den Frauen, die die weiblichen Rollenerwartungen bewusst ablehnen: Die haben eine Wahl. Sie können sich jederzeit in den Hafen der Normalität zurückziehen. Wir nicht.*«

Während sich nicht-intersexuelle Menschen aus freier Wahl heraus für etwas entscheiden können, gibt der medizinisch definierte intersexuelle Körper eine »Existenzweise« (Maihofer 1995) zwischen den Geschlechtern vor, schon allein dadurch, dass sich intersexuelle Menschen durch das leibliche Erleben ihres Körpers und den – von verschiedenen Diskursen geprägten – Blick auf den eigenen Körper mit der Tatsache, keine wirkliche Frau und kein wirklicher Mann zu sein, auseinandersetzen müssen.

Intersexuelle Menschen mit einer weiblichen Geschlechtszuschreibung beziehungsweise »weibliche Hermaphroditen« (Elisabeth Müller) unterscheiden sich von anderen Frauen auch durch das Ausbleiben weiblicher körperlicher Prozesse wie der Menstruation und durch ihre Unfruchtbarkeit. In manchen Fällen, wie vor allem bei XX-AGS ist weibliche Fruchtbarkeit bei richtiger hormoneller »Einstellung« zwar möglich; diese intersexuellen »Frauen« können aber, im Gegensatz zu nicht-intersexuellen Frauen, nur mit medizinischer Hilfe menstruieren und gebären. Die Abgrenzung erfolgt hier entlang der Kategorien »künstlich« und »natürlich«, welchen wir schon im Entfremdungsdiskurs vom medizinisch hergestellten Körper begegnet sind. Frauen können auf natürlichem Wege, das heißt ohne hormonelle oder chirurgische Hilfe, menstruieren und Kinder gebären, intersexuelle Menschen, auch wenn sie sich als Frauen begreifen, nur mit externer Hilfe.[194] Diese Auffassung wird jedoch keineswegs

---

194 Dass auch viele Frauen und Männer bei der Reproduktion auf medizinische Hilfe angewiesen sind, stellt diese Aufteilung in »natürlich« und »künstlich« nicht in Frage.

von allen intersexuellen Menschen geteilt. Gerade die AGS-Frauen, die Kinder haben, sehen dadurch ihre naturgegebene Weiblichkeit bestätigt.

Abgrenzung zu Transsexuellen

Aufgrund der immer noch weitgehenden gesellschaftlichen Nicht-Existenz von Intersexualität und der gesellschaftlichen Bekanntheit des Phänomens Transsexualität wird von vielen Nicht-Betroffenen Intersexualität oft mit Transsexualität verwechselt. Erwähne ich den Begriff Intersexualität, kommt es oft vor, dass Leute antworten: »Ja, davon habe ich gehört. Das sind Menschen, die sich im falschen Körper fühlen und ihr Geschlecht wechseln.« Dieses Missverständnis werde auch durch die Medien transportiert, findet Petra Schmidt:

> »Das Dumme ist, dass im Fernsehen oft Intersexualität und Transsexualität durcheinander geschmissen wird. Das stört mich schon. Der Junge, der als Mädchen aufwuchs [David Reimer, Anm. CL], das wurde auch in eine Schiene mit Intersexualität gebracht. Das finde ich nicht in Ordnung. Wenn man darüber berichtet, sollte man auch nur über Intersexuelle berichten. [...] So nach und nach entdecken die Medien das Thema. Ich glaube, die Gruppe [XY-Frauen, CL] hatte auch schon mal Anfragen von Transsexuellen. Aber das gehört ja nicht in die Gruppe rein, das ist ja was anderes.«

Ähnlich kritisiert auch Anna Jacobs die konzeptionelle Verbindung von intersexuellen Menschen mit anderen Personengruppen, die wesentliche Grundannahmen des euro-amerikanischen Geschlechtermodells in Frage stellen:

> »Ein nicht so gutes Gefühl habe ich allerdings, wenn zum Beispiel die Bereiche Transsexualität/Queer/Homosexualität in einem Atemzug mit Intersex genannt werden. Da geht es meines Erachtens doch um ziemlich unterschiedliche Sachverhalte, deren Verquickung ich nicht sehr glücklich finde.«[195]

Diese Vermischung der Kategorien ist für viele intersexuelle Menschen ein Anlass, sich vor allem von Transsexuellen zu differenzieren, entweder als klassifikatorische Abgrenzung oder sogar als Antipoden: Viele, die sich als

---

195 Wie in dem Kapitel *Medizinische Definition von Intersexualität* gezeigt, wurde die kategorische Unterscheidung zwischen Transsexualität, Intersexualität, Homosexualität und Transvestismus Anfang des 20. Jahrhunderts noch nicht getroffen. Die Trennung innerhalb der Medizin zwischen Transsexualität und Intersexualität, die in diesem Diskurs reproduziert wird, ist somit in ihrem historischen Kontext zu sehen.

normale Variation der Natur begreifen und die medizinische geschlechtliche Normierungspraktiken ablehnen, beschreiben Transsexualität als Gegenteil der Intersexualität. Wenn im Folgenden die Abgrenzung zu Transsexuellen als Antipoden zu intersexuellen Menschen dargestellt werden, so bin ich mir der Simplifizierung durchaus bewusst. Nicht alle intersexuellen Menschen grenzen sich in einem Oppositionsverhältnis zu Transsexuellen ab, wenngleich es allen wichtig ist, dass Intersexualität und Transsexualität trotz der oberflächlichen Ähnlichkeit der Begriffe grundverschiedene Phänomene sind.

Während transsexuelle Menschen ihre geschlechtliche Essenz in ihrer Geschlechtsidentität und unabhängig von ihrem »falschen« Körper begreifen, sind Transsexuelle für intersexuelle Menschen »eigentlich«, das heißt in diesem Fall biologisch-körperlich, eindeutige Männer oder Frauen. Der Geschlechtswechsel transsexueller Menschen wird als freie Entscheidung bewertet[196], während intersexuelle Menschen, die sich mit dem ihnen zugeschriebenen Geschlecht nicht identifizieren können, ihrem Selbstverständnis nach aufgrund ihrer körperlichen Gegebenheit keine Wahl haben; sie können nichts für ihre Nonkonformität mit ihrer zugeschriebenen Geschlechterrolle und -identität.

Transsexuelle fühlen sich erst durch die medizintechnologische Anpassung an ihr Geschlechtsempfinden ganz und vollkommen gemacht, Intersexuelle fühlen sich gerade durch die medizinischen Eingriffe ihres »eigentlichen« Körpers und des verkörperten Selbst beraubt. Für Transsexuelle ist erst der chirurgisch transformierte Körper der richtige, für Intersexuelle war er vor der geschlechtszuweisenden Korrektur richtig. Intersexuelle suchen in ihrem ursprünglichen, wahren Körper vor den medizinischen Eingriffen ihre eigentliche Identität und ihre Essenz, was aber durch den medizinischen »Umbau« erschwert worden ist ist. Transsexuelle wollen die Anerkennung ihrer wahren Identität, ihres wahren Wesens gerade in Unabhängigkeit von körperlichen Gegebenheiten. Bei Intersexuellen spricht der ursprüngliche Körper die Wahrheit, bei Transsexuellen weist er in die falsche Richtung.

Der chirurgische und hormonell hergestellte Körper wird von Transsexuellen aufgrund der Übereinstimmung mit ihrer Geschlechtsidentität als eigentlich empfunden, von Intersexuellen als künstlich hergestellt und

---

196 Transsexuelle Menschen selbst beschreiben den Geschlechtswechsel nicht als freie Wahl, sondern vielmehr als innerlich gefühlte Notwendigkeit (vgl. zum Beispiel Hirschauer 1993, Woltag 2000).

falsch. Transsexuelle fühlen sich ihrem natürlichen, jedoch »falschen Körper« entfremdet, Intersexuelle ihrem medizinisch hergestellten Körper. Das Konzept der natürlichen Gegebenheit des Körpers wird von Transsexuellen nicht herangezogen, für die Identität von intersexuellen Menschen dagegen ist die Naturgegebenheit des intersexuellen Körpers sehr relevant. Zur Anpassung ihres Körpers an ihre Geschlechtsidentität als ihr »wahres Geschlecht« nutzen Transsexuelle chirurgische und endokrinologische Hilfe, während Intersexuelle diese oft ablehnen, zumindest wenn sie ohne ihre Zustimmung im Baby- oder Kindesalter erfolgen. Intersexuelle begreifen die chirurgischen genitalnormierenden Eingriffe als Verstümmelungen, Transsexuelle als Korrekturen ihres falschen Körpers. Emanzipation bedeutet für transsexuelle Menschen das Recht, möglichst früh von hormoneller und chirurgischer Veränderung ihres Körpers Gebrauch machen zu dürfen. Für viele intersexuelle Menschen hingegen bedeutet Emanzipation gerade der Verzicht auf geschlechtsnormierende Eingriffe. [197] Beide Gruppen, transsexuelle wie viele intersexuelle Menschen, fühlen sich im falschen Körper, der allerdings im transsexuellen Fall der ursprüngliche und im intersexuellen Fall der medizintechnologisch veränderte Körper ist.

Intersexuelle Menschen halten die körperliche Begründung von Geschlecht und dessen Essentialisierung in körperlichen Gegebenheiten aufrecht. Transsexuelle dagegen stellen die Naturalisierung von Geschlecht in Frage, indem sie ihr Geschlecht in der Identität statt im Körper begründen. Für sie stellt die Geschlechtsidentität ihr wahres Geschlecht und ihr Körper das falsche Geschlecht dar. Während Transsexuelle durch ihren Wechsel vom einen zum anderen Geschlecht und die körperliche Anpassung an dieses andere Geschlecht die Zweigeschlechternorm aufrechterhalten und sogar zementieren, stellen intersexuelle Menschen durch ihre Körperlichkeit gerade die Geschlechterbinarität in Frage. Transsexuelle halten das System der Zweigeschlechtlichkeit aufrecht, intersexuelle Menschen untergraben es durch ihre körperliche Gegebenheit. Somit halten intersexuelle Menschen die euro-amerikanische Naturalisierung von Geschlecht, transsexuelle Menschen die Binarität von Geschlecht aufrecht.

---

197 Allerdings ist beiden die Forderung gemeinsam, dass das Recht auf Selbstbestimmung gewahrt wird. Chirurgische und hormonelle Umgestaltungen des Geschlechtskörpers werden von Transsexuellen auch nur dann als Emanzipation begriffen, wenn sie selbstbestimmt geschehen. Andernfalls würden diese als Körperverletzungen begriffen werden.

Die Abgrenzung intersexueller Menschen zu Transsexuellen führt in der Praxis zum Beispiel dazu, dass Menschen, die sich als intersexuell ausgeben, aber als transsexuell enttarnt werden, aus Gruppen für intersexuelle Menschen ausgeschlossen werden. So erzählt Elisabeth Müller über die Gruppe *XY-Frauen*:

»Im Grunde sind wir [die Gruppe XY-Frauen, CL] völlig offen für jeden. Wobei ich wirklich sage, wenn die von Geburt an keinen Hermaphroditen-Körper haben, die gehören da nicht ganz rein. Die Transleute gehören nicht rein in die Gruppe. Sie müssen wirklich von Geburt an einen Hermaphroditen-Körper haben, oder sagen wir, einen intersexuellen Körper – einige mögen ja den Begriff ›Hermaphrodit‹ nicht so. Die müssen männlich und weiblich von Geburt an im Körper haben. Und wenn sie es nicht haben, dann gehören die da nicht rein. Das ist genau der springende Punkt und der Unterschied, der den Leuten zu schaffen macht.«

Für die *XY-Frauen*, die *AGS Eltern- und Patienteninitiative e.V.* wie auch die AGGPG ist es entscheidend, dass ihre Mitglieder »wirklich« intersexuell, das heißt medizinisch als solche diagnostizierbar sind. Jemand, lediglich mit einer Identität als Intersexuelle(r) ohne einen medizinisch als intersexuell definierten Körper, gehört also nicht in diese Gruppen. Somit legt die medizinische Klassifizierung eines Körpers als intersexuell die Zugehörigkeit zur Gruppe der intersexuellen Menschen fest. In gewissen Sinn widerspricht das der von einigen Betroffenen vertretenen Auffassung, ein Intersexueller oder Hermaphrodit sei jemand, der sich als solcher definiere. Aufgrund der früher üblichen, aber immer noch zu findenden Geheimhaltungspolitik gibt es einige Menschen, die selbst unsicher sind, ob sie »eigentlich« transsexuell oder intersexuell sind, ob also eine körperliche Ursache für ihr Gefühl, im falschen Körper zu sein, existiert. Eine medizinische Diagnose soll dann Klarheit bringen, ob jemand, der sich als intersexuell beschreibt, es auch »wirklich« ist. Es wird vermutet, dass Transsexuelle, die sich als intersexuell ausgeben, dadurch ihre Unzufriedenheit mit dem Geschlecht körperlich fundieren und die »Schuld« ins Körperliche verlegen wollen. Dazu führt Katrin Ann Kunze aus:

»Ich habe das gelegentlich schon mal mitgekriegt, dass es wohl so eine psychologische Tendenz von Transsexuellen gibt, jetzt, wo Intersexualität bekannt geworden ist, sich so eine intersexuelle Biographie zuzulegen, weil das aufwertet. Dann kann man nichts dafür, dann kann einem keiner sagen, dass man einen Dachschaden hat. Ich verstehe das gar nicht, das Transenthema haben wir doch seit 10 Jahren durch. Das ist gesellschaftlich akzeptiert und alles.«

Andere dagegen plädieren wie Susan Kästner für die Bildung von Allianzen zwischen Intersexuellen und Transsexuellen. Beide seien verbunden durch ihre gemeinsamen Erfahrungen von Leiden. Bei beiden werde mit chirurgischen Mitteln Normalität hergestellt, bei Transsexuellen aus einem inneren Zwang heraus, bei Intersexuellen aus einem äußeren Zwang. Intersexuelle dürfen ihr Geschlecht nicht leben, da sie einem anderen als dem ihnen gegebenen Geschlecht zugewiesen und daher »zwangstranssexualisiert« wurden:

»Wir werden in das Leiden hineingestoßen. Wir werden nicht gefragt oder wir haben nicht die Möglichkeiten, so nachzuhaken, wie es erforderlich wäre. Und die anderen machen es auch aus einem inneren Zwang, aber sie machen es von sich aus. Daher nenne ich mich auch ›zwangstranssexualisiert‹. Bei den Transsexuellen ist es ein innerer Zwang, bei den Intersexuellen ist es ein äußerer, das machen ja andere mit dir. Beiden gemeinsam ist der Zwang, dass Normalität hergestellt werden muss und zwar mit chirurgischen Mitteln. Transsexuelle mussten sich unters Messer legen und so ist es mit Intersexuellen auch. Die Probleme sind teilweise ähnlich. Wenn wir als Gruppe von Menschen, die eh schon ausgeschlossen sind, auch noch andere ausschließen, sind wir nicht besser als die restliche Gesellschaft.«

Auch Claudia Clüsserath von der *Deutsche Gesellschaft für Transidentität und Intersexualität (*dgti*),* einer Gruppe, die eine gemeinsame Agenda für transidentische[198] und intersexuelle Menschen hat, kritisiert die Abgrenzungen zwischen Intersexuellen und Transsexuellen. Sie/Er sieht keinen kategorischen, sondern lediglich einen quantitativen Unterschied zwischen Trans- und Intersexualität.

Claudia Clüsserath: »Das komplexeste Organ unseres Körpers ist das Gehirn. Im Gehirn haben wir auch das Sexualzentrum. Wenn pränatal irgendwelche Einflüsse geringerer Art mit Wirkung auf die Geschlechtlichkeit da sind, dann kriegt man Prägungen im Gehirnbereich, die in irgendeiner Form ein verändertes Sexualverhalten zur Folge haben. Sind die Einflüsse stärker, werden auch körperliche Veränderungen eintreten. Das heißt nicht nur in den Regionen des Gehirns, die sehr empfindlich reagieren, sondern die Veränderungen werden dann auch in anderen Bereichen stattfinden. Die Bereiche sind dann eben die offensichtliche Intersexualität. Selbst die wird ja teilweise nicht mal zum Zeitpunkt der Geburt offensichtlich. Wenn ich mir echte Hermaphroditen angucke, ich kenne jetzt drei Fälle in Deutschland außer mir, die hatten eine komplette gonadale Doppelanlage. Zwei Ovare und zwei Hoden. Die Ovare lagen abdominal und die Hoden im Hodensack. Wenn ich mir diese Konstellation angucke, die sieht man bei der Geburt auch nicht. Ist das deswegen keine Intersexualität? Nein. Ich sehe einfach daran, es gibt verschiedene Einflüsse, die sind mehr oder weniger stark und die verursachen mehr oder weniger starke Abweichungen von der so genannten Norm. [...] Ich glaube, bei Transsexuellen ist es so, dass bei denen Hirnbereiche aktiv sind, die sie in die Gegenrichtung abdriften lassen.«
CL: »Was wären Hermaphroditen nach deiner Definition?«

---

198 »Transidentität« ist nach der Binnenwahrnehmung der *dgti* ein treffenderer Begriff als »Transsexualität«, da die Identität als wahr gesehen wird und der Körper als falsch.

Claudia Clüsserath: »Die Fortentwicklung von Transsexuellen. Das ist weder Mann noch Frau.«

Mit dieser Einschätzung einer einzigen biologischen Ursache im Gehirn für Intersexualität, Transsexualität und Homosexualität, die bei allen geschlechtlichen Abweichungen von der Norm lediglich unterschiedlich stark ausgeprägt sind, grundsätzlich aber die gleichen sind, befindet sich Claudia Clüsserath auf einer Argumentationslinie mit den Sexualwissenschaftlern Anfang des 20. Jahrhundert, für die ebenfalls die »sexuellen Zwischenstufen« (Hirschfeld 1926) Homosexualität, Transvestismus [199] und Intersexualität ein Kontinuum einer mehr oder weniger starken Abweichung von der Norm darstellten.[200]

Der Differenzierungsdiskurs intersexueller Menschen gegenüber Nicht-Intersexuellen basiert auf dem essentialistischen Diskurs um Intersexualität als wahres Geschlecht. Dieser wiederum ist nicht ohne die medizinische Kategorisierung der verschiedensten körperlichen Gegebenheiten als intersexuell möglich. Somit übernimmt der Differenzierungsdiskurs intersexueller Menschen gegenüber Nicht-Intersexuellen die medizinische Definition von Körpern als intersexuell (mit Ausnahme ihrer Pathologisierung).

Abgrenzungen zwischen den Gruppen

Das Verhältnis von Gruppen, in denen sich intersexuelle Menschen zusammenschließen, und der Medizin ist sehr heterogen. Während sich die von Medizinern ins Leben gerufene *AGS Eltern- und Patienteninitiative e.V.* und auch die *XY-Frauen* – auf unterschiedliche Weise – am Austausch mit der Medizin interessiert zeigen, klinken sich die AGGPG oder die dgti als aus dem medizinischen Diskurs aus. Diese vier Gruppen repräsentieren vier verschiedene, jedoch nicht ganz scharf voneinander getrennte Ansätze. Die folgende Kurzdarstellung der Ziele der *AGS Eltern- und Patenteninitiative e.V.*, der *XY-Frauen*, der *Arbeitsgemeinschaft gegen Gewalt in der Pädiatrie und Gynäkologie (AGGPG)* und der *Deutschen Gesellschaft für Transidentität und*

---

199 Transsexualität ist ein jüngeres Konzept.
200 Jedoch unterscheidet sich Claudias Clüsseraths Auffassung vom sexualwissenschaftlichen pathologisierenden Diskurs Anfang des Jahrhunderts bezüglich der Bewertung der Phänomene.

Intersexualität (dgti) soll einen Einblick geben, wie sich die verschiedenen Diskurse in der Gruppenbildung niederschlagen.

AGS Eltern- und Patienteninitiative e.V.

Diese Gruppe,[201] die 1993 von Medizinern ins Leben gerufen wurde, begreift sich als eine Selbsthilfegruppe für Patienten mit AGS und deren Eltern. Dabei steht der Umgang mit der Erkrankung AGS im Zentrum. Die Form von AGS, die mit XX-Chromosomen verbunden ist, wird von der Gruppe nicht als Intersexualität verstanden, sondern als genetisch vererbte Stoffwechselstörung. Ihre Ziele sind Informations- und Erfahrungsaustausch unter Betroffenen und Eltern sowie Aufklärung der Eltern und Patienten im medizinischen Sinne. So klärt die Gruppe in der Kinderbildbroschüre *Lisa und Paul und das AGS. Ein Kinderbuch für kleine AGS-Patienten und deren Eltern*[202] Kinder zwar über den medizinischen

---

201 Die Gruppe umfasste im November 2002 346 Mitglieder, wovon 63 erwachsene Frauen, 27 erwachsene Männer und der Rest Eltern waren.

202 »Das sind Lisa und Paul. Beide Kinder haben AGS und deshalb ist es sehr wichtig, dass sie jeden Tag Tabletten nehmen (HydroKortison). Lisa und Paul nehmen die Tabletten (HypdroKortison) regelmäßig ein. Es geht ihnen gut und sie fühlen sich richtig toll. Das ist die Nebenniere – sie sitzt auf der Niere wie eine kleine Zipfelmütze. Normalerweise produziert die Nebenniere genügend Kortison [sic!], damit es dem ganzen Körper gut geht. Die Nebenniere von Lisa und Paul aber kann das nicht. Das ist die Hypophyse – sie befindet sich mitten im Kopf und passt auf wie eine Polizei, ob der Körper mit Kortison immer gut versorgt ist. Wenn die Hypophyse spürt, dass zu wenig Kortison im Körper vorhanden ist, sagt sie zur Nebenniere: ›Los, produziere jetzt bitte Kortison!‹. Die Nebenniere ist ratlos, sie weiß nicht, was sie tun soll, weil sie kein Kortison produzieren kann! ›Es geht nicht‹, sagt sie zur Hypophyse, ›ich kann das nicht! Willst du nicht lieber ein anderes Hormon?‹ Nach einiger Zeit wird die Hypophyse ungeduldig und fordert die Nebenniere erneut auf, endlich das Kortison an den Körper abzugeben... Sie ist jetzt richtig sauer: ›Nebenniere, jetzt mach schon, wie lange soll der Körper denn noch warten? Ich will nur das Kortison, nichts anderes!‹ Die Nebenniere ist völlig ratlos. ›MACH SCHON, JETZT! Wir brauchen das Kortison, schnell!‹ brüllt die Hypophyse die Nebenniere an und wird immer wütender. Lisa und Paul fühlen sich dann schon ganz furchtbar schlecht, schlapp und matt. Verzweifelt sagt die Nebenniere nur noch ganz leise: ›Ich kann doch nicht …‹. Wenn Lisa und Paul die Tabletten nicht nehmen würden, könnten ihre Körper nicht mehr funktionieren. Sie müssten in ein Krankenhaus gebracht werden und eine Infusion bekommen. Lisa und Paul wissen, wann es Zeit ist für die Tablette, sie nehmen sie mit einem Getränk. Schwuppdiwupp gelangt das Kortison in den Körper und den Kindern geht's wieder richtig gut. Die Nebenniere ist glücklich, weil sie von der Hypophyse in Ruhe gelassen wird. Die Hypophyse ist zufrieden, weil wieder genug Kortison im Körper ist.«

Hintergrund der Erkrankung wie Nebennieren- und Hypophysenfunktion auf, erwähnt das Genitale jedoch mit keinem Wort. Als reine Stoffwechselerkrankung wird AGS nicht als Herausforderung der Zweigeschlechtlichkeit betrachtet und in keinen Zusammenhang mit der Geschlechterfrage diskutiert. So will auch Birgit Castner ihrer Tochter mit AGS die Konfrontation mit der Intersex-Thematik als Zwischengeschlechtlichkeit oder Infragestellung der zwei Geschlechter ersparen, da sie sie als Mädchen mit einer chronischen Erkrankung und nicht als intersexuell sieht. Kritiker sehen in dieser Auffassung ein Indiz dafür, dass in dieser Gruppe das Tabu Intersexualität fortgeführt wird. Die Gruppe versteht sich als sozialpolitische Interessenvertretung von Patienten mit AGS, was unter anderem die Enttabuisierung der Krankheit AGS, die Empfehlung von Ärzten und Psychotherapeuten und Lobbyarbeit gegenüber der Pharmaindustrie bedeutet. Die Selbsteinordnung als Kranke ist zum einen das Resultat der gesundheitlichen Probleme wie Kortisolmangel und Salzverlust, die mit AGS einhergehen können, zum anderen in der Entstehungsgeschichte der Gruppe aus dem medizinischen Kontext begründet. In ihren Zielen gibt die Gruppe unter anderem an, AGS-Patienten auch bei der Beantragung von Schwerbehindertenausweisen behilflich zu sein. Diese Selbststigmatisierung als Kranke, als welche sie auch gesellschaftlich akzeptiert werden wollen, wird vor dem Hintergrund von Birgit Lanzleithners Differenzierung verschiedener Formen von Intersexualität verständlich:

»Intersexualität‹ ist nicht das Wort, das alle Krankheiten beschreibt, sondern jede Krankheit ist eine eigene Krankheit. Ich bin sehr wohl krank, wenn ich 5 Tage mein Kortison nicht nehme. Insofern gibt es sehr wohl Krankheiten unter diesem Begriff ›Intersexualität‹. Ich glaube, da müssen die neuen Gruppen – ich sage es jetzt mal bisschen plump – vielleicht auch noch lernen, dass es in diesem Spektrum Intersexualität ganz viele verschiedene Eigenartigkeiten gibt. Zu sagen, es gibt Intersexualität und das trifft für alle zu, das ist falsch.«

Birgit Lanzleithner plädiert dafür, Intersexualität als gemeinsame Kategorie für ihrer Auffassung nach unvergleichbare körperliche Gegebenheiten aufzugeben und stattdessen die vielfältigen Variationen einzeln zu betrachten und zu diskutieren. Sie kritisiert aber die Distanzierung ihrer Gruppe von der Geschlechterproblematik, die dazu führt, dass viele Probleme tabuisiert werden.

»Wir [die AGS Eltern und Patienteninitiative, CL] sind ein bisschen die Dinosaurier, weil wir schon lange dabei sind. Wir bezeichnen uns immer als Nicht-Intersexuelle unter den Intersexuellen, weil wir mit Fug und Recht sagen können, wir haben Eierstöcke, Uterus, wir können Kinder

kriegen, ich habe auch zwei Töchter. Wenn wir richtig gut behandelt sind, dann haben wir eigentlich keine Intersexualität. Dieses Geburtstrauma, das kommt dann so ein bisschen weg und dann sind wir quasi die Nicht-Intersexuellen. Ich bin in meinem Verein diejenige, die immer für dieses Problem Intersexualität noch plädiert, weil ich meine, wir haben immer noch ein Problem durch dieses große Tabu. Solange dieses Tabu besteht und solange die Eltern nicht fähig sind, ihre Kinder aufzuklären, werden ihre Kinder einfach Schwierigkeiten haben mit diesem Problem, mit diesem Geburtstrauma, solange haben wir ein Problem mit Intersexualität. Aber das ist auch im Verein ein großes Problem, wir streiten da ganz viel, es geht fast kein Treffen vorbei, an dem das kein Thema ist.«

Da die Intersexualität bei AGS dieser Auffassung nach medizinisch beseitigt werden kann, ist AGS ist nur solange unter Intersexualität zu rechnen, wie es nicht behandelt ist. Die *AGS Eltern- und Patienteninitiative e.V.* stellt die Notwendigkeit der Korrektur der »rein äußerlichen Vermännlichung des Genitales«[203] nicht in Frage, setzt sich jedoch für eine psychologische Betreuung der »Patienten«, gegen Bougierungen und für die Einhaltung von neuesten medizinischen Standards bei der Operation ein. Viele bemühen sich um eine gesellschaftliche Enttabuisierung der Stoffwechselerkrankung AGS.

Die Gruppe grenzt sich von Selbstdeutungen von Menschen mit AGS als intersexuell oder gar Hermaphroditen ab und begreift diese als Menschen mit psychischen Problemen und Geschlechtsidentitätsstörungen aufgrund von Verstümmelung durch veraltete und mittlerweile überholte Operationstechniken. Diese Fälle, so Birgit Castner, seien mit den heutigen Operationsstandards nicht mehr vergleichbar, weswegen auch die Kritik an den genitalkorrigierenden Operationen als Verstümmelungspraktiken für heutige Operationsmethoden nicht mehr zutreffe. Eine spätere Identität ihres Kindes als intersexuell, Hermaphrodit oder gar Zwitter ist für die Eltern in der Gruppe eine Horrorvorstellung. Insofern grenzt sich diese Gruppe vehement von all den Gruppen ab, die sich für eine gesellschaftliche Akzeptanz von Intersexualität als spezielle Geschlechterkategorie, für Hermaphroditen oder für ein Drittes Geschlecht einsetzen. Daher bezieht sich auch die gesamte Kritik der AGGPG aus der Sicht der *AGS Eltern- und Patienteninitiative* auf Operations- und Behandlungsmethoden, die mit der heutigen Situation in keinster Weise vergleichbar sind. So wird die fundamentale Kritik der AGGPG an geschlechtsnormierenden medizinischen Eingriffen als geschlechtsvereindeutigende gewaltvolle Körperpolitik

---

203 Zitiert aus der Informationsbroschüre der *AGS Eltern- und Patienteninitiative e.V.*, siehe auch http://glandula-online.de/ags/agsinfo.htm (18.9.2002).

von der AGS-Initiative auch nicht diskutiert. Die AGS-Initiative wirft der AGGPG vor, aus einer Krankheitskategorie eine Identitäts- oder Geschlechterkategorie zu machen und mit der Forderung nach einem generellen Stopp der Genitaloperationen einfache Lösungen zu suggerieren.

Arbeitsgemeinschaft gegen Gewalt in der Pädiatrie und Gynäkologie (AGGPG)

Im Gegensatz zum medizinischen Entstehungszusammenhang der *AGS Eltern- und Patienteninitiative e.V.* gründete sich die AGGPG, die keine feste Gruppe oder ein Verein ist, sondern sich als *non-profit*-Initiative begreift, im Anschluss an eine Diskussionsrunde zur genitalen Verstümmelung in afrikanischen Ländern. Aus diesem Kontext heraus setzt sie sich vor allem für einen Stopp geschlechtsnormierender chirurgischer Eingriffe an intersexuellen Kindern, die sie als Genitalverstümmelungen begreift, ein. Die Gründer sind Michel Reiter und Heike Bödeker, »welche beide kurz nach Geburt einer langjährigen medizinischen Prozedur ausgesetzt wurden mit dem Ziel, eindeutig einem Geschlecht zuzugehören und diese Zuweisung als Erwachsene ablegten«.[204] Die Gruppe, die vor allem die medizinische Gewalt an intersexuellen (oder Hermaphroditen-) Kindern sowie die gesellschaftliche Nicht-Existenz von Hermaphroditen thematisiert, entstand somit als Ergebnis der Diskursivierung von Intersex-Operationen innerhalb des globalen Verstümmelungsdiskurses und hat die Debatte um Intersexualität als Drittes Geschlecht angekurbelt. Die AGGPG begreift intersexuelle Menschen als Hermaphroditen, die in der gegenwärtigen Gesellschaft keine Existenzberechtigung haben. Die medizinische Pathologisierung von Intersexualität wird als Machtinstrument kritisiert, weswegen auch jeglicher Austausch oder gar Kooperation mit der medizinischen Institution, die als Quelle allen Übels begriffen wird, abgelehnt wird. Die geschlechtsnormierenden Eingriffe werden im Zusammenhang mit Finanz- und Machtinteressen der ausführenden Mediziner begriffen, die nicht nur als »Vollstrecker« gesellschaftlicher Körpergeschlechtsnormen, sondern vor allem auch als deren Profiteure heftig angegriffen werden:

»Gesellschaftliche Normvorgaben und Stigmaängste der Eltern führen zu der prekären Situation, sich im Zwang zu sehen, das Kind geschlechtlich vereindeutigen zu müssen, als auch Ärzte

---

204 Reiter, Michel (15.9.2004), *Selbstdarstellung der AGGPG*, http://stachel.de/00.01/1AGGPG.html.

(vorrangig Endokrinologie und Chirurgie) mit dieser Aufgabe monetäre Vorteile, Prestige und Machbarkeitsphantasien verbinden können. Die Eingriffe sind langwierig, äußerst schmerzhaft und im medizinischen Sinne nicht notwendig. Sie verursachen irreversible körperliche Schäden und garantieren keinen Erfolg sowohl hinsichtlich Operationsergebnis als auch Geschlechtsidentität. […] Binnen intersexueller Kreise wird die Prozedur als Folter beschrieben und suizidale Überlegungen sind üblich.«[205]

Intersexualität (beziehungsweise Hermaphroditismus) wird von dieser Gruppe nicht in einzelne diagnostische Formen unterschieden, da das die Übernahme medizinischer Krankheitskategorien bedeuten würde. Trotzdem dient die medizinische Kategorisierung bestimmter Körper als intersexuell auch der AGGPG als Grundlage ihrer Selbstbezeichnung als Hermaphroditen, denn nur diejenigen, die im medizinischen Sinne intersexuelle Menschen sind, gelten in der Gruppe als Hermaphroditen. Die AGGPG wirft der *AGS Eltern- und Patienteninitiative e.V.* vor, Teil des machtvollen medizinischen Diskurses zu sein und diesen zu untermauern, vor allem durch die Wahrnehmung von AGS als Krankheit und die Selbstidentität als an einer Stoffwechselstörung erkrankte Frauen. Eltern wie Betroffene dieser Gruppe werden als Mit-Akteure in einer gewaltvollen Ausradierung geschlechtlich nicht eindeutiger Menschen kritisiert.[206] Den XY-Frauen wird vorgeworfen, in ihrer Medizinkritik Kritik nicht radikal genug zu sein.[207]

Deutsche Gesellschaft für Transidentität und Intersexualität (dgti)

Die *Deutsche Gesellschaft für Transidentität und Intersexualität (dgti)*, die transidentische Personen und intersexuelle Menschen umfasst, begreift Intersexualität im Diskurszusammenhang der *Transgender*-Bewegung. Das Ziel dieser Gesellschaft ist es, der Stigmatisierung dieser Personen, die die Geschlechtsnormen sprengen, soziale Akzeptanz entgegenzusetzen. Diese Gruppe thematisiert vor allem die Vielfalt von geschlechtlichen Identitäten und der gesellschaftlichen und körperlichen geschlechtlichen Existenz, die durch die Zweigeschlechternorm beschnitten wird:

»Die dgti nimmt für sich in Anspruch, eine Plattform zur Bildung einer Lobby für Transgender zu sein. Die Polarisierung, auch durch die Gesetzgebung verankert,

---

205 Reiter, Michel (15.9.2004), *Selbstdarstellung der AGGPG*, http://stachel.de/00.01/1AGGPG.html.
206 Reiter, Michel, 12.9.2003, http://postgender.de.
207 Persönliche Mitteilung von XY-*Frauen*.

auf männlich und weiblich als ausschließliche Form des Geschlechtes, hat zu viel
Leid der betroffenen Menschen geführt. Die Tatsache, dass sich Experten zur
Verfügung gestellt haben, dieses Eindeutigkeitsprinzip zu unterstützen, hat dieses
Leid verstärkt. Wir verstehen diese Feststellung nicht als einen Vorwurf an die
Gesellschaft, sondern als Einladung, Gefühl und Denken, entgegen einer erzieheri-
schen und kulturellen Entwicklung zuzulassen. Die Grenzen sind fließend, Mann
und Frau sind nur Eckpunkte eines breiten Spektrums der Schöpfung. Zeugen-
und Gebärenkönnen sind biologische Funktionen, die nicht zwingend mit der
Geschlechtsidentität verknüpft sein müssen. Wir betrachten es als eine Verarmung
unserer Kultur, dass die ›medizinische Wissenschaft‹ Grenzen aufbaut, wo Staunen
und Respekt vor den Leistungen der Natur (der Schöpfung) angebracht wären. Es
geht nicht um ein ›3. Geschlecht‹, sondern um die Überwindung starrer
Geschlechtergrenzen.«[208]

Somit vereint die dgti die Interessen von intersexuellen Menschen mit denen post-transsexueller Menschen, die sich als weder-Mann-noch-Frau
beschreiben und sich gegen aus der Zweigeschlechternorm resultierende
Geschlechtsidentitäts- und Geschlechtskörpernormen wehren. Die
Gemeinsamkeit von *Transgender*s und intersexuellen Menschen liegt dieser
Gruppe zufolge darin, eine Identität wie auch einen Körper zu haben, der
nicht in die Zweigeschlechternorm hineinpasst. Die Unterscheidung zwischen Intersexualität als durch den Geburtskörper gegeben (und daher
unausweichlich) und einer körperlichen Zwischengeschlechlichkeit aus
freier Entscheidung wird hier unwichtig. Gemeinsam ist Transidenten,
Transgenders und Intersexen das Aufzeigen von geschlechtsbezogener Vielfalt. Jeder sollte das Recht haben, eine Identität jenseits gesellschaftlicher
Zwänge entwickeln zu können. Die dgti wirft mit der Zweigeschlechtlichkeit auch damit verbundene Reproduktionsvorstellungen über Bord:»Wo
steht denn, dass es keine zeugungsfähigen Frauen geben darf und gebärfähigen Männer?« (Katrin Alter).[209] Die Zweigeschlechtlichkeit wird verstanden als Zwang der Gesellschaft, die die Betroffenen dazu nötigt, anders zu
sein, als sie sind und sich fühlen. Somit ist die strenge Norm der Zweigeschlechtlichkeit der dgti zufolge»vergleichbar mit kultureller und religiöser
Verfolgung und Folter, die in Deutschland ja ausdrücklich verboten sind
und nicht angewendet werden dürfen« (Helma Katrin Alter).[210] Die dgti als

---

208 15.9.2003, http://dgti.org/aufgaben.htm.
209 Identitätsdebatte im Rahmen der Veranstaltung *Stadt der 1000 Fragen* am 18. bis
    24.9.2003 in Berlin, 1.9.2004, http://dgti.org/identitaetsdebatte_1000_fragen.htm.
210 Identitätsdebatte im Rahmen der Veranstaltung *Stadt der 1000 Fragen* am 18. bis
    24.9.2003 in Berlin, 1.9.2004, http://dgti.org/identitaetsdebatte_1000_fragen.htm.

Interessensvertretung für intersexuelle Menschen tritt im Diskurs der Medizin nicht in Erscheinung, weder in ablehnender Haltung wie die AGGPG noch als Empfehlung von Ärzten für ihre »Patienten«, wie die *AGS-Eltern- und Patienteninitiative e.V.* oder die *XY-Frauen*. Zum einen sind deren Konzeptionen und Ziele zu fern vom medizinischen Diskurs, zum anderen stellt die dgti eine Koalition von intersexuellen und nicht-intersexuellen Menschen dar und gilt der Medizin daher weder als Selbsthilfegruppe noch als Aktivistengruppe für intersexuelle Menschen.

XY-Frauen

Bei der Gruppengründung 1997 war die medizinische Diagnose AIS gemeinsames Charakteristikum aller Mitglieder. Die verbindenden körperlichen Merkmale, die zu einer Auseinandersetzung mit der Tatsache, keine hundertprozentige Frau zu sein, führten, waren für alle ein »männlicher« Chromosomensatz und Hoden. Neben dieser geschlechtskörperlichen Besonderheit sind es vor allem die negativen Erfahrungen von Verheimlichung, Lügen und Tabuisierung, die allen gemeinsam sind. Damit teilen auch alle das Ziel der Enttabuisierung und gesellschaftlichen Akzeptanz intersexueller Menschen. Die *XY-Frauen* verstehen sich als Selbsthilfegruppe, die ein Forum für Erfahrungsaustausch sein soll, die aber auch durch Aufklärungsarbeit ihre gesellschaftspolitische Verantwortung als Interessensvertretung für intersexuelle Menschen wahrnimmt. Die Betonung des männlichen Karyotyps im Gruppennamen soll aufrütteln und provozieren. Durch diesen Namen grenzen sie sich von Intersex-Formen ab, die mit einem XX-Chromosomensatz einhergehen, sprich vor allem von AGS. Im Laufe der Jahre änderten sich durch verschiedene andere Intersex-Variationen die Zusammensetzung und damit auch das Selbstverständnis der Gruppe. Um eine Öffnung in Richtung anderer Intersex-Formen, die nicht mit einem XY-Chromosomensatz einhergehen, zu signalisieren, wurde 2003 der Zusatz »XY-Frauen+« entworfen und wieder verworfen. Der von dieser Gruppe 2004 gegründete Verein »*Intersexuelle Menschen e.V.*«, der eine Art Dachverband für alle medizinisch als intersexuell definierte Menschen sein soll, geht von einer grundlegenden Gemeinsamkeit aller intersexuellen Menschen aus. Im Folgenden soll auf die Gemeinsamkeiten und Unterschiede innerhalb der Gruppe *XY-Frauen* näher eingegangen werden.

Differenzierungen innerhalb der Gruppe der XY-Frauen

Medizinische Diagnosen

Neben dem obigen Grundkonsens existieren bei den *XY-Frauen* mehrere interne Differenzierungen entlang verschiedener Kriterien. Obwohl Wert darauf gelegt wird, dass jede(r) einzelne ein Individuum darstellt und für sich steht, kristallisieren sich aus den gruppeninternen Differenzierungen verschiedene Untergruppen heraus. Die medizinische Diagnose, das heißt der medizinisch definierte und klassifizierte Körper als der Körper, der sich dem »ärztlichen Blick« (Foucault 1988) offenbart, stellt einen wichtigen Baustein des Selbstverständnisses der *XY-Frauen* dar. Bei einer Vorstellungsrunde am Anfang des Frühlingstreffens 2003 stellte sich jedes Mitglied kurz vor. Dabei waren Name, Alter, medizinische Diagnose[211] und Beruf die entscheidenden Kriterien. Das heißt, medizinische Kategorien werden nicht über Bord geworfen und durch andere ersetzt, sondern noch verstärkt, indem sie eine identitätsstiftenden Bedeutung erhalten.

Die wichtigste Unterscheidung ist die zwischen CAIS einerseits und PAIS und anderen Formen, die mit äußerlicher Uneindeutigkeit des Geschlechtskörpers einhergehen, andererseits. Der grundlegende körperliche Unterschied besteht darin, dass die körperliche Zwischengeschlechtlichkeit bei PAIS, 5 alpha-Reduktasemangel, 17 beta HSD u.a. unbehandelt äußerlich sichtbar ist, während die Intersexualität im Falle von CAIS in inneren Merkmalen »verborgen« liegt. Das führt Erika Kasal zufolge zu einer vergleichsweise »flachen« und im Bezug auf die Geschlechterthematik nicht so tief greifenden Diskussion unter CAIS-Betroffenen im Gegensatz zu Fragestellungen von Menschen mit PAIS, die das Grundverständnis von Zweigeschlechtlichkeit durch einen auch äußerlich geschlechtlich uneindeutigen Körper erschüttern:

»Die Mehrheit sind immer noch CAIS-Frauen. Dabei werden im Kreis oft Hormonsachen und solche Dinge diskutiert. Mir ging es immer schon um ganz andere Themen, nämlich um die Frage ›Bin ich ein Mann oder eine Frau?‹. Innerhalb der AIS Selbsthilfegruppe Deutschland gab es starke Meinungsverschiedenheiten über die Frage ›Frauen oder Intersexuelle?‹. Die CAIS-Frauen wollen nur Frauen sein und es macht ihnen Angst, dass sie nicht Frauen, sondern Intersexuelle sein sollen, weil sie ja von ihren äußerlichen körperlichen Merkmalen her eindeutige

---

211 Beim Gruppentreffen im März 2003 ergab sich folgende Aufteilung der Anwesenden (insgesamt 32): Betroffene: 10 CAIS, 2 PAIS, 2 5 alpha-Reduktasemangel, 2 17 beta-HSD, 5 Gonadendysgenesie, 2 Gemischte Gonadendysgenesie, 1 medikamentös bedingt, 4 unbekannt. Eltern von 1 CAIS, 2 17 beta-HSD, 1 unbekannt.

Frauen sind. So eine Auffassung macht wiederum mir und anderen mit PAIS Angst. Wir stellen das Geschlecht eher in Frage und fühlen uns oft auch eher als weder Mann noch Frau.«

Die unterschiedlichen damit verbundenen Problematiken führen immer wieder zu großen Auseinandersetzungen und Abspaltungsüberlegungen innerhalb der Gruppe, wobei die Gemeinsamkeiten letztlich doch überwiegen. Obwohl die Unterschiede an körperlichen Merkmalen festgemacht werden, sind die unterschiedlichen Intersex-Formen nicht als Ursachen verschiedener Selbstdeutungen und Identitäten zu sehen. Denn verschiedene Intersex-Identitätskategorien werden durch unterschiedliche körperliche Merkmale begründet. Einige Menschen mit CAIS in der Gruppe, die sich aufgrund von CAIS als Hermaphrodit, intersexuell, weder-Mann-noch-Frau oder beides beschreiben, widerlegen die These eines Antagonismus zwischen Menschen mit CAIS und Formen äußerlich sichtbarer Zwischengeschlechtlichkeit.

Manche mit äußerlich auffälliger Form von Intersexualität fühlen sich in der Gruppe *XY-Frauen* jedoch ganz unten und sehen in diesem Gefühl die gesellschaftliche Situation der Nicht-Existenz körperlicher Zwischengeschlechtlichkeit reproduziert. Bei Manchen dieser Betroffenen entsteht der Eindruck, CAIS-Frauen grenzten sich von denen, die noch mehr zwischen den Geschlechtern stehen, ab, um sich selbst als Frau aufzuwerten. Jutta Gerke, eine Betroffene mit 17 beta HSD-Mangel findet, CAIS-Betroffene hätten es leichter, da sie sich nicht mit Fragen auseinandersetzen müssen wie »Wer bin ich überhaupt?« oder »Was wäre aus mir geworden, wäre der Natur freier Lauf gelassen worden?«:

»Wir haben alle unsere Schwierigkeiten. ›Mann oder Frau?‹, die Frage quält jeden von uns, sonst wären wir nicht hier. Die Mann-Frau-Frage und die Frage, wie uns die Gesellschaft sieht, betrifft uns alle. Aber CAIS-Frauen dürfen sich so entwickeln, wie es gedacht war. Der Unterschied ist, dass es etwas anderes ist, wenn man äußerlich gemischt ist, als wenn man äußerlich vollkommen wie eine Frau aussieht.«

Durch ihre spezielle Form der Intersexualität fühlen sich viele Menschen mit PAIS und anderen Formen äußerlich wahrnehmbarer Zwischengeschlechtlichkeit schneller mit der Thematik Hermaphrodit, Zwitter und »halber Mann« konfrontiert. Die Intersexualität von Menschen mit CAIS ist nicht so offensichtlich wie bei diesen Formen. Da sie nicht ständig damit konfrontiert sind, können sie leichter das »Spiel Normalität« spielen. Allerdings müssen sich beide Gruppen mit ihren »männlichen Anteilen« auseinandersetzen. Aus der Sicht mancher Menschen mit CAIS haben es Menschen mit sichtbarer und von anderen wahrnehmbarer körperlicher

Uneindeutigkeit dabei aber auch leichter. Diese könnten sich bezüglich ihres Gefühls, sich zwischen Mann und Frau oder im falschen zugewiesenen Geschlecht zu befinden, auf ihr körperliches Zwischengeschlecht stützen, sie können dieses Gefühl leichter an körperlichen Merkmalen festmachen als CAIS-Frauen, die äußerlich sehr weiblich aussehen. Petra Schmidt ist nach der Diskussion in der Gruppe darüber unsicher, welche Form es denn nun leichter und welche schwerer habe:

»Manchmal habe ich gedacht, geht es den Leuten, die CAIS haben, schlechter oder haben die es besser als die mit PAIS? Das sind so Gedanken, die mir nach diesem Gespräch gekommen sind.«

Einerseits haben es Menschen mit CAIS leichter, weil sie sich aufgrund ihres eindeutig weiblichen Äußeren nicht so stark mit der Frage »Mann oder Frau?« auseinandersetzen müssen und weil sie sich im Gegensatz zu Menschen mit PAIS und anderen Formen ihrer Natur gemäß entwickeln dürfen. Dennoch müssen sie sich mit der Bedeutung von XY-Chromosomen und Hoden in ihrem Körper, ihren »männlichen Anteilen«, beschäftigen. Dabei haben sie es auch schwieriger, weil sie ihre Zwischengeschlechtlichkeit nicht so offensichtlich körperlich begründen können wie die anderen, da sie mehr innerlich und nicht sichtbar ist. Elisabeth Müller führt aus:

»Ich habe diese Problematik [der äußerlichen Sichtbarkeit der Intersexualität, CL] nicht, aber eine andere, nämlich dass ich immer für das gehalten werde, was ich nicht bin. Das kannst du als Vorteil sehen und das habe ich in der ersten Hälfte meines Lebens auch mehr getan. Inzwischen sehe ich es eher als Nachteil. Ich möchte als das wahrgenommen werden, was ich bin, nämlich ein Hermaphrodit. Ich möchte nicht als Frau angeredet werden, weil ich es nicht bin. Und ich möchte vor allen Dingen, dass die Leute merken, es gibt mehr als Mann und Frau und das nicht nur wissen, sondern es wirklich in ihrem alltäglichen Leben auch bedenken. Dass das auch seine gesellschaftlichen Auswirkungen hat.«

Das bedeutet: Fassen sich intersexuelle Menschen als Nicht-Mann-nicht-Frau auf, so erleichtert ihnen ein auch äußerlich zwischengeschlechtlicher Körper die körperliche Begründung und Evidenz dafür. Begreifen sie sich dagegen eher als Frau, dann macht dies ein äußerlich normal weiblicher Körper leichter möglich.

Die Gonadektomie wird von den meisten CAIS-Frauen (aber nicht von allen) nicht als Zerstörung ihres eigentlichen Körpers und folglich als Verunmöglichung von *embodiment* interpretiert, da die Gonaden als verborgene Körpersubstanzen kein Bestandteil der eigenen leiblichen Erfahrung waren. Allerdings wird vermehrt über die positiven Auswirkungen der

Hoden durch die Umwandlung von Testosteron in Östrogen und die Unnötigkeit deren Entfernung diskutiert, zumal eine Gonadektomie die Menschen lebenslang an eine Hormonersatztherapie und damit die medizinische Institution bindet. Dagegen fühlen sich viele Betroffene mit PAIS, 17 beta HSD, 5 alpha-Reduktasemangel u.a durch die Gonadektomie körperlich manipuliert und der Möglichkeit beraubt, sich so entwickeln, wie sie eigentlich geworden wären.

Entsprechend unterschiedlich sollte auch Aufklärung bei verschiedenen Diagnosen sein, finden die *XY-Frauen*. Aufklärung ist neben der Vermittlung reiner körperlicher Gegebenheiten immer auch eine Deutung und damit die Vorherrschaft einer Interpretation über eine andere. Ein intersexuelles Kind oder ein(e) intersexuelle(r) Jugendliche(r) erfährt von der aufklärenden Person nicht nur, *welche* körperlichen Merkmale er/sie hat, sondern auch, was diese Merkmale *bedeuten*. Bedeuten diese Zwischengeschlechtlichkeit oder eher eine Art »Superweiblichkeit«? Anna Jacobs würde Mädchen mit CAIS vermitteln, eher weiblicher als andere Frauen zu sein:

»Ein Mädchen mit CAIS, das auf Androgene nicht anspricht, ist theoretisch eigentlich weiblicher als jedes XX-Mädchen, bei dem Androgene ja gewissen Einflüsse haben. Wenn man diese Fakten dem Mädchen vermitteln kann, statt ihm zu sagen ›Du bist genetisch ein Mann‹, könnte man die Entwicklung ruhig abwarten und gar nichts machen. Ganz anders sieht es in den Fällen aus, die auch äußerlich mehr oder weniger stark virilisiert sind oder in der Pubertät eine entsprechende Entwicklung nehmen (PAIS, Enzymdefekte, usw.). Diese äußerliche Entwicklung lässt sich nicht so einfach negieren, und man muss diesem Kind schon sehr genau erklären, was da in seinem Körper passiert, warum das so ist und welche Folgen das für sein späteres (auch sexuelles) Leben hat. Nur – man muss es halt wissen, um darüber nicht zu phantasieren.«

Die Diskussionen von Eltern in der *XY-Frauen*-Gruppe spiegeln diesen Differenzierungsdiskurs zwischen CAIS einerseits und den anderen Diagnosen andererseits wider: Demnach setzen sich Kinder mit PAIS oder Gonadendysgenesie aufgrund der äußerlichen Sichtbarkeit auf eine ganz andere Weise mit ihrer Intersexualität auseinander als diejenigen mit CAIS. Diese, so ein Konsens, sollten auf jeden Fall so früh wie möglich aufgeklärt werden. CAIS dagegen ist nicht offensichtlich und es stellt sich daher die Frage, wann diese Kinder aufgeklärt werden sollen. Soll man sie von Anfang an altersgemäß aufklären oder ihnen, wie auch manche finden, eine »unbeschwerte Kindheit« lassen?

Verschiedene Identitätskategorien
Neben der Differenzierung entlang medizinisch definierter körperlicher Gegebenheiten wird entlang verschiedener Identitäten unterschieden. Hier unterscheiden sich diejenigen, die sich als Hermaphrodit oder Zwitter begreifen, von denen, die sich als XY-Frauen oder als intersexuelle Frauen fühlen, wobei intersexuell hier mehr auf eine körperliche Besonderheit als auf eine Geschlechterkategorie hinweist. Elisabeth Müller erinnert die Gruppe bei einem Gruppentreffen an ihre ablehnende Reaktion auf ihr/sein öffentliches *Outing* als Zwitter in einer Zeitschrift:

Elisabeth Müller:»Der MAXI-Artikel hat heftige Diskussion entfacht. Diese Diskussionen haben Erika [Kasal, CL] und mich krank gemacht. Besonders meine Aussage ›Vielleicht bin ich ja ein sehr weiblicher Zwitter.‹ Mir wurde in der Gruppe das Z-Wort verboten.«
Erika Kasal:»Man muss mit dem Begriff ›Hermaphrodit‹ und ›Zwitter‹ vorsichtig umgehen, das ist mir klar. Aber die Ausgrenzungen aus der Gruppe damals waren für mich auch sehr verletzend.«
Elisabeth Müller:»Ich habe damals nur für mich gesprochen. Warum sollte ich deswegen von der Gruppe verbal verprügelt werden?«

Elisabeth Müller und Erika Kasal empfanden die ausgrenzenden Reaktionen auf ihre (vorsichtigen) Identitätsäußerungen als Zwitter oder Hermaphrodit, die sie in der Vergangenheit in der Gruppe erfahren haben, als sehr verletzend. »Hermaphrodit« oder gar »Zwitter« als Bezeichnung ihrer körperlichen Gegebenheit erscheint den meisten als falsch. Zwitter im biologischen Sinne sind sie nicht; genauso wenig wie Hermaphroditen, weder im medizinischen noch im mythischen oder künstlerischen Sinne. Diejenigen, die sich als Zwitter oder Hermaphrodit begreifen, verstehen sich als »weiter« in ihrer Auseinandersetzung mit ihrem Körper und ihrem wahren Wesen als diejenigen, die sich noch als Frau beschreiben. Dies impliziert die Auffassung, dass alle intersexuellen Menschen aufgrund ihrer medizinischen Diagnose »eigentlich« Hermaphroditen oder Zwitter sind, jedoch aus gesellschaftlichen Normgründen nicht wagen, dazu zu stehen. Für diese Gruppenmitglieder stellt die echte zwischengeschlechtliche Identität eine Emanzipation dar. Für andere würde die Bezeichnung »Hermaphrodit« oder »Zwitter« Zwang und Einschränkung ihrer Freiheit bedeuten. Für diese bedeutet Emanzipation, unter der Kategorie »Frau« auch andere körperliche Merkmale zuzulassen oder die Kategorie »Geschlecht« ganz aufzugeben. Martha Wolff, die Mutter der erwachsenen Luise Weilheim, begreift den Unterschied zwischen denen, die sich als Frau und denen, die sich zwischen den Geschlechtern fühlen, als »leichtere« und »schwerere Last«:

»Und ich war natürlich, ehrlich gesagt, sehr froh, dass sie [die Tochter, CL] sich ganz als Frau fühlte. Ich glaube, Leute, die sich wirklich nicht sicher sind, die haben es schwer. Das sind meistens sehr tief denkende Menschen, aber eine solche Last hätte ich meiner Tochter nicht gewünscht.«

Unversehrt versus operiert

Gemeinsam ist allen *XY-Frauen*[212] die Ablehnung von rein kosmetischen chirurgischen Eingriffen ohne gesundheitsbedrohliche Indikation, die ohne Selbstbestimmung stattfinden, da sie unzulässige Einschreibungen gesellschaftlicher Normen in intersexuelle Körper darstellen. Sie fordern, diesbezüglich das Selbstbestimmungsrecht der Betroffenen zu wahren. Es geht also weniger darum, *dass* Genital- und Gonadenoperationen durchgeführt werden, sondern um das Recht, selbst darüber zu bestimmen. So fordert zum Beispiel Barbara Thomas:[213]

»Die Gonadektomie bei AIS gehört fast zur Routine. Wenn man mir mit 14 erklärt hätte, was mit meinem Körper los ist und gefragt hätte, ob ich Gonadektomie haben möchte, hätte ich sicher eingewilligt, denn das plötzliche Wachstum meiner Klitoris hatte mich verstört und mich selbst veranlasst, medizinischen Rat zu suchen. Trotzdem wäre ich gerne in die Beratungen einbezogen worden. Bei einer so persönlichen und tief greifenden Entscheidung wie der Geschlechtszuweisung eines Teenagers sehe ich keinen vernünftigen Grund, dem Betroffenen zu verschweigen, worum es geht.«

Auf die Frage über ihre Meinung zu genitalkorrigierenden operativen Maßnahmen und Gonodektomien meint Romy Kaiser:

»Denke ich zum Beispiel an die Gonaden, so würde ein Arzt sagen, dass sie entfernt werden müssen, weil die Gefahr besteht, dass das Gewebe entartet und Krebs bildet. Solange aber da kein Hinweis gegeben ist, finde ich diese Operation unnötig und idiotisch, weil die Gonaden genug Hormone produzieren, um über die Pubertät zu kommen. Stattdessen werden dann nicht weniger gefährliche Hormonersatztherapien verordnet. In diesem Beispiel sollte der Patient selber entscheiden, wie und wann sie entnommen werden, wenn denn überhaupt. Auch eine Genitaloperation sollte nicht voreilig geschehen. In vielen Fällen wird ja gleich nach der Geburt operiert, damit das Kind unauffällig aussieht etc. Das finde ich einfach unmöglich. Die Ärzte bestimmen hier über das zukünftige Leben des Kindes, nur weil sie glauben, sie wüssten, was das Beste ist. In den meisten Fällen, denke ich, ist keine konkrete Gesundheitsgefahr gegeben. Insgesamt sollte also

---

212 In der Elterngruppe der *XY-Frauen* ist dieser Konsens nicht gegeben.
213 Vortrag Voraussetzungen für langfristige Zufriedenheit bei Menschen mit Intersex-Diagnose beim Symposium Intersexualität bei Kindern, am 5. bis 6.3.2004 in Halle.

wirklich nur bei wirklichen Gefahren eingegriffen werden. Vorsicht ist aber geboten, weil Ärzte eine solche Gefahr anders definieren. Das betroffene Kind nicht überstürzt operieren lassen. Lieber noch eine zweite Meinung einholen und sich kritisch (wirklich kritisch, zur Not mit erwachsenen Betroffenen zusammensetzen) damit auseinandersetzen. Besteht wirklich eine Gefahr für das Kind oder ist es einfach nur unangenehm, peinlich oder unerwünscht, ein Kind mit einem intersexuellen Genital zu haben? Die Operation rennt nicht weg! Lieber ein wenig länger gewartet, als falsch entscheiden.«

Swenja Köpke meint dazu:

»Wenn es medizinisch nicht notwendig ist, sollte sich die Medizin heraushalten. Was nicht heißt, dass die Eltern nicht jede Unterstützung erhalten sollten, eine eigene Meinung zu bilden. Wenn das Kind erwachsen ist, kann es selbst entscheiden, was mit seinem Körper passiert und ob es ein Geschlecht annehmen möchte oder plastische Operationen wählt.«

Anna Jacobs' Antwort ist:

»Bei lebensbedrohlichen Zuständen ist es keine Frage, dass eine OP gemacht werden muss. Handelt es sich um reine Geschlechtsanpassungs-OPs, sollte man meines Erachtens zunächst die Finger davon lassen. Obwohl auch das durchaus zweischneidig sein kann: Hat ein Mädchen eine stark vergrößerte Klitoris, kann das schon Probleme machen (Verunsicherung, Hänseln, Ausgestoßen-sein ...). Da die Gesellschaft nun einmal so ist wie sie ist, sollte man auch nicht mit idealisierten Vorstellungen von den Schwierigkeiten ablenken wollen. Bis es selbstverständliche Erkenntnis ist, dass zwischen Mann und Frau eine gewissen Variationsbreite existiert, wird noch viel Zeit vergehen, und diese Zeit müssen Betroffene erstmal überstehen. Dazu brauchen sie eine gehörige Portion Selbstbewusstsein und das müssen ihnen in erster Linie die Eltern vermitteln (allerdings auch erstmal haben!). Die Orchidektomie²¹⁴ zum Beispiel könnte meines Erachtens wirklich in vielen Fällen zunächst mal unterbleiben (besonders bei CAIS), da die Aussagen über Krebsrisiken doch sehr vage sind. Im Zweifelsfalle halte ich es für richtiger, Operationen mit Zustimmung der Betroffenen (informed consent) zu machen, das heißt wenn die Betroffenen alt genug sind, ihren Zustand voll zu begreifen und auch die Folgen der OP abzusehen.«

Ob bezüglich der Gonaden oder der vergrößerten Klitoris: Nicht-operierte Mitglieder besitzen in der Gruppe im Gegensatz zu denjenigen, die als Opfer des medizinischen Paternalismus gesehen werden, eine Art Vorbildfunktion. CAIS-Frauen, die ihre Gonaden noch haben, werden als Beispiele gesehen, wie gut diese mit ihren Hoden leben können. So berichtet Daniela Maier als Mutter der fünfjährigen Miriam:

»Mein großes Vorbild war ja die [...] aus der Gruppe. Bei ihr wurde ja gar nichts operiert, auch die Gonaden nicht. Sie hat ja auch kein Problem damit.«

---

214 Entfernung der Gonaden.

Barbara Thomas[215] erklärt:

»Bei der kompletten Form von AIS jedoch nimmt der Zweifel darüber zu, ob die Gonadektomie automatisch erfolgen soll. Statistiken über das langfristige Wohlergehen nicht-operierter Frauen sind Mangelware, aber viele operierte CAIS-Frauen klagen über die körperlichen Folgen und empfinden die Hormonersatztherapie als unbefriedigend. Ich kenne eine Mutter von 2 CAIS-Töchtern, die drei CAIS-Schwestern hat, wovon nur eine operiert wurde. Weil es der operierten Schwester seit der OP so schlecht geht und die unoperierten Schwestern mit über 50 Jahren sich mit ihren Hoden noch pudelwohl fühlen, keine Osteoporose haben oder Krebs, lehnt diese Mutter eine Gonadektomie für ihre Töchter ab.«

Für viele, die unter Entfernung oder Reduktion ihrer vergrößerten Klitoris leiden, da dadurch ihre sexuelle Sensibilität zerstört wurde und sie sich folglich als in ihrer körperlichen Integrität zerstört wahrnehmen, stellen Menschen, die durch das medizinische Behandlungsnetz gefallen sind und ihre unversehrte vergrößerte Klitoris noch haben und damit kein Problem haben, Vorbilder dar. Und das auch, obwohl allen bewusst ist, dass diejenigen in der Gruppe, die nicht genitaloperiert sind, in ihrer Pubertät mit dem Aussehen ihres Genitales durchaus Schwierigkeiten hatten, so wie Anna Jacobs:

»Die Gewissheit, dass da irgendetwas bei mir nicht stimmt, kam durch ein ziemlich massives Erlebnis auf einer Klassenfahrt, wo so am Abend im Mehrbettzimmer so kleine Sexspielchen unter den Mitschülerinnen stattfanden und wo andere feststellten, dass ich irgendwie anders bin als sie und das auch entsprechend ausschlachteten. ›Was ist denn da los, was hast du denn da?‹ – damit war die vergrößerte Klitoris gemeint – ›Du bist ja ein Zwitter‹ und solche Sachen. Was mich zutiefst irritiert und geschockt habe – ich war richtig schockiert und habe völlig zugemacht.«[216]

Auch die Differenzierung zwischen unversehrt versus operiert spiegelt sich innerhalb der Selbstdifferenzierung der Eltern wider zwischen denen, die ihr Kind operieren lassen und denen, die es so lassen, wie es ist. Dabei bedeutet die Gonadektomie kategoriell etwas anderes als die Genitaloperation. Erstere hat mit Krebsrisiko und Angst vor gesundheitlichen Problemen zu tun, ist also ein echtes medizinisches Problem, dessen Notwendigkeit jedoch auch angezweifelt wird.[217] Zweitere betrifft die Akzeptanz von Intersexualität, die sich in nicht der Norm entsprechenden Genitalien

---

215 Vortrag Voraussetzungen für langfristige Zufriedenheit bei Menschen mit Intersex-Diagnose beim Symposium Intersexualität bei Kindern, am 5.bis 6.3.2004 in Halle.

216 15.7.2004, http://xy-frauen.de/pers%F6nliche%geschichten.htm.

217 Ist es nicht auch ein kulturelles Problem, wenn Frauen Hoden und Männer Gebärmutter und Eierstöcke haben?

manifestiert. Diejenigen Eltern, die ihr Kind unoperiert lassen, sind aus der Perspektive der erwachsenen Betroffenen eine Art »Helden« oder Vorbilder. Die anderen, die ihr Kind »heute noch operieren lassen«, sind in der »Betroffenen-Gruppe« nicht hoch angesehen. Diese wiederum fühlen sich auch von den anderen Eltern und innerhalb der Gruppe als Mitläufer kritisiert, bestärken sich aber untereinander mit der Auffassung, das Kind vor der Gesellschaft zu schützen. Da die Gesellschaft noch nicht so weit sei, warum sollte gerade das eigene Kind ein Versuchskaninchen sein? Hier würde, so diese Auffassung, das eigene Kind als Testperson missbraucht.

Frauen und Männer

Innerhalb der Gruppe wird in jüngster Zeit die Frage diskutiert, ob die *XY-Frauen* auch offen sein sollen für intersexuelle Menschen, die als Mann leben. Bislang gehören Männer nicht dazu, ein Umstand, der von manchen kritisiert wird. So wie sich manche Mitglieder der Gruppe als zwischen Mann und Frau begreifen, so fühlen sich auch intersexuelle »Männer« oft dazwischen. Die Probleme von intersexuellen Menschen, die als Männer leben und denen, die als Frauen leben, überschneiden sich teilweise. Ausgelöst durch die Kritik derjenigen Mitglieder, die sich nicht als Frau, sondern entweder als intersexuell oder sogar eher männlich fühlen, entstand eine Diskussion über das Selbstverständnis der Gruppe. Das Aufnahmekriterium ist bislang, dass eine intersexuelle Person in dem Moment, wo sie in die Gruppe eintritt, offiziell in der weibliche Rolle lebt. Das ist zwar nirgends so festgeschrieben, lässt sich jedoch aus den Praktiken des Ein- und Ausschlusses folgern. Alex Jürgen, der die ersten zwei Jahre seines Lebens in der männlichen Rolle lebte, dann bis zu seinem Eintritt bei den *XY-Frauen* in der weiblichen Rolle und jetzt als Mann zu leben versucht, wird durch seinen Geschlechterrollenwechsel nicht von den *XY-Frauen* ausgeschlossen. Er stellt aber die Frage:

»Was wäre gewesen, wenn ich schon als Mann gelebt hätte, als ich zu den XY-Frauen *gekommen bin?. Hätten die mich dann genommen?«*

Eigentlich nicht, denn die meisten Mitglieder, vor allem diejenigen, die sich als – zwar besondere, aber eindeutige – Frauen fühlen, fänden die Gruppe überstrapaziert, würde sie auch Männer aufzunehmen. So meint Katrin Ann Kunze:

»Mit einer Öffnung und mit einem größeren Forum, das finde ich schon gut und das soll auch durchaus von der Gruppe ausgehen oder die Gruppe soll das Nadelöhr dafür sein. Ich habe mich

neulich auch wieder beteiligt an dieser neu aufgeflammten Diskussion und habe gesagt, nein, eigentlich möchte ich lieber, dass es so bleibt wie es ist. Weil das wächst auch so weiter. Auf einmal sind dann auch Transsexuelle da. Ich tausche mich gerne auch mit anderen Betroffenen aus, habe Kontakt oder Berührung oder das ist Teil meines Lebens, aber das suche ich mir immer aus. Ich stelle mir dann eher vor, dass es ein Haus ist mit mehreren Einheiten, in dem ich mich bewegen kann, aber ich will nicht verordnet kriegen, mit wem ich mich ins Bett lege. Da habe ich dann schon gedacht, was ist vor allem auch mit den Empfindlichkeiten von XY-Frauen, die neu in die Gruppe kommen und die sich dann PAIS-Männern, Transen und was weiß ich, Eltern von betroffenen Kindern, Großeltern, die zur Kinderbetreuung mitgekommen sind und anderen gegenüber befinden Im Grunde genommen ist das schon fast ein repräsentativer Querschnitt durch die Gesellschaft. [...] Das ist emotional auch ein bisschen viel verlangt, wenn man Leute wirklich betreuen will, die als ratsuchende Betroffene kommen, dann muss man auch das Know-how haben. Was mache ich denn mit einem PAIS-Mann, der von mir irgendwelche Ratschläge haben will. Ich kann das nicht leisten und ich will das auch nicht auf die Fahnen unserer Selbsthilfegruppe geschrieben sehen, dass das so ist. Ich mache das nicht. Das kann ich nicht so nebenbei mal eben.«
CL: »*Heißt das, es sollten eigentlich auch weiterhin nur XY-Frauen dabei sein?*«
Katrin Ann Kunze: »*Das ist ja auch ein dehnbarer Begriff. Wenn jemand wie die Alex [Alex Jürgen, CL] kommt, die überlegt, dass sie nochmal auf die andere Seite geht, wo sie dann wieder im Wanken war und jetzt aber wohl doch. Da würde es nicht darum gehen, an einem Punkt x zu sagen: ›Jetzt darfst du nicht mehr kommen, jetzt bist du zu männlich geworden.‹*«

Hier werden zwei verschiedene Punkte angesprochen. Zum einen die Kompetenzfrage: Da die Gruppe sich auch als Ratgeber versteht, die den Ratsuchenden auch fundierte und aus eigener Erfahrung stammende Hilfe anbieten wollen, sollen weiterhin auch nur XY-Frauen kommen. Zum anderen die grundsätzliche Öffnungsfrage, die unterschiedlich beantwortet wird, je nachdem, ob sich die Gruppe mehr als Forum für Erfahrungsaustausch mit dem Fokus auf dem therapeutischen Aspekt begreift oder als Gruppe, die Öffentlichkeitsarbeit und Identitätspolitik macht und sich für eine gesellschaftliche Akzeptanz intersexueller Menschen beziehungsweise XY-Frauen einsetzt. Je stärker ein Aspekt verwirklicht wird, desto mehr wird der andere vernachlässigt. Je höher der Stellenwert von Identitätspolitik und Öffentlichkeitsarbeit in der Gruppe ist, desto weniger kommt der therapeutische Zweck einer Selbsthilfegruppe zum Tragen und vice versa. Eine derartige Ausrichtung fände Luise Weilheim eine bedauerliche Entwicklung der Gruppe:

»*[...] hat uns mal eine Rundmail geschrieben und uns wirklich beleidigt, dass unsere Gruppe eigentlich mehr so ein Kaffeekränzchen ist, zu wenig kämpferisch sozusagen. Ich glaube, wenn das zu sehr in die Richtung ginge, dass man auch zum öffentlichen Outing gedrängt wird, das ist ja zum Glück nicht so, nur manchmal, in vereinzelten Stimmen, das würde mich sehr stören. Weil ich gerade den Austausch sehr wichtig finde. Wenn es nur politisch wird, habe ich Angst, dass man nur noch politische Arbeit macht und da verheizt wird, die ganzen Energien in den politischen Kampf reingehen.«*

Andere sprechen sich gegen den Ausschluss von intersexuellen Männern im Besonderen aus, da somit gesellschaftliche Ausschlusskriterien reproduziert würden. So meint Erika Kasal:

»Wenn wir hier auch wieder ausschließen, dann machen wir dasselbe, was die Gesellschaft mit uns macht. Ich denke, wir sollten Offenheit, Akzeptanz und Toleranz praktizieren.«

Elisabeth Müller ist der Auffassung:

»Wenn das so einer ist, der auf der Schnittstelle ist, ein bisschen mehr männlich als weiblich, der sagt, als Mann kann er eher leben. Wenn er nicht ganz männlich ist, würde ich sagen, warum nicht?«

Alle Mitglieder sind sich einig, dass die Grundlage für eine Aufnahme in die Gruppe ein medizinisch als intersexuell definierter Körper darstellt. Obwohl es aber das Ziel ist, den Geschlechterdimorphismus kritisch zu hinerfragen und Möglichkeiten einer intersexuellen Existenzweise zu erarbeiten, kommt die Zweigeschlechtlichkeit auf der *gender*-Ebene in die Gruppe wieder hinein. In der Betroffenen-Gruppe sollen, so die Mehrheit in der Gruppe, nur diejenigen dabei sein, die in der weiblichen Geschlechterrolle leben und sich eher als Frau denn als Mann fühlen. So erscheinen die neu definierten und von der Gruppe verhandelten Identitätskategorien jenseits von Frau und Mann wie XY-Frau, intersexueller Mensch oder Hermaphrodit im Vergleich zu den harten medizinisch und psychologisch definierten Geschlechtsidentitäten eher noch als eine Art Versuchsterrain. Die vollkommene Aufgabe der Kategorien »Frau« und »Mann« ist auch in dieser Gruppe schwierig.

Gesellschaftspolitischer Einsatz

Von Medizinern werden Gruppen, in denen sich intersexuelle Menschen zusammenschließen, manchmal differenziert in Aktivisten-Gruppen und Selbsthilfegruppen. Aus der Perspektive des medizinischen Diskurses sind Aktivisten diejenigen Betroffenen, die sich dem Dialog mit der Medizin verweigern, die sowohl die Zweigeschlechtlichkeit als Norm als auch die medizinischen Behandlungspraktiken als Genitalverstümmelung kritisieren und die aus der medizinischen Krankheitsbezeichnung »intersexuell« eine Identitäts- oder Geschlechterkategorie machen. Aktivisten werden als radikaler begriffen als Selbsthilfegruppen. Letztere beziehen nach dieser

Unterscheidung den medizinischen Diskurs und auch dessen grundsätzliches Bemühen, Intersexualität zu therapieren mit ein in dem Versuch, einen Umgang mit der eigenen Intersexualität zu finden. Sie sind bereit zum Dialog und zur Kooperation und bilden keinen Gegendiskurs, sondern lassen sich in den medizinischen Diskurs überführen. Aus medizinischer Perspektive werden Selbsthilfegruppen als hilfreich und gut und Aktivistengruppen als problematisch empfunden. Auch von Barbara Thomas als Vertreterin der Selbsthilfegruppen auf diesem Kongress wird diese Unterscheidung übernommen:

»*I do think it is very important not to see these [die Selbsthilfegruppen, CL] as activists, I think it's a very unhelpful approach. Most of the groups are very interested in dialogue, in cooperation with the medical profession. There are very few people who are totally confrontational.*«[218]

Innerhalb von medizinkritischen Gegendiskursen wiederholt sich diese Unterscheidung, nur unter umgekehrten Vorzeichen. Hier ist ein »guter« Intersexueller der/die mit dem richtigen Bewusstsein, der sich von medizinischer Fremdbestimmung und gesellschaftlichen Normierungsversuchen emanzipiert. Ein »schlechter« Intersexueller ist jemand, der die medizinische Klassifikation seines Körpers als Pathologie übernimmt und grundsätzlich die hormonellen und chirurgischen Normierungspraktiken gutheißt.

Die Gruppe *XY-Frauen* sieht es als ihre Aufgabe, den Austausch und das Gespräch intersexueller Menschen zu fördern und gleichzeitig Öffentlichkeitsarbeit zu leisten. Zur Relevanz dieser beiden Aspekte gibt es unterschiedliche Auffassungen. Während die einen vor allem die gesellschaftspolitische Verantwortung, die Gesellschaft über Intersexualität aufzuklären, im Vordergrund sehen, steht für andere der therapeutische Aspekt des Gesprächs im Vordergrund. Für die Letzteren liegt in der Beschäftigung mit Öffentlichkeitsarbeit auch eine gewisse Abwehr von den eigenen tiefen Problemen. Manche *XY-Frauen* beklagen die Unterscheidung zwischen einem »guten« Intersexuellen als jemand, der sich gesellschaftspolitisch für die Akzeptanz intersexueller Menschen einsetzt und denjenigen, die sich in dieser Richtung nicht engagieren. Innerhalb des Bemühens um gesellschaftliche Akzeptanz kommt dem öffentlichen *Outing* ein besonderer Stellenwert zu. Entscheidend für das öffentliche Bild, das die Gesellschaft von intersexuellen Menschen hat, ist die Art und Weise, wie die Medien mit dem Thema umgehen und hier vor allem auch, welche

---

218 Beim Symposium *From Gene to Gender* in Lübeck, 1. bis 3. April 2004.

Personen dort als intersexuelle Menschen präsentiert werden. Für die *XY-Frauen*, die die Gesellschaft über Intersexualität aufklären wollen, ist das öffentliche *Outing* ein entscheidender Schritt zur Normalisierung[219] des Phänomens, dass sich unauffällige und weiblich wirkende intersexuelle Menschen in den Medien präsentieren. Luise Weilheim stellt bezüglich eines öffentlichen *Outings* jedoch folgende Überlegungen an:

»Dieses Denken, in das man in der Gruppe manchmal verfällt: ›Ein guter Intersexueller ist einer, der sich outet, ins Fernsehen geht und die anderen sind noch nicht so weit. Die stehen noch nicht ganz zu sich. Aber wenn es gut läuft, dann kommt das vielleicht noch.‹ Ich sehe es so, dass man verschiedene Wege gehen kann. Und mein Weg führt vielleicht nie zum öffentlichen Sich-Outen. Aber es schwingt da immer so eine moralische Verpflichtung mit und damit haben sie ja auch recht. Wir wollen ja, dass sich in der Öffentlichkeit was ändert, wir wollen ja das Tabu brechen. Wir haben ja auch das Anliegen, das zu enttabuisieren. Das ist natürlich der Weg dahin, ganz klar. Und das Sprechen im Fernsehen mit Balken vor den Augen fördert wieder dieses Monster-Image. Da denkt man, dass das so schrecklich ist, dass diejenige sich nicht zeigen kann. Von daher: In der Theorie sage ich mir, das ist genau der Weg, um eine Normalisierung zu erreichen. In der Praxis sage ich mir: ›Ich bin einfach nicht so. Das ist einfach nicht meines.‹ [...] Es soll ja jetzt gerade auch wieder so eine Sendung gemacht werden, wo XY-Frauen gesucht werden. Es soll auch intersexuelle Frauen geben, die äußerlich nicht auffällig sind. Da habe ich mir das auch wieder überlegt. Ich habe mir das so vorgestellt: Die [Menschen, mit denen ich arbeite] sehen diese Sendung. Was machen die dann damit? Da war für mich klar: Das will ich nicht. Dafür ist mir mein restliches Leben, das nicht XY-Frau ist, zu wichtig. Das ist ja nicht mein einziges Thema in meinem Leben. Ich schwanke immer wieder, weil ich denke, wir sind so gegen die Tabuisierung, da müssten wir eigentlich was tun, aber dann ist mir mein restliches Leben zu wichtig. Ich habe einfach Angst, dass ich nur noch durch diese Brille wahrgenommen werde und ich kann hinterher nicht auf die Delete-Taste drücken und das Ganze rückgängig machen kann, wenn es schief geht, sondern muss dann damit leben.«

Während Luise Weilheim vor allem nicht von anderen auf ihre Intersexualität reduziert werden möchte, haben besonders Eltern Angst vor Voyeurismus und Sensationsgier der Gesellschaft. So fragt Martha Wolff ihren Mann bezüglich ihrer intersexuellen Tochter:

»Was hättest du für ein Gefühl? Ich hätte ein schlechtes Gefühl, wenn sich die Luise jetzt sozusagen outen würde? Der krasse Fall, sie taucht im Fernsehen auf und sagt, ich bin ich, ich bin intersexuell. Damit wäre sie ein Objekt der Neugier, des Voyeurismus. Ich glaube, dass irgendwelche Frauen das machen müssen. Aber man möchte halt nicht gerne sein eigenes Kind opfern.«

---

219 Unter Normalisierung ist nicht Normierung zu verstehen. Nicht die Anpassung an eine Norm ist das Ziel, sondern die Akzeptanz von Intersexualität als normale körperliche Variation.

Oder Daniela Maier:

»Die Gefahr, dass so ein Fall pornographisch oder sonst was ausgenützt ist, die ist enorm. Und alle wollen es sehen. Das ist die Gefahr dahinter. Deswegen sind wir etwas ängstlich vor zu viel Öffentlichkeit. Wir wollen unser Kind schützen. Das ist auch der Grund, warum du nicht so leicht einen Intersexuellen vor die Kamera kriegst. Am Arbeitsplatz wirst du blöd angeschaut und alles. Es muss erst einmal Fuß fassen, das Ganze.«

Hier wird zum einen die gesellschaftspolitische Verpflichtung zum öffentlichen *Outing* als intersexueller Mensch deutlich, das von allen auch als grundsätzlich wichtig erachtet wird, zum anderen auch die Ängste und Probleme, die damit verbunden sind. Die Differenzierung zwischen intersexuellen Menschen, die sich gesellschaftspolitisch engagieren und öffentlich *outen* und denen, die ihre körperliche Besonderheit lieber nicht nach außen tragen möchten, findet ihre Entsprechung in der Differenzierung zwischen »offenen« Eltern und denen, die das Tabu Intersexualität weiterführen. Eltern, die Schwierigkeiten damit haben, offen mit der Intersexualität ihres Kindes umzugehen, sowohl dem Kind als auch der Öffentlichkeit gegenüber, werden von Betroffenen und »offenen« Eltern oft als diejenigen gesehen, die die gesellschaftspolitische Aufgabe der Enttabuisierung von Intersexualität nicht wahrnehmen. Umgekehrt werfen diese »offenen« Eltern vor, ihr Kind für eine gesellschaftliche Aufklärungsarbeit zu missbrauchen. Unter den Eltern der *XY-Frauen*-Gruppe wird entsprechend differenziert zwischen denen, die »es sich leicht machen« und denen, die den schwierigeren Weg gehen, um ihr Kind zu schützen. »Offene« Eltern werfen den anderen vor, es sich leicht zu machen und sich nicht wirklich mit dem Thema auseinanderzusetzen, indem sie die Tabuisierung von Intersexualität fortführen und nicht den Mut aufbringen, zu der Intersexualität ihres Kindes zu stehen, die den am medizinischen Diskurs orientierten Weg der Geheimhaltung und der hormonellen und chirurgischen Anpassung gehen. Der schwierigere Weg wird verstanden als aktives Aufbrechen des Tabus und der Zweigeschlechternorm, der eventuellen Verweigerung von genitalkorrigierenden medizinischen Maßnahmen sowie dem Einbringen des Phänomens Intersexualität in den gesellschaftlichen Diskurs. Von Eltern wiederum, die sich gegen eine Öffnung gegenüber anderen Menschen entscheiden, wird der »offene« Weg als der leichtere Weg interpretiert, wie von Sabine Götz:

»Wie oft habe ich mir gewünscht, meiner besten Freundin, die einfach alles weiß von mir, auch das zu sagen. Einfach weil es mir so schlecht ging damit, weil ich mich mit jemandem austauschen

wollte. Aber ich hatte das Gefühl, ich müsste mein Kind schützen. Ich musste diesen Weg der Einsamkeit wählen, für mein Kind. Von daher machen es sich die, die es allen Leuten erzählen, auch irgendwie leicht oder einfach.«

Was Offenheit bedeutet, ist dabei unterschiedlich. Während manche ihrem Kind und anderen Menschen gegenüber erzählen, ihr Kind habe männliche und weibliche Teile in sich, und die ihr nicht-genitalkorrigiertes Kind auch mit anderen Kindern und in der Öffentlichkeit nackt sein lassen, sprechen andere zwar mit ihrem Kind und anderen Menschen darüber, zeigen ihr Kind jedoch vor anderen Blicken niemals nackt, um es vor Voyeurismus und Hänseleien zu schützen.

Toleranz

Neben diesen gruppeninternen Differenzierungen ist es den XY-Frauen ein Anliegen, gerade in der Thematisierung der Unterschiedlichkeit der körperlichen Gegebenheiten, der Identitäten, der Meinungen und der aktiven Teilnahme an Identitätspolitik Toleranz und gegenseitige Akzeptanz einzuüben. So wehrt sich beispielsweise Luise Weilheim gegen eine Norm für intersexuelle Menschen:

»Wir kommen ja in der Gruppe immer wieder auf die Diskussion ›Wer sind wir?‹. Wogegen ich mich immer total wehre, ist dieses Denken ›Meine Meinung ist ja nicht konform mit der Gruppenmeinung.‹ Da denke ich immer: ›Es gibt keine Gruppenmeinung. Es ist jede für sich, jede ist ein Original. Das ist nicht so, dass man als XY-Frau so zu fühlen hat und als AGS hat man so zu fühlen. Das sind nicht die Schubladen. Das ist ja genau das, was uns so zu schaffen gemacht hat, dass wir nicht in eine Schublade passen und dass wir nicht in die Norm passen.‹Wir sollten keine Norm für Intersexuelle schaffen, finde ich.«

Somit besteht die Verbindung innerhalb der *XY-Frauen* weniger in einer bestimmten Meinung, die alle vertreten, sondern in den Themen, über die diskutiert wird. Nicht eine für alle Gruppenmitglieder verbindliche kollektive Identität und ein gemeinsamer Standpunkt zeichnen die Gruppe aus, sondern die Toleranz und die Achtung von Verschiedenartigkeit. Beispielsweise schreibt Erika Kasal: [220]

»Dazu kam die Erkenntnis, dass auch bei Menschen mit intersexueller Konstitution die Lebenswelten und die damit verbundenen Denkweisen sehr unterschiedlich sind. Eine große Leistung unserer Gruppe ist es unter anderem, diesen unterschiedlichen Denkweisen Respekt und Achtung entgegen zu bringen. Gleichzeitig aber ist die Gruppe offen für gedankliche Veränderun-

---

220 *Wie alles begann. Die Entstehungsgeschichte der Selbsthilfegruppe XY-Frauen*, 1.9.2004, http://xy-frauen.de/Gruppentreffen/Entstehungsgeschichte.htm.

gen und Erweiterungen. Ein guter Umgang mit Intersexualität bedeutet für mich heute, jede und jeden in seiner Person zu respektieren und selbst offen zu bleiben [...] fern von starren Denkstrukturen.«

So wurde bei einem Gruppentreffen[221] auch von allen *XY-Frauen* beschlossen:

»Unterschiedliche Ansichten sollen nicht unter den Tisch gekehrt, sondern integriert werden. Die Diskussion darüber verbindet uns letztlich auch wieder.«

In Bezug auf gesellschaftliche Aufklärung wird in der Gruppe diskutiert, welche Personen in den Medien als Repräsentanten intersexueller Menschen auftreten sollen, da Medienauftritte das gesellschaftliche Verständnis von Intersexualität wesentlich beeinflussen. Wer soll für intersexuelle Menschen sprechen? Obwohl sich die meisten Mitglieder der *XY-Frauen* am ehesten für äußerlich unauffällige Frauen, die auch als Frau leben, als Repräsentanten aussprechen, um dem sensationsgeprägten und monströsen Image von Intersexualität entgegenzuwirken, plädiert die Gruppe auch dafür, möglichst viele verschiedene Identitäten, Selbstdeutungen und Existenzweisen öffentlich zu Wort kommen zu lassen. Andere dagegen finden gerade Menschen, die auch äußerlich als Nicht-Mann-nicht-Frau wirken, geeignet, um das Zweigeschlechterdenken zu verunsichern und herkömmliche Mann-Frau-Schemata aufzubrechen.

Allianzen

Von einigen gesellschaftspolitisch engagierten intersexuellen Menschen wird eine Bündnisbildung mit anderen Bewegungen diskutiert. Als Vorbild für eine gesellschaftliche Akzeptanz von Intersexualität werden häufig die Erfolge der Schwulen- und Lesben-Bewegung gesehen, zumal sich die Identitätskategorie der Homosexualität wie die der Intersexualität aus der selbstbestimmten und positiv besetzten Umdeutung einer medizinischen Krankheitskategorie entwickelt hat:

»So wie Schwule und Lesben sich Akzeptanz erkämpft haben, so erkämpfen sich jetzt die Intersexuellen ihre Rechte, die sie in einer zivilisierten Gesellschaft haben müssten.«(Erika Kasal)

In Bezug auf die Frage, ob sich die Intersex-Bewegung mit anderen identitätspolitischen Bewegungen, die das euro-amerikanische Geschlechtermodell mit den drei Säulen Geschlechtsidentität, Geschlechterrolle und

---

221 Gruppentreffen, 28.bis 30.2.2003 in Wuppertal.

sexuelle Orientierung in Frage stellen, verbünden solle oder nicht, gibt es unterschiedliche Antworten. Einige plädieren dafür, sich mit anderen Minderheitengruppen zusammenzuschließen und sich in einen gesellschaftlich bereits geführten Diskurs der Kritik an euro-amerikanischen Geschlechternormen einzuklinken, um auf bereits erreichte Erfolge aufzubauen und als größere Gruppe politisch schlagkräftiger zu sein. So führt Susan Kästner bezüglich einer möglichen Allianz der Intersex-Bewegung mit der Transsexuellen- und *Transgender*-Bewegung aus:

»Wir sind so eine kleine Gruppe, da können wir uns doch wenigstens gegenseitig stützen, wo es Sinn macht. Wir können uns immer noch entscheiden, wo wir anders sind. Wenn Mann und Frau sich nicht gegenseitig unterstützen, können sie keine Familie großkriegen. Genauso ist es bei allen möglichen Gruppen von was auch immer. Die haben ja auch schon viel erreicht. Wenn ich mich da nicht anschließe, muss ich diese ganzen Schritte nochmal für mich machen. Man soll auf die Unterschiede schon bestehen, aber wo wir gemeinsame Problematiken haben, mit Kastration usw., da können wir uns zusammentun. Je größer die Gruppe ist, je stärker wir an einem Strang ziehen, desto stärker sind wir. Es geht um die Frage, an welchen Fronten wir kämpfen. Kämpfen wir an der Operationsfront oder versuchen wir eine spezielle psychologische Betreuung auszubilden, wie es teilweise für die Transsexuellen versucht wird, um die negativen seelischen Auswüchse zu mildern? Da soll an der gleichen Front gekämpft werden. Dass man nicht mehr Spielball der Medizin ist. Da ist man zusammen stärker. Wenn wir gegeneinander arbeiten, haben wir keine Chance.«

So sieht es auch Claudia Clüsserath:

»Was diese Kategorien Hermaphroditen, Nicht-Hermaphroditen, Transsexuelle anbelangt – ich weiß, es gibt ein paar Hermaphroditen, die machen da eine Staatsaktion draus. An dieser Diskussion beteilige ich mich gar nicht, weil das mir zu flach ist. Es interessiert mich nicht herauszufinden, ob das ein echter oder ein falscher, ein Pseudohermaphrodit oder was auch immer ist. Das Problem, die Transsexuelle und Hermaphroditen gemeinsam haben, das ist die Akzeptanz in dieser Gesellschaft, egal ob das Schwule, Lesben, Transsexuelle, Hermaphroditen oder sonst was sind. Wir haben alle dieselben Probleme. Dass wir mit der Geschlechternorm kollidieren. Das ist unser gemeinsames Problem. Welche Lösungsstrategien jeder dafür entwickelt, ist jedem selbst überlassen.«

Auch Martha Wolff schlägt den *XY-Frauen* eine Koalitionsbildung mit anderen Gruppierungen und Bewegungen vor:

»Vielleicht könnten die XY-Frauen zustimmen, sich in eine größere Gemeinschaft hineinzubegeben, auch mit Männern und auch mit Menschen, die tatsächlich weder-noch sind oder sein wollen und sagen, jede(r) ist ein Sonderfall, aber lasst uns uns zusammentun, die Gesellschaft sensibel machen, dass es mehr gibt als die beiden Schubladen. Ich könnte mir vorstellen, dass die XY-Frauen, die über ihre eigenen Traumata hinaus sind, dem zustimmen würden.«

Andere intersexuelle Menschen, ob gesellschaftspolitisch aktiv oder nicht, wehren sich aufgrund der körperlichen Ursache gegen die diskursive Gleichsetzung von Intersexualität mit Homosexualität, Transsexualität und *Transgender* und erachten die Unterschiede als entscheidender als die Gemeinsamkeiten. Intersexualität solle, so die allermeisten meiner intersexuellen Gesprächspartner, nicht mit anderen Formen der Kritik am euroamerikanischen Geschlechtermodell vermischt werden. Die Diskussion um eine intersexuelle politische Bewegung verläuft also entlang der Frage, ob die Intersex-Bewegung sich mit anderen Bewegungen zusammenschließen solle, um im Sinne einer Mobilisierung von Kräften politisch schlagkräftiger zu sein, oder ob sie auf der körperlichen Grundlage und der Abgrenzung von anderen beharren solle, um das Spezifische für Intersexualität nicht aus dem Blick zu verlieren.

Zusammenfassung

Betrachtet man die verschiedenen Differenzierungen intersexueller Menschen zu Nicht-Intersexuellen, zwischen den verschiedenen Gruppen sowie innerhalb der Gruppe der *XY-Frauen*, so werden verschiedene für die Konstituierung des Phänomens Intersexualität relevante Bausteine deutlich: Grundlage der Differenzierungen stellt der medizinisch als intersexuell klassifizierte Körper dar. Mit diesem Körper grenzen sich intersexuelle Menschen von Nicht-Intersexuellen ab. Dieser Körper ist der Gegenstand, um dessen Deutung die konflikthaften Auffassungen verhandelt werden und der in unterschiedlicher Weise zur Grundlage der Körper-Selbst-Identität wird. Zu nicht-intersexuellen Frauen und Männern, die sich nicht Geschlechterrollenkonform verhalten, grenzen sich intersexuelle Menschen dadurch ab, dass diese eine freie Wahl haben, während intersexuelle Menschen durch ihren Körper unausweichlich zwischen den Geschlechtern stehen. Durch die Tatsache der Unausweichlichkeit ihres naturgegebenen intersexuellen Körper grenzen sich intersexuelle Menschen auch von Transsexuellen ab. Darüber hinaus stellen intersexuelle Menschen durch ihre Zwischenkörperlichkeit die Zweigeschlechternorm in Frage, während transsexuelle Menschen diese bestätigen. Intersexuelle wiederum bestätigen das euro-amerikanische Konzept einer Begründung von Geschlecht durch den Körper, indem sie Intersexualität essentialisieren, während Transsexuelle die Naturalisierung von Geschlecht(sidentität) in diesem Modell ablehnen. So stellt der naturgegebene Körper in seiner

Eigentlichkeit bei intersexuellen Menschen die Begründung des geschlechtlichen Selbst dar, während sich das tiefe Selbst bei transsexuellen Menschen unabhängig vom Geschlechtskörper entwickelt. Während transsexuelle Menschen die hormonelle und chirurgische Umgestaltung ihres Körpers suchen, sprechen sich viele intersexuelle Menschen gegen eine Veränderung ihres »eigentlichen« intersexuellen Körpers aus. Für intersexuelle Menschen ist der unversehrte Körper der richtige, für Transsexuelle der operierte Körper. Zwischen den Gruppen wird differenziert zwischen medizinnahen und medizinfernen Gruppen. Sie differenzieren sich voneinander entlang der Frage, ob sie sich innerhalb des medizinischen Diskurses bewegen oder ob sie einen antimedizinischen Gegendiskurs führen. Diese Unterscheidung zwischen den Gruppen wird auch von Medizinern getroffen, die die verschiedenen Gruppen entweder als Selbsthilfe- oder Aktivistengruppen klassifizieren, was bedeutet, dass sie dem medizinischen Diskurs nahe stehen oder als Gegendiskurs wahrgenommen und daher abgelehnt werden. Die *XY-Frauen* differenzieren sich untereinander entlang verschiedener medizinischer Diagnosen, entlang der körperlichen Unversehrtheit, des gesellschaftspolitischen Einsatzes und differenzieren zwischen intersexuellen Frauen und Männern. Die Gruppen unterscheiden sich untereinander auch hinsichtlich ihres Verständnisses der Intersex-Thematik und hinsichtlich möglicher Koalitionen. Ob Intersexualität als Krankheit, als Geschlechterkategorie, als körperliche Besonderheit oder als Teil der Thematik um *queere* Körper verstanden wird, hängt von den spezifischen Deutungen des intersexuellen Körpers innerhalb den Gruppen ab. Somit unterscheiden sich die Gruppen auch hinsichtlich ihrer gesellschaftspolitischen Ziele und ihres Verständnisses von gesellschaftlicher Akzeptanz.

Akzeptanz von Intersexualität

Parallel zu den dargestellten konflikthaften Diskursen um Intersexualität verläuft ein Diskurs um gesellschaftliche Akzeptanz, die in allen Diskursen als Ziel der angestrebten gesellschaftlichen Aufklärung definiert wird. Daher ist der Forderung nach sozialer Akzeptanz von Intersexualität innerhalb aller Diskurse verstehbar. Nur, *als was* soll Intersexualität akzeptiert werden? Darauf fallen die Antworten je nach Diskurs unterschiedlich aus.

Von vielen intersexuellen Menschen wird primär die Akzeptanz der naturgegebenen Vielfalt von Körpern eingefordert. Anna Jacobs führt, gefragt nach den Richtlinien für intersexuelle Menschen, aus:

»In unserem intersexuellen Fall wäre meines Erachtens die oberste Richtschnur ›Akzeptanz der Vielfalt‹ schon ein Schritt in die richtige Richtung (so wie auch die Vielfalt von Haarfarben, Größe, Körperbau, Gesichtszügen... sozial akzeptiert ist, ja sogar gelegentlich von Hautfarben!). Aber krieg das mal in die Köpfe rein, die schon mit der Muttermilch die Dichotomie der Zweigeschlechtlichkeit aufgesogen haben und diese Dichotomie im alltäglichen biologischen Dasein auf diesem Planeten ständig vor Augen geführt bekommen – mit ein paar netten ›zwittrigen‹ Ausreißern wie zum Beispiel Schnecken, Egel, Plattwürmer...«

Es wird gefordert, neben männlichen und weiblichen Körpern noch etwas anderes zu akzeptieren, ob als Kontinuum zwischen Mann und Frau, als eine dritte Geschlechterkategorie oder als geschlechtskörperliche Variation:

»Aber am meisten setze ich mich dafür ein, dass es so wird, dass man sagt, es ist normal und man kann damit leben und man muss niemandem Vorwürfe machen, sondern es gibt es einfach und man hat damit nicht eine Lebenseinschränkung. Man kann nicht etwas im Leben deshalb nicht machen.« (Daniela Maier)

Metaphern für die Akzeptanz geschlechtlicher Vielfalt kommen vor allem aus der Natur. So vergleicht zum Beispiel Barbara Thomas geschlechtskörperliche Variation mit der Buntheit eines Korallenriffs:

»Wie viel Vielfalt gestatten wir der Natur? Wenn man im Korallenriff zum Schnorcheln geht und nur genormte graue Fische sieht, ist die Frustration groß. Umgekehrt kennt die Begeisterung keine Grenzen, wenn man die Vielfalt der Fische, die die Schöpfung zu bieten hat, zu sehen bekommt. Bei der Vielfalt im sexuellen Bereich dagegen ist die Faszination auf einmal aus und vorbei. Warum haben wir so viel Angst vor der Vielfalt und vor der Individualität, wenn es um Sexualität und Geschlechtsidentität geht? Was beunruhigt uns da so sehr?«[222]

Alex Jürgen bringt einen Vergleich geschlechtlicher Variationen mit verschiedenen Tierarten:

»Wenn in der Natur eine neue Art entdeckt wird, dann freut man sich über die Vielfalt. Beim Menschen möchte man die Vielfalt ausrotten zugunsten der Norm.«

Auch Susan Kästner beschwört die Vielfalt der Natur, die das Leben kennzeichnet und misst gerade den Dingen, die von den Normen abweichen, eine besondere Ästhetik bei:

---

222 Votrag Voraussetzungen für langfristige Zufriedenheit bei Menschen mit Intersex-Diagnose beim Symposium Intersexualität bei Kindern am 5. bis 6.3.2004 in Halle.

»Es gibt Bäume, die wachsen schief und krumm, weil sie einen genetischen Defekt haben oder weil die Lebensbedingungen nicht stimmen. Das sind oft die interessanten Bäume. Das ist die ganze Variation, wo das Leben drin stattfindet. Das Problem ist, dass wir in einer naturfeindlichen Umwelt leben. Die ganze biologische Variation fällt weg. Durch die Beschneidung der Vielfalt fallen auch Potentiale weg. Wenn das auf Menschen übertragen wird: Schöne neue Welt!«

Folke Harms zitiert ein Gedicht,[223] welches ihre Auffassung von Intersexualität als Besonderheit der Natur zum Ausdruck bringt:

»Erkläre mir einer die Menschen! Treffen sie auf Menschen, die andersartig sind, sei es durch ihre Hautfarbe oder ihre Kultur oder aufgrund einer Behinderung, so wenden sie sich zunächst meist ab. Finden sie jedoch ein vierblättriges Kleeblatt, erscheint ein Lächeln auf ihren Lippen, denken sie, ihr Glück könnte davon abhängen und nehmen es behutsam mit nach Hause. Dabei war es nur eine Laune der Natur, die diese Andersartigkeit hervorbrachte, denn Klee hat nun mal 3 Blätter.«

Intersexualität ist demzufolge keine zu korrigierende Abnormität, sondern etwas Besonderes, was es, genau wie ein vierblättriges Kleeblatt, in seiner Seltenheit wertzuschätzen gelte. Statt eine Fehlbildung und ein Mangel sei Intersexualität vielmehr eine normale körperliche Gegebenheit und als solche vergleichbar mit anderen durchaus akzeptierten körperlichen Variationen, findet Barbara Thomas:

CL: »Als was begreifen Sie Intersexualität?«
Barbara Thomas: »Auf keinen Fall als Krankheit. Wenn ich ›Krankheit‹ höre, das ist etwas, was sofort behoben werden muss, das zerstört oder bedroht das menschliche Leben oder mindert die Lebensqualität ab. Und ich denke, das ist ›state of mind‹, also ich würde das nie so bezeichnen. Oder als ›disorder‹, Fehlbildung.«
CL: »Also eine Krankheit ist es nicht, was ist es denn dann?«
Barbara Thomas: »Eine Variation der Natur, eine der vielen Spielarten der Natur.«
CL: »Ist es vergleichbar mit einem fehlenden Finger?«
Barbara Thomas: »Das ist ja eine Fehlbildung.«
CL: »Mit was könnte man es dann vergleichen?«
Barbara Thomas: »Mit der Haarfarbe, Augenfarbe oder großen und kleinen Brüsten.«

Intersexualität sei, wie auch Romy Kaiser meint, vollkommen natürlich:

»Man muss das Umfeld/die Gesellschaft sensibilisieren. Intersexualität ist nichts, wofür man sich schämen muss. Es ist vollkommen im Einklang mit der Natur. Und alles andere als krank. Und genau deshalb sollten sich Mediziner sehr zurückhalten.«

---

223 Autor unbekannt.

Harm Harms, der das Nicht-Eingreifen in den Körper seines Kindes damit begründet, dass es einzig das Recht des Betroffenen sei, über den eigenen Körper zu bestimmen, ist der Auffassung, andere seien moralisch dazu verpflichtet, den gegeben Körper zu akzeptieren:

»*Das Problem ist ja: Warum hat derjenige ein Problem damit, mit dem Körper eines anderen? Ist ja gar nicht sein Recht. Auch nicht das der Eltern. Das Recht habe ich nicht, ihren Körper nicht in Ordnung zu finden. Wenn ein Arm falsch herum angewachsen wäre, O.K., dann könnte sie damit nichts machen, die wäre komplett behindert. Aber bei so was? Wer weiß, wofür es gut ist? Die Natur ist so eingerichtet, dass sie sich bei jeder Sache schon was bei gedacht hat. Es hat Hintergründe. Welche, wie, warum, stellt sich meistens erst Generationen später heraus. Mutation ist Entwicklung, Mutation ist Evolution.*«

Diese Konzeption von Akzeptanz ist durch einen Biologismus geprägt. Die häufige Bezugnahme auf die Natur als Metapher für eine gesellschaftliche Akzeptanz geschlechtskörperlicher Vielfalt ist sicher kein Zufall. Innerhalb einer Konzeption und Lokalisierung des »tiefen inneren Selbst« als Körper-Selbst und des Körpers als Träger und Manifestation dieses »eigentlichen Selbst« wird die Rückbesinnung auf den reinen, unverfälschten Körper als Emanzipation vom Zwang von gesellschaftlich auferlegter Zweigeschlechtlichkeit und von spezifischen Körpernormen interpretiert. Dadurch bekommt die Natur als Opposition zur Zivilisation den Stellenwert von Eigentlichkeit und Freiheit, wie er ihr auch in anderen die Natur romantisierenden Diskursen zukommt. So werden die naturgegebene Vielfalt als Emanzipation gefeiert und soziale Ordnungsmuster als Zwang beschrieben. *Empowerment* findet statt, indem in diesem Diskurs die medizinisch-pathologisierende Interpretation von Intersexualität als Bereicherung ins Positive umgewandelt wird: Intersexuelle Menschen sind keine mangelhaften männlichen oder weiblichen Wesen, sondern haben diesen im Gegenteil etwas voraus. Diese Art von Akzeptanz wirke, so Felix Wolff, dem Minderwertigkeitsgefühl und Leiden intersexueller Menschen entgegen:

»*Manchmal beneide ich Luise. Sie kann in einer gewissen Weise als Mann fühlen und als Frau. Das müsste man auch positiv sehen, nicht nur als Defekt. [...] Wenn man akzeptiert, dass das sogar ein Mehr ist, ein Plus ist, beides zu haben, dann braucht man nicht mehr so zu leiden. Aber so weit ist die Gesellschaft noch nicht.*«

Derartige *Empowerment*-Strategien, die den oft erlebten Mangel Intersexualität als nicht ganze Frau oder nicht ganzer Mann in ein *Mehr* als Mann und Frau transformieren, finden sich in vielen Selbstdeutungen. Die Palette reicht von XY-Frauen als weiblichere Frauen über die Fähigkeit, aufgrund von Intersexualität Männer *und* Frauen verstehen und zwischen ihnen vermitteln zu können bis hin zur Möglichkeit, zu tieferen Einsichten über das Wirken der gesellschaftlichen Geschlechternormen zu gelangen, was sie zu »tiefer denkenden Menschen« (Martha Wolff) macht. Einige Hermaphroditen bezeichnen sich als die besseren und intelligenteren Menschen aufgrund ihrer Vereinigung von Männlichem und Weiblichem in einer Person. Seit Intersexualität dabei ist, zu einer Identitätskategorie zu werden, zeugen neuerfundene Symbole vom entstehenden Stolz von immer mehr intersexuellen Menschen auf ihre Intersexualität, was zu einem selbstbewussten Auftreten in der Öffentlichkeit führt.

Viele, die das subversive Ziel einer Dekonstruktion von Zweigeschlechtlichkeit für utopisch und gesellschaftlich nicht umsetzbar begreifen, würden sich schon mit Akzeptanz zufrieden geben:

»So eine kleine Minderheit kann nicht die gesellschaftlichen Vorstellungen von Zweigeschlechtlichkeit verändern. Was sie aber verändern kann, ist Offenheit, Toleranz, Annahme.« (Anna Jacobs)

Darüber hinaus mache Intersexualität unter den gegenwärtigen gesellschaftlichen Bedingungen noch Angst. Diese Angst müsse man sich, so Anna Jacobs, erstmal eingestehen, bevor man Intersexualität akzeptieren könne:

»Wir tun oft so, als hätten wir gar keine Angst, wir sind so offen, und so. Aber eigentlich haben wir doch Angst. Dann muss man sich die Angst eingestehen und durch Kennenlernen und Nahekommen und Verstehen legt sich die Angst dann auch. Aber wir brauchen nicht so tun, als ob diese Angst nicht da wäre.«

Die gesellschaftliche Nicht-Akzeptanz von Intersexualität stellt für die Medizin die Legitimierung geschlechtsnormierender Eingriffe dar. Die These des zwangsläufigen Spottes, dem intersexuelle Kinder unkorrigiert ausgesetzt seien, die sich in dem gebetsmühlenhaft wiederholten Argument »Kinder können so grausam sein!« manifestiert, wird von einigen Eltern ganz anders erlebt. Manche, die ihr Kind unkorrigiert lassen, um es später selbst entscheiden zu lassen, welchen Körper es will, machen wie Daniela Maier die Erfahrung, dass die Gesellschaft Intersexualität durchaus akzeptieren kann:

»Das Umfeld ist natürlich auch da. Am Anfang ist es recht schlimm, aber wenn du dich damit auseinandersetzt und denen das erklärst, ist es gar nicht so schlimm. Da merkst du eigentlich, dass Akzeptanz da ist. Dir wird gesagt, Intersexualität ist gesellschaftlich nicht akzeptiert. Das ist aber gar nicht so.«

Auch die Familie Harms machte in Bezug auf Akzeptanz ihrer unoperierten Tochter gute Erfahrungen. Folke Harms sieht die Reaktion des gesellschaftlichen Umfeldes als Widerspiegelung ihres eigenen offenen Umgangs mit der Intersexualität ihres Kindes:

»*Vielleicht ist es auch so: Wie man in den Wald hineinruft, so ruft es wieder zurück. Ich weiß, meine Mutter, die hätte auch nichts gesagt, das wäre operiert worden und wäre gut gewesen. Aber dadurch, dass wir offen damit umgehen, musste sie auch offen damit umgehen. Sie hatte auch anfangs Angst von wegen lästern, weil sie auch in der Öffentlichkeitsarbeit ist und auf dem Dorf. Aber da ist nie was gekommen. Jedem, dem sie es erzählt, der findet unseren Umgang mit dem Thema toll. Auch wenn sie sagt, wir können heute nicht, da ist jemand da, der macht eine Studie oder der schreibt ein Buch oder was weiß ich, oder ich muss irgendwo hinterher, das Engagement finden die alle super.*«

Akzeptieren die Eltern die Intersexualität ihres Kindes, dann ist damit nach Ansicht von Folke Harms der Grundstein für Akzeptanz auch im sozialen Umfeld gelegt.

In der *AGS Eltern- und Patienteninitiative e.V.* kreist der Diskurs für gesellschaftliche Akzeptanz und gegen gesellschaftliche Ignoranz von AGS um die Enttabuisierung von AGS als chronische Krankheit. Die Krankheit AGS mitsamt ihrem klinischen Erscheinungsbild solle wie andere Stoffwechselstörungen öffentlich bekannt werden. Auch Mediziner hoffen auf gesellschaftliche Akzeptanz von Intersexualität – als Krankheit wie andere Krankheiten auch. So drückt der Kinderendokrinologe und Molekularbiologe Olaf Hiort sein Verständnis von gesellschaftlicher Akzeptanz von Intersexualität folgendermaßen aus:

»*Es ist ganz wichtig, dass mehr Leute diese Menschen als normal akzeptieren. Man kann sie behandeln[224] wie jeden anderen Menschen auch.*«[225]

Im medizinorientierten Verständnis von Akzeptanz sollte Intersexualität von der sensationsgeleiteten Assoziation mit Zwitter- und Hermaphroditentum entkoppelt werden und als eine Fehlbildung begriffen werden, die aber therapierbar ist wie andere Fehlbildungen auch. Zum medizinischen Verständnis von Akzeptanz, das auch von einigen intersexuellen Menschen geteilt wird, ist das Verstehen der Krankheit beziehungsweise des jeweiligen Syndroms Ausgangspunkt dafür, dass Eltern ihr Kind mit einer intersexuellen Fehlbildung annehmen können. Aus diesem Grund

---

224 »Behandeln« ist hier durchaus im doppelten Wortsinn zu verstehen, im Sinne von »mit ihnen umgehen« sowie von »medizinisch behandeln«.
225 zitiert von Harm und Folke Harms.

wird von medizinischer Seite Wert darauf gelegt, den Eltern die genauen biologischen Zusammenhänge der Genese der Fehlbildung verständlich zu machen. Aus der medizinischen Perspektive stellen endokrinologische und vor allem chirurgische Korrekturmöglichkeiten ein legitimes Hilfsmittel für die Akzeptanz von Eltern ihrer Kinder sowie der gesellschaftlichen Akzeptanz dieser Menschen dar.

Kapitel 3: Gesellschaftliche Nicht-Existenz

>»[I]n the West, if one is neither man nor woman,
then one has no social place or state to occupy.«
>
>(*Robert Crouch 1999: 35*)

Der Psychotherapeut Knut Werner-Rosen, der mit intersexuellen Kindern arbeitet, beschreibt die soziale Nicht-Existenz von Intersexualität in unserer Kultur sehr treffend:

>»*Jedes individuelle und kollektive Werden und Gewordensein vollzieht sich innerhalb des Bedeutungshorizonts einer kulturspezifischen symbolischen Ordnung. [...] Dieser Bedeutungshorizont beschreibt uns, was uns zu denken und zu fühlen überhaupt möglich ist. Darüber hinaus gibt es für uns keine kognizierbare Realität. Gleichwohl wirkt es sich emotional aus und kann uns auch ab und zu mal um den Verstand bringen. [...] In den Bedeutungshorizont unserer Kultur und damit auch in der Eltern-Kind-Interaktion und -Kommunikation ist Intersexualität nicht eingeschrieben und enthalten. [...] Diese Kinder führen einen Überlebenskampf. Intersexuelle haben in unserer Gesellschaft keinen sozialen Raum. Es gibt kein Modell eines solchen Lebens, das man ihnen vermitteln könnte.*«[226]

Die Schwierigkeit einer »geschlechtlichen Existenzweise« (Maihofer 1995) intersexueller Menschen in euro-amerikanischen Gesellschaften wird im Folgenden unter zweierlei Gesichtspunkten diskutiert: Erstens unter Bezugnahme auf Butlers Konzept von »verworfenen« beziehungsweise nicht intelligiblen Körpern und Zweitens hinsichtlich der Tatsache, dass Liminalität und damit auch uneindeutige Körper als gesellschaftliche Gefahr wahrgenommen werden.

Verworfene Körper

Michel Reiter macht die soziale Nicht-Existenz intersexueller Menschen bei gleichzeitiger physischer Existenz anhand folgender Metapher deutlich:

---

226 Vortrag Das Berliner Modell – eine Antwort auf die »vernachlässigten Eltern« bei der Versorgung von Intersex-Patienten beim Symposium Intersexualität bei Kindern, 5. bis 6. März 2004 in Halle.

»Man stelle sich vor, dass angenommen würde, es gebe auf der Welt nur Fische und Vögel, und alle anderen Lebewesen müssten jetzt in die eine oder andere Kategorie gepresst werden, die als Maßstab dafür diente, worauf die körperlichen Merkmale in erster Linie hinweisen: Ein Hase wäre dann ein Fisch, weil er überwiegend dadurch geprägt wäre, dass er nicht fliegen kann und keinen Schnabel hat; eine Katze wäre dagegen ein Vogel, weil sie auch gerne auf Bäumen sitzt und keine Vegetarierin ist.«[227]

Wird Intersexualität essentialisiert, existieren intersexuelle Menschen ontologisch als körperlich und geschlechtlich eigene Kategorie, sie *sind* also entsprechend dieser Metapher eine Art von Geschlecht, welches in Folge fehlender gesellschaftlicher Kategorien als Frau oder Mann klassifiziert und körperlich entsprechend korrigiert wird. Als das, was sie sind, besitzen sie keine Existenzberechtigung. Zwar gibt es intersexuelle Menschen innerhalb des medizinischen Diskurses, aber dort nur als fehlerhafte Frauen oder Männer. Innerhalb von Gegendiskursen zum medizinischen Diskurs dagegen versuchen intersexuelle Menschen, sich diskursiv Existenzräume zu »erobern«.

Judith Butler (1997) hat sich mit den Prozessen des sozialen Negierens bestimmter Körper beschäftigt. Sie untersucht darin, auf welche Weise Körper zu »Körpern von Gewicht«, das heißt sozial existenten, sinnhaften und bedeutungsvollen Körpern gemacht werden und welche Körper »verworfen« werden, das heißt sozial nicht existent sind. Butler erinnert daran, dass Körper außerhalb der Norm noch immer Körper sind und fordert ein erweiterungsfähiges und mitfühlendes »Vokabular der Anerkennung« (Butler 1997: 10). Damit würden diese ebenfalls zu »Körpern von Gewicht« und zur Grundlage von Subjektwerdung.

Butler knüpft mit ihren Überlegungen an Foucaults Thesen zur Konstituierung des Subjekts an, welches er als Produkt bestimmter Diskurse beschreibt. *Sub-jekt*[228] kann der Mensch erst durch seine Unterwerfung unter eine Macht, sprich unter einen machtvollen Diskurs werden. Das Subjekt geht nicht dieser Macht voraus, sondern wird durch die Definitionsmacht des Diskurses erst hervorgebracht. Erst dadurch, dass der Einzelne sich in einen hegemonialen Diskurs einordnet, kann er sozial als Subjekt existent werden. An diese diskursive Konstituierung des Subjekts knüpft Butler ihre Thesen zur Vergeschlechtlichung von Subjekten

---

227 Auszug aus der Beschwerde gegen die Ablehnung des Antrages auf ein Drittes Geschlecht des Amtsgerichts München vom September 2000, 12.9.2003, http://postgen der.de

228 Von lat- *subicere* – unterwerfen, *subiectus, -a, -um* – unterworfen

an: Das körperliche Geschlecht (*sex*) stellt die Grundlage von Subjekten dar. Es ist keine vorsprachliche Gegebenheit, sondern wird erst durch den gesellschaftlichen Diskurs über Geschlecht und Körper hervorgebracht. Daher kann es auch nicht dem sozialen Geschlecht (*gender*) gegenübergestellt werden, sondern muss als Teil von *gender* betrachtet werden. So wie es kein Subjekt vor dessen diskursiver Konstruktion gibt (Butler 1995: 169), so gibt es auch kein Ich vor der Annahme eines kulturell verstehbaren Geschlechts (Butler 1995: 139). Die Zurückweisung bestimmter Körper als nicht sinnhaft schafft nach Butler einen Bereich des Verwerflichen und verunmöglicht damit diesen »verworfenen Wesen«, als Subjekte zu entstehen (vgl. Butler 1997: 23). Das euro-amerikanische Geschlechtermodell schafft auf diese Weise gleichzeitig »verworfene Wesen«:

»Diese Matrix mit Ausschlusscharakter, durch die Subjekte gebildet werden, verlangt somit gleichzeitig, einen Bereich verworfener Wesen hervorzubringen, die noch nicht ›Subjekte‹ sind, sondern das konstitutive Außen zum Bereich des Subjekts abgeben. Das Verworfene (...) bezeichnet hier genau jene nicht-lebbaren‹ und ›unbewohnbaren‹ Zonen des sozialen Lebens, die dennoch dicht bevölkert sind von denjenigen, die nicht den Status des Subjekts genießen, deren Leben im Zeichen des ›Nicht-Lebbaren‹ jedoch benötigt wird, um den Bereich des Subjekts einzugrenzen.« (Butler 1997: 10)

Die Gleichzeitigkeit von Produktion und Repression in Diskursen bedeutet, dass die verbotenen und ausgegrenzten Phänomene konstitutiv sind für das Normale und gesellschaftlich Anerkannte; sie stecken damit den Rand des Normalen ab. Dadurch, dass die »verworfenen Wesen« nicht richtig identifizierbar sind, wird ihr Menschsein selbst zerbrechlich. So produziert die zweigeschlechtliche und heterosexuelle Matrix einen Bereich »verworfener Wesen«, den Butler aber nie konkret präzisiert.[229] Dennoch legen ihre Ausführungen zu den »verworfenen Wesen« und Körpern, die nicht »von Gewicht« sind, den Gedanken an intersexuelle Menschen nahe. Da die Materialität des Körpers resp. des Geschlechtskörpers diskursiv hergestellt wird, sei es, so Butler, »verworfenen« beziehungsweise »entlegitimierten« Körpern versagt, überhaupt als Körper zu gelten. Jemand, der

---

229 Eine Ausnahme bildet ihr Vortrag *Jemandem gerecht werden: intersexuelle Allegorien* an der FU Berlin, in dem sie explizit auf den Fall John/Joan/David Reimer eingeht. Christina Nord schreibt in der taz von 10.5.2001: »Butler zeichnet in ihrem Vortrag überzeugend nach, dass John, wenn er über sich und sein wahres Geschlecht spricht, dies nie unabhängig von medizinischen und psychologischen Diskursen tut. Zentral ist nun, dass John in diesen Selbstberichten auf etwas beharrt, was ihm die Sexualmediziner absprechen: dass er unabhängig von der Beschaffenheit seiner Geschlechtsorgane geliebt würde.«

innerhalb der Zweigeschlechterordnung nicht verortbar sei, könne kein Subjekt sein, sei ein sozialer Niemand. Aus dieser Sorge um eine normale gesellschaftliche Existenz heraus sieht es die Medizin als ihre Aufgabe, ein eindeutiges Geschlecht als Mädchen oder Junge herstellen. So berichtet beispielsweiseErika Kasal, der sie behandelnde Arzt habe ihr nach der Eröffnung der Diagnose nahegelegt:

»Erzählen Sie niemandem von Ihrer Diagnose. Wenn Sie das tun, wird das ihr soziales Aus sein!«

Michel Reiter setzt sich in *Verworfene Körper – Spirits without Body?*[230] kritisch mit Butler auseinander. Er/Sie setzt darin dem Konstruktivismus des Subjektes foucaultscher Prägung einen Essentialismus vom wahren Geschlecht entgegen, womit er/sie den gegebenen Körper als Grundlage von Identität begreift und eine Verbindung von Leiblichkeit und Selbst herstellt. Er/Sie knüpft jedoch an Butler an, wenn er/sie es als gesellschaftspolitisches Ziel formuliert, »sich als intersexueller Mensch nicht mehr erklären [zu] müssen«, das heißt nicht nur physisch, sondern auch sozial existieren zu können. Eine solche Existenzweise begreift er/sie unter den gegenwärtigen Gegebenheiten als »Schnittstelle zwischen verschiedenen Welten, die der dichotom gedachten Geschlechtlichkeit und der illegaler Existenzen«. Bislang befinde er/sie sich als »ein Mensch, dessen Existenz in keinen Theorien und damit kulturellen Vorstellungsmodellen auftaucht oder gar von ihnen explizit negiert oder pathologisiert wird«[231] in einem sozial nicht definierten Raum. Entgegen Butlers Beschreibung des Geschlechts als rein diskursiv hergestellt behaupten viele intersexuellen Menschen einen eigenständigen Kern des Selbst, eine vordiskursive Essenz eines intersexuellen Selbst, der aber nicht nur diskursiv verleugnet wird, sondern medizinisch durch die Ummodellierung des intersexuellen Körpers in einen weiblichen beziehungsweise männlichen Körper konkret ausgelöscht wird.

Während Butler als Beispiel für Menschen, die aufgrund ihrer Ambiguität geschlechtlich nicht verortbar sind, den/die *drag*, das heißt die performative Inszenierung von Zwischengeschlechtlichkeit anführt, beinhaltet *drag* für Michel Reiter keine subversive Komponente, da der/die *drag* das

230 Reiter, Michel, *Verworfene Körper – Spirits without Body?* 25.1.2003, http://postgen der.de/postgender/butler.html.

231 Reiter, Michel, *Versuch einer Biografie oder alles was ist, muss gesagt werden können*, 25.1.2003, http://postgender.de/postgender/bio.html.

System von zwei geschlechtlichen Geburtskörpern aufrechterhält. Während daher dort geschlechtliche Ambiguität Reiter zufolge lediglich *inszeniert* werde, das Geburtsgeschlecht aber eindeutig männlich oder männlich sei, werden intersexuelle Menschen mit das Zweigeschlechtersystem untergrabenden Körpern geboren. Intersexuelle Körper stellen somit eine *natürliche*, *biologische* Subversion der Zweigeschlechternorm dar:

»Da sich der Begriff ›Geschlecht‹ nach wie vor vom Gesetzgeber ausschließlich, wie auch innerhalb aller uns bekannten Gruppen nahezu ausnahmslos auf das dichotom-biologische bezieht, sind Intersexen tatsächlich subversiv, wobei sie sich nicht notwendigerweise selbst derart begreifen, denn sie haben ihr Geschlecht ja nicht aktiv inszeniert, sondern wurden schlicht mit ihrem eigenen geboren. An dieser Stelle schließt sich das enorme Maß an Gewalt an, welchem wir uns ausgesetzt sehen, denn wir werden auf biologischer Ebene inszeniert.«[232]

Obwohl Butlers Beitrag durchaus einen theoretischen Raum für eine soziale Existenz intersexueller Menschen schaffe, werde dieser, so Reiters Kritik, in der allgemeinen gesellschaftlichen Praxis bislang nicht umgesetzt. Zwar sei eine – auch körperliche – Existenz zwischen Mann und Frau als erwachsene Person innerhalb einer *queer-* oder *transgender-*Gemeinschaft heute schon möglich, liege aber nicht im gesamtgesellschaftlichen Bedeutungshorizont von Eltern und intersexuellen Kindern. Es geht demnach darum, intersexuelle Körper nicht nur innerhalb der *queer-* oder *transgender-*Subkultur leben zu können, sondern sie als ganz normale Möglichkeit für Eltern, Kinder und erwachsene intersexuelle Menschen aufscheinen zu lassen. Dieser Punkt erscheint mir zentral für das Bemühen intersexueller Menschen, aus der gesellschaftlichen Nicht-Existenz herauszutreten. Verschiedene Diskurse um Intersexualität suchen eine Akzeptanz intersexueller Menschen nicht innerhalb einer speziellen Subkultur, sondern die Normalisierung von Intersexualität im ganz normalen gesellschaftlichen Kontext zu erreichen, so dass intersexuelle Menschen sich nicht mehr als quer zur Norm oder außerhalb von Normalität wahrnehmen müssen, sondern eine intersexuelle Existenzweise ebenso normal wird wie eine weibliche oder männliche.

Um für ihre Rechte eintreten zu können, muss eine Gruppe beziehungsweise Minorität sozial erst einmal existieren, denn, so Alex Jürgen,»Wie kann man sich ausgeschlossen fühlen, wenn es einen gar nicht

---

232 Reiter, Michel, *Verworfene Körper – Spirits without Body?* 25.1.2003, http://post
gender.de/postgender/butler.html.

gibt?« Nur der kann Rechte einfordern, der ein gesellschaftlicher »Jemand« ist, der kulturell verstehbar und damit gesellschaftlich existent[233] ist. Aber als was? Als Drittes Geschlecht, als Hermaphrodit, als intersexueller Mensch, als XY-Frau, als Frau mit einer endokrinologischen Erkrankung oder als Mensch mit einer körperlichen Besonderheit? Intersexuelle Menschen führen einen Kampf um eine soziale und körperliche Existenzweise. Wie diese auszusehen hat, ist abhängig vom jeweiligen Diskurs. Ob als Krankheit, als normale körperliche Variation oder kulturell anerkannte geschlechtliche Existenzweise, allen Forderungen gemeinsam ist die bisherige Unmöglichkeit, tabulos über Intersexualität zu sprechen. Da es in der gesellschaftlichen Wahrnehmung nur Männer und Frauen gibt, können intersexuelle Menschen, die sich weder als Mann noch als Frau fühlen, als das, was sie ihrer Auffassung nach sind, sprich wie sie aus ihrem Körper Sinn machen, sozial nicht existieren und werden sowohl auf der körperlichen als auch auf der psychischen Ebene und in ihrer Geschlechterrolle gezwungen, das eine oder andere Geschlecht darzustellen:

»Das ist so: Es gibt Intersexualität zwar, aber du darfst dich nicht so bezeichnen. Du bist zwar ein Zwitter, aber wir geben dir alle keinen Platz, dass du da sein darfst. [...] Und ich glaube, wenn ein Platz oder ein Begriff gefunden ist, dass dann auch die Öffentlichkeit und die Gesellschaft sich leichter tut, das anzunehmen.« (Alex Jürgen)

Ernst Bilke beobachtet, dass auch die pränatale physische Tötung intersexueller Menschen zunehmend um sich greife, denn Intersexualität stellt eine legale Legitimation für Abtreibung dar:

»Der Ausmerzgedanke ist wieder stark im kommen. Wie damals im Dritten Reich. Durch pränatale Diagnostik werden die meisten bereits im Mutterleib erkannt und abgetrieben. Gerade durch die Darstellung von so viel Leid, was ein Leben als Intersexueller mit sich bringt, werden diese Abtreibungen auch forciert. Das sehe ich schon als Problem auch von Filmen zu dem Thema. Wenn man das Thema publik macht, dann sind immer Leidensgeschichten dabei.«

Wie Ernst Bilke befürchten viele, dass die Frage der gesellschaftlichen Existenz intersexueller Menschen sich für die Zukunft von selbst erledigen

233 Dabei geht es noch nicht um gesellschaftliche *Akzeptanz*, sondern erst mal um die bloße soziale *Existenz*. Akzeptanz bedeutet eine Bewertung dieser gesellschaftlichen Existenz, zum Beispiel Toleranz und das Zugestehen bestimmter Rechte. Eine gesellschaftliche Existenz bedeutet noch nicht Akzeptanz, wie viele Beispiele der Diskriminierung gesellschaftlich durchaus existierter Gruppen zeigt. So existieren zum Beispiel *hijras* in Indien als eine gesellschaftliche Kategorie, den Kampf gegen gesellschaftliche Diskriminierung und für größere soziale Akzeptanz haben sie jedoch derzeit zu führen, mit mehr oder weniger Erfolg.

werde, da keine intersexuellen Menschen mehr geboren werden, weil die Praxis der Abtreibung von nicht der geschlechtlichen Norm entsprechenden Kindern mit medizinischer Hilfe von Eltern mit dem Wunsch nach einem perfekten Kind zunehmend aufgegriffen werde.

Selbstwahrnehmung und Leiblichkeit im Lichte gesellschaftlicher Nicht-Existenz

Viele intersexuelle Menschen bekommen in ihrem Leben irgendwann das Gefühl, etwas Unklassifizierbares und Abnormes, ja ein Monster zu sein, da eine intersexuelle Existenzweise kulturell und gesellschaftlich nicht angeboten oder gar akzeptiert wird:

»Ich habe mich jahrelang als Monster bezeichnet.« (Elisabeth Müller)

»Meine Mutter hat auch gesagt: Hätten wir dich so lassen sollen? So? Das war wirklich, wie wenn ich abnormal wäre oder ein Monster. Das ist mir so tief hineingegangen.« (Alex Jürgen)

Bereits die Existenz von Hoden bei einem Menschen mit einem weiblichen Zuordnungsgeschlecht kann zu einer Selbstwahrnehmung als monströs führen, da diese körperliche Variation gesellschaftlich nicht existent ist:

»Dann sind wir zu dem Kinderarzt [...] und der hat mir was erzählt, dass ich Hoden gehabt habe. Ich habe geglaubt, ich träume. Das war dann der Bruch, wo ich gesagt habe, ich bin echt ein Krüppel, ein Monster. Also das war ich sowieso vorher schon. Wenn dir deine Eltern sagen, da ist dir was falsch angewachsen, dann fühlst du dich als Missgeburt. In Salzburg gibt es im ›Haus der Natur‹ die Abteilung mit den Missgeburten. Denen ist auch was falsch angewachsen, habe ich mir gedacht. Bei mir ist es genauso. Für mich war ich immer eine Missgeburt, weil ich nicht wusste, was da los war, da ist irgendwas falsch angewachsen, das passt so nicht. Dann nach dem Gespräch mit dem Doktor, das war hart. Und dann ist es abwärts gegangen.« (Alex Jürgen)

Was bedeutet es für die Selbstwahrnehmung, wenn etwas wächst, was nicht im gesellschaftlich akzeptierten Rahmen eines weiblichen beziehungsweise männlichen Körpers ist? Anna Jacobs erzählt über ihre unerwartete körperliche Entwicklung:

»Zu Beginn der Pubertät kam es zu einer schleichenden Virilisierung – Körperbehaarung, starke Akne, Kopfhaarverlust, Stimmbruch, fehlendes Brustwachstum – und die Periode, Initiationsritus aller Mädchen auf dem Weg zur Frau, blieb aus. Alles das trieb mich immer tiefer in die Isolation und Verzweiflung. Ich blieb nach außen hin gelassen und gleichmütig, aber innerlich war ich zerfressen und zerrissen von etwas Unheimlichem, Unfassbarem, Unbenennbarem, worüber ich nicht reden konnte und worüber ich kaum nachzudenken wagte. Ich verdrängte alles,

schob es in die hinterste Schublade meines Gedächtnisses und verbarrikadierte es dort hinter Schnodderigkeit und Gleichgültigkeit.«

Die Unmöglichkeit, das eigene Kind in eine der bestehenden Geschlechterkategorien einzuordnen, kann bei Eltern zu einer Wahrnehmung ihres Kindes als Monster führen. Einige Eltern berichten davon, ihr Kind mit zweideutigen Genitalien unoperiert nicht annehmen gekonnt zu haben und von gleichzeitigen Schuldgefühlen dieses Gefühls wegen. Dies war für sie der Grund, ihr Kind möglichst schnell operativ korrigieren zu lassen, auch in Fällen, wo manche Mediziner heute eher für ein Nicht-Eingreifen plädieren würden. Ein nicht-operierter intersexueller Körper des eigenen Kindes führt diesen Eltern bei jedem Wickeln, bei jedem Baden die Abnormität vor Augen und verhindert dadurch die Möglichkeit der Verdrängung der körperlichen Zwischengeschlechtlichkeit ihres Kindes. Ein an die Geschlechternormen angepasster Körper dagegen ermöglicht es, die Thematik zu verdrängen.

Die gesellschaftliche Nichtexistenz von Intersexualität verunmöglicht den betroffenen Menschen *embodiment* eines intersexuellen Selbst in einem intersexuellen Körper sowie die Deutung und den Ausdruck von leiblichen zwischengeschlechtlichen Erfahrungen. Es mangelt ihnen an »linguistischer Ausdrucksmöglichkeit, um ihre eigenen leiblichen Empfindungen überhaupt wahrzunehmen« (Lupton 1994: 55, Übers. CL). Daher ist die Person gezwungen, selbst Begriffe für ihr leibliches Empfinden zu prägen. So berichtet zum Beispiel Heike Spreitzer, die/der dem männlichen Geschlecht zugeordnet war, von ihrem/seinem Selbstfindungsprozess:

»Intersexe« war mir damals auch keine Begriff. Es lief so raus, wenn nicht Junge, dann Mädchen, das war mir schon klar. Aber mir war auch immer bewusst, ich mochte vielleicht mädchenähnlicher sein als Jungens, aber deswegen bin ich noch lange keines. Offiziell schon gar nicht, aber auch sexuell nicht und sozial auch nicht. [...] Das war auch eine ziemlich grausame Vorgabe, dass ich in einem Raum zu leben hatte, wo ein absolutes Nichts war.«[234]

Betrachtet man biografische Schilderungen der eigenen Identitätsfindung, so fällt auf, dass sich viele aufgrund von fehlenden konzeptionellen Ressourcen, sich als intersexueller Mensch begreifen zu können, zunächst an Angebote für andere geschlechtliche »Abweichler« wie schwul beziehungsweise lesbisch oder auch transsexuell halten, die kulturell bereits verankert sind, bis sie irgendwann auf die Kategorie Intersexualität stoßen, die ihnen

---

234 Transkription aus dem Dokumentarfilm *Intersexed* von Joachim Kateri.

ihr geschlechtliches Sein erklärbar macht. So berichtet Claudia Clüsserath, die/der sich heute als Hermaphrodit begreift, auf meine Frage:

CL. »*Gab es Intersexualität damals in deinem gedanklichen Universum?*«
Claudia Clüsserath: »*Nein, damals noch nicht, die kam später dazu. [...] Da gab es nur den Begriff ›schwul‹. Damit hatte ich mich abgefunden, aber ich habe mir gedacht, das musste ich ja nicht praktizieren. [...] Diese Umgangsformen gefielen mir einfach nicht, dieses komische Gehabe war nicht meins, aber ich musste ja bis 1978 irgendeinen Begriff dafür finden. Als ich 1978 über die medizinischen Dinge erfahren habe, habe ich mir im Krankenhaus medizinische Fachliteratur besorgt. Die Ärzte sind mit mir spazieren gegangen und haben mir allgemein von Menschen erzählen, bei denen das körperlich nicht so eindeutig ist. Auf meine Nachfrage, warum sie mir das erzählen, sagten sie mir: ›Das sind Sie‹. Dann waren unsere gemeinsamen Spaziergänge auch beendet, als das raus war. Da habe ich zum ersten Mal was davon gehört. [...] Ich hatte erstmal pure Angst, es war mir unheimlich. Ich kannte ja keine anderen Begriffe als Mann, Frau und – erweitert – schwul. Ich war sehr lange in der Klinik 1978/79, da habe ich mir von der Schwester und der Ärztin Bücher aus der Unibibliothek bringen lassen und stieß auf verschiedene Begriffe wie, dass es Männer gibt, die wie Frauen empfinden. Von ›transsexuell‹ als Begriff wusste ich nichts. Das war ein Aha-Erlebnis. Ich wusste, dass körperlich bei mir von Mann-Frau her was nicht in Ordnung ist, dann kam dieser Nebenbegriff von Männern, die wie Frauen empfinden. Von Transsexuellen oder Transidentitäten stand da nichts. Das Thema, Menschen die körperlich nicht Mann und Frau sind, das hat mich interessiert. Da habe ich dann erstmals über Hermaphroditen gelesen, das war schon irr, was es da alles gab. Ich habe mir vor allem auch die Bilder angesehen. Das hat mir schon Angst gemacht.*«

Durch den Austausch mit anderen intersexuellen Menschen und in der Suche nach einer Identität für diese körperliche Variation konnte Claudia Clüsserath schließlich aus der medizinischen Bezeichnung für eine Fehlbildung »Hermaphroditismus verus« ihre Identität als Hermaphrodit ableiten. Ernst Bilke begriff sich zunächst als transsexuell, bis ihm klar wurde, dass er da auch nicht dazugehörte:

»*Und da ging eigentlich die Auseinandersetzung, was bin ich eigentlich, los. Richtig männlich fühlte ich mich nicht, die Frage, warum geht die Brustentwicklung, die da anfing, nicht weiter, verwandelte sich in einen Wunsch: Mädchen werden, das unbeschädigte Geschlecht, zog mich als Alternative an. Und nach der bitteren Enttäuschung, weil sich die Ansätze zurückbildeten, dieser blöde Bart kam, der mir gar nicht gefallen hatte, war das abgehakt. Später, um 1980, wurde in den Medien vom Transsexuellengesetz berichtet. Aha, es ist also erlaubt, die verordnete Geschlechtlichkeit in Frage zu stellen und zu ändern, das fand ich interessant. Als ich dann wirklich Transsexuelle kennen gelernt habe und gemerkt habe, das ist es auch nicht, war ich wieder am Ende. Ich musste danach eine lange Wegstrecke zurücklegen, um die konspirativ hergestellte, mir fremd gewordene Körperlichkeit für mich richtig zurückzuerobern.* «

Fehlt es an Körperwissen und an Kategorien für den eigenen Körper führt das zu Verunsicherungen und zur Unmöglichkeit, sich selbst geschlechtlich zu verorten und auszudrücken. Mit dem grundsätzlichen Körperwissen von nur zwei Geschlechtern versuchen intersexuelle Menschen zunächst meist, sich entsprechend einzuordnen, aber oft zu ihrer eigenen Unzufriedenheit. Das Wissen über Homosexualität oder Transsexualität bietet eine erweiterte Perspektive. Aber richtig »zuhause« fühlen sich einige intersexuelle Menschen wie Claudia Clüsserath oder Ernst Bilke in ihrem Körper erst, wenn sie ihren Körper als zwischen Mann und Frau wahrnehmen können.

Geheimhaltungspraktiken

Im Folgenden werde ich Praktiken intersexueller Menschen beschreiben, durch die sie versuchen, in ihrer Abweichung von der Geschlechternorm nicht aufzufallen. Dadurch wird deutlich, welche Gefühle und Befindlichkeiten es mit sich bringt, in und mit einem intersexuellen Körper zu leben. Es sind Beispiele der Verheimlichung und des Versteckens eines Geschlechtskörpers, der nicht der Norm entspricht. Anna Jacobs spricht von ihrem Umgang mit dem Anders-Sein als einer großen Lüge:

»Diese Gespräche auf dem Schulhof ›Hast du deine Regel?‹ ›Nein ich kann heute nicht mitmachen, ich habe meine Tage.‹ Was soll ich jetzt sagen? Ich habe knallhart gelogen. Ich habe die Lüge Frau gelebt, die ich nie war, und habe irgendwas erfunden, musste aber sehr stark aufpassen, dass man mir nicht auf die Schliche kam. Man braucht ein Menge Energie dazu, um das durchzuziehen.«[235]

Die Entwicklung eines Körpers, der nicht den gesellschaftlichen und den eigenen Erwartungen entspricht, führt besonders in der Pubertät bei sehr vielen zu Praktiken des Versteckens des Körpers, zum Vortäuschen normaler Körperprozesse, zu Selbstzweifeln sowie zu einem gestörten Selbstbild. Das Verstecken des Körpers steht in enger Verbindung mit Scham über den nicht-normalen Körper. So erzählt Luise Weilheim:

»Ich habe an meinem Äußeren total gelitten. Ich habe es wahrscheinlich am Äußeren festgemacht. Ich habe vor allem an diesem Verstecken gelitten. Alle Energie, die ich aufbringen konnte, benötigte ich dafür, mich zu verstecken. Die warmen Jahreszeiten waren die schlimmsten für mich. Ich zog es vor, mich warm anzuziehen und im Sommer zu schwitzen, statt diesen Körper, für den ich mich so sehr schämte, den Blicken der anderen aussetzen zu müssen. Ohnehin bekam ich mit,

---

235 Transkription aus der Dokumentation *Eindeutig Zweideutig* von Ilka Franzmann, Sendedatum: 4.7.2003, 22.15, ARTE, 55 min.

dass meine Klassenkameraden über mich tuschelten. Jede Sportstunde wurde zur Qual. Sammelumkleideräume, Gemeinschaftsduschen... Ich legte einen Panzer um mein Innerstes, um irgendwie existieren zu können. Ich fühlte mich unendlich allein.«

Der ständige Zwang zur Lüge, um akzeptiert zu werden, führt bei vielen dazu, gar nicht mehr zu wissen, was wahr und was gelogen ist:

»Ich wusste gar nicht mehr, was meine Lieblingsfarbe, mein Lieblingsessen war, weil ich immer nur gelogen habe. Ich musste lügen, weil ich normal und unauffällig sein wollte, um akzeptiert zu werden. Heute weiß ich, ich kann nur als Ich akzeptiert werden.« (eine XY-Frau auf einem Gruppentreffen)²³⁶

Das Ausbleiben der Menstruation stellt einen wichtigen Topos vieler Lebensgeschichten von *XY-Frauen* dar. Das Einsetzen der ersten Monatsblutung stellt in unserer Kultur eine Initiation vom Mädchen zur Frau dar. In welchem Ausmaß das so ist, wird oft erst deutlich, wenn diese ausbleibt. Viele täuschen die Menstruation vor, um als »initiierte« Frau zu gelten. Die Frage nach der Verwendung von Binden oder Tampons wird entweder durch Lügen, durch Alibi-Tampons oder durch Schweigen beantwortet. So berichtet eine *XY-Frau:*

*»Die Pubertät verbrachte ich, wie wohl viele andere XY-Frauen auch, mit dem Verbergen meines Körpers. Ich ging nicht mehr zum Sport, ich war eine Schwimmerin, mehr recht als schlecht, trotzdem mit Begeisterung bei der Sache, aber Sammelumkleiden waren ein Graus für mich.. Ausgerechnet ich war umgeben von Freundinnen, die es liebten, in epischer Länge und Breite über ihre Menstruation zu berichten, über die Krämpfe und das geeignete Hygienekonzept (die Frage aller Fragen: Binden oder Tampons). Ich wollte nie lügen, daher schwieg ich, immer in der Angst lebend, eines Tages enttarnt zu werden.«*²³⁷

Auch die tägliche Hormoneinnahme, sei es von Östrogenen oder – im Falle von AGS – von Kortison wird aus Angst, als anders aufzufallen, von vielen so gut wie möglich verheimlicht. Der Grund für das gestörte Selbstbild und die daraus folgenden Praktiken des Versteckens und des Lügens wird meist in der gesellschaftlichen Reaktion auf einen intersexuellen Körper als Ergebnis der Nicht-Existenz von Intersexualität gesehen.

Durch *Empowerment*-Strategien, die vor allem aus den Selbsthilfe- und Aktivistengruppen kommen, kann ein positives Verhältnis zum eigenen Körper und damit dem eigenen Selbst gefunden werden. Die eigene Körperlichkeit wird dann nicht mehr schamvoll versteckt, sondern als besonderes Merkmal der eigenen Individualität verstanden. Da eine

---

236 28.-30. März 2003 in Wuppertal.
237 15.7.2004, http://xy-frauen.de/pers%F6nliche%geschichten.htm.

alternative Möglichkeit zu Mann und Frau in unserer Kultur bislang nicht zur Verfügung steht, lässt sich die Möglichkeit, als intersexuell zu leben, in der Praxis bislang schwer umsetzen. So bleibt vielen, die nicht mehr in der zugewiesenen Geschlechterrolle leben wollen, als Alternative nur das andere der beiden existenten Geschlechter. So lebt zum Beispiel Alex Jürgen, obwohl er sich intersexuell fühlt, nun als Mann:

»Ich lebe jetzt als Mann, aber nicht, weil ich mich so ganz und gar männlich fühle, sondern weil ich nicht als Frau leben will, weil ich mich nicht weiblich fühle. Eigentlich fühle ich mich dazwischen. Nur, als intersexueller Mensch kann ich hier nicht leben. Wenn ich hier kein Mann bin, bin ich eine Frau, und das will ich nicht.«

Alex Jürgen praktiziert gesellschaftliche männliche Rollenvorstellungen, übt männliche Gestik, Mimik und Sprachgewohnheiten ein, nimmt Androgene und ließ sich die weibliche Brust operativ entfernen, um nicht als Frau zu gelten. Auch viele Eltern praktizieren Geheimhaltung und Verdrängung, wie folgendes Beispiel von Sabine Götz, der Mutter einer 14-jährigen intersexuellen »Tochter«, zeigt:

»Der Arzt hat damals gesagt: ›Wenn man das so anschaut, dann könnte das ja aussehen wie ein verkümmerter Penis, aber es ist nichts und alles ist normal.‹ Meine Mutter hat nur ›verkümmerter Penis‹ gehört, alles andere hat sie überhaupt nicht registriert, nur dieses eine. Meine Mutter ist sehr sensationsgierig. Sie hat dann immer wieder – wir haben das ja niemandem gesagt, nach dem sie dann ein Jahr alt war, weder Familie, noch Freunde. Und meine Mutter weiß es eigentlich auch nicht. Weil wir das ja immer abgestritten haben. Sie hat dann irgendwann mal dieses hässliche Wort benutzt und hat gemeint ›Das ist ja ein Zwitter‹ und ich habe dann zu ihr gesagt, ›Hast du nicht gehört, was der Arzt gesagt hat? Da ist nichts, das ist normal.‹ Und in der Zwischenzeit ist auch alles normal. Also da ist nichts. Sie lässt aber bis zum heutigen Tag nicht locker, obwohl wir es immer dementieren und sagen ›Also, was du für einen Scheiß schwätzt, was willst du denn überhaupt? Ist doch alles in Ordnung.‹«

Intersexuellen Menschen, die sich nicht als Mann und nicht als Frau fühlen, bleibt, solange eine Existenzweise als intersexueller Mensch, als Hermaphrodit, intersexuell, als XY- oder als AGS-Frau gesellschaftlich noch nicht existent ist, oft nur die Möglichkeit, die Tatsache ihres intersexuellen Körpers geheim zu halten und die von vielen als Lüge empfundene Existenz Frau beziehungsweise Mann zu leben.

Zweigeschlechternorm als Zwang für intersexuelle Menschen

Die Kategorie *gender* strukturiert in starkem Maße soziale Beziehungen. Der Unterschied zwischen den Geschlechtern Mann und Frau ist zwar nicht mehr so groß wie er mal war. Trotzdem ist *gender* immer noch die wichtigste Kategorie, Menschen zu klassifizieren:

»Jedenfalls betrifft die Einordnung in die Geschlechtsklassen fast ausnahmslos die gesamte Population und beansprucht lebenslange Geltung.« (Goffman 1994: 108)

Das Personenstandsrecht schreibt Eindeutigkeit von Vornamen von Geburt an vor. Zudem lernen wir, die Differenz unmittelbar als »face-to-face-value« wahrzunehmen und uns ebenso selbst anhand des Geschlechterdimorphismus wahrnehmen zu lassen. Wir stehen weiterhin vor dem Phänomen einer kulturell nachhaltig prägenden Sozialordnung der Zweigeschlechtlichkeit. Allerdings stellen kritische Beobachter wie die Gender-Theoretikerin Wetterer die Frage, »ob nicht der überaus einfache bipolare Code der Zweigeschlechtlichkeit angesichts der realen Komplexität gegenwärtiger Differenzierung ein Stück weit dysfunktional geworden ist« (Wetterer 1992: 35). Der Geschlechterdimorphismus schließe, so die Gender-Theoretikerin Pasero (1995: 55–56), eine Vielfalt von Formen aus und reduziere die tatsächlich gegebene Komplexität. Die Entlarvung des euroamerikanischen Zweigeschlechtermodells als kulturell bedingte gesellschaftliche Norm stellt einen konzeptionellen Eckpfeiler für die von vielen intersexuellen Menschen geschilderte Erfahrung der Zweigeschlechtlichkeit als Zwang dar:

»Für mich war die Geschlechtsentscheidung ein Zwang. Das hat mich immer beschnitten. Ich wäre lieber frei gewesen zu machen, was ich wollte. Solange zwei Normen festgelegt sind, muss man in eine der beiden reinpassen. Das hat für mich immer Zwang bedeutet.« (Alex Jürgen)

Dieser Zwang, in einem der beiden Geschlechter leben zu müssen, wird als Spannung zwischen dem wahren Geschlecht und dem binären Geschlechtersystem formuliert. Gerade in der Pubertät versuchen die meisten intersexuellen Menschen, entsprechend den Normen des zugewiesenen Geschlechts zu leben. Die Sehnsucht richtet sich dabei vor allem auf einen konformen Körper. Der Zwang zur (körper)geschlechtlichen Konformität im Rahmen des Zweigeschlechtersystems verunmöglicht das Ausleben von Individualität, wie es Barbara Thomas beschreibt:

»Dieser Drang zur Konformität, den finde ich fatal. Weil das einfach das Potential und die Individualität der einzelnen Personen missachtet. Und ich finde es wichtig, dass die Gesellschaft

weiß: eure Vorstellung von schön männlich und schön weiblich sind gar nicht so schlüssig, wie ihr alle denkt. Es gibt mehr, darüber muss die Gesellschaft informiert werden. Dass das, was sie für absolut halten, sehr relativ ist. An dem Punkt würde ich die Aufklärung ansetzen.«

Unter Individualität versteht Barbara Thomas hier vor allem die durch einen bestimmten Körper definierte Besonderheit eines Menschen, die eben nicht männlich und nicht weiblich ist. Auch Alex Jürgen beschreibt seinen Weg vom Druck, normal weiblich auszusehen, bis hin zu seiner Emanzipation von diesen Zwängen durch das Selbst- Eingeständnis, nie ein Mann und nie eine Frau werden zu können:

»Ein richtiger Mann hat eines Penis und Hoden. Eine richtige Frau hat eine Gebärmutter und Eierstöcke. Ich habe heute nichts mehr. Ich hatte einen Penis und Hoden, der Penis wurde mir genommen. Dieser Penis sah nicht der Norm entsprechend aus, deswegen wurde er weggeschnippelt, damals. Die Hoden genau so. Deshalb: egal, was ich mache, ich werde nie auf einen Status kommen, wo ich mit Gebärmutter und Eierstöcken dasitzen werde, und nie, wo ich mit Penis und Hoden hier sein kann. Ich habe das meine ganze Jugendzeit praktiziert, immer einem Geschlecht nachzulaufen, bis das ein einziger Zwang geworden ist. Alle operativen Eingriffe, die ich in dem Bewusstsein, dass es jetzt um das geht, also nach dem zwölften Lebensjahr über mich ergehen habe lasse, das war einzig und allein, weil ich nichts mehr wollte als normal zu sein und dazuzugehören. Und das war eben nie so. Von der Grundschule an wurde mir gesagt: ›Du bist wohl ein Zwitter‹. Oder ›Bist du ein Junge oder Mädchen?‹ So was hörte ich andauernd. Heute kann ich sagen: ›Ich werde nie ein richtiger Mann sein und nie eine richtige Frau sein.‹«

Alex Jürgen wollte wie viele anderen intersexuellen Menschen in der Pubertät körperlich eine normale Frau sein, daher stimmte er auch normalisierenden medizinischen Eingriffe wie das Anlegen einer Vagina zu, was er aus heutiger Sicht als Ergebnis seines Wunsches, der Norm zu entsprechen beschreibt:

»Mit 15 ist dann noch die Neovagina operiert worden. Ich habe immer geglaubt, das muss so sein. Ich werde jetzt quasi normal gemacht. Ich wollte ja nichts anderes als normal sein. Und darum habe ich überall mitgetan bei dem, was die Ärzte gesagt haben, was ich tun muss. Ich wollte ja nur normal sein. Ich habe immer gesagt, mein Geist ist O.K., nur mein Körper ist nicht normal.«

Letztlich liegt dem Wunsch, normal zu sein, die Sehnsucht nach Akzeptanz und Liebe zugrunde, wie viele Berichte bezeugen. Die Erkenntnis, mit dem Körper, so wie er gegeben wurde, nicht geliebt werden zu können, treibt viele dazu, sich einen normalen weiblichen Körper zu wünschen. Alex Jürgen konnte sich in diesem Körper nicht normal fühlen, weil er damit nicht geliebt wurde:

»Und wie soll man jemals das Gefühl kriegen, man ist normal, wenn man nicht mal geliebt werden kann, so wie man ist?«

So berichtet er von seinem Vater, der ihn erst auf den Schoß und den Arm nehmen konnte, als er geschlechtlich vereindeutigt war, da er ihn im ambivalenten körperlichen Zustand, den er als missgebildet wahrnahm, nicht annehmen konnte. Auch einige Eltern berichten davon, dass sie ihr geschlechtlich uneindeutiges Kind erst ab dem Augenblick lieben konnten, als der Körper korrigiert war. Der ärztliche Rat, sich *trotz* XY-Chromosomen oder Hoden als Frau fühlen zu sollen, wirkt dabei oft eher verunsichernd, so wie bei Petra Schmidt:

»Gerade dieses ›Ich solle mich als Mädchen fühlen‹. Ich habe mich gar nicht getraut, mich anders zu fühlen. Ich habe mir immer gedacht, ich muss mich als Frau fühlen. Das war auch dieses Dilemma, wo ich dann hineingekommen bin. Was eigentlich als Trost gedacht war, hat mir erst recht ein Problem aufgegeben, ist für mich zum Zwang geworden. [...] Ich habe jahrelang versucht, mich in diese Frauenrolle hineinzufinden. Mir ging es dabei aber immer schlecht, ich habe mich dabei nie wohl gefühlt. Ich wollte meinen Körper immer in die weibliche Rolle reinpressen. Das hat nicht funktioniert.«

Das »Schauspielen« der zugewiesenen Geschlechterrolle, das viele beschreiben, ist auf eine ganz andere Weise zu verstehen als in den *Performance*-Theorien von Geschlecht. Während die normale Geschlechterdarstellung nicht in dem Bewusstsein geschieht, sich in seinem eigentlichen Wesen zu verstellen, empfinden einige meiner Gesprächspartner ihre Darstellung als falsch und nicht ihrem Selbst und Körper entsprechend. Das Bemühen speziell während der Pubertät, normgerecht zu leben, wird zur *Zwangs-Performance*. Um eine theoretische Unterscheidung zwischen einer bewussten und leidvollen Geschlechter-*Performance* und der normalen *performance* als Frau oder Mann, die wir meist unbewusst betreiben (Butler 1995, West und Zimmermann 1987), treffen zu können, müssen diese Theorien erweitert werden um eine Unterscheidung zwischen einer als authentisch erlebten Geschlechterdarstellung und einer, die von den Darstellern selbst als falsch und verlogen wahrgenommen wird.

Der Topos des Leidens unter der Spannung zwischen eigener Individualität und gesellschaftlichen Normen ist ein Bestandteil des abendländischen Diskurses über Individualität, von der angenommen werden kann, dass sie in Kulturen, die das Selbst eher sozial verankert begreifen, auf diese Weise nicht zu finden ist. Authentizität als »im Einklang mit der eigenen Körperlichkeit« wird als Emanzipation begriffen. Die Spannung zwischen körperlich verankerter Individualität und gesellschaftlicher Zweigeschlechternorm wird auch als Spaltung der Person zwischen beiderlei Ansprüchen beschrieben, wie von Petra Schmidt:

»Da habe ich trainiert dafür, dass das nicht so wäre und dass man mich als Frau wahrnimmt. Ich habe so dieses Zweierleben gehabt. Einerseits für die Gesellschaft, eine normale Frau zu sein, innerlich war ich aber mit mir total uneins, konfus und hatte die Angst, wohin ich gehöre. Inzwischen habe ich das Gesellschaftliche mal zurückgesteckt, klar, ein bisschen muss es sein, aber nicht mehr so, wie es früher war. Ich will so leben, wie ich bin, wie ich fühle und denke.«

Die *Neue Gesellschaft für Bildende Kunst* (NGBK) betrachtet in ihrer Berliner Ausstellung *1-0-1 Intersex*[238] das Zweigeschlechtersystem aufgrund seiner Folgen für intersexuelle Menschen sogar als Menschenrechtsverletzung:

»Dürfen grundlegende Menschenrechte verletzt werden, um die zweigeschlechtliche Grenzziehung aufrecht zu erhalten?«[239]

Wird Zweigeschlechternorm als Zwang erlebt, kann sie als Körperpolitik und Gewaltanwendung verstanden werden, als praktisch umgesetzte Macht- und Gewaltverhältnisse, die intersexuellen Menschen an den Leib gehen. Diese Machtverhältnisse werden am eigenen intersexuellen Leib erfahren, der sich diesen Verhältnissen nicht einfügen lässt.

Sprachliche Nicht-Existenz

Wenn überhaupt, so existieren Begrifflichkeiten gegenwärtig fast ausnahmslos aus dem biomedizinischen pathologisierenden Repertoire. Die pathologische Konnotation von »Intersexualität« entspricht aber oft nicht dem tiefen Erleben des eigenen Selbst beziehungsweise führt zu einem negativen Selbstverhältnis. Aus diesem Grund fordern viele intersexuelle Menschen die Ärzte auf, pathologisierende Begrifflichkeiten gegenüber den Betroffenen zu vermeiden. Würde in das schwarze Definitionsloch intersexueller Menschen ihres zwischengeschlechtlichen Körpers eine positive oder zumindest neutrale Begrifflichkeit des intersexuellen Körpers gesetzt, was ein erklärtes Ziel der Intersex-Bewegung ist, würde das den Gefühlen von Minderwertigkeit und Monstrosität ein positives Selbstbild entgegensetzen. Aber das ist nicht nur ein Problem des fehlenden Vokabulars, der fehlenden Begriffe, sondern vor allem der Epistemologie.

---

238 18.6.–31.7.2005, Neue Gesellschaft für Bildende Kunst, Oranienstraße 25, Berlin.
239 18.6.–31.7.2005, Neue Gesellschaft für Bildende Kunst, Oranienstraße 25, Berlin

Soll das Phänomen Intersexualität gesellschaftlich konstituiert werden, müssen auch neue Begrifflichkeiten für intersexuelle Körper und Körperteile, intersexuelle geschlechtliche Orientierungen, intersexuelle Identitäten und eventuell auch intersexuelle Geschlechterrollen geschaffen werden. Die existierenden Begrifflichkeiten sind Bestandteile der medizinischen pathologisierenden Sprache. Wer sich nicht als krank und seinen Körper nicht als fehlgebildet empfindet, tut sich schwer, mit der medizinischen Art und Weise, über den eigenen Körper zu sprechen, da die medizinisch-objektivierende Beschreibung nicht dem leiblichen Empfinden entspricht. So schildert Romy Kaiser:

»Wenn man jemand etwas verklickern will, dann muss man Worte finden dafür. Dann muss man sagen ›Ich leide unter‹. Aber ich leide ja nicht darunter. Oder man muss sagen: ›Ich habe die Krankheit oder jenes Syndrom.‹ Es ist schwer, die medizinischen Begriffe nicht zu verwenden, wenn man es jemand erklären will. Und wenn ich die medizinischen Begriffe verwende, bin ich gleich als krank eingestuft. So kommt man sich dann auch vor.«

Das Fehlen von Begrifflichkeiten beginnt bereits in der Anrede oder im Sprechen über intersexuelle Personen, weil die entsprechenden Bezeichnungen für etwas anderes jenseits der Binarität fehlen. Da keiner als »sächlich«bezeichnet werden möchte, fällt das grammatikalische Geschlecht Neutrum als Möglichkeit weg. In der schriftlichen Form behelfen sich manche mit einer Wortwahl, die beide Möglichkeiten offen lässt:

»Es gäbe ›das Alex‹. Ich bin einfach ein Mensch, es gibt keine Bezeichnung dafür. ›Das‹ ist mehr sachlich, das behagt mir auch nicht. Ich bin keine Sache. Ich mache es so, wenn ich einen Brief schreibe, dann schreibe ich darunter ›dein(e) Alex‹«. (Alex Jürgen)

Erzählen intersexuelle Menschen, die sich weder als Mann noch als Frau fühlen, von sich, ist die Unmöglichkeit des Sprechens (von sich und von anderen) oft zu bemerken. Es gibt keine Personalpronomen, die nicht entweder auf eine Frau oder einen Mann hindeuten. Unsere Sprache lässt uns kaum aus dem Geschlechterdualismus heraustreten. Dies ist ein wesentlicher Grund für die Wiederholungen der Normen, von denen Butler spricht, die dazu führen, dass wir das Zweigeschlechterkonstrukt für die Wahrheit halten. Die Benennung sämtlicher Körperteile und Organe, denen ein geschlechtsanzeigender Charakter zugeschrieben wird, verweist entweder auf einen männlichen oder einen weiblichen Träger. Daher kann auch bei der Beschreibung des eigenen intersexuellen Körpers nur von männlichen und weiblichen Hormonen, von XX-Chromosomen als weiblichem und XY-Chromosomen als männlichem Chromosomensatz oder von Eierstöcken als weiblichen und Hoden als männlichen Gonaden gesprochen werden. Eigene Begrifflichkeiten für intersexuelle Hormone, Hormone, Gonaden und äußerliche Geschlechtsmerkmale erscheinen innerhalb der Zweigeschlechterordnung als undenkbar, würden jedoch dazu beitragen, intersexuelle Körper aus der gesellschaftlichen Nicht-Existenz herauszuführen. Nur so kann Normalität für intersexuelle Menschen erreicht werden. Wie sollen Eltern ihrem Kind gegenüber sein intersexuelles Geschlechtsteil benennen? Darin sehen vor allem diejenigen Eltern ein Problem, die ihrem intersexuellen Kind einen ganz normalen Umgang mit seinem Körper vermitteln wollen. So schildert Daniela Maier, die Mutter der nicht-genitaloperierten Miriam:

»Wir haben die Kleine nicht operieren lassen, weil wir ihr ihren intersexuellen Körper lassen wollten, wie er ist. Sie soll selbst einmal darüber entscheiden, ob sie die Operation will oder nicht. Aber wenn nun ihre Cousins und Cousinen, die oft zu Besuch sind, fragen: ›Was hat Miriam denn da, ist sie nun ein Junge oder ein Mädchen?‹, dann kann ich ihnen zwar erklären, dass Miriam von beidem was hat, aber hätte ich einen Namen für ihr Geschlechtsteil, dann würde das auch sprachlich das Thema etwas entkrampfen.«

Auch die Begriffe, welche die geschlechtliche Orientierung bezeichnen, beziehen sich auf das dimorph begriffene körperliche Geschlecht, wie es ja auch die Begriffe »hetero-« und »homosexuell« ausdrücken. Erika Kasal, die sich als »intersexuell« bezeichnet, »weil es wenigstens *ein* Begriff ist, eine Möglichkeit, etwas zu benennen, und nicht nichts«(Erika Kasal), kann für sich selbst die herkömmlichen Begriffe »Heterosexualität« oder »Homosexualität« nicht anwenden. Am ehesten, meint sie, sei sie »multisexuell«. Alex Jürgen definierte sich lange aufgrund seines damaligen weiblichen sozialen Geschlechts als »heterolesbisch«: lesbisch aufgrund ihres weiblichen sozialen Geschlechts, heterosexuell aufgrund ihres intersexuellen Körpers. Viele der intersexuellen Menschen, die im Geschlechterdimorphismus aufgrund der sexuellen Orientierung zum gleichen sozialen Geschlecht hin als homosexuell klassifiziert werden, begreifen sich selbst nicht so. Homosexuell wären sie nur dann, wenn sie sexuelle Beziehungen mit anderen intersexuellen Personen pflegten. An diesem Beispiel zeigt sich auch, wie wenig psychologische Studien über Identität und geschlechtliche Orientierung intersexueller Menschen aussagen, wenn sie nicht deren eigene Begrifflichkeiten und Selbstinterpretationen übernehmen.

Die Bedeutung der Diagnose

Im Zusammenhang mit der sozialen Ausgrenzung intersexueller Körper als »verworfene Körper« kommt der medizinischen Diagnose eine wichtige Bedeutung zu. Obwohl viele beklagen, dass es außer den medizinischen pathologisierenden Begrifflichkeiten bislang keine Möglichkeit gibt, über den intersexuellen Körper zu sprechen, eröffnet die medizinische Körperbeschreibung wenigstens eine Möglichkeit, über den eigenen Körper und die eigene Existenz überhaupt denken und sprechen zu können. Viele in der Selbsthilfegruppe *XY-Frauen* erlebten die Diagnose zunächst als Schock und haderten lange Zeit mit der Bedeutung der Hoden. Elisabeth Müller erzählt von der psychischen Wirkung des Begriffs »Hoden« auf sie/ihn als Jugendliche:

»Mit 16 habe ich es dann durch einen Psychologen erfahren. Der hat mir gesagt: Die Natur ist manchmal nicht so eindeutig, ich hätte männliche Keimdrüsen. Das habe ich ganz locker aufgenommen. Dann kam was sehr Intensives. Auf dem Rückweg im Auto brach dieses schauerliche Wort aus meiner Mutter heraus; sie sagte: ›Das sind ja Hoden.‹ Dann bin ich heulend zusammengebrochen. Das war zu viel.«

Petra Schmidt berichtet von der Wirkung des Arztberichtes und des darin verwendeten Begriffs »eunuchoider Körperbau«:

»In dem Bericht steht: ›Sie macht vom Habitus einen auffälligen Eindruck, was offensichtlich durch die Fettverteilung bedingt ist. Insgesamt kann die Statur als eunuchoid bezeichnet werden.‹ Ich hatte 1997 angefangen, mir diese ganzen Berichte mit Wörterbuch zu erarbeiten. Da habe ich gedacht, das hört sich ganz bös an. Als ich dann im Wörterbuch nachgeschaut habe und gefunden habe, dass Eunuch ‚kastrierter Mann‹ bedeutet, da war es dann natürlich aus. Das ist das Schlimmste. In den Stunden, wo es mir nicht gut geht und wenn ich dann das lese, dann geht es mir wieder ganz schlecht. Das macht mich so richtig fertig.«

Als Luise Weilheim mit Mitte 30 erfuhr, XY-Chromosomen und Hoden gehabt zu haben, war das für sie ein Schock:

Luise Weilheim: »In den medizinischen Unterlagen habe ich gelesen ›XY-Chromosomen‹. Ich habe gleich nachgeguckt im Pschyrembel, wie das nochmal ist mit den Chromosomen. Das war mir nicht klar. Da habe ich gefunden: XY: männlich. Dann saß ich hier, das weiß ich noch. Das war für mich ein ziemlicher Schock. Ich hatte das Gefühl, dass sich die Natur bei mir einen Witz erlaubt habe. Ich hatte keine Ahnung, wohin ich mich wenden sollte mit diesem neuen Wissen über mich. Mir schien, dass mein ganzes Leben als Frau irgendwie ein Bluff war. Vor allem zu lesen: ›Es sind Hoden entfernt worden‹. Dieses Wort ›Hoden‹. Irgendwo kam das Wort ›Kastration‹ vor. Das hat mich ziemlich mitgenommen.«
CL: »Hat das für dich nicht manches erklärt in Bezug auf deine Ablehnung deines Körpers?«

Luise Weilheim: »*Ja, ich habe natürlich gedacht* ›*Aha*‹, *aber ich habe nie den Hauch eines Gefühls gehabt, ein Mann zu sein. Auch damals nicht. Ich habe zwar Alpträume bekommen in die Richtung. Ich habe geträumt, mir wächst ein Bart und solche Sachen, nachdem ich das gelesen hatte.*«

Andere dagegen, vor allem die, die lange Zeit schon das Gefühl hatten, dass irgendetwas nicht stimmt und anders ist, dieses Gefühl aber aufgrund der Tabuisierung und Geheimhaltung nicht an etwas festmachen konnten, empfanden die Diagnose als Erklärung der körperlichen Ursache ihres Gefühls als Erleichterung, so wie Barbara Thomas:

»*Als ich mit 35 die wahre Diagnose bekam, fiel mir ein Zentnergewicht vom Herzen. Die Wahrheit war endlich eine fassbare Größe. Damit konnte ich leben. Ich trauere um die Lebenszeit, die der sinnlose Kummer geschluckt hat.*«

Auch für Anna Jacobs bedeutete die Diagnose ihres körperlichen Status zwischen Mann und Frau eine Erleichterung und auch eine Legitimation, anders zu sein:

»*Bei dieser Gelegenheit gab mir mein Doktor nach langem Zögern meinen Arztbericht mit, weil ich dort noch keinen Arzt hatte. Natürlich verschlossen und versiegelt, damit ich ja nur keinen Einblick hätte! Nun – ich saß noch nicht ganz im Auto, da hatte ich den Umschlag schon geöffnet und las die sechs Seiten mit zunehmender Erregung. Dann der letzte Satz, der wichtigste Satz in meinem Leben:* ›*Um psychische Komplikationen zu vermeiden, haben wir es für richtig gehalten, die Patientin nicht über ihre wahre Geschlechtszugehörigkeit und ihre Kastration zu unterrichten.*‹ *Wow! Ich fiel buchstäblich aus allen Wolken – das verworrene Puzzle meines Lebens bekam auf einmal einen Sinn, alles paßte zusammen, mir ging endlich ein Licht auf: Ich war – nein, keine vollständige Frau, aber natürlich auch kein richtiger Mann, schon gar kein Zwitter, sondern irgendetwas zwischen den Geschlechtern: Intersex! Hätte mich diese Erkenntnis in einer anderen Lebenssituation erwischt – es wäre vermutlich das Ende gewesen. So aber, glücklich verliebt, war mein schlechtes Gewissen wie fortgewischt: Wenn die Natur nicht einmal wußte, was ich sein sollte, hatte ich doch alles Recht auf der Welt, zu lieben wen ich wollte: Frau oder Mann.*«[240]

Viele intersexuelle Menschen und deren Eltern beklagen sich im Nachhinein, dass ihnen nicht der medizinische Terminus »Intersexualität« als diskursiver Ausweg aus dem ausweglos erscheinenden Loch der Namenlosigkeit angeboten wurde. So beklagt Martha Wolff:

»*Wenn dieses Ding einen Namen gehabt hätte. Und wenn sie gewusst hätte, wie viele Menschen intersexuell sind.* ›*Ich gehöre zu einer anderen Sorte. Es tut mir leid und es tut mir weh, aber ich bin so und so sind noch eine ganze Reihe andere. Ich kann darüber sprechen, ich kann es definie-*

---

281 15.7.2004, http://xy-frauen.de/pers%F6nliche%geschichten.htm.

ren. Es ist ein Definitionsproblem.‹ Und so stand sie jeden Tag vor dem Spiegel und hat gedacht, ob sie nicht doch noch... Und dann geschwiegen. Nicht darüber zu sprechen. Es hätte ihr sicher geholfen, darüber zu weinen, aber dann zu sagen, ich bin intersexuell.«

Vom behandelnden Arzt bekamen sie und ihr Mann keine begriffliche Hilfestellung:

»Gar nichts, gar keine Namen. Und der Arzt, ich habe ihn ja gefragt, ›Wie heißt man so etwas?‹, der sagte zu mir: ›Wenn man gar nichts machen würde, dann wäre sie ein Neutrum. Aber wir behandeln es ja.‹«

Für sie als Eltern war es sehr hilfreich, von einer anderen Mutter einen Namen zu hören:

»Es war für uns nicht so sehr der Horror vor ihrem körperlichen Anderssein, sondern es war das, dass es für das keine Definition, keine Ausdrücke gibt. Ich habe mich so gefreut, als die Frau [...] geschrieben hat, ›Ich bin auch Mutter einer XY-Frau‹. Ach, XY-Frau, jetzt haben wir doch einen Namen! Was ist unsere Tochter? Sie ist eine Frau, aber sie hat die Chromosomen eines Mannes, sie hat keinen Uterus und keine Eierstöcke. Das ist doch keine schöne Definition. Aber wenn sie eine XY-Frau ist, O.K. Also das macht so viel aus. Das ist eine besondere Frau.«

Tabu

Die gesellschaftliche Nicht-Existenz von Intersexualität bedeutet gleichzeitig eine Tabuisierung körperlicher Zwischengeschlechtlichkeit. Unter Tabu[241] wird in der Ethnologie ein Verbot von Handlungen oder Kontakten verstanden, die gefährlich für den Einzelnen oder die Gruppe sind. Die Verletzung von Gruppenkodizes wird als Bedrohung für das Individuum und damit auch die gesamte Gruppe gesehen. Im allgemeinen Sprachgebrauch bedeutet »Tabu« darüber hinaus auch das Verbot, über etwas zu sprechen, um es dadurch nicht existent sein zu lassen.

Nach der Moneyschen Behandlungsdoktrin für intersexuelle Menschen sollten Eltern ihrem Kind die Tatsache der operativen Genitalkorrektur und seine intersexuelle Geburt verschweigen und mit niemandem über die Zwischengeschlechtlichkeit ihres Kindes sprechen, um die Entwicklung

---

241 Der Begriff »Tabu« kommt vom polynesischen *ta pu*. Dabei bedeutet *ta* »markieren« und *pu* ist ein Adverb der Intensität. So könnte *ta pu* ins Englische übersetzt werden mit »to mark thoroughly«, was eine ursprünglich neutrale Markierung anzeigte (vgl. Steiner, Franz, (1956), *Taboo*, London, S.32).

einer eindeutigen Geschlechtsidentität nicht zu gefährden. Diese Geheimhaltungspraktiken zielten darauf ab, das Kind zu schützen, hatten aber oft verheerende Auswirkungen auf die Eltern-Kind-Beziehung, da die Kinder und Jugendlichen meist spüren, dass etwas mit ihnen »nicht stimmt«, nicht zuletzt auch durch die häufigen Arztbesuche und Untersuchungen. Viele erwachsene intersexuelle Menschen berichten über das unausgesprochene, aber doch fühlbare Verbot in ihrem Elternhaus, über dieses Thema zu sprechen. Instinktiv merken sie, was sie fragen dürfen und was nicht. So berichtet Birgit Lanzleithner:

»Was ich so entscheidend finde ist [...], dass dieses Tabu so sitzt. Die Kinder wissen von Anfang an, was sie nicht fragen dürfen. Das finde ich das Interessante daran, dass zum Teil 20-jährige, 25-jährige, 28-jährige Patienten zu uns [zur AGS Eltern- und Patienteninitiative e.V., CL] kommen und haben nie nachgefragt. Und wenn man dann fragt: ›Warum, hat dich das nie interessiert?‹ Dann kommt ›Hm‹. Das ist offensichtlich wirklich so eine Grenze, wo die Kinder genau merken, darüber dürfen wir nicht reden, weil sonst was angerührt wird, was tabu ist. Eine Patientin hat dann manchmal nachgefragt, da ist die Mutter immer in Tränen ausgebrochen. Es gibt dann schon hin und wieder so Versuche von Patienten nachzufragen und da kommt dann eine Mauer oder gar keine Antwort. Meine Mutter hat immer gesagt, ich habe keine Schuld und deren Mutter ist immer in Tränen ausgebrochen. Und damit war das erledigt. Die Mutter bricht in Tränen aus, und dann fragt man halt nicht weiter.«

Oder auch Anna Jacobs:

»Obwohl ich nicht auf den Kopf gefallen war, blieb dieses Tabu in mir so mächtig, dass ich mich nicht traute, irgend jemanden zu fragen.«

Über die Schwierigkeit ihrer Eltern, über Intersexualität zu sprechen, berichtet auch Petra Schmidt:

»Intersexualität ist ein heikles Thema in unserer Familie. Es tut ihnen schon Leid für mich, aber das Thema wird bei uns totgeschwiegen. Das Thema wird nicht thematisiert. Ich habe zwar schon mal einen Angriff unternommen, sie wissen auch, dass ich da Probleme habe, aber sie können das mir gegenüber nicht so richtig rüberbringen. Vielleicht erwarte ich auch zu viel von ihnen. Dann denke ich wieder: ›Ich bin nicht so wichtig, um mich da auf diese Weise in den Mittelpunkt zu stellen.‹ Das habe ich oft zu hören bekommen, als ich meine ›Anfälle‹ hatte, als ich ein paar mal alles hinwerfen wollte, und unsicher war mit mir selbst, da kam dann: ›Du kannst dich nie für etwas entscheiden, zieh doch mal etwas durch, alles willst du anfangen, nichts willst du zu Ende machen.‹ Dass ich mir nicht mal in meinem Frausein sicher bin, ist für sie eines davon. So als ob ich sogar in diesem scheinbar Selbstverständlichsten unsicher bin. Dadurch habe ich auch heute noch Probleme.«

Kinder fragen oft gar nicht erst, da sie spüren, ihre Eltern damit zu überfordern. Viele Eltern wiederum haben Angst, ihr Kind mit ihrer

Körperwahrheit zu überfordern – ein Teufelskreis des Schweigens. Martha Wolff, die sonst ein sehr offenes Verhältnis mit ihrer Tochter hat, wollte mit ihr deswegen nicht über das Thema sprechen, weil sie ihr nicht das Gefühl geben wollte, sie auf ihre Intersexualität zu reduzieren:

»Und ich habe auch nicht mehr mit ihr darüber gesprochen. Vielleicht bin ich davon ausgegangen – ich will mich gar nicht verteidigen – aber ich habe gedacht, sie hat jetzt diese Sache, sie muss damit fertig werden, dass sie keine Kinder kriegt. Aber sie ist immer noch die Luise, sie ist voll zu nehmen und das ist nicht ihr Hauptmerkmal, dieser sozusagen Defekt. Wir wollen sie nicht darauf reduzieren. Wir interessieren uns für das, was sie denkt, fühlt, und so weiter und nicht für ihre XY-Chromosomen und die Hoden. Das war falsch, denn die Sache hat sie vollständig belagert. Und wir haben nie darüber gesprochen. Niemand von der Familie, wir wollten ihr nicht wehtun. Ich habe es allen anderen Geschwistern genau erklärt, was sie hat. Die haben das ganz ruhig genommen [...] Als sie es später erfahren hat, hat sie gemeint, ich hätte einen solchen Horror vor dieser Sache gehabt, dass ich es völlig verschwiegen hätte. Aber ich hätte gedacht, sie wüsste es längst, will aber nicht darüber reden. Und ich könnte mir die Haare rausreißen, denn, als sie es wusste, ging es ihr besser.«

Aus der Sicht ihrer Tochter Luise Weilheim stellte sich dieser Versuch ihrer Mutter, sie zu schützen und ihr das Gefühl zu geben, nicht ihre Intersexualität, sondern sie als Mensch – egal was sie hat – sei wichtig, als eine Art Komplott dar, aus dem sie ausgeschlossen wurde:

»Als ich nach meinem ersten Treffen in der Selbsthilfegruppe vor drei Jahren, hinterher beschlossen habe, es meiner Familie zu erzählen, dass ich eigentlich genetisch männlich bin, da habe ich als allererstes meine Schwester angerufen, zu der ich einfach das engste Verhältnis habe. Die ist aus allen Wolken gefallen und hat gesagt: ›Aber das weiß ich doch. Das hat man doch damals mit 17 festgestellt. Ich habe darüber Bücher gelesen.‹ Die konnte mir ganz viel darüber erzählen. Die hat sich ganz intensiv mit dem Thema auseinandergesetzt. Sie hat gedacht, ich will nicht darüber reden und sie will das respektieren. Dann habe ich es meinem Bruder erzählt. Der hat auch gesagt ›Das weiß ich doch.‹ Aber der hat nicht so viel darüber gewusst. Der hat zum Beispiel die Vorstellung gehabt, wenn ich meine Hormone nicht mehr nehme, entwickele ich mich zum Mann. So diese Horrorvorstellung irgendwie. Dann habe ich ihm erstmal erklärt, dass das nicht so ist. Dann habe ich mit meinen Eltern gesprochen, da war mir aber schon klar, dass die das wussten. Die waren total schockiert, dass ich gesagt habe, ich habe das nicht gewusst. Ich weiß das jetzt erst. [...] Wir sind keine Familie, in der schwierige Sachen nicht besprochen wurden. Wir haben eigentlich einen relativ offenen Umgang miteinander.«

Die Tabuisierung von Intersexualität kann zu einer angstvollen Situation in der Familie führen, in der der eine nicht mehr vom anderen weiß, wie viel er weiß und sich darum keiner mehr traut, die Thematik anzusprechen, wie es sich zum Beispiel in der Familiensituation der Familie Götz mit ihrer jugendlichen Tochter darstellt:

CL: »*Glaubst du nicht, dass sie schon mal irgendwo nachgeforscht, gelesen, oder sonst was hat?*«
Sabine Götz: »*Weiß ich eben nicht. Wie gesagt, sie weiß, dass sie keine Eierstöcke hat. Sie weiß auch, dass sie immer ihre Hormone nehmen muss, dass sich ihre Brust bildet und dass sie sich eben entwickelt, weil sie die Hormone nimmt. Sie weiß aber nicht, dass sie eine Klitorisreduktionsplastik gekriegt hat, da war sie eineinhalb, und sie weiß auch nicht, dass sie XY-Chromosomen hat. Oder vielleicht weiß sie es, aber nicht von mir. Das kann ich nicht sagen.*«

Nach Jahren des Schweigens wird es immer schwieriger, mit dem Kind über die Intersexualität zu sprechen. So wird die Aufklärung ins Unendliche hinausgeschoben, wie es Birgit Lanzleithner im Gespräch mit vielen Eltern in ihrer Gruppe erfahren hat:

»*Da ist dieses Erzählen-Müssen, sich damit auseinander setzen müssen; vor allem, dass die Eltern den Kindern irgendwann erzählen müssen, was da alles am Anfang war. Das steht immer als etwas ganz Schreckliches im Raum:* ›*Ich muss es dem Kind irgendwann sagen.*‹ *Das wird dann immer weiter hinausgeschoben. Dann sind die Patienten irgendwann zwanzig und erwachsen und kommen zu uns und dann merke ich, dass die überhaupt keine Ahnung haben. Früher war das gang und gäbe. Da habe ich mich auch nicht gewundert, weil ich gemerkt habe, es war nicht nur in meiner Familie so, eigentlich ist es überall so. Jetzt finde ich es allerdings erstaunlich, weil die Eltern sogar bei uns in der Initiative sind. Eltern, die super super informiert sind. Die Eltern wissen, worum die Aufklärung geht, aber sie schieben es trotzdem hinaus und hinaus, bis die Kinder irgendwann zwanzig sind und immer noch nichts wissen, keine Ahnung haben, was AGS ist. Keine Ahnung haben, worum es geht, keine Ahnung haben, was sie für Medikamente nehmen.*«

Dieses Tabu wirkt auch in der Arzt-Patienten-Begegnung. Viel wird darüber spekuliert, warum Ärzte selbst mit jugendlichen oder erwachsenen Patienten oft nicht offen über das Thema sprechen. Die Annäherung fällt von beiden Seiten schwer. Ärzte berichten über ihre Unsicherheit darüber, wie viel die betreffenden Jungendlichen oder jungen Erwachsenen über den eigenen Körper und die Intersexualität wissen (wollen) und offenbaren ihnen die eigene Körperwahrheit nur zögerlich, um sie zu schützen. In Bezug auf die Frage, auf welche Weise und mit welchen Begrifflichkeiten Ärzte und Eltern ihr Kind aufklären sollten, kommt auch die Frage nach der Wahrheit zum Tragen. Obwohl sich mittlterweile alle einige sind, dass intersexuelle Menschen über ihre körperliche Gegebenheit aufgeklärt werden sollen, ist die Wahrheit selbst eine verhandelbare Größe. Anna Jacobs geht auf meine Frage nach ihrer Positition hinsichtlich der Aufklärung von Kindern auf die Abhängigkeit der Wahrheit von der jeweiligen Körperdeutung ein:

»Was ist die Wahrheit? Kann man es allen Ernstes als Wahrheit behaupten, ein CAIS-Mädchen sei ein ›genetischer Mann‹, nur weil es XY-Chromosomen hat und die Gonaden in die männliche Richtung entwickelt sind? Gibt es wirklich eine Wahrheit, die sich auf Penis- und Klitoris-Größe bezieht? Ist es die Wahrheit, von einem Gendefekt zu reden oder von einer Krankheit, einem Syndrom, einem Mangel, einer Entartung? Oder im anderen Extrem: ein Geschenk, eine Besonderheit, eine spezielle Gabe...? Was ist Wahrheit? [...] Hier hängt auch viel von der Umgebung ab: Wie gehen die Eltern damit um? Können sie das Kind in seiner Psyche so stabilisieren, dass es mit der Situation fertig wird? Hat das Kind genug Vertrauen, mit allen Fragen zu den Eltern zu kommen? Sind die Eltern überhaupt intellektuell, seelisch und psychisch in der Lage, souverän mit der Situation umzugehen? Welche religiösen und soziokulturellen Hintergründe spielen eine Rolle? Mancher mag gut mit der Wahrheit zurechtkommen, ein anderer zerbricht daran. Und nie weiß man vorher, welche Richtung er einschlägt. Mancher will auch die Wahrheit gar nicht wissen. Und diese Betroffenen werden völlig übersehen, weil sie natürlich auch nicht in Selbsthilfegruppen auftauchen. [...] Im Zweifelsfall bin ich aber unbedingt dafür, die Wahrheit altersgemäß zu vermitteln.«

Die Aufklärung wird zwischen Ärzten und Eltern hin- und hergeschoben. Ein geschulter Psychologe fehlt oft, die Eltern verlassen sich auf den Arzt, welcher wiederum auf entsprechende Fragen seitens des Kindes wartet, die aber oft nicht kommen. Denn auch die Betroffen wagen aufgrund der tabubesetzten Unaussprechlichkeit des Themas und auch der fehlenden Begriffe oft kaum, dem Arzt Fragen über ihren Körper zu stellen, obwohl sie es wollen, so wie Anna Jacobs:

»Als der Gynäkologe mich dann fragte, ob ich noch Fragen habe, dachte ich: ›Ja, ich habe 100.000 Fragen, die mir auf der Zunge brennen.‹ Aber ich habe natürlich gesagt ›Nein, ich habe keine Frage mehr.‹« (Anna Jacobs)

Oft sind es die tiefsten Fragen, die das Wort am meisten scheuen. Wenn zur schwierigen Artikulierbarkeit auch noch die Macht des Tabus kommt, bleibt meist nur noch eines: Schweigen.

Intersexualität und Liminalität

Aufgrund der Nicht-Existenz körperlicher Zwischengeschlechtlichkeit im Bedeutungshorizont unserer Kultur können intersexuelle Körper bislang nur als liminale Körper und eine intersexuelle Existenz als liminale Existenz gedacht werden. Der Begriff der Liminalität[242] und der liminalen Wesen wurde von dem Ethnologen Turner (2005) als Bezeichnung der Übergangsphase in Übergangs- und Initiationsriten von einem definierten Status zum anderen geprägt. Turner knüpft damit an van Gennep (1909) an, der drei Phasen von Übergangsriten (*rites de passage*) beschrieb: eine Phase der Trennung von der Gemeinschaft, ein Übergangsstadium und eine Phase der Wiedereingliederung in die Gemeinschaft als neuer Status. Turner setzt sich besonders intensiv mit der Phase des Übergangs, welche er »liminale Phase« nennt, auseinander. Darin stellt er Liminalität als Phase zwischen den Strukturen im Gegensatz zur Sozialstruktur dar. Unter der Sozialstruktur versteht er »feststehende Muster für Rollenzuschreibung, Statuszuschreibung und Hierarchien, die in einer bestimmten Gesellschaft allgemein anerkannt sind und regelmäßig zur Anwendung kommen« (Turner 1974: 237, Übers. CL). Eng verbunden mit politischen und rechtlichen Kategorien besitzt die Sozialstruktur eine bestimmte kognitive Qualität und stellt in ihrem Wesen ein System von Klassifikationen, ein Deutungs- und Interpretationsmodell der Kultur und der Natur sowie ein Modell zur Ordnung des öffentlichen Lebens dar (Turner 1969: 114–115).

Die Gesellschaft als »differenziertes, segmentiertes System strukturaler Positionen« (Turner 1974: 237, Übers. CL) hat zur Folge, dass einige, die sich im Zwischenraum der sozialen Strukturen befinden, strukturell nicht positioniert werden können (Turner 1969: 112). Ihre Ambiguität und soziale Nichtklassifizierbarkeit machen die Akteure der zwischenstrukturellen Phase im Übergangsritual zu Grenzgängern, die durch das Netz der Klassifikationen hindurchschlüpfen, welches sonst ihre soziale Position festlegt. Sie sind »weder hier noch dort, sie sind weder das eine noch das andere, sondern befinden sich zwischen den vom Gesetz, der Tradition, der Konvention und dem Zeremonial fixierten Positionen" (Turner 2005: 95). Aus diesem Grund sind die betreffenden Personen »strukturell tot« (Turner 1967: 96) und daher sozial problematisch, denn eine liminale Person als Person ohne Status wird zu einem (vorübergehend) Ausgestoßenem oder Fremden und stellt durch seine bloße Existenz die gesamte normative Ordnung in Frage (Turner 1974: 268). Daher stellt Liminalität immer auch eine Gefahr für die Individuen wie für die ganze Gemeinschaft dar.

---

242 Von lat. *limen* – Grenzwall. Turner (2005) versteht darunter ein soziales »Niemandsland« »betwixt and between« von sozialem Status und sozialen Positionen.

Ein Teil unserer Sozialstruktur ist das Zweigeschlechtersystem. Es bietet Rollen und damit verbundenen Status an und stellt ein kognitives Ordnungsmuster dar. Die Ordnung der Zweigeschlechtlichkeit stratifiziert und strukturiert in hohem Maße unsere sozialen Beziehungen wie auch unseren Zugang zur Welt (vgl. Crouch 1999: 36). Im System der Zweigeschlechtlichkeit sind Menschen im Zwischenraum zwischen Mann und Frau liminale Wesen. Intersexuelle Menschen sind in ihrer unklassifizierbaren Körperlichkeit weder hier noch dort. Die medizinische Konzeption eines geschlechtlich uneindeutigen Körpers als »psychosozialer Notfall« hat ihre Wurzeln darin, dass ein zwischengeschlechtlicher Körper ein liminaler Körper ist, der sozial nicht eingeordnet werden kann. Unsere Gesellschaft besitzt keine soziokulturellen Kategorien, die es uns ermöglichen, Menschen mit geschlechtlich uneindeutigen Körpern, so wie sie sind, innerhalb der Sozialstruktur einzuordnen.

Dabei ist besonders die Phase nach der Geburt, in der das Geschlecht des Kindes medizinisch noch nicht feststeht, von Liminalität geprägt. Die große medizinische Aktivität, die aufgrund der geschlechtlichen Ambiguität eines Neugeborenen in Kliniken entsteht, kann als Versuch gesehen werden, die liminale Phase der Nicht-Klassifizierbarkeit möglichst kurz zu halten und die Neugeborenen möglichst rasch vom Zustand der Liminalität in eine soziale Position als Junge oder Mädchen zu überführen. Vor der geschlechtlichen Zuordnung wird das Kind noch nicht als Mitglied der Gesellschaft gesehen: Es ist noch kein Junge und noch kein Mädchen, was ja die erste Frage an Eltern darstellt, meist noch vor der Frage nach der Gesundheit des Kindes. Es hat noch keinen Namen, die Eltern können es weder namentlich ansprechen noch über es sprechen, da die Sprache kaum neutrale Begrifflichkeiten kennt. Ein Neugeborenes, das zweigeschlechtlich nicht verortbar ist, kann sozial nicht sein, ist ein sozialer Niemand. Ein intersexuelles Kind kann als solches durch die soziale zweigeschlechtliche »Brille« nicht gesehen werden, denn wir können nur das wahrnehmen, wozu wir kulturell konditioniert sind. Der intersexuelle Körper stellt für die Medizin einen Übergangskörper auf dem Weg zu einem männlichen oder weiblichen Körper dar. Somit kann das medizinische Management von geschlechtskörperlicher Ambiguität als Versuch interpretiert werden, das intersexuelle Kind von einem nichtstrukturierten, liminalen Zustand in einen strukturierten Zustand zu überführen (vgl. Crouch 1999: 37). Um einen gesellschaftlichen Status zu bekommen, müssen die körperlichen Merkmale der Liminalität beseitigt werden. Sobald die körperlichen *Marker* für die Zwischengeschlechtlichkeit korrigiert sind, gilt das Kind von der »Krankheit« der Liminalität geheilt und »rutscht in die Kultur hinein« (Kessler 1998: 5, Übers. CL). Durch die Behandlung wird das »gesellschaftliche Unbehagen« (Crouch 1999: 37), das durch Intersexualität ausgelöst wird, beseitigt.

Als liminale Phasen können auch die Treffen von Selbsthilfegruppen für intersexuelle Menschen interpretiert werden. Turner beschreibt Liminalität auch als ein fruchtbares Chaos, als ein Lager von Möglichkeiten und dem Streben nach neuen Formen und Strukturen und die sich in dieser Phase entwickelnde *Communitas* als eine Form von Gemeinschaft, in der der soziale Rang unwichtig ist und daher eine Begegnung ganzer Menschen stattfinden kann. Als liminale Räume stellen die Gruppentreffen insbesondere der *XY-Frauen* Räume dar, in denen versucht wird, sämtliche geschlechtlich bestimmte Strukturen über Bord zu werfen und neu zu definieren. So wird die Gruppe von Mitgliedern auch als »community« oder »family« beschrieben. Wie in der von Turner beschriebenen *Communitas* (2005: 133) können sich Menschen bei den Gruppentreffen, anders als im Alltag, wo Struktur und Anpassungszwang herrscht, jenseits ihrer geschlechtlichen Zuordnung und als »ganze Menschen« begegnen. Insofern haben die Treffen auch eine katarsische und psychotherapeutische Funktion: Dadurch, dass sehr Persönliches und Intimes ausgetauscht wird, Tränen fließen dürfen und durch das gemeinsame Gefühl, Opfer gesellschaftlicher Normen zu sein, wird eine innige Atmosphäre geschaffen, in der sich die Gruppenmitglieder in ihrer Tiefe verbunden fühlen. Die Treffen sind geprägt von Offenheit, tiefem persönlichem Austausch und Akzeptanz. In diesem Sinne berichtet eine *XY-Frau* nach einem Gruppentreffen:

»Darüber hinaus habe ich in der Kontaktgruppe eine für mich ganz neue, tiefe Dimension von Beziehungen zu anderen Menschen kennen gelernt. Es tut einfach so gut, sich in einem Kreis von Menschen zu befinden, die sofort verstehen, was ich meine, wenn ich von meinen Gedanken, Gefühlen, Zweifeln und Ängsten rede! Nach jedem Treffen verspüre ich so etwas wie ›Heimweh‹ und freue mich dann wie wahnsinnig über die erste Mail, den ersten Anruf, lebe einige Tage lang wie in einer anderen Welt.«[243]

Das Treffen auf andere Betroffene innerhalb der Gruppe wird oft in quasireligiösen Termini beschrieben. Nachdem sie jahrelang – auch mitverschul-

---

243 Anonyme Lebensgeschichte auf der Homepage der XY-Frauen, 15.7.2004, http://xy frauen.de/pers%F6nliche%geschichten.htm.

det durch Hinweise von Ärzten auf die Seltenheit ihrer körperlichen Gegebenheit – der irrigen Annahme anhingen, die einzigen mit dieser Art von Körper zu sein, wird das Kennenlernen anderer intersexueller Menschen metaphorisch als Befreiung aus einem finsteren Kerker, als Entlassung aus dem Gefängnis, als Heraustreten aus der Dunkelheit ins Licht, als Auferstehung vom Tod beschrieben.

So findet bei den Gruppentreffen für viele intersexuelle Menschen wahre Heilung und *Empowerment* statt. Sie fühlen sich nicht mehr als fehlerhafte Frauen oder Monster, sondern erleben sich innerhalb einer Gemeinschaft von Menschen mit ähnlichen körperlichen Gegebenheiten und lernen dort, vollständig und richtig zu sein. Oft kommen sie erst in der Gruppe in Kontakt mit verschiedenen nicht-pathologisierenden Verständnisweisen von Intersexualität. Viele lernen den Begriff »intersexuell« überhaupt dort erst kennen, weil ihnen von Ärzten nur ihre jeweilige Krankheitsdiagnose gegeben wurde. Im sozialen Raum des Gruppentreffens kann ein gesellschaftlicher Umgang jenseits geschlechtlicher Zuordnung eingeübt werden, können Identitäten gelebt und ausprobiert, Akzeptanz praktiziert und verschiedene Neudeutungen des intersexuellen Körper verhandelt werden. Die Gruppentreffen stellen somit einen vom Rest der Gesellschaft abgehobenen rhetorischen Ort dar, an dem Widerstand gegen die hegemoniale medizinische Deutung stattfindet und Intersexualität neu verhandelt werden kann,.

Liminalität als die Überschreitung von Grenzen hat eine entscheidende Funktion für den Prozess der Erneuerung der Gesellschaft. Gleichzeitig stellt sie aber auch eine Gefahr dar, weil sie eine Befreiung von zur Aufrechterhaltung der Gesellschaft notwendigen Zwängen darstellt. Liminalität ist der »Bereich des Interessanten, des *uncommon sense*«, in dem alles neu verhandelt werden kann (Turner 1992: 138). Liminalität ist gefährlich und spielerisch zugleich, sowohl für den Einzelnen als auch für Gruppen, weil es der Zustand des weder – noch und des sowohl – als auch gleichermaßen ist. Das Dazwischen-Sein ist ein Sein von ganz eigener Qualität, das der Boden sein kann, auf dem Neues entstehen kann.

Zum Verstehen der Klassifizierung von Intersexualität als Gefahr sind die Überlegungen der Ethnologin Douglas zum gesellschaftlichen Umgang mit Ambiguität[244] hilfreich. Das Schaffen von klassifikatorischer Ordnung

---

244 Ambiguität bedeutet Mehrdeutigkeit oder Doppeldeutigkeit. Von lat. *ambiguus* – »mehrdeutig« und *ambiguere* – »uneins sein, schwanken«.

und der Ausschluss von Uneindeutigkeit stellt demnach die gesellschaftliche Reaktion auf Unordnung dar:

»Any given system of classification must give rise to anomalies, and any given culture must confront events which seem to defy its assumptions.« (Douglas 1966: 39)

Da die Erzeugung von Ambiguität zu jedem Klassifikationssystem gehört, ist jede Kultur mit Ereignissen – auch Körpern – konfrontiert, die ihre Grundannahmen zu verletzen scheinen. Wie Turner zeigt auch Douglas, dass Zwischenzustände, Ränder und Grenzbereiche der klassifikatorischen Ordnung, die weder dem einen noch dem anderen zuzuordnen sind, sowohl mit Kräften als auch mit Gefahr assoziiert werden (Douglas 1966: 27). Die kulturelle Tendenz geht dabei immer dahin, die bestehende Ordnung aufrechtzuerhalten. Am akzeptiertesten ist das, was sich problemlos in die bestehenden Ordnungsmuster einfügen lässt. »Ambigue«[245] Dinge werden so behandelt, als ob sie in diese Ordnung hineinpassen, was bis hin zum völligen gesellschaftlichen Ignorieren dieser »unbequemen Tatsachen« gehen kann, um die bestehende Ordnung nicht zu stören. Das, was sich absolut der Klassifikation widersetzt, wird verworfen. Wenn Ambiguität akzeptiert wird, dann nur mit der Folge, dass die Ordnungsmuster teilweise revidiert werden. Im Einzelnen zählt Douglas folgende gesellschaftlichen Antworten auf Ambiguität auf:

Erstens kann die Ambiguität reduziert werden, wobei, um die strikte Trennlinie zwischen den Kategorien zu bewahren, das Ambigue einer der beiden Seiten zugeordnet wird. So werden in unserer zweigeschlechtlichen Gesellschaftsordnung die körperlichen Merkmale der geschlechtlichen Ambiguität Intersexualität reduziert, um intersexuelle Menschen entweder dem weiblichen oder dem männlichen Geschlecht zuordnen zu können, die Zweigeschlechterordnung wird in die Körper intersexueller Menschen physisch eingeschrieben. Ein hilfreiches Konzept für die Klassifizierbarkeit von geschlechtlicher Uneindeutigkeit ist die Ende des 19. Jahrhundert von der Medizin entwickelte Idee von männlichen beziehungsweise weiblichen Pseudohermaphroditen, wodurch die Ambiguität nur eine scheinbare und oberflächliche ist, die durch nähere medizinische Inspektion dem einen

---

245 Douglas gebraucht die Begriffe »anomaly« and »ambiguity« synonym. Streng genommen sind sie es aber nicht und an einer Stelle unterscheidet sie diese auch: »an anomaly is an element which does not fit a given set or series; ambiguity is a character of statements capable of two interpretations« (Douglas 1966: 37).

oder anderen Geschlecht zugeordnet werden kann. Die Reduzierung von Ambiguität wird als Heilung von dieser Uneindeutigkeit interpretiert.

Die zweite gesellschaftliche Antwort auf Ambiguität ist deren Eliminieren, wodurch Ambiguität physisch kontrolliert wird. Was nicht sein kann, wird physisch eliminiert.[246] Da Intersexualität heute eine Abtreibungslegitimation ist, kann die gesellschaftlich und medizinisch forcierte Reaktion auf intersexuelle Körper damit auch die konkrete Eliminierung dieser Menschen bedeuten. Zumindest werden die uneindeutigen körperlichen Merkmale eliminiert. Die dritte mögliche Antwort ist die Vermeidung von ambiguen Dingen. So wurde Intersexualität als faktisch gegebene körperliche Variation bislang gesellschaftlich hartnäckig ignoriert und tabuisiert. Als vierte mögliche gesellschaftliche Art und Weise des Umgangs mit Ambiguität werden ambigue Ereignisse, Situationen und – so könnte hinzugefügt werden – ambigue Körper mit dem Label »Gefahr« versehen. So wird Intersexualität eines Neugeborenen im medizinischen Diskurs tatsächlich als psychosozialer Notfall beziehungsweise als Geburtstrauma für die Eltern verhandelt. »C'est l'intersexualité qui fait peur«[247], sagt die Kinderchirurgin Claire Fékété[248]. Die fünfte Antwort auf Ambiguität, die das Ambigue kulturell integriert, ist der Gebrauch von ambiguen Symbolen im Ritual, in der Poesie und der Mythologie, um metaphorisch auf andere Existenzebenen aufmerksam zu machen. (Douglas 1966: 52–53). Eine zusätzliche Antwort deutet sie an anderer Stelle an: Die Änderung der bestehenden Ordnung durch die Akzeptanz von vormals ambiguen Dinge und Ereignissen, die dann nicht mehr zweideutig wären (Douglas 1966: 37). Die Untergrabung der gesellschaftlichen Zweigeschlechterordnung als Zweikörperlichkeit wäre so eine tief greifende Veränderung bestehender Strukturen, in diesem Fall durch den Widerstand ambiguer Figuren selbst.

Der Soziologe Baumann zeigt, wie jegliches Klassifizieren, sprich Handlungen des Ein- und Ausschließens, Ambivalenz als Nebenprodukt hervorbringt. Ambivalenz wiederum verlangt stärkeres Bemühen um Klassifikation. In diesem Sinne kann das Bemühen um eine immer genauere und ausgefeiltere medizinische Klassifikation ambivalenter Geschlechtskörper als Bemühen um Klassifizierbarkeit innerhalb bestehender

---

246 Douglas bringt hierfür das Beispiel West-Afrika, wo es nicht sein kann, dass zwei Babys gleichzeitig in einem Bauch sind und ein Zwilling daher eliminiert wird.

247 »Es ist die Intersexualität, die Angst macht.«

248 In der Dokumentation *Eindeutig Zweideutig* von Ilka Franzmann, Sendedatum: 4.7.2003, 22.15, ARTE, 55 min.

Strukturen gesehen werden. Baumann verbindet seine Überlegungen zur Ambivalenz mit der Gegenüberstellung von Moderne und Postmoderne. Ein kennzeichnendes Merkmal der modernen europäischen Gesellschaften war bzw. ist der Versuch, Ordnung herzustellen und das Chaos in den Griff zu bekommen. Dieser Versuch beinhaltete zwangsläufig die Produktion von »Abfall« welcher allen Klassifikationen trotzt und die Sauberkeit des Rasters zerstört, »die unerlaubte Mischung aus Kategorien, die sich nicht mischen dürfen« Baumann: 1995: 29–30). Der moderne Staat, so Baumann, hat großes Interesse an der Aufrechterhaltung der klassifikatorischen Ordnung, denn wer die Definitionsmacht über die Dinge innehat, hat die Macht. Daher ist alles, was sich der machtgestützten Definition entzieht, eine subversive Herausforderung. Selbst- und Körperdeutungen intersexueller Menschen, die sich gegen die Klassifikatioin ihrer Körper als fehlgebildet und behandlungsbedürftig wenden, untergraben in diesem Sinne das gesellschaftliche System der Zweigeschlechtlichkeit.

Ambivalente Wesen oder »Hybriden« sind als fremde Wesen wedernoch, ihre Existenz richtet sich gegen das Entweder-Oder der dichtomen Aufteilung der Welt. Die moderne Macht fühlt sich daher von ambivalenten Wesen bedroht, weil in ihrer Nicht-Einortbarkeit ihre Freiheit und Macht liegt, alles sein zu können. Sie untergraben die ordnende Macht der Oppositionen und ihrer Schöpfer und stellen ein in der Moderne nicht geduldetes »Drittes Element« dar (Baumann 1995: 77). Freilich bleibt Baumann nicht bei dieser pessimistischen Einschätzung stehen. Die Postmoderne begreift er nämlich als die Periode, welche die unauslöschliche Pluralität der Welt als konstitutive Qualität der Existenz akzeptiert. Denn so wie der Schlachtruf der Moderne »Freiheit, Gleichheit, Brüderlichkeit« war, so ist die »Waffenstillstandsformel« der Postmoderne »Freiheit, Verschiedenheit, Toleranz« (Baumann 1995: 128). Daher prophezeit Baumann: »Und sobald erst einmal wahrgenommen worden ist, dass die Vielfalt der Lebensformen unreduzierbar ist und es unwahrscheinlich ist, dass sie konvergieren, werden sie nicht nur widerstrebend akzeptiert, sondern in den Rang eines höchsten positiven Wertes erhoben« (1995: 127).

Kapitel 4: Intersexuelle Menschen zwischen Pathologisierung und Akzeptanz – ein Fazit

> »Never doubt that a small group of thoughtful,
> committed people can change the world. I
> ndeed it is the only thing that ever has.«
> *Margaret Mead* [249]

Die Ethnologie gibt uns empirische Beispiele dafür, welche Spannbreite Kulturen aufweisen können und zeigt uns, dass Dinge »woanders« eine ganz andere Bedeutung haben können als »bei uns«. Besonders interessant ist es, vor diesem Hintergrund unsere eigene Kultur zu untersuchen und einen fremdkulturell informierten Blick auf Prozesse in unserer eigenen Kultur zu werfen, um Phänomene hierdurch besser verstehen zu können. Durch den ethnologischen Ansatz bei der Betrachtung des Phänomens »Intersexualität« lässt sich nicht nur der *Umgang* mit zwischengeschlechtlichen Körpern, sondern auch die *Deutung* dieser Körper als kulturelles Phänomen begreifen. Dem Umgang geht nämlich stets die Deutung voraus. Das heißt, aus der Art und Weise, wie etwas in einer Kultur gedeutet wird, folgt der entsprechende Umgang damit. Vor dem Hintergrund von ganz anderen kulturellen Verständnissen von Körper und Geschlecht habe ich dargestellt, wie Intersexualität gegenwärtig in unserer Kultur verhandelt wird und wie Definitionshoheiten ausgelebt und neu verhandelt werden. Der ethnologische Blick auf die eigene Kultur entlarvt dabei vermeintliche naturwissenschaftliche Fakten als kulturelle Konstrukte und zeigt, auf welch unterschiedliche Weise der intersexuelle Körper gegenwärtig gedeutet wird. Dabei wird aber auch deutlich, dass alle Arten der Sinngebung, auch diejenigen, die sich als Gegendiskurse zum medizinischen Diskurs begreifen, auf biomedizinisches Körperwissen und die medizinische Definition des intersexuellen Körper angewiesen sind.

Wo Macht ist, ist immer auch Widerstand, schreibt Foucault (1983) und meint damit die Subversion hegemonialer Deutungsmuster. Die Medizin, die bislang die Definitionshoheit über Intersexualität hatte, wird von verschiedenen Gegendiskursen, in denen intersexuelle Menschen selbst aktiv werden und das Wort ergreifen, herausgefordert. Das Thema Inter-

---

249 Margaret Mead, zitiert auf der Homepage der englischen *AIS Support Group (AISSG)*, 3.3.2004, http://medhelp.org/www/ais.

sexualität wurde als Konfliktfeld dargestellt, in dem um unterschiedliche Deutungen des intersexuellen Körpers und des Verständnisses des wahren Geschlechts intersexueller Menschen gerungen wird. Trotz der Ablehnung der Pathologisierung intersexueller Körper und der daraus folgenden Normierungen sind alle Diskurse um Intersexualität auf die medizinische Klassifikation von Körpern als »intersexuell« angewiesen. *Der medizinische Diskurs um Intersexualität als eine Krankheitskategorie bringt somit anti-medizinische essentialistische Deutungen des intersexuellen Körpers und des tiefen intersexuellen Selbst erst hervor.* Ohne biomedizinisches Körperwissen hätten auch die Diskurse, die sich vehement vom medizinischen Diskurs abgrenzen, keine Grundlage. Von intersexuellen Menschen werden verschiedene Identitätskategorien verhandelt, die allesamt im biomedizinisch als intersexuell definierten Körper (mit Ausnahme seiner Pathologisierung) gründen.

Ein Grundwert des euro-amerikanischen Geschlechtermodells – die Naturalisierung von Geschlecht – bleibt in allen Diskursen unangetastet, während ein anderer – die Annahme, es gäbe nur zwei natürliche Geschlechter – angefochten wird. Die Natur als »local biology« (Lock 2001) bleibt somit als Begründung von Geschlecht zwar erhalten, wird aber verhandelbar. Ebenso wird der geschlechtsanzeigende Charakter körperlicher Merkmale wie Penis/Klitoris, Vagina, Hoden, Uterus und dergleichen aufgeweicht.

Im Falle von Intersexualität wird ein gesellschaftliches und Geschlechterproblem medizinisch zu lösen versucht. Die Medikalisierung kann kritisch als Bemächtigung der Medizin über den intersexuellen Körper verstanden werden. Als Reaktion darauf entstand der außermedizinische Trend, körperliche und geschlechtliche Vielfalt zu akzeptieren. Dieser wiederum steht im Gegensatz zu einem anderen gesellschaftlichen Trend, nämlich der Wichtigkeit normgerechter Körper, die notfalls mit kosmetischer Chirurgie hergestellt werden. Diese beiden Trends verknüpfend stelle ich die These auf: *Je starrer die Körpernormen werden, desto mehr Körper werden an den Rand der Normalität gedrängt. An diesen Rändern wiederum können sich Strategien des Widerstands und agency mit der Forderung nach Toleranz entwickeln.* Dabei gibt es unterschiedliche Antworten bezüglich der Frage, was Freiheitsgewinne für intersexuelle Menschen bringt. Während Emanzipation für viele die Verabschiedung vom starren Zwei-Körpergeschlechter-Modell (entweder als eigenes Geschlecht oder als Öffnung der starren Körpernormen für männliche und weibliche Körper), die Entpathologisierung von Intersexualität und/oder die Beendigung geschlechtsnormierender medizinischer Eingriffe ohne die Zustimmung der betroffenen Menschen bedeutet, erleben andere (AGS-Frauen) gerade einen offenen Umgang mit ihrer Erkrankung als Befreiung.

Gegenwärtig lassen sich zwei gegenläufige Entwicklungen ausmachen: Innerhalb des medizinischen Diskurses geht der Trend gegenwärtig weg von der Substantialisierung von Intersexualität und hin zu einer *differenzierten Wahrnehmung einzelner Syndrome*. Dieser medizinische Trend steht im Widerspruch zur *Substantialisierung und gesellschaftlichen Konstituierung des Phänomens Intersexualität* in der öffentlichen Debatte. Im medizinischen Diskurs wird die Bezeichnung »Intersexualität« zunehmend als diskriminierend empfunden. Stattdessen werden Begrifflichkeiten der einzelnen Syndrome oder die Rede von »undervirilized males« und »virilized females« bevorzugt, wobei eine entsprechende deutsche Nomenklatur gegenwärtig diskutiert wird. Die Verwendung dieser Begriffe setzt allerdings eine exakte Diagnose und eine entsprechende Zuordnung zum weiblichen oder männlichen Geschlecht bereits voraus. Diese Entwicklung kann als ein weiterer Schritt des Prozesses der ideologischen Eliminierung von Doppel- oder Zwischengeschlechtlichkeit verstanden werden, der mit der Umklassifizierung von Hermaphroditen durch Pseudohermaphroditen eingeleitet wurde. Damit wird das Konzept von nur zwei Geschlechtern weiter zementiert: untervirilisierte Männer und virilisierte Frauen sind keine Menschen zwischen den Geschlechtern und erst recht keine Hermaphroditen mehr. Damit verschwindet ein Aspekt des Konzeptes Intersexualität, nämlich die Unsicherheit über das Geschlecht. Innerhalb von Gegendiskursen intersexueller Menschen wird Intersexualität im Gegensatz dazu substantialisiert, essentialisiert und als eine bestimmte Form von körperlicher Gegebenheit, als Besonderheit oder sogar als eigenes Geschlecht konstituiert.

Meine Untersuchungen haben gezeigt, dass diejenigen intersexuellen Menschen tendenziell besser mit ihrer körperlichen Gegebenheit und den Folgen der medizinischen Eingriffen zurecht kommen, die nicht nur den medizinischen Diskurs kennen, sondern mit alternativen Diskursen vertraut sind, welche *Empowerment* liefern. Für das medizinische Management von Intersexualität ist es daher sehr wichtig, intersexuelle Menschen und deren Eltern auf andere Verständnisweisen und Standpunkte aufmerksam zu machen. Ebenso wichtig sind Kontakte zu anderen Betroffenen, um die Isolation aufzubrechen. Die von vielen intersexuellen Menschen formulierte Medizinkritik bestätigt auch die Ergebnisse von kritischen Medizinethnologen (Scheper-Hughes und Lock 1987) bezüglich der Folgen, welche die der Biomedizin zugrunde liegende cartesianische Trennung von Körper und Geist für die Patienten haben kann. Sie zeigt, worauf auch Hester (2004) kürzlich aufmerksam gemacht hat, dass durch die chirurgische und hormonelle Behandlung lediglich normierendes *curing* und kein ganzheitliches *healing* stattfindet und die Behandlich folglich ein »treatment sans healing« (Kleinman 1997) bleibt. Heilung findet oft erst in den Selbsthilfegruppen statt, die im Anschluss an Scheper-Hughes (1997) als »kritische Subkulturen« beschrieben werden können, statt. So wird deutlich, wie wichtig es für die Medizin – nicht nur in diesem Bereich – ist, den ganzen Menschen zu sehen und ernst zu nehmen.

Die geschilderten Erfahrungen der Entfremdung vom medizinisch korrigierten beziehungsweise hergestellten Körper bestätigen auch andere medizinethnologische Forschungen, die zeigen, wie bedroht das (geschlechtliche) Selbst durch chronische Krankheit (Charmaz 1995), durch Organtransplantation (Kalitzkus 2003) und durch größere Operationen generell (Manderson 1999) sein kann. Dies gilt in besonderem Maße, wenn es sich, wie im Falle von Intersexualität, bei der Entfernung, Korrektur oder dem Neuanlegen bestimmter Körperteile um »vergenderte« Körpermerkmale handelt, so dass die Eingriffe direkt das Geschlechtsbewusstsein betreffen. Die Begründung für Eingriffe in intersexuelle Körper in einem nicht-zustimmungsfähigen Alter, zukünftiges psychisches Leid damit zu verhindern, wird damit anzweifelbar.

Ich habe in diesem Buch dargelegt, wie sehr das euro-amerikanische Konzept der natürlichen Zweigeschlechtlichkeit und die Medikalisierung von Intersexualität zurzeit im Fluss ist. Oft wird die Frage diskutiert, ob die von intersexuellen Menschen zur Emanzipation entwickelten alternativen Geschlechtermodelle die Chance haben, von einem marginalen Subdiskurs zum hegemonialen Diskurs über Geschlecht durchzudringen. Wenn sie schon nicht unser gesellschaftliches Ordnungssystem der Zweigeschlechtlichkeit erschüttern können, so besteht, so denke ich, eine realistische Chance, dass bestehende Konzepte erweitert werden und somit der sozialen Akzeptanz intersexueller Menschen ein Weg gebahnt wird. Der Versuch einiger intersexueller Menschen, ihre Intersexualität selbstbewusst zu leben, könnte als wichtige Kraft Prozesse des sozialen Wandels ankurbeln. Es sind nämlich häufig gerade die Strategien an den Rändern der Gesellschaft, aus denen sich neue allgemeingesellschaftlich anerkannte Konzepte entwickeln. Aus den unterschiedlichen Interpretationen von

Intersexualität ergeben sich verschiedene, oft konträre Positionen bezüglich der Handlungsoptionen. Oft sind Standpunkte aus anti-medizinischen Diskursen wie etwa die Vorstellung, vor der medizinischen Behandlung »ganz« gewesen zu sein, innerhalb des medizinischen Diskurses im wahrsten Sinne des Wortes »unverständlich«. Da die verschiedenen Diskurse unterschiedliche Aspekte des Themas thematisieren und andere ignorieren, sind die Handlungsoptionen oft nicht miteinander vereinbar. Dies kann zu Verunsicherungen bei geschlechtlich uneindeutigen Menschen und deren Eltern führen und zeigt auch allen anderen, dass von jeder Wahrheit frei nach Hermann Hesse – (zumeist) auch ihr Gegenteil wahr ist. Wir können versuchen, einander die Möglichkeit zu geben, uns zu verstehen, aber deuten kann letztlich jeder nur sich selbst.

Anhang

Anhang 1: Angaben zu den zitierten Personen[250]

Ernst Bilke (46), Fahrlehrer und Online-Redakteur
Hypospadie. Sein Vater widersetzte sich dem Rat der Ärzte in Deutschland, aus dem Jungen aus technischen Gründen ein Mädchen zu machen. Daher wurde er zwischen 3 und 12 Jahren in der Schweiz mehrmals am Genitale operiert, um eine normales Aussehen und eine normale Funktion zu ermöglichen. In seiner Kindheit fühlte er sich eher als Mädchen, spielte lieber mit Mädchen und interessierte sich mehr für weiblich konnotierte Tätigkeiten. Das Thema Intersexualität war in seinem Elternhaus tabu. Als ihm mit 13 Jahren Brüste wuchsen, war er glücklich darüber und hoffte auf eine körperliche Entwicklung in die weibliche Richtung. Verhasst war ihm dagegen der einsetzende Bartwuchs. In seiner Jugend bekam er Depressionen und unternahm einen Selbstmordversuch, da er fühlte, dass für jemanden, der weder Mann noch Frau ist, kein Platz in dieser Gesellschaft ist. Mit 27 Jahren erfährt er von seiner Intersexualität. Als ihm damit sein Gefühl zwischen Mann und Frau bestätigt wurde, ging es ihm besser. Heute fühlt er sich als eine dritte Kategorie mit männlichem sozialen Geschlecht. Er bedauert die mangelnde Bereitschaft der Ärzteschaft, Menschen, die Geschlechternormen sprengen, als Bereicherung der Gesellschaft zu begreifen und plädiert für eine frühzeitige psychotherapeutische Begleitung von betroffenen Kindern und deren Eltern. Ernst Bilke ist verheiratet und hat einen Sohn.

---

250 Hier sind nur die Personen angegeben, mit denen ein Interview geführt wurde oder deren Auffassungen ich im Rahmen der Zusammenarbeit beim interdisziplinären Gremium in Österreich kennenlernen durfte. Im Text zitierte Personen, deren Zitate einem auf einem Kongress gehaltenen Vortrag entstammen, sind hier nicht angegeben. Die Angaben beziehen sich auf den Zeitpunkt der Gesprächsführung (November 2002 bis Mai 2004).

Claudia Clüsserath (47), Inhaber/in eines Anglerfachgeschäfts
Hermaphroditismus verus mit XY/XX-Mosaik (Chimärismus). Sie/Er versucht eine Rekonstruktion ihrer/seiner Biografie anhand der medizinischen Unterlagen und verschiedenster Narben. Vermutet, die erste Zeit als Mädchen aufgewachsen zu sein, bevor sie/er zum Jungen erklärt wurde. Ihre Mutter streitet alles ab. Die operativen Eingriffe und die Geschlechtszuweisung innerhalb des Geschlechterdimorphismus sieht sie/er als Vergewaltigung ihres/seines eigentlichen Wesens. Mit 41 Jahren unterzog sie/er sich einer geschlechtsangleichenden Operation zur Frau, wobei ihr die Auskunft über die Beschaffenheit des Gonadengewebes nach ihrer Aussage verweigert wurde. Claudia Clüsserath lebt seitdem in der weiblichen Geschlechterrolle, begreift sich aber als Hermaphrodit oder Zwitter. Sie/Er kämpft für die Möglichkeit, geschlechtskorrigierende Genitaloperationen ohne Zustimmung der Betroffenen als Verletzung der körperlichen Unversehrtheit juristisch einzuklagen. Sie/Er ist ledig, Mitglied der *Deutschen Gesellschaft für Transidentität und Intersexualität* (dgti) und berät intersexuelle Menschen und deren Eltern.

Birgit Castner, Hausfrau
Mutter der 5-jährigen Alexandra mit AGS, verheiratet und Mitglied der *AGS Eltern- und Patienteninitiative e.V.*

Janine Demmer, Hebamme
Mitglied der Schweizer Gruppe *Selbsthilfe Intersexualität.*

Jutta Gerke (43), Heilerziehungspflegerin
17 beta HSD. Die tatsächliche Diagnose erfuhr sie mit 41 Jahren. Vorher wurde sie zunächst mit der Diagnose »testikuläre Feminisierung«, später mit »partieller Androgenresistenz« belegt. Mit 7 Jahren fand eine beidseitige Entfernung der Hoden statt, ab 14 Jahren bis heute wird sie mit feminisierenden Hormonen behandelt. Eine Erklärung von medizinischer Seite bekam sie die ganze Zeit über nie, und auch die Einsicht in ihre Krankenakten wurde ihr verwehrt. Zwischen dem 21. und 31. Lebensjahr fanden mehrere Operationen zur Verlängerung der nur kurz angelegten Scheide statt – mehrere deswegen, da sie alle Jutta Gerke zufolge unfachmännisch durchgeführt wurden und daher Nachoperationen erforderlich waren. Alle diese Operationen waren aus ihrer Sicht völlig überflüssig,

denn zur Verlängerung der Scheide hätte reines Dehnen ausgereicht. Ihr Selbstverständnis beschreibt sie als »erstmal Mensch, mehr Frau als Mann (70/30)«. Sie ist sich sehr im Unklaren darüber, ob eine Kategorie »Intersex« in Abgrenzung zu Mann und Frau Sinn macht. Stattdessen tendiert sie eher dazu, die Definitionen für Mann und Frau so weit zu fassen, so dass man sich auch als intersexueller Mensch im Alltagshandeln und Selbstverständnis einer dieser beiden Kategorien zuordnen kann. Bei weiten Definitionen von Mann und Frau, die sich auch ein ganzes Stück überschneiden, würde sie sich als Frau bezeichnen. Dieses Selbstverständnis stellt für sie eine Annäherung dar und ist nach wie vor im Fluss, das heißt nichts Abgeschlossenes. Jutta Gerke ist ledig und Mitglied bei den *XY-Frauen.*

Sabine Götz, Bankkauffrau
Mutter der 14-jährigen Tanja mit »Pseudohermaphroditismus masculinus« mit XY-Chromosomen und Hoden (keine näheren Angaben). Ihr selbst fiel Tanjas vergrößerte Klitoris schon bei der Geburt auf, aber die Ärzte beruhigten sie zunächst mit dem Hinweis, das werde sich auswachsen. Dann, als Tanja 7 Monate alt war, stellte sich bei einem Chromosomentest heraus: »Ihre Tochter ist eigentlich ein Sohn. Jetzt ist sie schon ein Mädchen, jetzt ziehen Sie sie weiter als Mädchen auf«, wie es der Arzt der Mutter vermittelte. Mit 2 Jahren wurde die Klitoris reduziert, bei der ihr »Heerscharen von Medizinern« zwischen die Beine guckten; mit 5 Jahren eine Gonadektomie durchgeführt, heute nimmt sie weibliche Hormone. Sabine Götz nahem ihr in einer Panikreaktion alle Kleidung in Jungenfarben sowie alles männlich assoziierte Spielzeug wie Autos weg und »drückte ihr stattdessen eine Puppe in die Hand«. Sie fühlte sich völlig allein gelassen und dachte jahrelang, sie sei die einzige Mutter auf der Welt mit so einem Kind. Tanja haben die Eltern die Diagnose bislang verschwiegen, sie weiß lediglich, dass sie keine Kinder bekommen kann. Die Eltern wissen allerdings nicht, wie viel sie schon weiß. Tanja ist sehr aggressiv, hat »Panik vor Ärzten« und hatte mit 10 Jahren bereits Selbstmordgedanken. Da sie sich nicht mehr untersuchen lässt, wissen die Eltern auch nicht die genaue Diagnose. Sabine Götz ist verheiratet, hat 3 Kinder und ist Mitglied der Elterngruppe der XY-Frauen.

Rosa Grünwälder (42), Malerin
AGS mit Salzverlust. Mit 5 Jahren fand die genitalkorrigierende Operation
statt. Innerhalb ihrer Familie wurde mit AGS offen umgegangen. Auf
Nachfrage bekam sie Informationen. Ein »sehr sachliches« medizinisches
Aufklärungsheft über AGS hat sie in der Pubertät schon schockiert, vor
allem der Gedanke, was aus ihr geworden wäre, wäre sie nicht behandelt
worden. Für sie ist AGS zum Teil eine Krankheit beziehungsweise ein
genetischer Defekt (wenn sie die Tabletten nicht nimmt, geht es ihr
schlecht), zum Teil einfach eine körperliche Gegebenheit. Sie ist froh darüber, medizinisch behandelt worden zu sein, so dass die Zwischengeschlechtlichkeit sich nicht ausprägte. Sie wehrt sich gegen die Sensationsgier vor allem der Medien im Umgang mit dem Thema Intersexualität und
begreift sich als eindeutige Frau. Allerdings führt sie ihre generell große
Lebenstoleranz darauf zurück, dass sie sich durch ihre körperliche
Gegebenheit mit der Frage ihrer Geschlechtsidentität auseinandersetzen
musste.

Harm Harms, Schlosser, und Folke Harms, Buchhalterin
Eltern der 4-jährigen Fenja mit Gemischter Gonadendysgenesie. Fenja
hatte bei der Geburt eine vergrößerte Klitoris, worauf bei einer Kern-
spintomographie auf der einen Seite ein Hoden, auf der anderen ein
Eierstock festgestellt wurde. Fenja hat eine verschlossene Vagina und eine
Gebärmutter. Mit 2 Jahren wurden die Gonaden aus medizinischen Gründen entfernt, ihre Klitoris behielt sie. Die Eltern wollten nur das medizinisch Notwendige machen lassen. Sie klärten sich selbst durch das Internet
auf. Von ihrem Arzt erhielten sie die Information, sie würden nicht leicht
andere Eltern mit einem intersexuellen Kind finden. Aus der Sicht von
Harm und Folke Harms soll Fenja selbst über ihren Körper und ihr Ge-
schlecht entscheiden, da sie der Auffassung sind, sie als Eltern hätten kein
Recht, ihren Körper nicht in Ordnung zu finden. Fenja weiß, dass sie
»Puzzlesteine eines Jungen« hat und behauptet auch manchmal, ein Junge
zu sein, meistens aber sieht sie sich als Mädchen. Ihr soziales Umfeld hat
Fenjas Intersexualität aufgrund der Offenheit der Eltern akzeptiert. Die
Harms haben zwei Kinder und sind Mitglieder in der Elterngruppe der
XY-Frauen. Folke Harms sieht die Aufgaben dieser Elterngruppe darin,
Kontakte zwischen den Eltern und zwischen den Kindern herzustellen, um
die Isolation aufzubrechen, die Frage, auf welche Weise das Umfeld zu
informieren sei, zu erörtern, die Gesellschaft und die Kinder aufzuklären

und Patenschaften intersexueller Menschen für die Kinder der Elterngruppe zu etablieren.

Dr. Elisabeth Holzleithner
Rechtsphilosophin. Lehrt an der Universität Wien.

Anna Jacobs (60), Sonderpädagogin
17 beta HSD. Als Mädchen im Krieg geboren und aufgewachsen. Sie
fühlte sich in ihrer Kindheit immer schon anders, ahnte, dass ihre
Andersartigkeit mit Geschlecht und Sexualität zu tun hat, obwohl das
Thema in der Familie tabu war. Mit zwölf Jahren entdeckten Mitschüler
ihre größere Klitoris, was zu Hänseleien wie »Zwitter« und dergleichen
führte. Die Virilisierung in der Pubertät (Wachstum der Klitoris,
Körperbehaarung, Stimmbruch, Ausbleiben der Menstruation), die sie als
unheimlich, unfassbar und unbenennbar empfand, führte sie in die Isolation und Verzweiflung. Mit 16 wurde sie aufgrund des Ausbleibens der
Menarche in einer Uni-Klinik behandelt, wo sie ohne ein erklärendes Wort
intime Untersuchungen, Blicke von Studenten, Zurschaustellung in Hörsä-
len und Fototermine über sich ergehen lassen musste. Auch über die
Gonadektomie mit 17 Jahren gab es keine Erklärung, außer dass sie niemals Kinder bekommen würde und auch erst nach einer Hormonbehand-
lung und Vaginaloperation heterosexuellen Geschlechtsverkehr haben
könne. Die damalige Diagnose »testikuläre Feminisierung« erfuhr sie erst
einige Jahre später durch Zufall. Sie fühlte sich als Monster. Als sie in einem Arztbericht las: »Um psychische Komplikationen zu vermeiden, haben wir es für richtig gehalten, die Patientin nicht über ihre wahre
Geschlechtszugehörigkeit und ihre Kastration zu unterrichten«, war das für
sie neben dem Schock auch eine Erleichterung: Sie war keine Frau, kein
Mann und auch kein Zwitter, sondern intersexuell. Ihr ganzes Leben lang
verdrängte sie die Uneindeutigkeit ihres Geschlechts und versucht, sich in
die weibliche Rolle zu integrieren. Erst vor wenigen Jahren fasste sie durch
Kontakt mit der Selbsthilfegruppe *XY-Frauen* den Mut, ihre körperliche
Gegebenheit zu erforschen und sich ihren Identitätsproblemen zu stellen.
Anna Jacobs lebt mit einer Frau zusammen und ist Mitglied bei den *XY-
Frauen.*

Alex Jürgen (28), Einzelhandels-/Bürokauf»mensch«, Pflegehelfer, Kauf»mensch« für multimediales Gestalten, Behindertenberater und NLP-Resonanz Coach
5 alpha-Reduktasemangel. Galt die ersten zwei Lebensjahre als Junge, wurde dann auf medizinischen Rat zum Mädchen erklärt, wuchs als Mädchen auf, lebt heute als Mann. Mit 6 Jahren fand eine »Penisamputation« statt, mit zehn Jahren wurden ihm/ihr die Hoden entfernt, ab 14 Jahren bekam er/sie eine Hormontherapie mit Östrogenen und mit 15 Jahren eine Vaginalplastik. Alex Jürgen wurde alkohol- und heroinsüchtig, hat zwei Selbstmordversuche hinter sich und erkrankte mit 19 Jahren an Leukämie. Im Versuch, sich selbst und den eigenen intersexuellen Körper zu akzeptieren, begann er/sie, sich als intersexueller Mensch zu outen, gründete er/sie eine Selbsthilfegruppe für intersexuelle Menschen (www.intersex.at) und lebt seit dem 27. Lebensjahr als Mann. Er/Sie fühlt sich zwar nicht als Mann, will aber keine Frau sein und sieht in unserer Gesellschaft für sich keine Nische, um zwischen Mann und Frau zu leben. Alex Jürgen ist Protagonist der Filmdokumentation »Tintenfischalarm« über sein Leben von Elisabeth Schärer (2006). Er/Sie ist ledig, Mitglied bei den *XY-Frauen* und Inhaber der Internetseite http://www.intersex.at.

Romy Kaiser (25), Psychologiestudentin
CAIS. Durch eine Leistenbruchoperation im Alter von 3 Jahren wurde CAIS entdeckt und ein Hoden entfernt. Die darauf folgenden Untersuchungen zweimal im Jahr empfand sie als »Hölle«. Das Thema war aber in ihrem Elternhaus tabu; sie wurde angehalten, über die Untersuchungen mit niemandem zu sprechen und bekam auch keine Erklärungen, weder von ihren Eltern, noch von den Ärzten. Mit 13 Jahren wurde der zweite Hoden – ebenfalls ohne Erklärung – entfernt und sie begann eine Hormonersatztherapie, die sie jedoch im Alter von 23 Jahren abbrach und seitdem ohne Geschlechtshormone lebt. Sie fühlte sich jahrelang als unnormal und als Monster, zog sich in sich zurück, sprach mit niemandem über ihre Ängste und wurde depressiv. In einem ärztlichen Krankenbericht ihres ehemaligen Hausarztes stieß sie mit 20 Jahren auf die Formulierung »Verdacht auf Bisexualität«, worauf sie sich im Internet und in Bibliotheken zu informieren versuchte. Ein Test in einem humangenetischen Institut ergab die Diagnose »CAIS«. Die Wahrheit zu erfahren empfand sie als große Erleichterung. Romy Kaiser ist ledig und Mitglied bei den *XY-Frauen*.

Susan Kästner (48), Agrarwissenschaftlerin, Ingenieurin
Swyer-Syndrom. Aufgrund der körperlichen Vermännlichung und ausbleibender Menstruation wurde ihr mit 16 Jahren bei einem Besuch eines humangenetischen Instituts die Diagnose gestellt. Ihre Mutter sagte ihr, in der Bibel wären das Engel. Auf den Wunsch ihrer Mutter wurde sie von den Ärzten komplett aufgeklärt. Die Entscheidung über ihr Geschlecht wurde ihr überlassen. Durch diese Diagnose »brach ihr heiles Weltbild« – sie wollte immer mehrere Kinder – »zusammen«. Sie entschied sich für die weibliche Richtung, was die Entfernung ihrer Stranggonaden (und einer Zyste im Bauchraum) sowie eine Hormonersatztherapie bedeutete. Seit der Gonadektomie fühlt sie sich in ihrer Integrität verletzt. Die Operation hat sie »in die weibliche Richtung geschoben, in der ihre Biologie nicht wollte«, die sie aufgrund der XY-Chromosomen eher als männlich begreift. Sie hatte sexuelle Kontakte mit Männern wie mit Frauen. Susan Kästner fühlt sich weder als Frau noch als Mann, sondern als »intersexuell oder noch besser als ›Ich‹«. Sie fühlt sich »zwangstranssexualisiert« und durch die von außen zugeführten weiblichen Hormone »wie weichgespült«. Sie würde gerne wissen, was an ihrem Wesen zu ihr selbst gehört und was lediglich die Wirkung der eingenommenen Hormone ist. Susan Kästner ist ledig und Mitglied bei den *XY-Frauen.*

Dr. Christian Kapferer
Kinderendokrinologe in einer österreichischen Klinik.

Erika Kasal (36), Sozialtherapeutin
PAIS. Mit 13 Jahren begann ihre Klitoris zu wachsen, was sie nicht sonderlich störte, wovon sie aber wusste, dass andere ein Problem damit haben. Als sie deswegen zum Arzt ging, wurde ohne Erklärung eine Klitorektomie und Gonadektomie durchgeführt, wodurch sie sich heute verstümmelt fühlt. Mit 22 Jahren holte sie sich ihre Akten, worin sie von ihren XY-Chromosomen und Hoden erfuhr. Dass sie genetisch ein Mann ist, war für sie »der größte Schock, weil sie bis dahin nichts mehr als Frau sein wollte«. Heute begreift sie sich als »intersexuell, nicht als Frau und nicht als Mann oder irgendwo zwischen intersexuell und Frau«. In Bezug auf ihre Sexualität beschreibt sie sich als »multisexuell, da sie als genetischer Mann auf Frauen steht«. Erika ist ledig und Mitbegründerin bei den *XY-Frauen.*

Elena Kaubisch (34),Putzfrau
AGS. Sie wuchs in Polen auf. Mit 13 Jahren fand eine Vaginalplastik und
Klitorisamputation statt. Elena Kaubisch wurde lediglich über die Vaginal-
plastik unterrichtet, die Klitorisreduktion fand ohne ihr Wissen statt.
Davor hatte sie ständig aufgrund des Menstruationsblutes, das nicht abflie-
ßen konnte, wie sie vermutet, Bauchschmerzen,. Ihre Eltern, obwohl von
den Ärzten eingeweiht, haben nie mit ihr darüber gesprochen. Sie hatte nie
Zweifel daran, eine Frau zu sein. Sie schwankt zwischen Nehmen und
Aussetzen der Medikamente: Nimmt sie Kortison und Dexamethason,
fühlt sie sich zu dick. Ohne die Medikamente hat sie das kosmetische
Problem, durch die vielen Androgene zu viel Haarwuchs zu haben. Dass
AGS mit Zwischengeschlechtlichkeit in Verbindung gebracht wird, hörte
sie durch mich zum ersten Mal. Für sie ist AGS eine Krankheit, die sie vor
allem durch Fertilitätsprobleme, aber auch durch Schwächegefühle,
Gewichtsprobleme und vermehrten Haarwuchs leiblich erfährt. Elena
Kaubisch ist verheiratet und wünscht sich sehnlich ein Kind.

Swenja Köpke (32), Projektleiterin
5 alpha-Reduktasemangel. Diagnostiziert wurde das Intersex-Syndrom im
Alter von 16 Jahren eher durch Zufall: Sie hatte sich an eine Hautärztin
gewandt, weil sie zu viele Haare im Gesicht hatte. Als sie die Frage nach
ihrer Menstruation verneinte, wurde sie sogleich in eine Uniklinik ge-
schickt, ohne ihr den Grund dafür zu nennen. Dort wurde sie »untersucht,
untersucht und untersucht«, »bis ihre Eltern und die Ärzte eine
Gonadektomie beschlossen«. Aus den ihr heute vorliegenden Unterlagen
geht hervor, dass die Ärzte sich nicht einig waren, ob sie überhaupt
unaufgeklärt operiert werden sollte. Die Operation fand aber trotzdem
statt. Ab diesem Zeitpunkt hatte sie die Hoffnung, daß alles, was sie bis
dahin an Selbstzweifeln (»Zwitter oder nicht oder was auch immer«) ge-
quält hatte, aufhören würde. »Alles sollte ja schließlich mit dieser Operation erledigt sein. Aber meine Selbstzweifel, ob ich denn eine richtige Frau
sei, hörten nicht auf. Im Gegenteil: ich versuchte sogar mit zusätzlichen
Spritzen/Cremes, den doch schwachen Brustaufbau zu verbessern.«
Zwischenzeitlich begann sie mit einer Psychotherapie, in der es aber nur
am Rande um Intersexualität ging. Erst mit 30, zwölf Jahre nach der
Operation, musste sie feststellen: »Ich konnte nicht mehr weiter. Es gab
nur noch ein Thema in meinem Leben, dem ich mich noch nicht gestellt
hatte: diese OP und die ganze Diagnose.« Erst da erfuhr sie von ihren XY-

Chromosomen. Ihre Diagnose kannte sie schon vorher, wollte aber nicht genau wissen, was »5 alpha-Reduktasemangel« bedeutet: »Vielleicht so eine Art innerlicher Schutz. Erst jetzt kann ich damit umgehen und lerne mich richtig kennen.« Swenja Köpke ist ledig und Mitglied bei den *XY-Frauen*.

Prof. Dr. Ursula Kuhnle
Niedergelassene Kinderendokrinologin in einer Praxis für Kinder- und Jugendheilkunde.

Katrin Ann Kunze (45), freie Journalistin und Werbetexterin
CAIS. Kam als Mädchen mit angeborenem Leistenbruch zur Welt – ein Hinweis auf AIS. Obwohl ihre Eltern von der Diagnose wussten, erfuhr sie erst mit 16 Jahren davon, keine Eierstöcke, keine Eileiter, keine Gebärmutter und stattdessen XY-Chromosomen und Hoden zu haben. Seitdem sah sie ein inneres Fragezeichen hinter ihrem Frausein. Durch die Tabuisierung des Themas wollten ihre Eltern ihr ein unbeschwertes Heranwachsen ermöglichen. Für sie dagegen wurde ihr dadurch ein Stück ihrer Lebenswahrheit zu lange vorenthalten; die vermeintliche Unbeschwertheit ihres Lebens war »eine Farce«. Sie wünscht sich eine Gesellschaft, in der die geschlechtliche Einordnung von Menschen keine Rolle mehr spielt. Katrin Ann Kunze ist allein stehend und Mitbegründerin der XY-Frauen.

Dr. Claudine Lamarque
Kinderchirurgin an einer deutschen Klinik.

Birgit Lanzleithner (42), Tierärztin
AGS mit Salzverlust. Mit 3 Jahren Klitorisreduktion und Vaginalplastik, im Laufe der Jahre zahlreiche Bougierungen mit und ohne Narkose. Die Untersuchungen empfand sie als entwürdigend und wie Vergewaltigungen, im Krankenhaus war sie stets allein, in der Familie war AGS ein Tabuthema. Birgit Lanzleithner fühlt sich als eindeutige Frau, Intersexualität stellt für sie keinen geschlechtsbezogenen Begriff und eine unzulässige Subsummierung verschiedenster Syndrome dar; AGS begreift sie als Erkrankung. Sie findet, auf die genitalkorrigierende Operation könne man im Falle von AGS nicht verzichten – aus medizinischen wie psychischen Gründen. »Es gibt kein AGS ohne Leid«, operiert oder nicht operiert, ist ihre Erfahrung. Nach ihr sind Menschen mit XX-Chromosomen und AGS Frauen, da sie innere weibliche Organe haben und – hormonell richtig

eingestellt – Kinder bekommen können. Birgit Lanzleithner ist Mitglied der *AGS Eltern- und Patienteninitiative e.V.* und setzt sich für eine Enttabuisierung und für psychologische Betreuung von AGS-Betroffenen und deren Eltern ein. Sie ist verheiratet und hat zwei Kinder.

Ursula Linzer, Krankenschwester und Thomas Linzer, Ingenieur
Eltern des 4-jährigen Jannik mit XY/XO Gemischter Gonadendysgenesie. Unmittelbar nach der Geburt sahen sie bei Jannik eine ausgeprägte Hypospadie, was sie nicht weiter beunruhigte. Erst als ihnen eine Ärztin sagte, das Geschlecht ihres Kindes sei nicht klar, war das für sie ein großer Schock. Den Rat der Ärztin, im Krankenhaus zu bleiben und sich sozial zu isolieren, bis das Geschlecht ermittelt sei, haben sie nicht befolgt. Sie ließen eine Chromosomenanalyse vornehmen, um Klarheit zu bekommen, merkten aber, dass die Klarheit »von innen heraus wachsen muss und die Ärzte ihnen dabei nicht helfen konnten«. Ihre Maxime ist es, das medizinisch Notwendige machen lassen, ihm aber ansonsten seine »weiblichen Anteile« lassen. Die Hypospadie wurde korrigiert, die Vagina und später auch der Uterus mit darin liegendem Samenleiter, der verkümmerte Eierstock und der Eileiter entfernt, da er mit 3 Jahren einen Eileiterdurchbruch hatte. Ursula Linzer hat sich intensiv sowohl mit dem medizinischen Diskurs als auch mit der Intersex-Bewegung auseinandergesetzt. In ihrer eigenen Entwicklung ihrem Sohn gegenüber hat ihr geholfen, dass irgendwann der Aspekt des Schrillen, Bunten, Auffälligen der Intersexualität verschwunden war und sie zu einer Stück Normalität geworden war.

Daniela Maier, Kaufmännische Angestellte
Mutter der 5-jährigen Miriam mit Gemischter Gonadendysgenesie. Bei der Geburt war Miriams Geschlecht uneindeutig. Auf die Frage des Umfelds »Junge oder Mädchen« antworteten sie allen, sie wüssten es nicht. Sie empfanden es als ein großes Problem, ihr Kind anfangs mit keinem Namen ansprechen zu können. Nach drei Wochen stellte sich heraus, dass Miriam »XY-Choromosomen hat, aus ihrem Genitale man aber leider kein männliches machen konnte«. Des Weiteren wurden Stranggonaden festgestellt, die man ihnen aufgrund der Krebsgefahr empfahl, entfernen zu lassen, wozu sie nach drei Monaten auch zugestimmt haben. Erst danach haben sie den Namen herausgegeben. Daniela Maier hatte aber immer ein schlechtes Gefühl mit der OP, da ihr Miriam komplett vorkam, so wie sie war; da war nichts Fehlendes, Missgebildetes für sie an ihrem Körper. Dem

dringenden Rat der Ärzte auf eine geschlechtsangleichende Operation hat sie sich widersetzt. Ihr wäre es am liebsten, wenn Miriam sich gar nie operieren lassen würde, wobei sie die Entscheidung über ihr Geschlecht und die Operation in die Hände ihres Kindes legt. Anfangs war ihre Geschichte ein großes Thema in ihrem Dorf, heute haben es die Leute akzeptiert. Daniela Maier setzt sich sehr für gesellschaftliche Akzeptanz von Intersexualität ein. Sie ist verheiratet, hat ein Kind, ist Mitglied der Elterngruppe der *XY-Frauen* und Mitglied der Schweizer *Selbsthilfe Intersexualität*.

Eva Matt,
Juristin.

Elisabeth Müller (39), Kirchenmusiker/-in
CAIS. Sie/Er hat seit ihrer/seiner Pubertät geahnt, keine Kinder bekommen zu können und auch die Menstruation nicht zu bekommen, obwohl ihr/ihm das niemand gesagt hat, denn das Thema Intersexualität war in der Familie ein Tabu. Die seit ihrem/seinem vierten Lebensjahr stattfindenden jährlichen Untersuchungen empfand sie/er als sehr unangenehm und in der Pubertät dann als »Hölle«. Mit 16 Jahren erfuhr sie von ihren/seinen XY-Chromosomen und Hoden, worauf sie/er »heulend zusammenbrach«. Sie/Er fühlte sich als Monster. Mit 24 Jahren wurden ihre/seine Gonaden entfernt, was sie/er als Kastration beschreibt; mit 31 Jahren unterzog sie/er sich auf eigenen Wunsch einer vaginalvergrößernden Operation. Sie/Er begreift sich heute als »sehr weiblicher Hermaphrodit« beziehungsweise als Zwitter, findet aber, das Geschlecht sei Privatsache und spricht sich daher gegen eine Anrede von Menschen mit »Herr« oder »Frau« aus. Sie/Er ist überzeugt, dass der einzige Weg, Hermaphroditen eine gesellschaftliche Existenz zu geben, das Dritte Geschlecht sei, da es ihnen einen Personenstand gibt. Dieses solle aber kein Zwang sein, sondern eine Option für Hermaphroditen beziehungsweise deren Eltern sein. Elisabeth Müller ist ledig und Mitbegründer/-in der *XY-Frauen*.

Dr. Erich Obermayer
Kinderurologe an einer österreichischen Klinik.

Dr. Michael Rainer
Kinderurologe an einer österreichischen Klinik.

Heinrich Ratschek, Lehrer
Vater des 12-jährigen Holger mit XY/XO Gemischter Gonadendysgenesie. Aufgrund mehrerer Leistenbrüche wurde die Diagnose gestellt. Die Geschlechtsentscheidung wurde den Eltern überlassen, eine für sie sehr schwere Aufgabe. Da Holger für die Eltern von Anfang an ein Junge war, folgten sie dem Rat von Ärzten, ein Mädchen aus ihm zu machen, nicht. Stattdessen folgten sie dem gegenteiligen Rat einer anderen Klinik: Die Hypospadie wurde korrigiert. Ihre Entscheidung wurde dadurch bestätigt, dass keinerlei innere weiblichen Anlagen gefunden wurden. Heinrich Ratschek ist der Auffassung, Holger, »was sein Geschlecht angeht, gelassen zu haben und nur die kosmetischen Eingriffe vorgenommen zu haben, die notwendig waren, damit er wie ein Junge urinieren kann«. Er sieht es als seine Aufgabe, seinem Sohn dabei zu helfen, eine stabile Identität zu entwickeln und in seinem Körper anzukommen. Daher muss er »so an sich arbeiten, dass er Holger eindeutig als Junge sehen und diese Eindeutigkeit und Sicherheit auch auf ihn ausstrahlen kann«. Auf diesem sicheren Fundament aufbauend könne Holger später, wenn er will, sich auch anders entscheiden. Aber wichtig ist erst einmal eine eindeutige Identität, findet Heinrich Ratschek. Momentan steht Holgers Kleinwüchsigkeit als Problem an. Von seiner Intersexualität weiß Holger bislang noch nichts. Heinrich Ratschek ist Witwer und hat zwei Kinder.

Dr. John Ross
Kinderurologe an einer britischen Klinik.

Peter Schlesier
Kinderurologe an einer österreichischen Klinik.

Petra Schmidt (30), Grundschullehrerin
Swyer Syndrom. Mit 15 Jahren wurde die Gonadendysgenesie durch einen Besuch beim Gynäkologen aufgrund des Ausbleibens von Brustwachstum und Menstruation entdeckt. Sie erfuhr von dem behandelnden Gynäkologen, dass »aus der Petra ein Peter hätte werden sollen«, sie sich aber trotzdem als Mädchen fühlen solle. Es folgten zahlreiche medizinische Untersuchungen, oft unter Anwesenheit von vielen Ärzten und Studenten. Ihr wurde erklärt, ihr Fall sei interessant für die Medizin und die Studenten könnten an ihr viel lernen. Sie ließ die Untersuchungen wie das Fotografieren damals über sich ergehen, findet es aber aus heutiger Sicht erniedri-

gend. Mit 16 Jahren wurden die Stranggonaden entfernt und eine Hormonersatztherapie mit Östrogenen eingeleitet. Durch die künstlichen Hormone fühlt sie sich von ihrem Körper entfremdet, nimmt sie aber dennoch wegen der Osteoporose-Gefahr. Sie versteht sich heute als »Wesen mit vermehrt weiblichen Eigenschaften, nicht als Frau, aber auch nicht als Mann. Ich bin für mich wirklich dazwischen, und eine Festlegung gibt es für mich nicht mehr.«

Petra Schmitt, Hausfrau
Mutter des 7-jährigen Dennis mit XY/XO Gemischter Gonadendysgenesie. Bei der Geburt erfuhr sie, man könne das Geschlecht nicht eindeutig bestimmen, was sie sehr schockierte. Den Ärzten wirft sie vor, Eltern bewusst unwissend zu halten und sie zu geschlechtsangleichenden Operationen zu drängen. Sie widersetzte sich dem ärztlichen Rat, ihr Kind dem weiblichen Geschlecht zuzuweisen und entsprechende chirugische Maßnahmen vorzunehmen. Für sie ist Dennis ein Junge, »weil er so aussieht wie sein älterer Bruder«. Trotzdem ist sie darauf vorbereitet, dass er sich in der Pubertät auch anders entscheiden könnte. Aus medizinischer Sicht sollte er ein Mädchen werden, da er eine Gebärmutter, zwei verkümmerte Eileiter, einen verkümmerten rechten Hoden und einen leeren linken Hodensack sowie einen kleinen, nach innen gebogenen Penis hatte. Sie ließ ihren Sohn zunächst unkorrigiert, über die Operation soll er später selbst entscheiden. Einen Monat nach unserem Gespräch stellte sich durch einen vermeintlichen Leistenbruch heraus, dass das Hodengewebe auf der rechten Seite in Wahrheit ein Eierstock war, der aufgrund des Entartungsrisikos entfernt wurde. Petra Schmitt vermutet ärztliche Fehler als Ursache dafür, dass der Eierstock herabwanderte. Sie findet, Dennis muss nicht unbedingt im Stehen pinkeln können, das sei »ein männlicher Mythos«. Kontakte zur AGGPG und zur dgti halfen ihr dabei, sich gegen die Medizin zu wehren. Die angebotene psychologische Hilfe lehnten die Eltern für sich ab. Sie will das Thema aber in ihrem sozialen Umfeld außerhalb der Familie möglichst geheim halten aus Angst vor Hänseleien Dennis und seinen Geschwistern gegenüber. Daher war Dennis auch als Kleinkind in der Öffentlichkeit auch niemals nackt. Sie selbst würde noch mehr in die Öffentlichkeit gehen, aber der Schutz ihrer Kinder ist ihr wichtiger. Gäbe es die Möglichkeit, das Kind als Drittes Geschlecht eintragen zu lassen, würde sie das nicht tun und die Entscheidung darüber Dennis selbst überlassen. Petra Schmitt ist verheiratet und hat drei Kinder.

Dr. Hannes Schütz
Strafrechtler, Strafrechtslehrer und Dozent für Strafrecht an der Universität Wien.

Barbara Thomas (46), Lehrerin am Gymnasium
PAIS. Aufgrund des Wachstums ihrer Klitoris wurde sie in der Pubertät untersucht und erfuhr im Laufe der darauf folgenden Jahre Lügen und Halbwahrheiten über ihren Körper: Die Eierstöcke und ihre Gebärmutter seien wegen Unterentwicklung entfernt worden, sie könne keine Kinder bekommen, sie müsse sich einer Hormonersatztherapie unterziehen und ihre Vagina sei zu kurz, könne aber verlängert werden. Mit 19 Jahren erfuhr sie von einer Ärztin, ein »gebrochenes Y-Chromosom« zu haben. Ihre vergrößerte Klitoris war ihr als Jugendliche zwar optisch ein Ärgernis, heute ist sie jedoch froh, diese noch zu haben. Die Diagnose, die sie mit 35 Jahren erfuhr, war für sie »eine Erleichterung« und »eine fassbare Größe«. Durch eine Psychoanalyse konnte sie sich »auch ihren männlichen Anteilen stellen«, fühlt sich aber heute eindeutig als Frau. Barbara Thomas ist verheiratet und Mitglied bei den *XY-Frauen.*

Prof. Dr. Hans Weibhauser
Kinderendokrinologe in einer österreichischen Klinik.

Luise Weilheim (38), Therapeutin
Diagnose noch unbekannt. Bei ihrer Geburt war sie unauffällig, ihre Intersexualität wurde in Malaysia, wo sie geboren wurde und die ersten Jahre ihres Lebens verbrachte, nicht erkannt. Sie wuchs sie als »typisches« Mädchen und »richtige Puppenmama« auf, litt in der Pubertät jedoch unter der äußerlichen Nicht-Entwicklung zur Frau und versteckte jahrelang ihren Körper. Mit 17 Jahren erfuhr sie von einem Gynäkologen, dass sie unter einer Hormonstörung leide, keine Gebärmutter und nur eine kurze Scheide habe und nie Kinder bekommen würde. In diesem Alter wurde ihre Vagina zweimal operativ gedehnt. Die körperliche Ursache war für sie eine Erleichterung: Nicht eine psychische Verklemmtheit – ihre Schwester sagte ihr, sie müsse sich einfach verlieben, dann werde ihre Brust schon wachsen – sondern »die Natur« war schuld am Ausbleiben ihrer körperlichen Entwicklung zur Frau. Ihre »rudimentären« Gonaden, so der Arztbericht, wurden ihr aufgrund des Krebsrisikos entfernt und eine Hormonersatztherapie eingeleitet, die zwar ihre körperliche Entwicklung in die weibliche

Richtung vorantrieb und ihr zu »weiblichen Rundungen« verhalf, ihr
Gefühl, eine mangelhafte Frau zu sein bei gleichzeitiger Sehnsucht, eine
»richtige« Frau zu sein, jedoch nicht vertreiben konnte. Angeregt durch
eine Psychotherapie erfuhr sie erst mit 34 Jahren von ihren XY-
Chromosomen und Hoden. Zunächst war das für sie ein Schock, weil ihr
Leben als Frau ihr »wie ein Bluff« erschien. Heute ist die Diagnose für
Luise Weilheim, die sich sehr weiblich fühlt, die Grundlage ihrer Identität
als XY-Frau. Besonders schockierend war es für sie, dass alle in ihrer Familie über ihre körperliche Gegebenheit Bescheid wussten, nur sie nicht.
Luise Weilheim ist verheiratet und Mitglied bei den *XY-Frauen.*

Knut Werner-Rosen
ist niedergelassener Psychotherapeut in Berlin. Seit gut 10 Jahren ist sein
Schwerpunkt Kinder, Jugendliche, ihre Familien und Erwachsene mit
Intersexualität. Auf seine Initiative wurde zusammen mit dem Charité und
Virchow Klinikum Berlin das sogenannte »Berliner Modell« der Frühver-
sorgung der Eltern bei neugeborenen Kindern mit Intersexualität etabliert.

Prof. Dr. Claudia Wiesemann
Medizinethikerin.

Felix Wolff, Pastor und Martha Wolff, Hausfrau
Eltern von Luise Weilheim. Als ihre Tochter 17 alt Jahre war, erfuhren sie,
dass sie »die Chromosomen eines Mannes«, Stranggonaden, eine blind
endende Vagina und keinen Uterus hat. Sie haben mit ihrer Tochter jedoch, obwohl sonst in der Familie große Offenheit herrscht, bis vor kur-
zem nie darüber gesprochen, da sie davon ausgingen, sie wüsste es und
wollte selbst nicht darüber sprechen. Sie wollten ihr nicht das Gefühl geben, sie »darauf« zu reduzieren, was sich im Nachhinein als falsch
herausgestellt hat, denn Luise litt sehr unter ihrem Körper.« Vom Arzt
bekamen sie die Information, ihr Fall sei so selten, da wäre es schwer,
andere Betroffenen und Eltern zu finden. Unbegreiflich ist den Wolffs,
warum er ihnen nicht verraten hat, dass er zur selben Zeit eine andere
»Patientin« mit denselben Symptomen hatte. Umso erleichternder war es
für sie, vor einigen Jahren, angeregt von Luise, bei der XY-Frauen andere
Eltern kennen zu lernen und nunmehr auch einen Namen für das, was ihre
Tochter ist, zu haben: Sie ist eine XY-Frau, eine besondere Frau, finden die
Wolffs. Ärzten werfen sie vor, vor allem den Defekt und nicht den Mensch

im Vordergrund zu sehen. Ein intersexuelles Kind keinem Geschlecht zuzuordnen sehen sie problematisch, denn dann, so finden sie, wird die »Geschlechtsschubladisierung« von den Eltern und von der Umwelt noch stärker praktiziert und das Kind sei dann ständig mit diesem Problem konfrontiert. Ein freies Aufwachsen sei so noch schwerer. Ihr Ziel ist es, dass das »Schubladen-Denken« aufhört und Intersexualität als etwas Normales akzeptiert wird. Die Wolffs haben vier erwachsene Kinder.

Anhang 2: Glossar medizinischer Fachausdrücke

5 alpha-Reduktasemangel	Form von Intersexualität in Verbindung mit XY-Chromosomen. Intersexuelles Genitale bei Geburt, in der Pubertät unbehandelt Virilisierung.
17 beta-HSD	17 beta-Hydroxysteroid-Dehydrogenase-Mangel; äußert sich ähnlich wie 5-alpha-Reduktasemangel.
21 Hydroxylasemangel	Häufigste Form von AGS.
Adrenogenitales Syndrom	Häufigste Form von Intersexualität. Unterproduktion der Nebennierenrinde und – im Falle von AGS mit Salzverlust – auch von Aldosterol. Führt in Verbindung mit XX-Chromosomensatz zu intersexuellem äußeren Genitale. Englisch CAH (congenital adrenal hyperplasia).
AGS	Abkürzung für Adrenogenitales Syndrom, siehe dort.
Androgene	Sammelbezeichnung für männliche Geschlechtshormone (zum Beispiel Testosteron, Dihydrotestosteron).
AIS	Abkürzung für Androgen Insensitivity Syndrome, siehe Androgenresistenz.
Androgenresistenz	Form von Intersexualität. Körper reagiert bei einem XY-Chromosomensatz nicht auf Androgene. Führt im kompletten Fall (CAIS) zu einem weiblichen Phänotyp, im partiellen Fall (PAIS) zu einer mehr oder weniger starken Vermännlichung des äußeren Genitales und des Phänotyps. In beiden Fällen sind Hoden vorhanden.
Blasenekstrophie	Spaltblase.
bougieren	Dehnen und Weiten der Vagina.
CAIS	engl. Complete Androgen Insensitivity Syndrome, siehe Androgenresistenz.
Cervix uteri	Gebärmutterhals.
Chimärismus	das Vorhandensein von XY- und XX-Chromosomen in einem Körper.

Chromosomen	Sichtbare Träger der Erbsubstanz, im Normalfall 23 Chromosomenpaare, wovon das 45. und das 46. die »Geschlechtschromosomen« darstellen.
Dihydrotestosteron (DHT)	biologisch wirksame Form des Testosterons, welches durch das Enzym 5. alpha-Reduktase entsteht.
Dysgenesie	Fehlentwicklung.
dysgenetisch	Fehlentwickelt.
Endokrinologie	Lehre von der Morphologie und Funktion der endokrinen Drüsen und der Hormone.
Enzyme	In lebenden Zellen gebildete Eiweißkörper, die Stoffwechselprozesse ermöglichen.
Feminisierung, testikuläre	veralteter Begriff für Androgenresistenz, siehe dort.
Gestagene	weibliche Hormone.
Glans penis	Spitze des Penis.
Gonadektomie	operative Entfernung der Gonaden.
Gonaden	Keimdrüsen (Hoden und Eierstöcke).
Gonadendysgenesie	Fehl- oder Nicht-Entwicklung der Gonaden.
Gonadendysgenesie, Gemischte	Zweithäufigste Form von Intersexualität, mit XY- und XO-Chromosomen, einem (unterentwickelten) Hoden, einer Stranggonade und einem intersexuellen Genitale.
Hermaphroditismus verus	Form der Intersexualität mit XY- oder XX-Chromosomen oder einer Mischung; entweder auf der einen Seite einen Hoden, auf der anderen einen Eierstock, oder beidseitig einen »Ovotestis«.
Hirsutismus	Verstärkte Körper-, Geschlechts- und Gesichtsbehaarung bei Frauen.
Histologie	Lehre von den Geweben des Körpers.
Hypophyse	Hirnanhangdrüse.
Hypospadie	Spaltung des Penis am unteren Schaft und Mündung des Penis am Schaft statt an der Spitze.

informed consent	Die Einwilligung des über alle Risiken aufgeklärten Patienten oder dessen gesetzlichen Stellvertreters in einen operativen Eingriff.
Karyotyp	Anzahl und Form der Chromosomen, in diesem Zusammenhang der Geschlechtschromosomen.
Klinefelter-Syndrom	Form von Intersexualität bei einem XXY-Chromosomensatz.
Klitorektomie	operative Entfernung der Klitoris.
Klitorishypertrophie	vergrößerte Klitoris.
Klitorisreduktion	operative Verkürzung der Klitoris.
Klitorophallus	geschlechtsneutraler Begriff für die Klitoris/den Phallus.
Kloake	gemeinsamer Endteil des Darm- und Urogenitalkanals.
Kloakenekstrophie	Spaltung der Kloake.
Kryptorchismus	Hodenhochstand; Hoden, die sich nicht im Skrotum befinden.
Labien	Schamlippen, äußere und innere.
Meatus	Gang.
Menarche	Erstes Auftreten der Menstruation.
Müllerscher Gang	Embryonaler Geschlechtsgang, entwickelt sich bei Frauen zu Eileiter, Uterus und oberem Teil der Vagina.
Östrogene	Sammelbezeichnung für weibliche Geschlechtshormone.
Osteoporose	Verminderung der Knochensubstanz und -struktur mit der Folge einer erhöhten Knochenbrüchigkeit.
Ovarien	Eierstöcke.
Ovotestis	Gonade mit männlichen und weiblichen Keimzellen.
Pädiatrie	Kinderheilkunde.
PAIS	Engl. Partial Androgen Insensitivity Syndrome, siehe Androgenresistenz.
Phänotyp	Erscheinungsbild.
Praderstufen	Einteilung von intersexuellen Genitaltypen von Prader 1 (weiblich) bis Prader 5 (männlich).

Pseudohermaphroditismus femininus	Form von Intersexualität in Verbindung mit XX-Chromosomen.
Pseudohermaphroditismus masculinus	Form von Intersexualität in Verbindung mit XY-Chromosomen.
Sepsis	Blutvergiftung.
Skrotum	Hodensack.
Steroide	Geschlechtshormone.
Stranggonade	unausgereifte Gonade.
Streak-Gonade	siehe Stranggonade.
Reifenstein-Syndrom	veralteter Begriff für PAIS, siehe dort.
Swyer-Syndrom	Form von Intersexualität, auch »Reine Gonadendysgenesie« genannt. Fehlende oder mangelhafte Entwicklung der (Strang-)Gonaden bei einem XY-Chromosomensatz.
Testis (Plural Testes)	Hoden.
testikulär	Hoden-.
Testosteron	männliches Geschlechtshormon.
Tumor	Geschwulst.
urogenital	Harn- und Geschlechtsorgane betreffend.
Urethra	Harnröhre.
Urosepsis	von den Harnwegen ausgehende Blutvergiftung.
Uterus	Gebärmutter.
Virilisierung	Vermännlichung.
Wolffscher Gang	embryonaler Geschlechtsgang, entwickelt sich bei Männern zu Nebenhodengang, Samenleiter und Samenblase.
Zyste	sackartiger Tumor mit flüssigem Inhalt.

Anhang 3: Selbsthilfe und Aktivistengruppen

AGS Eltern und Patienteninitiative e.V.
Geschäftsstelle: Martina Welle-Basler
Bergstr. 32
77704 Oberkirch
Tel.: 07802/970036
http://www.ags-initiative.de

Androgen Insensitivity Syndrome Support Group (AISSG), Großbritannien
http://www.medhelp.org/www/ais

Arbeitsgruppe gegen Gewalt in der Gynäkologie und Pädiatrie (AGGPG)
http://www.postgender.de (Nicht mehr verfügbar.)

Deutsche Gesellschaft für Transidentität und Intersexualität (dgti)
http://www.dgti.org

Intersexuelle Menschen e.V.
Postfach 203239
20222 Hamburg
http://www.intersexualitaet.de/verein/imev.htm

Intersex Society of North America (ISNA)
http://www.isna.org

SI Selbsthilfe Intersexualität Schweiz
Postfach 4066, 4002 Basel, Schweiz
email: info@si-global.ch
http://www.si-global.ch (im Aufbau)

XY-Frauen
http://www.xy-frauen.de

Netzwerk Intersexualität
Klinik für Kinder- und Jugendmedizin
Universitätsklinikum Schleswig-Holstein,
Campus Lübeck

Ratzeburger Allee 160
23538 Lübeck
http://www.netzwerk-is.de

http://www.intersex.at
Österreichische Selbsthilfegruppe, gegründet von Alex Jürgen und gleichzeitig seine Homepage.

Literatur

Agrawal, Anuja (1997), »Gendered bodies. The case of the ›third gender‹«, *Contributions to Indian Sociology*, 3 (2), S. 273–297.

Alexander, Tamara (1998), »Der medizinische Umgang mit intersexuellen Kindern. Eine Analogie zum sexuellen Kindesmissbrauch«, in: Reiter, Michel (Hg.), *Hermaphroditen im 20. Jahrhundert. Zwischen Elimination und Widerstand*, Bremen.

Amarasingham Rhodes, Lorna (1990), »Studying biomedicine as a cultural system«, in: Johnson, Thomas M./Sargent, Carolyn F. (Hg.), *Medical Anthropology. Contemporary theory and method*, New York, S. 159–173.

Barz, Sabine, Fuchs, Sabine, Kaufmann, Margrit, Lauser, Andrea (1998), »KörperBilder – KörperPolitiken«, *kea. Zeitschrift für Kulturwissenschaften*, 11, KörperBilder, KörperPolitiken, S. 1-10.

Bauer, Birgit (2001), »Identity is the crisis, can't you see? Alternative Entwürfe zur Identitätspolitik auf den Spuren von Donna Haraway und Leslie Feinberg«, in: Heidel, Ulf, *Jenseits der Geschlechtergrenzen. Sexualitäten, Identitäten und Körper in Perspektiven von Queer Studies*, Hamburg, S. 330-334.

Baumann, Hermann (1986), *Das doppelte Geschlecht. Studien zur Bisexualität in Ritus und Mythos*, Berlin.

Baumann, Zygmunt (1995) *Moderne und Ambivalenz. Das Ende der Eindeutigkeit*, Frankfurt/M.

Beh, Hazel Glenn, Diamond, Milton, (2000), »An emerging ethical and medical dilemma: Should physicians perform sex assignment sugery on infants with ambigous genitalia?«, *Michigan Journal of Gender and Law*, 7, S. 1–63.

Bernard, Russel H. (2002), *Research methods in anthropology. Qualitative and quantitative methods*, Walnut Creek.

Besnier, Niko (1994), »Polynesian gender liminality through time and space«, in: Herdt; Gilbert (Hg.), *Third sex, third gender. Beyond sexual dimorphism in culture and history*, New York, S. 285–328.

Blackless, Melanie, Charuvastra, Anthony, Derryck, Amanda, Fausto-Sterling, Anne, Lauzanne, Karl (2000), »How sexually dimorphic are we? Review and Synthesis«, *American Journal of Human Biology*, 12, S.151–166.

Boddy, Janice (1989), *Wombs and alien spirits. Women, men, and the Zar cult in Northern Sudan*. Madison.

Bogoras, Waldemar (1909), *The Chukchee*, New York.

Bordo, Susan (1999), »Feminism, Foucault and the politics of the body«, in: Price, Janet/Shildrick, Margrit (Hg.), *Feminist theory and the body. A Reader*, New York.

Butler, Judith (1991), *Das Unbehagen der Geschlechter*, Frankfurt/M.

— (1997), *Körper von Gewicht. Die diskursiven Grenzen des Geschlechts*, Frankfurt/M.

Callender, Charles, Kochems, Lee M. (1983), The North American Berdache«, *Current Anthropology*, 24, S. 443–470.

Charmaz, Kathy (1994), »Discovering chronic illness: using grounded theory«: , in Glaser, Barney (Hg), *More grounded theory methodology. A reader*, Mill Valey: Sociology Press, 65–94.

— (1995), »The Body, identity, and self: Adapting to impairment«, *The Sociological Quarterly*, 36 (4), S. 657–680.

Christiansen, Kerrin (1995), »Biologische Grundlagen der Geschlechterdifferenz«, in: Pasero, Ursula/Braun, Friederike, *Konstruktion von Geschlecht*, Pfaffenweiler, S. 13–28.

Collier, Jean, Yanagisako, Silvia (1987), »Toward a unified analysis of gender and kinship«, in: Collier Jean/Yanagisako, Silvia (Hg.), *Gender and kinship: Essays toward a unified analysis*, Stanford .

Conboy, Katie, Medina, Nadia, Stanbury, Sarah (1997) (Hg.), *Writing on the body. Female embodiment and feminist theory*, New York.

Crouch, Robert A. (1999), »Betwixt and between. The past and future of intersexuality«, in: Dreger, Alice Domurat (Hg.), *Intersex in the age of ethics*, Hagerstown, S. 29–50.

Csordas, Thomas J. (1990), »Embodiment as a paradigm for Anthropology«, *Ethos* 18 (1), S. 5–47.

— (1994), »Self and person«, in: Bock, Philip (Hg.), *Psychological anthropology*, Westport, S. 331–350.

— (2000), »The body's career in Anthropology«, in: Moore, Henrietta (Hg.), *Anthropological theory today*, Cambridge, S. 172–205.

Das, Veena, Kleinman, Arthur, Lock, Margaret, Ramphele, Mamphela, Reynolds, Ramela (2001) (Hg.), *Remaking a world. Violence, social suffering and recovery*, Berkeley.

Davis, Kathy (2003), *Dubious equalities and embodied differences. Cultural Studies on cosmetic surgery*, New York.

Dévéreux, Georges (1937), »Institutionalized Homosexuality of the Mohave«, *Human Biology*, 9, S. 498–527.

Diamond, Milton, Sigmundson Keith H. (1997), »Sex reassignment at birth: Longterm review and clinical implications«, *Archives of Pediatrics and Adolescent Medicine*, 151, S. 298–304.

Die Philosophin. Forum für feministische Theorie und Philosophie 28 (2003), Intersex und Geschlechterstudien.

Dietze, Gabriele (2003), »Allegorien der Heterosexualität. Intersexualität und Zweigeschlechtlichkeit – eine Herausforderung an die Kategorie Gender«, *Die Philosophin. Forum für feministische Theorie und Philosophie*, 28, Intersex und Geschlechterstudien, S. 9–35.

— (o.J.), »Die Geburt der Kategorie Gender aus dem Geist des Skalpells. Intersexualität, Gender Studies und symbolische Heterosexualität«.

di Giacomo, Susan M. (1992), »Metaphor as Illness. Postmodern dilemmas in the representation of body, mind, and disorder«, *Medical Anthropology*, 14, S. 109–137.

Douglas, Mary (1966), *Purity and danger. An analysis of concepts of pollution and taboo*, Boston.

— (1986), *Ritual, Tabu und Körpersymbolik. Sozialanthropologische Studien in Industriegesellschafte und Stammeskultur*, Frankfurt/M.

Dreger, Alice Domurat (1998), *Hermaphrodites and the medical invention of sex*, Cambridge.

— (1999) (Hg.), *Intersex in the age of ethics*, Hagerstown.

Duden, Barbara (1991), *Geschichte unter der Haut*, Stuttgart.

— (1993), »Die Frau ohne Unterleib. Zu Judith Butlers Entkörperung. Ein Zeitdokument«, *Feministische Studien*, 11 (2), 24–33.

Dumont, Louis (1980), *Homo Hierarchicus. The caste system and its implications*, Chicago und London.

Edgerton, Paul B. (1964), »Pokot intersexuality. An East African example of the resolution of sexual incongruity« *American Anthropologist*, 66, 6 (1), S. 1288–1299.

Errington, Sherry (1990), »Recasting sex, gender, and power. A theoretical and regional overview« in: Atkinson, Jane M./Errington, Sherry, *Power and difference. Gender in Island Southeast Asia*, Stanford, S. 1–58.

Fausto-Sterling, Anne (1993), » The five sexes: Why male and female are not enough«, *The Sciences*, 33 (2), S. 20-25.

— (2000a), *Sexing the body. Gender politics and the construction of sexuality*, New York.

— (2000b), »The five sexes revisted«, *The* Sciences, 40 (4), S. 18–23.

Feministische Studien 11 (2) (1993), *Kritik der Kategorie ›Geschlecht‹.*

Foucault, Michel (1973), *Archäologie des Wissens*, Frankfurt/M.

— (1983), *Der Wille zum Wissen. Sexualität und Wahrheit* 1, Frankfurt/M.

— (1988), *Die Geburt der Klinik. Eine Archäologie des ärztlichen Blicks*, Frankfurt/M.

— (1991), »Andere Räume«, in: Barck, Karlheinz, Peter Gente, Heidi Paris (Hg.), *Aisthesis. Wahrnehmung heute oder Perspektiven einer andere Ästhetik*, Leipzig, S. 34–46.

Frank, Arthur W. (1990), »Bringing bodies back in. A decade review«, *Theory, Culture and Society*, 7, S. 131–162.

Fröhling, Ulla (2003), *Leben zwischen den Geschlechtern. Intersexualität – Erfahrungen in einem Tabubereich*, Berlin.

Garber, Marjorie (1992), *Vested interests. Cross dressing and cultural anxiety*, New York.

Garfinkel, Harold (1967) *Studies in Ethnomethodology*, Englewood Cliffs.

Gatens, Moira (1988), »Towards a feminist philosophy of the body«, in: Caine, Barbara, Elisabeth Grosz, Marie de Lepervanche (Hg.), *Crossing Boundaries. Feminisms and the critique of knowledges*, Sydney.

Geertz, Clifford (1987), *Dichte Beschreibung: Beiträge zum Verstehen kultureller Systeme*, Frankfurt/M.

Gennep van, Arthur (1909), *Les Rites de Passage. Etude Systématique des Rites*, Paris.

Giddens, Anthony (1991), *Modernity and self-identity. Self and society in the late modern age*, Cambridge.

Gildemeister, Regine, Wetterer, Angelika (1994) »Wie Geschlechter gemacht werden. Die soziale Konstruktion der Zweigeschlechtlichkeit und ihre Reifizierung in der Frauenforschung«, in: Knapp, Gudrun-Axeli/Wetterer, Angelika (Hg.), *Traditionen – Brüche. Entwicklungen feministischer Theorie*, Freiburg, S. 201–254.

Goffman, Erving (1994), *Interaktion und Geschlecht*, Frankfurt/M./New York.

Gordon, Deborah (1988), »Tenacious assumptions in western medicine«, in: Lock, Margaret/Gordon, Deborah (Hg.), *Biomedicine examined*, Dordrecht, S. 19–56.

Greer, Germaine (2000), *Die ganze Frau. Körper, Geist, Liebe, Macht*, München.

Grémaux, René (1994); »Woman becomes man in the Balkans«, in: Herdt, Gilbert, *Third sex, third gender. Beyond sexual dimorphism in culture and history*, New York, S. 241–284.

Griesebner, Andrea (1999), »Historisierte Körper. Eine Herausforderung für die Konzeptualisierung von Geschlecht«, in: Gütler, Christa/Hausbacher, Eva (Hg.), *Unter die Haut. Körperdiskurse in Geschichte(n) und Bilder. Beiträge der 5. Frauen-Ringvorlesung an der Universität Salzburg*, Innsbruck/Wien.

Gubrium, Jaber F., Holstein, James A. (1995), »Individual agency, the ordinary, and postmodern life«, *The Sociological Quaterly*, 36 (3), S. 555–570.

Hagemann-White, Carol (1984) *Sozialisation: weiblich – männlich?*, Opladen.

Hahn, Peter A. (1985) (Hg.) *Physicians of western medicine. Anthropological approaches to theory and practice*, Dordrecht.

Hall, Kira (1997) »›Go suck your husband's sugarcane!‹ Hijra and the use of sexual insult«, in: Livia, Anna/Hall, Kira (Hg.), *Queerly phrased. Language, gender and sexuality*, New York u.a., S. 430-460.

Hall, Stuart, du Gay, Paul (1996), *Questions of cultural identity*, London u.a.

Halliburton, Murphy (2002) »Rethinking Anthropological Studies of the Body: Manas and Bodham in Kerala«, *American Anthropologist*, 104 (4), S. 1123–1134.

Hamonic, Gilbert (1975), » Transvestissemant et bisexualité chez les bissu du pays Bugis«, *Archipel*, 10, S. 121–134.

Haraway, Donna (1993), »The biopolitics of postmodern bodies. Determinations of self in immune system discourse«, in: Lindenbaum,

Shirley, Lock, Margaret (Hg.), *Knowledge, Power and Practice. The Anthropology of medicine and everyday life*, Berkeley u.a., S. 364–410.

— (1996), »Situated knowledges: The science question in feminism and the priviledge of partial perspective«, in: Keller, Evelyn Fox/Longino, Helen E. (Hg), *Feminism and Science*, Oxford u.a., S. 249–263.

Hark, Sabine (1995), *Deviante Subjekte. Die paradoxe Politik der Identität*, Opladen.

Hauser-Schäublin, Brigitta, Kalitzkus, Vera, Petersen, Imme, Schröder, Iris (2001), *Der geteilte Leib. Die kulturelle Dimension von Organtransplantation und Reproduktionsmedizin in Deutschland*, Frankfurt/M./New York.

Hauser-Schäublin, Brigitta, Röttger-Rössler, Birgitt (1998), »Differenz und Geschlecht. Eine Einleitung«, in: Hauser-Schäublin, Brigitta, Röttger-Rössler, Birgitt (Hg.), *Differenz und Geschlecht. Neue Ansätze in der ethnologischen Forschung*. Berlin, S. 7–22.

Hausman, Bernice L. (1995) *Changing Sex. Transsexualism, technology, and the idea of gender*, Durham u.a.

Heldmann, Anja (1998), »Jenseits von Frau und Mann. Intersexualität als Negation der Zweigeschlechtlichkeit«, in: Hauser-Schäublin, Brigitta, Röttger-Rössler, Birgitt (Hg.), *Differenz und Geschlecht. Neue Ansätze in der ethnologischen Forschung*. Berlin, S. 54–77.

Herdt, Gilbert (1982), »Sambia nose-bleeding rites and male proximity to women«, *Ethos*, 10 (3), S. 189–231.

— (1987), *Guardians of the Flutes: Idioms of Masculinity*, New York.

— (1990), »Mistaken gender: 5-alpha reductase deficiency and biological reductionism in gender identity reconsidered«, *American Anthropologist*, 92, S. 433–446.

— (1994) (Hg.), *Third sex, third gender. Beyond sexual dimorphism in culture and history*, New York.

— (1994b), »Introduction. Third sexes and third genders«, in: Herdt, Gilbert (Hg.), *Third sex, third gender. Beyond sexual dimorphism in culture and history*, New York, S. 21–84.

— (1994c), »Mistaken sex. Culture, biology and the third sex in New Guinea«, in: Herdt Gilbert (Hg.), *Third sex, third gender. Beyond sexual dimorphism in culture and history*, New York, S. 419–446.

Hester, David (2003), »Rhetoric of the medical management of intersex children«,*Genders*, 38, 16.6.04, www.genders.org/g38_hester.html.

— (2004), »Intersexes and alternative strategies of healing: Medicine, social imperatives and counter-communities of identity«, *Zeitschrift für Ethik in der Medizin*, 1.

Hetherington, Kevin (1998), *Expressions of identity. Space, performance, politics*, London u.a.

Hill, William W. (1935), »The Status of the hermaphrodite and transvestite in Navajo Culture«, *American Anthropologist*, 37, 273–279.

Hirschauer, Stefan (2003), *Die soziale Konstruktion der Transsexualität. Über die Medizin und den Geschlechtswechsel*, Frankfurt/M.

— (2004), »Wozu »Gender Studies«? Geschlechtsdifferenzierungsforschung zwischen politischem Populismus und naturwissenschaftlicher Konkurrenz, *Soziale Welt*, 1.

Hirschfeld, Magnus (1926), *Geschlechtskunde, Band 1: Die körperseelischen Grundlagen*, Stuttgart.

Höhne, Sven (im Druck) (Hg.), *Intersexualität bei Kindern*, Bremen.

Holland, Dorothy (1997), »Selves as cultured. As told by an anthropologist who lacks a soul«, in: Ashmore, Richard D., Lee, Jussim, (Hg.), *Self and Identity. Fundamental Issues*, New Yourk/Oxford.

Holmes, Morgan (2000), »The doctor will fix everything. Intersexuality in contemporary culture«, unveröffentlichte Ph.D. thesis.

Holt, Claire (1980), *Dance Quest in Celebes*, Paris

Honegger, Claudia (1991), *Die Ordnung der Geschlechter. Die Wissenschaften vom Menschen und das Weib (1750-1850)*, Frankfurt/M./New York.

Hunt, Jennifer (1989) *Psychoanalytic aspects of fieldwork*, London u.a.

Imperato-McGinley, Julianne,. Peterson, Ralph E, Gautier,Teofilo, Sturla ,Erasmo (1979), »Androgens and the evolution of male-gender identity among male pseudohermaphrodites with 5 alpha-reductase deficiency«, *New England Journal of Medicine*, 300 (22), S. 1233–1237.

Jacobs, Sue-Ellen, Cromwell, Jason (1992), »Visions and revisions of realty: Reflections on sex, sexuality, gender and gender variance«, *Journal of homosexuality.* 23 (4), S. 43–69.

Jacobs, Sue-Ellen, Thomas, Wesley, Lang, Sabine (1997) (Hg.), *Two-Spirit People. Native American gender identity, sexuality, and spirituality*, Urbaba u.a.

Jaworski, Adam/Coupland, Nikolas (1999) (Hg.), *The discourse reader*, London u.a.

Johnson, Mark (1997), *Beauty and Power. Transgendering and cultural transformation in the Southern Philippines*, Oxford.

Joint LWPES/ESPE CAH Working Group (2002), »Consensus. Consensus statement on 21-hydroxylase deficiency from the Lawson Wilkins Pediatric Endocrine Society and the European Society for Paediatric Endocrinology«, *Journal of Clinical Endocrinology and Metabolism*, 87 (9), S. 4048–4053.

Kalitzkus, Vera (2003), *Leben durch den Tod. Die zwei Seiten der Organtransplantation. Eine medizinethnologische Studie*, Frankfurt/M./New York

Kastner, Kristin (2003), *Zweigeschlechtlichkeit als kulturelle Konstruktion. Perspektiven auf hermaphroditische Körper*, München, unveröffentlichte Magisterarbeit.

Katz, Jonathan Ned (1982), *Gay American History. Lesbians and gay men in the U.S.A.*, New York.

Keesing, Roger M. (1987), »Models, ›folk‹, and ›cultural‹. Paradigms regained?«, in: Holland, Dorothy (Hg.), *Cultural models in language and thought*, Cambridge, S. 369–393.

Kessler, Suzanne, J. (1990), »The medical construction of gender. Case management of intersexed infants«, in: *Signs*, 16 (1), S. 3–27.

— (1998) *Lessons from the intersexed*, New Brunswick u.a.

Kessler, Suzanne J., MacKenna, Wendy (1978), *Gender. An ethnomethodological approach*, New York u.a.

Kitzinger, Celia (1999), »Intersexuality. Deconstructing the sex/gender binary«, *Feminism und Psychology*, 9 (4), S. 493–498.

Kleinman, Arthur (1995), *Writing at the margin. Discourse between anthropology and medicine*, Berkeley u.a.

Kleinman, Arthur, Das, Veena, Lock, Margaret (1997) (Hg.), *Social suffering*, Berkeley.

Klöppel, Ulrike (2002), »XX0XY ungelöst. Störungsszenarien in der Dramaturgie der zweigeschlechtlichen Ordnung«, in: polymorph (Hg.), *(K)ein Geschlecht oder viele? Transgender in politischer Perspektive*, Berlin, S. 153–180.

Kneuper, Elsbeth (2004), *Mutterwerden in Deutschland. Eine ethnologische Studie*, Münster.

Kratz, Corinne A. (1994), »Appendix A: Initiation and circumcision«, in: Kratz, Corinne, *Affecting performance. Meaning, movement, and experience in Okiek Women's initiation*, S. 341–347.

Krob, Gabriele, Braun, Andreas, Kuhnle, Ursula (1994), »True hermaphroditism. Geographical distibution, clinical findings, chromosomes and gonadal histology«, *European Journal of Pediatrics*, 143, S. 2–10.

Kroef, Justus van der (1954), »Transvestim and the religious hermaphrodite in Indonesia«, *University of Manila Journal of East Asiatic Studies*, 3, 257–265.

Kuhnle, Ursula (1995), »Approach to ambigous genitalia. Differential diagnosis and management«, *Malaysian Journal of Child Health*, 7 2), S. 94–10.

Kuhnle, Ursula, Bullinger, Monika, Heinzlmann, Monika, Knorr, Dieter (1997), »Sexuelle und psychosoziale Entwicklung von Frauen mit adrenogenitalem Syndrom. Ergebnisse eines Interviews erwachsener Patientinnen und deren Mütter«, *Monatsschrift für Kinderheilkunde*, 145, S. 815–821.

Kuhnle, Ursula, Kraal, Wolfgang (2002), »The impact of culture on sex assignment and gender development in intersex patients«, *Perspectives in Biology and Medicine*, 45 (4), S. 85–103.

Kuhnle, Ursula, Balzer, Wolfgang (2003), »Genderdifferenzen. Medizin zwischen Geschlechtsentwicklung und gender-Forschung«, in: Schönwälder-Kuntze, Tatjana, Heel, Sabine, Wendel, Claudia, Wille, Katrin (Hg.), *Störfall gender. Grenzdiskussionen in und zwischen den Wissenschaften*, Wiesbaden, S. 29–36.

Lang, Sabine (1990), *Männer als Frauen – Frauen als Männer. Geschlechterrollenwechsel bei den Indianern Nordamerikas*, Hamburg.

— (1997), »Geschlechterrollenwechsel und kulturelle Konstruktionen von Heterosexualität und Homosexualität in indigenen Kulturen Nordamerikas«, in: Völger, Gisela (Hg.), *Sie und Er. Frauenmacht und Männerherrschaft im Kulturvergleich*, Köln, S. 135–142.

Laqueur, Thomas (1992), *Auf den Leib geschrieben. Die Inszenierung der Geschlechter von der Antike bis Freud*, Frankfurt/M./New York.

Latour, Bruno (1987), *Science in Action*, Cambridge.

Leder, Drew (1992) (Hg.), *The body in medical thought and practice*, Dordrecht u.a..

Leslie, Charles (1976) (Hg.), *Asian medical systems. A comparative study*, Berkeley u.a.

Lightfood-Klein, Hanny (2003), *Der Beschneidungsskandal*, Berlin: Orlanda.

Lindemann, Gesa (1994), »Das soziale Geschlecht unter der Haut«, *kea. Zeitschrift für Kulturwissenschaften, 7, Geschlechterkonstruktionen*, S. 1–12.

Lock, Margaret (1993), »Cultivating the Body: Anthropology and epistemologies of bodily practice and knowledge«, *Annual Review of Anthropology*, 22, S. 133–155.

— (2001), »The tempering of Medical Anthropology. Troubling natural categories«, *Medical Anthropology Quarterly*, 15 (4), S. 478–492.

Lock, Margaret, Scheper-Hughes, Nancy (1987), »The mindful body. A prolegomenon to future work in Medical Anthropology«, *Medical Anthropology Quaterly*, 1 (1), S. 6–41.

— (1996), »A critical-interpretive approach in Medical Anthropology. Rituals and routines of discipline and dissent«, in: Sargent, Carolyn, Johnson, Thomas, *Medical Anthropology. Contemporary theory and method*, London.

Lupton, Deborah (1994), *Medicine as culture: Illness, disease and the body in western societies*, London.

Mageo, Jeanette M. (1992), »Male transvestism and cultural change in Samoa«, *American Ethnologist*, 19 (3), 443–458.

Mahoney, Maureen A., Yngvesson, Barbara (2000), »As one should, ought and wants to be: Belonging and authenticity in identity narratives, Theory«, *Culture und Societ,*: 17, S. 77–110.

Maihofer, Andrea (1995), *Geschlecht als Existenzweise. Macht, Moral, Recht und Geschlechterdifferenz*, Frankfurt/M.

Mak, Geertje (2005a), »So we must go behind even what the microscope can reveal.‹ The hermaphrodite's ›Self‹ in Medical Discourse at the Beginning of the Twentieth Century«, *GLQ*, 11 (1), S. 65–94.

— (2005b), »Das vergeschlechtlichte Selbst als Nebenprodukt der medizinischen Geschlechter-Konstruktion. Hermaphroditen in klinischen Begegnungen im 19. Jahrhundert«, *Invertito, Jahrbuch für die Geschichte der Homosexualitäten*, 6, S. 95–109.

Mandelstam Balzer, Marjorie (1996), »Sacred genders in Siberia. Shamans, bears festivals, and androgyny«, in: Ramet, Sabrina P. (Hg.), *Gender reversals and gender cultures. Anthropological and historical perspectives*, London u.a.

Manderson, Lenore (1999), »Gender, normality and the post-surgical body«, *Anthropology and Medicine*, 6 (3), S. 381–394.

Marsella, Anthony u.a. (1985), *Culture and self*, London.

Martin, Emely (1989a), *Die Frau im Körper. Weibliches Bewusstsein, Gynäkologie dun die Reproduktion des Lebens*, Frankfurt/M./New York.

— (1989b), »The cultural construction of gendered bodies. Biology and metaphors of production and destruction«, *Ethnos*, 54 (3–4), S. 143–160.

— (1996), »The egg and the sperm. How science has constructed a romance based on stereotypical male-female roles«, in: Keller, Evelyn Fox/Longino, Helen E. (Hg.), *Feminism and Science*, Oxford u.a., S. 103–117.

Meigs, Anna (1976), »Pregnancy and the reduction of sexual opposition in a New Guinea Highlands society«, *Ethnology*, 15, S. 393–407.

Meyer-Bahlburg, Heino (1998), »Gender assignment in intersexuality«, *Journal of Psychology and Human Sexuality*, 10 (2), 1–21.

Meyer-Bahlburg, Heino, Dolezal, Curtis, Baker, Susan W., Carlson, Ann D., Obeid, Jihad S., New, Maria I.. (2004a), »Prenatal androgenization affects gender-related behavior but not gender identity in 5 12-year-old girls with congenital adrenal hyperplasia«, *Archives of Sexual Behavior*, 33 (2), S. 97–104.

— (2004b), »Attitudes of adult 46-XY intersex persons to clinical management policies«, *Journal of Urology*, 171, S. 1615–1619.

Meyers, Diana (2000), »Feminism and women's autonomy: The challenge of female genital cutting«, *Metaphilosophy*, 31 (5), S. 469–491.

Mildenberger, Florian (2004), »›Urninge‹ und ›genetische Weibchen‹. Karl Heinrich Ulrichs und der Diskurs über Hermaphroditismus«, in: Setz, Wolfgang (Hg.), *Neue Funde und Studien zu Karl Heinrich Ulrichs*, Hamburg.

Minto, Catherine L., Liao, Lih-Mei, Woodhouse, Christopher R.J., Ransley, Philip R., Creighton, Sarah M. (2003), »The effect of clitoral surgery on sexual outcome in individuals who have intersex conditions with ambigous genitalia: A cross sectional study«, *The Lancet*, 361, S. 1252–1257.

Moi, Toril (1999), *What is a woman? and other essays*, Oxford.

Mol, Annemarie (2002), *The body multiple. Ontology in medical practice*, Durham u.a.

Money, John, Hampson, John, Hampson, Joan (1955), »Hermaphroditism. Recommendations concerning assignment of sex, change of sex, and psychological management«, *Bulletin of the John Hopkins Hospital*, 57, S. 284300.

— (1976),»Gender identity and hermaphroditism, Letter«, *Science*, S. 191.

Money, John, Ehrhardt, Anke (1972), *Man and woman, boy and girl. The differentiation and dimorphism of gender identity from conception to maturity*, Baltimore.

Moore, Henrietta L. (1988), *Feminism and anthropology*, Minneapolis.

— (1994), *A passion for difference. Essays in anthropology and gender.*

— (2000a),»Whatever happened to women and men? Gender and other crises in anthropology«, in Moore, Henrietta (Hg), *Anthropological theory today*, Cambridge u.a., S. 151–171.

— (2000b), *Anthropological theory today*, Cambridge u.a.

Nanda, Serena (1990), *Neither man nor woman. The hijra of India*, Belmont.

— (1994),»Hijra. An alternative sex and gender role in India«, in: Herdt Gilbert (Hg.), *Third sex, third gender. Beyond sexual dimorphism in culture and history*, New York, S. 373–417.

— (1997),»Weder Mann noch Frau. Die Hijra in Indien«, in: Völger, Gisela (Hg.), *Sie und Er. Frauenmacht und Männerherrschaft im Kulturvergleich*, Köln, S. 129–134.

Nicholson, Linda, Steven Seidman (1995), *Social postmodernism. Beyond identity politics*, Cambridge.

New, Maria I., Kitzinger, Elisabeth (1993),»Pope Joan: A recognizable syndrome«, *Journal of Clinical Endocrinology and Metabolism*, 76 (1), S. 3–13.

Oakley, Ann (1985), *Sex, gender, and society*, Aldershot.

Oetomo, Dede (1991),»Patterns of bisexuality in Indonesia«, in: Tielman, Rob u.a. (Hg.), *Bisexuality and HIV/AIDS. A global perspective*, Buffalo, , S. 119–126.

— (1996),»Gender and sexual orientation in Indonesia«, in: Sears, Laurie J. (Hg.), *Fantasizing the feminine in Indonesia*, Durham u.a., S. 259–269.

o'Flaherty, Wendy Doninger (1973), *Ascetism and Eroticism in the mythology of Siva*, Oxford.

Ortner, Sherry, Whitehead Harriet (1981) (Hg.), *Sexual meanings. The cultural construction of Gender and sexuality*, Cambridge.

Oudshoorn, Nelly (1994), *Beyond the natural body. An archeology of sex hormones*, New York.

Overzier, Claus (1961) (Hg.), *Die Intersexualität*, Stuttgart.

Pasero, Ursula (1995), »Dethematisierung von Geschlecht«, in: Pasero, Ursula/Braun, Friederike (Hg.), *Konstruktion von Geschlecht*, Pfaffenweiler, S. 50-66.

Pelras, Christian (1996), *The Bugis*, Oxford.

— (1997), »Geschlechterrollen und Transvestiten bei den Buginesen in Südsulawesi, Indonesien«, in: Völger, Gisela (Hg.), *Sie und Er. Frauenmacht und Männerherrschaft im Kulturvergleich*, Köln, S. 109–120.

Plett, Konstanze (2002), »Intersexualität aus rechtlicher Perspektive. Gedanken über ›Rasse‹, Transgender und Marginalisierung«, in: polymorph (Hg.), *(K)ein Geschlecht oder viele? Transgender in politischer Perspektive*, Berlin, S. 31–42.

Poasa, Kris (1992), »The Samoan fa'afafine. One case study and discussion of transsexualism«, *Journal of Psychology and Human Sexuality*, 5, S. 39–51

polymorph (2002) (Hg.), *(K)ein Geschlecht oder viele? Transgender in politischer Perspektive*, Berlin.

Preves, Sharon E. (1999), »For the sake of the children. Destigmatizing intersexuality«, in: Dreger, Alice Domurat (Hg.), *Intersex in the age of ethics*, Hagerstown, S. 51–68.

— (2001), »Sexing the intersexed. An analysis of sociocultural responses to intersexuality«, *Signs: Journal of women in culture and society*, 27 (2), S. 523–556.

— (2003) *Intersex and identity. The contested self*, New Brunswick u.a.

Price, Janet, Shildrick, Margrit (1999) (Hg.), *Feminist theory and the body. A Reader*, New York.

Pschyrembel (2002), *Klinisches Wörterbuch*, 259. Auflage, Berlin u.a.

Rabinow, Paul (1992), »Artificiality and Enlightment: From Sociobiology to Biosociality«, in: Crary, Jonathan, Sanford Kwinter (Hg.), *Incorporations*, Cambridge, S. 234–252.

Reiter, Michel (1998), *Hermaphroditen im 20. Jahrhundert. Zwischen Elimination und Widerstand. Eine Kurzvorstellung der AGGPG*.

Roscoe, Will (1994), »How to become a berdache. Toward a unified analysis of gender diversity«, in: Herdt, Gilbert (Hg.), *Third sex, third gender. Beyond sexual dimorphism in culture and history*, New York, S. 329–372.

Röttger-Rössler, Birgitt (1994), »Frauen sind freier. Geschlechterrollenwechsel in einer indonesischen Gesellschaft«, *kea. Zeitschrift für Kulturwissenschaften*, 7, *Geschlechterkonstruktionen*, S. 87–108.

— (1997), »Männer, Frauen und andere Geschlechter. Zur Relativierung der Zweigeschlechtlichkeit in außereuropäischen Kulturen«, in: Völger, Gisela (Hg.), *Sie und Er. Frauenmacht und Männerherrschaft im Kulturvergleich*, Köln, S. 101–108.

Rubin, Gayle (1975), »The traffic in women. Notes on the ›political economy‹ of sex, in: Reiter, Rayna (Hg.), *Toward an anthropology of women*, New York.

Rubin, Robert T., Reinisch, June M., Haskett, Roger F. (1981), »Postnatal gonadal steroid effects on human behavior«, *Science*, 211, S. 1318–1324.

Sagarin, Edward (1975), »Sex rearing and sexual orientation. The reconsiliation of apparently contradictionary data«, *Journal of sex research*, 11 (4), S. 329–334.

Saladin d'Anglure (1992), »Rethinking Inuit shamanism through the concept of ›third gender‹, in: Hoppál, Mihály und J. Pentikainen (Hg.), *Northern religions and shamanism*, Budapest, S. 146–150.

Schärer, Hans (1946), *Die Gottesidee der Ngadju Dajak in Süd-Borneo*, Leiden.

Schönwälder-Kuntze, Tatjana, Heel, Sabine, Wendel, Claudia, Wille, Katrin (Hg.), *Störfall gender. Grenzdiskussionen in und zwischen den Wissenschaften*, Wiesbaden.

Sheperd, Gill (1978), »Transsexualism in Oman?«, *Man*, 13 (1), S. 133–136.

Shore, Bradd (1981), »Sexuality and gender in Samoa. Conceptions and missed conceptions«, in: Ortner, Sherry, Whitehead, Harriet, *Sexual meanings. The cultural construction of gender and sexuality*, Cambridge, S. 192–25.

Schröter, Susanne (1998) (Hg.), *Körper und Identität. Ethnologische Ansätze zur Konstruktion von Geschlecht*, Münster.

— (2002), *FeMale. Über Grenzverläufe zwischen den Geschlechtern*, Frankfurt/M.

— (2003), »Intersexualität als soziale Kategorie«, *Die Philosophin. Forum für feministische Theorie und Philosophie*, 28, Intersex und Geschlechterstudien, S. 36–49.

Suleiman, Susan R. (1986) (Hg.), *The female body in Western culture: Contemporary perspectives*, Cambridge.

Silverman, Eric V. (2004), »Anthropology and Circumcision«, *Annual Review of Anthropology*, 33, S. 419–445.

Thomas, Wesley (1997) »Navajo cultural construction of gender and sexuality« in: Jacobs, Sue-Ellen, Thomas, Wesley, Lang, Sabine (1997)

(Hg.), *Two-Spirit People. Native American gender identity, sexuality, and spirituality*, Urbaba u.a., S. 156–173.

Tietz, Lüder (1998), »Crooked circles and straight lines: Zum Wandel im Verhältnis in Variabilität und Normativität in alternativen Geschlechtskonstruktionen indianischer Kulturen Nordamerikas«, in: Susanne Schröter (Hg.,) *Körper und Identität: Ethnologische Ansätze zur Konstruktion von Geschlecht*. Hamburg, S. 101–130.

Turner, Stephanie S. (1999), »Intersex identities. Locating new interseytions of sex and gender«, *Gender and Society*, 13 (4), S. 457–479.

Turner, Bryan S. (1984), *The body and society. Explorations in social theory*, Oxford u.a.

Turner, Victor W. (1967), *The forest of symbols. Aspects of Ndembu ritual*, Ithaca.

— (1974*), Dramas, fields, and metaphors. Symbolic action in human society*, Ithaca.

— (2005), *Das Ritual. Struktur und Anti-Struktur*, Frankfurt/M./New York

— (1992), *Blazing the trail. Way marks in the exploration of symbols*, Tucson u.a.

Villa, Paula-Irene (2000), *Sexy Bodies. Eine soziologische Reise durch den Geschlechtskörper*, Opladen.

Vogenbeck, Bernd (2001), »Bruce the Queer. Ein Fall von »Intersexualität« vor dem Hintergrund von Queer Theory«, *kea. Zeitschrift für Kulturwissenschaften*, 14, *Heteronormativität*, S. 91–112.

Wacke, Andreas (1989), »Vom Hermaphroditen zum Transsexuellen: Zur Stellung von Zwittern in der Rechtsgeschichte«, in: Eyrich, Heinz, *Festschrift für Kurt Rebmann zum 65. Geburtstag*, München, S. 861–903.

Warne, Garry L., Bell, Jocelyn, »Your child with congenital adrenal hyperplasia«, Parkville: Department of Endocrinology and Diabetes, Royal Children's Hospital 15.5.2005, www.rch.org.au/cah_book.

— »Complete androgen insensitivity syndrome«, Parkville: Department of Endocrinology and Diabetes, Royal Children's Hospital, 15.5.2005, www.rch.org.au/publications/CAIS.pdf.

West, Candace, Zimmermann, Don H. (1987), »Doing gender«, *Gender and Society*, 1, S. 125–151.

Wijngaard, Marianne van den (1997), *Reinventing the sexes: the biomedical construction of femininity and masculinity*, Bloomington.

Wikan, Unni (1977) »Man becomes woman. Transsexualism in Oman as a key to gender roles«, *Man*, 12 (3), S. 305–319.

— (1978), »The Omani xanith – a third gender role?«, *Man*, 13 (3), S. 473–475.

Witherspoon, Gary (1977), *Language and art in the Navajo Universe*, Ann Arbor.

Woltag, Elisabeth (2000), »Transsexualität zwischen gender und Krankheit. Ein ethnologischer Vergleich des medizinisch-psychologischen Diskurses mit dem der Betroffenen«, Göttingen, unveröffentlichte Magisterarbeit.

Wright, Peter (1982) (Hg.), *The problem of medical knowledge. Examining the social construction of medicine*, Edinburgh.

Young, Antonia (2000), *Women who become men. Albania sworn virgins*, Oxford.

Young, Katherine (1997), *Presence in the flesh. The body in medicine*, Cambridge u.a.

Zucker, Kenneth J., Bradley Susan, Oliver, Gillian, Blake, Jennifer, Fleming, Susan, Hood, Jane (2003), »Self-reported sexual arousability in women with congenital adrenal hyperplasia«, *Journal of Sex and Marital Therapy*, 30 (5), S. 343–355.

Literatur aus dem Internet ist im Text in Fußnoten angegeben. Neben der URL ist, wenn möglich, der Titel eines Artikels sowie das Zugriffsdatum angegeben.

Filme

Franzmann, Ilka (2003) *Eindeutig zweideutig*, 55 min, Deutschland, ARTE 4.7.2003.

Mayer, Kurt (2005) , *Erik(A), Der Mann, der Weltmeisterin wurde*, 86 min, Österreich.

Niemann, Torsten (2002), *Intersexuell – Zwischen den Geschlechtern. Von der Schwierigkeit, weder Mann noch Frau zu sein*, Fernsehfeature NDR, Deutschland, Erstausstrahlung 18. Mai 2002.

Tolmein, Oliver und Betram Rothermund (2001), *Das verordnete Geschlecht*, 62 min, Deutschland, http://www.das-verordnete-geschlecht.de.

Scharang, Elisabeth (2006), *Tintenfischalarm*, 107 min, Österreich, http://www.tintenfischalarm.at.